国家社科基金重大研究专项项目（批准号:18VZL006）

人工智能
对政府治理的挑战和应对

肖 进 汪寿阳 黄 静／著

科学出版社
北 京

内 容 简 介

本书是一本独具特色的书籍，深入研究了现代政府治理与人工智能相互交织的前沿问题。本书将管理学、政治学、计算机科学及社会学等多个学科知识融合在一起，深刻剖析了政府治理在人工智能背景下的转型和创新。书中重点突出了政府治理理念、模式、结构和路径的变革，探讨了政府治理模式的演化规律，并提出了具有前瞻性的见解和建议。此外，本书还详细研究了大数据安全、社会伦理、政府监管等与人工智能相关的重要议题，为读者提供了深入了解和思考这些议题的机会。

本书适合政府管理者、政策制定者、研究人员、企业领导，以及对现代政府治理和人工智能发展感兴趣的广大读者。

图书在版编目（CIP）数据

人工智能对政府治理的挑战和应对 / 肖进，汪寿阳，黄静著. -- 北京 : 科学出版社，2025. 1. -- ISBN 978-7-03-080404-4

Ⅰ. D63-39

中国国家版本馆 CIP 数据核字第 2024XT0883 号

责任编辑：王丹妮 / 责任校对：张亚丹
责任印制：赵　博 / 封面设计：有道设计

科学出版社 出版
北京东黄城根北街 16 号
邮政编码：100717
http://www.sciencep.com
三河市春园印刷有限公司印刷
科学出版社发行　各地新华书店经销
*
2025 年 1 月第　一　版　开本：720 × 1000　1/16
2025 年11月第二次印刷　印张：26 1/2
字数：532 000

定价：298.00 元

（如有印装质量问题，我社负责调换）

序　言

近年来，科技发展势头迅猛，特别是随着互联网、移动互联网和物联网的兴起，搜集、存储的数据呈几何级数增长，我们已经进入大数据时代。高通公司前总裁德里克·阿伯利在中国第二届大数据产业峰会上指出，过去两年产生了全球90%的数据量。在大数据的基础上，人工智能获得了飞速发展。人工智能的核心在于要求机器或设备具有智能，如 2016 年 3 月谷歌旗下的 DeepMind 公司戴密斯·哈萨比斯领衔的团队开发的阿尔法狗（AlphaGo）人工智能机器人第一次战胜围棋世界冠军，2022 年 11 月 OpenAI 公司研发的聊天机器人程序 ChatGPT，是人工智能技术驱动的自然语言处理工具，它能够基于在预训练阶段所见的模式和统计规律，来生成回答，还能根据聊天的上下文进行互动，真正像人类一样来聊天交流。全球领先的信息技术研究和顾问公司 Gartner 发布了《2018 年十大战略科技发展趋势》，人工智能基础、智能应用和分析、智能物件三大技术均被入选。近年来，我国始终把人工智能发展摆在重要战略地位。2016 年 3 月，"人工智能"被写入国家"十三五"规划纲要；2017 年 3 月，"人工智能"首次并在以后连续被写入国务院政府工作报告；2017 年 7 月，国务院印发《关于印发新一代人工智能发展规划的通知》，提出"到 2030 年人工智能理论、技术与应用总体达到世界领先水平，成为世界主要人工智能创新中心"的战略发展目标。党的二十大报告也指出"构建新一代信息技术、人工智能、生物技术、新能源、新材料、高端装备、绿色环保等一批新的增长引擎"[①]，这将成为未来我国开展政府治理工作、应对人工智能治理挑战的行动指南。

当前，人工智能发展已经成为全球性的关注焦点和竞争热点，必将迎来整体性、爆炸式的迅猛发展和集中应用。然而，正如霍金（Stephen Hawking）所指出的，人工智能既是人类文明的推进者，同样也可能是人类文明的终结者。事实上，人工智能是一把双刃剑。由于人工智能技术主要解决的是海量数据的处理和决策问题，因此，人工智能应用为政府治理提供巨大便利的同时，也带来了一些新的挑战：①政府决策风险，这是由于政府决策的科学性受数据管理人为性、数据内

---

①《习近平：高举中国特色社会主义伟大旗帜 为全面建设社会主义现代化国家而团结奋斗——在中国共产党第二十次全国代表大会上的报告》，https://www.gov.cn/xinwen/2022-10/25/content_5721685.htm。

容隐私性和模型的优劣等众多因素影响，如果不能妥善处理这些问题，将极有可能造成政府决策的失误；②数据安全风险，如数据伪造、入侵、窃取、泄露等；③社会伦理冲突，相对于人工智能的快速发展，智能物件的实施标准和政策法律约束等方面还存在欠缺，由此可能带来侵犯个人隐私、数据霸权等一系列社会伦理问题。

应对人工智能对政府治理的多重挑战有赖于相关科学研究的实质性进展，特别是与机制创新和政策设计紧密相关的计算机和经济学理论的发展与应用实践的推动。从社会发展规律看，一定的政府治理形态必须与其所处的时代背景相适应，影响人类社会发展的重大科技进展不仅导致了人类生活方式变革，也直接带动了政府治理形态变革。政府治理是一个复杂的系统工程，只有及早开展前瞻性、战略性和系统性的研究，才能做到未雨绸缪、防患未然。党的十九大以来，我国政府治理背景、目标取向和实践路径等方面发生了重大变化，政府治理进入新时代，呼唤理论和策略创新。

在这些颇具挑战的政府治理理论与应用问题上，四川大学肖进和中国科学院大学汪寿阳教授团队进行了长期深耕，也取得了一系列重要成果，包括：创新性地对政府加强人工智能发展的顶层设计提出了建议；较早对人工智能背景下政府治理中的决策内外部风险进行了深入分析，并提出了应对政府智能决策风险的建议；从大数据安全的治理体系、标准体系、评估体系和技术体系四个维度出发，构建了全方位的政府治理大数据安全风险防范机制，为提升政府大数据安全治理能力提供了可行方案；创新性地揭示了人工智能发展中存在的一系列社会伦理冲突，并从治理体系、应对策略体系、治理机制和道德规范等方面提出了全面、系统的建议；较早提出分别从数据和算法两个层面构建“事前预警—事中防御—事后追溯”人工智能全过程监管体系的建议。这些成果最终汇聚到了《人工智能对新时代政府治理的挑战和应对研究》这一著作中。这本著作在方法层面有严谨的经济学理论和数学逻辑作为支撑，也在实践层面紧密服务于国家人工智能发展重要战略性议题；与其他政府治理出版物相比，其最大的亮点是从复杂系统和系统科学角度进行人工智能经济学模型理论与应用实践的创新，这些都源于作者团队长达十余年的深耕。因此，我相信这本著作可以夯实人工智能政府治理学科发展的理论基础，其丰富的实践应用发现也可以为政府治理转型政策的制定提供科学依据。特别地，书中的政府治理智能决策模型架构可以为广大相关领域从业人员提供方法论原型，成为进一步的政府治理理论发展和应用拓展的基石。

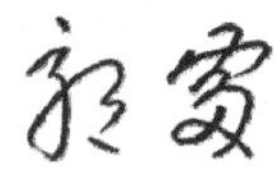

中国科学院院士

中国科学院数学与系统科学研究院

2025 年 1 月

目　　录

第一篇　人工智能背景下政府治理创新的理论基础及关键环节

第二篇　人工智能背景下政府决策风险与智能决策优化研究

第三篇　人工智能背景下政府治理大数据安全风险与防范研究

第五篇　人工智能发展的政府全过程监管体系研究

第一篇

人工智能背景下政府治理创新的理论基础及关键环节

第一章　天使还是魔鬼——对人工智能的反思

第一节　人工智能的发展历程

自 1956 年“人工智能”的概念首次被提出以来，已经过去了 60 多年。在这半个多世纪，人工智能的发展经历了起步发展期、反思发展期、应用发展期、低迷发展期和稳步发展期，直到互联网出现后大数据的涌现，使得人工智能到达一个新的高潮。

一、人工智能的起源

人工智能在 20 世纪五六十年代被正式提出。1950 年，“人工智能之父”马文·明斯基与他的同学邓恩·埃德蒙一起，建造了世界上第一台神经网络计算机，这被看作人工智能的一个起点。同样是在 1950 年，阿兰·图灵提出了一个举世瞩目的想法——图灵测试。按照图灵的设想：如果一台机器能够与人类开展对话而不能被辨别出机器身份，那么这台机器就具有智能。而就在这一年，图灵还大胆预言了真正具备智能机器的可行性。1956 年，在由达特茅斯学院举办的一次会议上，计算机专家约翰·麦卡锡提出了“人工智能”一词。后来，这被人们看作人工智能正式诞生的标志。就在这次会议后不久，麦卡锡和明斯基两人共同创建了世界上第一座人工智能实验室——MIT AI LAB 实验室。值得注意的是，达特茅斯会议正式确立了人工智能（artificial intelligence，AI）这一术语，并且开始从学术角度对人工智能展开了严肃而精专的研究。之后不久，最早的一批人工智能学者和技术开始涌现。达特茅斯会议被广泛认为是人工智能诞生的标志，从此人工智能走上了快速发展的道路。

二、人工智能的第一次高峰

在 1956 年达特茅斯会议之后，人工智能迎来了属于它的第一个快速发展时期。在这段长达十余年的时间里，计算机被广泛应用于数学和自然语言领域，用来解决代数、几何和英语问题。这使很多研究学者对机器向人工智能发展树立了信心。甚至在当时，有很多学者认为，20 年内，机器将能完成人能做到的一切。

三、人工智能第一次低谷

20 世纪 70 年代，人工智能进入到一段痛苦而艰难的岁月。由于科研人员在人工智能的研究中对项目难度预估不足，不仅导致与美国国防部高级研究计划局的合作计划失败，还让大家对人工智能的前景蒙上了一层阴影。与此同时，社会舆论的压力也开始慢慢压向人工智能这一边，导致很多研究经费被转移到了其他项目上。

在当时，人工智能面临的技术瓶颈主要有三个：第一，计算机性能不足，导致早期很多程序无法在人工智能领域得到应用；第二，问题的复杂性，早期人工智能程序主要是解决特定的问题，因为特定的问题对象少，复杂性低，可一旦问题的维度上升，程序立马就不堪重负了；第三，数据量严重缺失，在当时不可能找到足够大的数据库来支撑程序进行深度学习，这很容易导致机器无法读取足够量的数据进行智能化。因此，人工智能项目停滞不前，人工智能遭遇了长达 6 年的科研深渊。

四、人工智能的崛起

1980 年，卡内基梅隆大学为数字设备公司设计了一套名为 XCON 的专家系统。这是一种采用人工智能程序的系统，可以简单地理解为“知识库+推理机”的组合，XCON 是一套具有完整专业知识和经验的计算机智能系统。这套系统在 1986 年之前每年能为公司节省下来超过 4000 美元的经费。有了这种商业模式后，衍生出了像 Symbolics、Lisp Machine 和 IntelliCorp、Aion 这样的硬件和软件公司。在这个时期，仅专家系统产业的价值就高达 5 亿美元。

五、人工智能第二次低谷

可怜的是，命运的车轮再一次碾过人工智能，让其回到原点。仅仅维持了 7 年，这个曾经轰动一时的人工智能系统就宣告结束历史进程。到 1987 年时，苹果公司和国际商业机器公司（International Business Machines Corporation，IBM）生产的台式机性能都超过了 Symbolics 等厂商生产的通用计算机。从此，专家系统风光不再。

六、人工智能再次崛起

20 世纪 90 年代中期开始，随着人工智能技术尤其是神经网络技术的逐步发展，以及人们对人工智能开始抱有客观、理性的认识，人工智能技术开始进入平稳发展时期。1997 年 5 月 11 日，IBM 的计算机系统“深蓝”战胜了国际象棋世界冠军卡斯帕罗夫，又一次在公众领域引发了现象级的人工智能话题讨论。这是人工智能发展的一个重要里程碑。2006 年，Hinton（杰弗里·辛顿）在神经网络的深度学习领域取得突破，人类又一次看到机器赶超人类的希望，这也是标志性的技术进步。

第二节　人类新时代的本质——互联网、大数据、人工智能三位一体

一、互联网时代解决的是连接与社会结构问题

人类进入互联网时代后，大规模网络进入人们的日常生活中，并改变着人们的生活方式。特别是万物互联是互联网时代的重大突破，使社会万物呈现出可以连接的状态。物联网的技术思想是“按需求连接万物”。物联网正在推动人类社会从信息化向智能化转变，促进信息科技与产业发生巨大变化。不久的将来，物联网将有力改变我们生活与工作的环境。

万物互联是互联网时代的重大突破，其最终使命在于实现所有人、所有物在任何时间、任何地点都能随时展现、互联、互通、互动，这是互联网的真正价值所在。万物互联的核心在于将人、物、数据、流程、场景等紧密结合，从而使连接更有用、更有价值。这种连接将信息转化为行动，为个人、企业和国家创造新的功能，带来前所未有的丰富体验和经济发展机遇。

二、大数据时代解决的是内容与再现的问题

互联网时代，特别是兴起的物联网解决了无物连接问题，那么这些公共信息通过互联网进行传输，传输的内容就形成了数据。这些数据记录了各种来源的公共信息，随后又以多种方式和媒介进行存储，之后又被传输和使用，并且实现对真实世界的描述和再现。因此，大数据的本质是记录内容然后实现内容的重现，大数据时代解决的就是真实世界的内容与再现问题。例如，中国科学院地理科学

与资源研究所的研究团队基于高分辨率遥感，辅以历史地图等，应用大数据平台和云计算，结合数字化解译方法，重现了新中国成立以来城市扩展过程，监测了21世纪以来中国城市不透水面和绿地组分等空间信息，揭示了国家区域发展战略对城市扩展的驱动作用。

三、人工智能时代解决的是海量数据的处理和决策问题

当互联网发展进入变革期，物联网将信息网络连接和服务的对象从人扩展到物，真实世界逐渐向大数据世界转变。在这个数据世界化过程中，产生了海量的数据。如何处理和使用这些大数据，变成了人们面临的一大难题。仅仅依靠人工是无法处理和利用这些大数据的，也无法发现这些大数据下隐藏的知识，更不能发挥出大数据的价值。人工智能自然成为解决这一问题的方法。人工智能技术发展日新月异，依靠强大的计算能力，可以实现对海量数据，特别是城市数据进行综合分析，从而实现再现。目前来看，政府治理逐渐依赖于人工智能技术。人工智能技术在城市交通、公共防疫、治安管理等各个方面为政府提供了决策支持。

随着人类社会从互联网时代进入大数据时代，进而逐渐迈向人工智能时代，在几十年的发展过程中，互联网、大数据、人工智能这三者逐渐形成了一体化的结构。在这个新的时代背景下，人类将在互联网、大数据和人工智能这三个层面上进行互动和交互，并随着时间的推移逐渐发展壮大。

第三节　人工智能对人类社会的影响

一、人工智能对个人生活的影响

在现实中，人工智能已经在改变我们的日常生活了，而且基本上都是在改善人类健康和提升生产力等好的方面。基于计算机的视觉、语音识别和自然语言处理方面的创新是这些变化的驱动力，同时也将推动相关领域的科学和技术的发展。人工智能也正在改变人们与技术的交互方式。许多人已经习惯在他们的智能手机上进行触控和对话。随着人工智能系统的学习能力不断提升，对个人特点和目标的适应也日益增强，预示着人机关系的未来将变得更加微妙、流畅和个性化。这些人工智能应用将帮助识别人们的生活状态，警告人们前面的风险以及提供人们想要的或需要的服务。

在每一个领域，即使人工智能不断带来好处，但同时也带来了道德和社会上的问题，其中包括隐私问题。机器人和其他人工智能已经在一些机构替代人类工

作了。目前社会正处在一个如何部署基于人工智能的技术的紧要关头，需要提振而不是阻碍民主的价值观，如自由、平等和透明。对于个人而言，我们生活的质量和我们所获得的价值很有可能会逐渐发生转变，但这些改变会很明显。在接下来的几年中，人工智能研究、系统开发及社会监管将决定如何平衡其带来的好处、代价和风险，以及这些好处在社会中如何分配。

二、人工智能对经济的影响

人工智能将与任何先进的科学技术一样，将给社会运行的基础——经济规律带来挑战。在前三次工业革命的过程中，最大的矛盾是先进的工具让生产流程变得标准化、自动化，提高了效率，但同时取代了大量的劳动力，或者提高了对劳动力的知识水平要求。就像车床和机械臂取代普通组装工人一样，当人工智能统治大部分的生产系统时，高级技术管理人员很有可能也会因此失去工作。将人工智能更多地投入到生产当中，意味着商品和服务的价格会产生一个总体下降的趋势。

长期来看，人工智能不会摧毁就业市场，但是企业将面临一个重大挑战：只有汇集了来自不同种类的数据以及不同学科的团队成员时，人工智能才能发挥出最大的效果。同时，它还需要借助相应的结构和技能来实现人机协作。但是大多数企业都把数据存放在联合企业和团队的数据库中，很少有企业为员工提供他们所需要的基本人工智能技能。普通企业目前尚未准备好满足人工智能的需求。然而，人工智能的出现将逐步改变就业市场，只要正确应对这一趋势，就能对就业产生积极影响。新的工作机会将会抵消那些可能会失去的岗位。人们仍然会工作，但他们会在人工智能的帮助下更高效地工作。

未来，人工智能对经济的影响将随着时间的推移而逐渐显现。人工智能的影响可能不是线性的，但随着时间的推移可能会加速增长。由于学习和部署这些技术需要大量成本，人工智能采用的 S 曲线模式可能是一个缓慢的开始，但随后是竞争的累积效应和互补能力推动的加速。此外，人工智能可能会扩大国家、公司和工人之间的差距。人工智能可以促进经济活动，但利益分配可能不均衡。

三、人工智能对社会的影响

人工智能对社会的影响主要体现在交通、医疗保健、教育及社区建设等方面。

在交通方面，自动化交通很快将无处不在，并将成为大多数人与嵌入了人工智能系统的物理实体的第一次经历，也将极大地影响公众对人工智能的感知。随着汽车自动驾驶技术的发展，汽车将逐渐成为比人类司机更优秀的驾驶者，城市居民的私家车将会更少，居民也将住得离工作地更远，花费时间的方式也将发生改变，从而带来一种全新的城市组织形式。

在医疗保健方面，在收集用于个人监控设备和移动应用的有用数据上已经出现了巨大的飞跃，这些数据来自医疗机构的电子病历，以及小范围的用于辅助医疗手术的手术机器人和支持医院运营的服务机器人。未来几年，基于人工智能的应用将能够改善数百万人的健康状况，并提高其生活质量。

在教育方面，交互式机器导师现在已经被用于根据匹配的学生教授数学、语言和其他学科。自然语言处理和机器学习也已经极大地促进了在线学习，让教学水平更高的教师可以将他们的授课空间扩大很多倍，同时还能满足单个学生的学习需求和风格。未来，只要这些技术能够有意义地和线下学习进行整合，在教室和家庭中的应用将很有可能得到极大的扩展。

在社区建设方面，人工智能也存在很多机会——通过为各种社会问题提供缓解方案和解决方案。传统上，投资者对缺乏商业应用的人工智能研究投资不足。通过有针对性的激励和资助重点，人工智能有望帮助解决低资源社区的需求问题，这方面的一些新兴工作具有很大的潜力。比如，使用数据挖掘和机器学习，人工智能可以创造预测模型来帮助相关部门解决儿童铅中毒和食物分配等问题。尽管这些初步工作已经取得了一些进展，但仍然有许多工作需要做，特别是当机构和组织也能够参与并与这些社区建立信任关系时。

第二章　人工智能给政府治理创新带来新的机遇

第一节　人工智能背景下的政府治理创新

人工智能为政府治理创新带来了许多新的机遇。首先，有助于解决政府人力资源缺乏的问题。面对日益复杂的公共管理和服务诉求，政府越来越面临着人力资源缺乏的问题。人工智能的应用可以大量替代传统人力投入，从而极大地缓解这一问题。其次，有助于解决政府行政流程漫长的问题。人工智能可以有效识别行政流程中的冗余环节，并以远超人力的形式形成公文流转过程，从而提高整个政府机构的行政流程效率。再次，有助于提升政府的决策质量。人工智能可以提升决策的效率和质量，并根据需要自动生成相应的决策方案，极大地提升政府的决策质量。人工智能还有助于构建更融洽的政府–公民交互渠道。一方面，可以通过人工智能建立公民的政务服务助手，实现随时随地对政务服务的咨询和协助解决。另一方面，可以有效地将互动结果进行分析从而改进政务流程。最后，人工智能有助于构建更精准的公民个性化服务体系。建立在大数据基础上的人工智能手段，能够针对每一位公民建立完备的数据档案，并适时调配公共资源满足公民的需求。下面我们利用两个案例来解释和阐述人工智能给政府治理创新带来的新机遇。

第二节　案例　天津市分层医疗服务的空间组织：构建有效的医疗联盟

为了解决半市场体系中医疗服务提供的低绩效问题，政府开始倡导构建医疗联盟。鼓励每个医疗机构内部不同级别的医疗联盟之间灵活共享资源，而不是对诊断和治疗程序进行严格规定（Wang，2017；Wang et al.，2016）。到目前为止，人们从不同的角度对医疗联盟的建立进行了很多尝试，但还没有一个成熟、有效的模式。为了促进不同层次医疗服务的空间可达性，应根据城市不同等级医疗设施的分布情况，组织层次化的医疗服务。以天津市为例，本案例探讨了利用地理信息系统优化建立医疗联盟。利用 Voronoi 图，精确地定义了不同医疗机构的服务区域，确定了医疗联盟分层医疗服务的组织结构。通过内插分析，测算了不同层次医疗服务的可达性，并在此基础上对医疗联盟的服务效率进行了探讨。得出的研究结果为：①在所提出的医疗联盟组织模式下，一级医疗机构服务区域与其他两个更高级别医疗机构的服务区域适配度较好。但二、三级医疗机构的适配度不够。②虽然整体服务效率很高，但一些医疗联盟仍然存在不足。③在靠近城市边缘的特定区域增加二、三级医疗机构的数量，以及一级医疗机构的数量，可以进一步提高分级医疗服务的绩效。

一、背景

公共卫生是可持续发展的关键问题之一。在过去的几十年，我国经济增长较快，人民生活水平显著提高（Huang et al.，2017；Sahoo et al.，2012；Wang et al.，2016）。随着社会经济的发展，更多的公共资金正投入到医疗保健领域，以期为社会提供丰富的医疗服务（Meng et al.，2012）。然而，物理条件的改善并不能从本质上实现系统的有效运行，医疗服务的不畅仍然受到公众的广泛批评，特别是在大城市（Li and Wei，2010；Yin et al.，2018）。为了提高医疗服务的绩效，实施了一系列改革方案（He and Wu，2017；Li et al.，2017a；Li and Fu，2017；Ramesh et al.，2014），包括引入预付医疗保险、建立医疗云平台、严格发展社区医疗。尽管如此，我国不同层次医疗基础设施存在医疗资源配置偏差和患者追求高质量医疗的制约，一些改革最终难以达到预期效果（Fang et al.，2017；Pan et al.，2015；Zhang et al.，2015a）。

面对不可调和的供需差距，医疗资源的有效管理在高绩效的医疗服务中始终显得尤为重要（de Vries et al.，2013；Epstein et al.，2010；Schoen et al.，2007）。在西方国家，分级诊断和治疗长期以来一直是不同级别医疗机构的一部分（Schmid et al.，2010），为治疗常见病和严重疾病提供最佳医疗资源配置（Gordon et al.，2007；Hutchison et al.，2011；Mehrotra et al.，2008）。在我国，有计划地开展工作时，也遇到了许多类似的问题。即使等级基础设施已经存在（Blumenthal and Hsiao，2015），医疗保健系统的市场化和患者的选择自由在大型医院医疗服务供应不足和社区诊所医疗资源利用率低之间形成了显著的对比（Hu et al.，2008；Yip et al.，2012）。

作为推行分级医疗服务的替代措施，医疗联盟近年来特别受到政府的倡导（Fang，2017）。医疗联盟是某些地区医疗机构的合作协会。在每个医疗联盟内，鼓励不同级别的医疗机构之间灵活地共享资源，而不是严格规定诊疗程序（Wang，2017；Wang et al.，2016）。为了响应医改的号召，许多城市尝试建立医疗联盟（He，2018；Wang et al.，2018a；Zuo et al.，2018）。例如，北京市初步建立了转诊、专业支持、药品投递的医疗联盟体系；上海市建立了 40 多个医疗联盟，以促进大医院与社区诊所的联系；深圳市形成了我国最大的医疗联盟，涉及福田区 100 多家机构会员；天津市在 16 个区设立了多个区域性医疗机构，实行上下联动。有些医疗联盟是大的，有些是小的；有时在一个区有几个医疗联盟，有时一个医疗联盟可能覆盖几个区。对于医疗联盟的建立还没有一个有效的模型，并且对于现有医疗联盟的有效性也几乎没有标准来判断（Jin，2018）。

除了传统意义上的医疗能力和环境外，距离是医疗设施效用的决定因素（Derose and Varda，2009；Gulliford and Morgan，2003）。无论是成人还是儿童，在寻求和接受医疗治疗时，靠近医院总是很重要的（Ahmadi-Javid et al.，2017；Ludwick et al.，2009；Schooling et al.，2011）。为了尽可能减少常规治疗和紧急治疗的时间，尽可能缩短居民住所和医疗基础设施之间的空间距离是提供医疗保健服务的一项重要任务（Rosenberg，2014；Sun et al.，2018；Syed et al.，2013）。因此，医疗联盟的建立不能忽视医疗机构的位置和空间关系。在地理空间中合理组织分层医疗服务是保证医疗联盟高效运行的基础。

为了提高医疗联盟内不同层次医疗服务的可达性，本案例从空间角度探讨了城市分层医疗服务的最优组织。以天津市为研究对象，试图从以下几个方面在现有文献的基础上做出新的贡献：①根据不同等级医疗机构的空间分布，生成 Voronoi 图并进行叠加，确定医疗联盟分级医疗服务的组织结构；②评估和讨论了医疗联盟内不同级别医疗服务的可达性，并分析了其对医疗联盟实际服务效率的影响。

二、材料和方法

（一）材料部分

天津市是全国四大直辖市之一，也是一个典型的拥有较多人口的快速发展的大城市（截至 2022 年末，全市常住人口总量 1363 万人）。与周边和远郊区相比，六区（和平区、南开区、河北区、河东区、河西区、红桥区）是城市的核心区域，人口最密集，基础设施发达。考虑到天津市在卫生保健环境方面的优势，我们选其作为案例研究。

我国医疗机构一般分为三级。从一级到三级，机构的服务能力越来越强。根据市人力资源和社会保障局编制的定点医疗机构名录，截至 2022 年末，天津市城区及附近共有 18 家三级医疗机构（市医疗中心、区医疗中心和其他大医院），46 家二级医疗机构（综合医院），655 个一级医疗机构（社区诊所）。

同时，据当地民政局统计，6 个区共有 2653 个居住社区。利用从导航地图获得的兴趣点数据，可以确定该地区医疗机构和居民社区的确切空间分布。

根据《天津市基本公共服务标准体系建设“十四五”规划》和《天津市医疗卫生服务体系建设规划（2015—2020 年）》的配套文件，三级、二级、一级医疗机构的标准服务半径分别约为 3000 米、2000 米和 500 米。通过以下卫生保健服务的直观描述计算了日常服务的覆盖率。

$$\mathrm{CFI}(p)=\sum_{n=1}^{N_1}C_1(n,p)+\sum_{m=1}^{N_2}C_2(m,p)+\sum_{t=1}^{N_3}C_3(t,p) \tag{2-1}$$

其中，$\mathrm{CFI}(p)$ 为 p 点的覆盖频率指数；N_1, N_2, N_3 为一、二、三级医疗机构总数；$C_1(n,p)$、$C_2(m,p)$、$C_3(t,p)$ 为状态描述符，表示 p 点是否在 n 家一级、m 家二级、t 家三级医疗机构的服务半径范围内。

作为反映当地医疗资源丰富程度的一个参数，CFI 记录了某一特定地点被各医疗机构服务范围覆盖的次数。由 CFI 的空间表征可知，医疗资源水平从市中心到郊区普遍下降。但仍有部分地区的 CFI（<1）很低，如河东区东南部、河西区南部、河西区与南开区交界处、南开区和红桥区西部，90%以上的城区 CFI（<2）较高。然而，良好的基础并不一定意味着良好的服务。合理组织医疗资源是保证城市医疗服务高效化的关键。

（二）方法部分

1. 基于 Voronoi 图的医疗服务空间组织

Voronoi 图是计算几何中一种流行的工具（Aurenhammer et al.，2013）。根据最接近原则，它将一个区域划分为若干多边形区域，以说明任何点相对于所有其他点的邻近性。由于这种有效划分目标物体边界的能力，Voronoi 图被广泛用于活动和交互作用的空间结构分析（Fonseca et al.，2012；de Melo et al.，2017；Xiao et al.，2016）。

考虑到空间可达性，最有效的卫生保健服务显然是由距离最近的医疗机构提供。因此，为了实现医疗服务的最优组织，我们建议利用 Voronoi 图来计算各医疗机构的服务范围和空间关系。根据医疗机构的相对位置，将城市地理划分为不同的医疗服务区域。每个区域覆盖了距离某一医疗机构最近的所有点，区域规模主要取决于周边地区同类机构的分布密度。根据医疗机构的等级划分，不同级别的医疗服务区域可以用以下公式表示：

$$V_i = \left\{ \mathrm{vor}_{i,j} \mid i \leqslant 3, j \in P_i \right\} \quad (2\text{-}2)$$

$$\mathrm{vor}_{i,j} = \left\{ x \mid d(x, p_{i,j}) \leqslant d(x, p_{i,k}), j \in P_i, k \in P, k \neq j \right\} \quad (2\text{-}3)$$

其中，V_i 为 i 级机构的全部医疗服务区域；$\mathrm{vor}_{i,j}$ 为 i 级机构 j 的医疗服务区域；P_i 为所有 i 级医疗机构的集合；x 为地理空间中任意一点；$p_{i,j}, p_{i,k}$ 为 i 级机构 j 和 k 的位置；$d(x, p_{i,j})$ 和 $d(x, p_{i,k})$ 表示从点 x 到 $p_{i,j}, p_{i,k}$ 的欧几里得距离。

由于服务能力和地域范围的差异，不同等级的医疗机构可以构成一个医疗服务网络。三级医疗机构作为提供最高水平医疗保健服务的机构，通常决定着医疗联盟的范围。同时，每个医疗联盟辖区内中级和最低级别医疗服务的空间覆盖范围主要由二级和一级机构的 Voronoi 图确定。

2. 医疗联盟的可达性度量与服务效率评价

在特定的医疗服务组织下，以医疗机构的空间可达性为参考，对各医疗联盟的效率进行评估。为了计算医疗联盟的有效服务范围，可以计算区域内任意一点的可达性指数，并根据居住社区的空间分布情况，评估不同层次医疗服务的实际效果，从而为医疗联盟评分。

可达性的测量可通过多种方法（Yang et al.，2006）和不同的精度（Wang et al.，2018b）进行计算。除了考虑患者的行程需求、医疗保健服务的供应水平和获得服务的机会（Wang，2012），我们还关注医疗服务的最大覆盖范围。简单起见，我们忽略了医疗联盟区域内的所有局部特征（如道路密度、交通状况和服务需求的变化），采用空间插值分析计算服务可达性指数。所有相关设施都考虑到了医疗服务的可用性。在基本假设可达性指标随距离的增加而减小（Hooper，2015；Martínez and Viegas，2013）的基础上，采用逆距离加权（inverse distance weight，IDW）内插法（Setianto and Triandini，2013）对各医疗机构在任意点的可达性进行定量测量。同一级别不同医疗机构的最大可达性被视为可获得相应水平的医疗服务，因此，可达性指数可以用下面的插值函数来计算：

$$\begin{cases} a_i(S_0) = \mathrm{Max}(\mathrm{IDW}_{i,j}(S_0)) \\ \mathrm{IDW}_{i,j}(S_0) = c_{i,j} d_{i,j}(S_0)^{-p} \end{cases} \quad (2\text{-}4)$$

其中，$a_i(S_0)$ 为 i 级医疗机构在 S_0 处提供的医疗服务的可达性指数；$\mathrm{IDW}_{i,j}(S_0)$ 为 S_0 处 i 级医疗机构 j 的可达性的 IDW 插值；$c_{i,j}$ 为 i 级医疗机构 j 的服务提供能力；$d_{i,j}(S_0)$ 为 S_0 与 i 级医疗机构 j 之间的距离；p（$\geqslant 0$）为服务能力随距离增加而减弱的速率。

参照空间插值分析得到的可达性指数和医疗机构的服务标准，很容易确定医疗联盟辖区内高可达性（高于标准）居住社区对不同级别保健服务的比例，考虑到医疗服务条件优越的居住社区所占比例，采用以下公式对每个社区的医疗服务效率进行评估：

$$C_h(O_p)=\left\{x \mid a_h(x)\geqslant \mathrm{STD}_h, x\in O_p\right\} \tag{2-5}$$

$$e_h(O_p)=\frac{\mathrm{Num}(C_h(O_p))}{\mathrm{Num}(O_p)}\times 100 \tag{2-6}$$

其中，O_p 为医疗联盟 p 服务区域内的所有居民社区；$C_h(O_p)$ 为 h 级医疗机构提供的医疗服务可达性较高的居住社区的比例；x 为 O_p 中任何一个居民社区；$a_h(x)$ 为 x 社区所在地 h 级医疗机构的可达性指数；STD_h 为 h 级医疗机构的标准无障碍度；$e_h(O_p)$ 为 O_p 内 h 级医疗机构的服务效率得分；$\mathrm{Num}(C_h(O_p))$ 和 $\mathrm{Num}(O_p)$ 为特权社区 $C_h(O_p)$ 和社区 O_p 的总数。

三、结果

（一）分级医疗服务的组织结构确定

为了确定医疗联盟在天津市区的适宜服务区域，在不同级别的医疗机构之间生成 Voronoi 图。

根据三级医疗机构的空间分布，将市区的地理空间大致划分为 18 个不同的区域，代表了医疗联盟最高水平的服务区域。由于服务区域边界与行政区域边界的一致性难以保证，特别是当医疗机构位于行政区域边界附近时，许多医疗联盟不可避免地涉及跨区域的医疗服务提供。

同样，参考二级医疗机构的空间分布，划定了医疗联盟的中级服务区域。由于医院分布不均，城区医疗服务区域差异较大。中等水平服务区的组织结构总体上符合城市化水平由城市中心向郊区递减的趋势。城市中心地带医院的高密度带来了小服务区域，而大多数医疗机构不得不服务于相对较大的周边地区。

医疗联盟的最低水平服务区域由一级医疗机构的分布确定，反映了市区初级卫生保健服务提供的空间结构。受益于近几十年来社区层面的社会基础设施建设，社区诊所的高密度确实促进了城市医疗服务的均等化。除东南角的部分地区外，大部分服务区的面积都很小，足以保证社区内的日常医疗服务。

将不同层次的服务区域重叠，展示了不同等级医疗机构提供分层医疗服务的空间兼容性。由于一级医疗机构密度高、分布基本均匀，大多数最低层次的服务区域与较高层次的服务区域相适应。然而，由于规划不协调和分级医疗体系的发展（Ortiz-Astorquiza et al.，2018），二级和三级医疗机构的服务区域与其他层次的服务区域不太匹配。

一级医疗机构约 90%的服务区域与上级医疗机构的服务区域重叠（≥60%），一级医疗机构服务区域在二、三级医疗机构服务区域内的比例为 50%~60%。相比之下，70%的医疗机构基本重合，但二、三级医疗机构的服务区域完全覆盖的比例仅为 15%。结果表明，医疗联盟一级医疗机构与二级、三级医疗机构合作有良好的基础，二级医疗机构与三级医疗机构的协调未来可能面临挑战。

为建立对不同层次医疗服务具有最佳空间可达性的医疗联盟，每个一级和二级医疗机构被分配到一个特定的三级医疗机构，在服务区域内重叠比例最大。受多种空间因素的影响，得到的医疗联盟的大小实际上是不同的。医疗联盟不同的空间覆盖率和组成带来了不同的服务效率。

（二）医疗联盟实际服务效率探讨

不考虑同等级医疗机构服务能力的差异 $C_{i,j}$，某一级别医疗服务的可达性 $a_i(S_0)$只与距离因子 $d_{i,j}(S_0)$ 相关。因此，通过空间插值分析，将与医疗机构最近的距离作为评价天津市区医疗联盟服务效率的直接指标。

为了评估分级医疗服务的效率，医疗联盟根据服务区内不同级别医疗机构的高可达性居民社区比率进行评分。如表 2-1 所示，天津市城区三个级别医疗服务总体得分分别为 95.59、91.67、91.37，这表明居民社区分级医疗服务覆盖率总体较好。对于最高水平的医疗服务，18 个医疗联盟中有 16 个得分超过 90，2 个得分低于 80。对于中级医疗服务，11 个医疗联盟得分超过 90，3 个得分在 80 到 90 之间，另外 3 个得分在 60 到 80 之间，有一个分数是 21.92。至于最低水平的医疗服务，虽然没有医疗联盟获得满分，但是也没有一个医疗联盟低于 80 分。因此，为了更好地实现分级医疗服务，高水平的医疗卫生基础设施建设应该特别关注一些特定的医疗联盟，加强基层医疗保障实际上是整个系统所需要的。

表 2-1 分级医疗服务效率评价

医疗联盟	最高水平医疗服务得分	中级医疗服务得分	最低水平医疗服务得分
1	100.00	79. 76	95. 24
2	100.00	100.00	96. 15
3	100.00	98. 04	90. 20
4	63. 26	89. 80	83. 67

续表

医疗联盟	最高水平医疗服务得分	中级医疗服务得分	最低水平医疗服务得分
5	90. 48	85. 70	84. 13
6	100.00	100.00	95. 65
7	100.00	68. 90	82. 35
8	94. 51	93. 30	86. 59
9	100.00	21. 92	93. 15
10	98. 70	100.00	87. 66
11	100.00	100.00	80. 45
12	100.00	100.00	96. 36
13	100.00	98. 90	95. 60
14	97. 39	100.00	82. 35
15	100.00	90. 16	95. 95
16	100.00	60.00	96. 92
17	77. 43	85. 89	97. 18
18	100.00	100.00	92. 57
总体均值	95. 56	87.35	90.68

每个医疗联盟都展示了一定的分层医疗服务模式。医疗联盟 2 号、3 号、6 号、12 号、13 号、15 号、18 号几乎在所有方面都取得了优异的成绩，显示了提供分级医疗服务的优越环境。相比之下，医疗联盟 4 号和医疗联盟 17 号在最高水平医疗服务中得分较低，而医疗联盟 1 号、7 号、16 号，尤其是医疗联盟 9 号，与中级医疗服务的关联度较低，这些医疗联盟的服务范围存在缺陷，导致该区域内的居民在处理严重疾病时医疗服务效率低下。此外，医疗联盟 4 号、5 号、7 号、8 号、10 号、11 号和 14 号的最低水平医疗服务覆盖率不足以支持为每个社区提供便利的医疗服务。

通过分析医疗联盟区域内不同层次医疗服务的实际效果，揭示了天津市城区分级医疗服务的薄弱环节。一方面，在城市发展中的共同中心–外围模式的驱动下（Oppong et al.，1988），高水平的基础设施往往聚集在城市中心，因此，在城市边缘附近可获得的优质医疗服务数量不足。另一方面，与普遍的看法相反（Wang et al.，2015），在许多医疗联盟地区，包括城市边缘和市中心的区域，初级医疗服务的提供是等级医疗服务的主要短板。

四、结论

如何为公众提供更有效的医疗保健服务是世界各国政府面临的挑战。长期以来，人们对医疗卫生服务的关注主要集中在满足人民群众的需求上，努力增加医疗服务的选择，提高医疗服务的便利性。然而，从消费者的角度来看，个体治疗的自由选择和方便并不一定意味着有效。公共卫生服务的提供不仅要考虑物质世界医疗资源的配置，还要考虑医疗机构的协调与管理。

在我国，虽然分级医疗基础设施一应俱全，但医疗体系的市场化导致大医院就诊人数较多，社区医疗资源利用率低。为了更好地管理各级医疗卫生资源，我国政府特别提倡医疗联盟。作为建立城市医疗联盟的初步研究，本书探讨了医疗联盟的层次化组织和服务效率，同时考虑了空间可达性。

以天津市城区为例，生成 Voronoi 图，定义医疗机构的服务区域和分层医疗服务的组织结构。此外，通过空间插值分析，测量不同层次医疗服务的可达性，以探讨医疗联盟的服务效率。根据研究结果，将市区内及附近的所有医院及诊所分为 18 个不同规模的医疗联盟。一级医疗机构与二级以上医疗机构服务区域间的适配性明显好于二级和三级医疗机构。大多数居民社区都与分级医疗服务有着良好的联系，除了一些存在某些缺陷的医疗联盟。从地理上看，城市边缘地区的高级医疗机构不足，而且与人们普遍认为的相反，在城市的某些地方仍然需要更多的社区诊所。

本案例的初步成果为城市未来医疗联盟的规划与实施提供了重要的知识基础。需要进一步的工作来确定医疗联盟的最终组成，并改变目前卫生服务提供和利用的模式。为了建立医疗服务均衡的医疗联盟，在确定医疗服务结构时，可以考虑各医疗机构的服务能力和各居民社区的居住人口。为了更精确地定义医疗服务区域，可根据道路网和日常交通状况计算每个居民从社区到不同医疗机构的行程时间。

第三章　人工智能对传统政府治理的挑战

人工智能技术和应用的不断发展与进步，为政府治理提供了全新的思路和技术。然而，在人工智能发展取得阶段性成果的同时，给传统政府治理带来的挑战也随之产生。

第一节　人工智能背景下政府治理的决策风险

人工智能技术的普及应用，导致政治权力呈现出去中心化趋势，非国家行为体的权力扩大，给政府决策的权威性带来了新难题。在传统的政府治理模式中，执政党或政府处于权力的中心。而在人工智能时代，数据即代表着权力。人工智能时代，人人都有“麦克风”“摄像机”，处处都是“舆论中心”“事发现场”，这一显著特征，弱化了传统的国家管理结构和单向治理模式，个人、企业团体、社会组织等非国家行为体，在某种意义上都得以成为与政府平等的发声主体，政治话语权由政府这个传统的权力中心逐渐向社会层面弥散，呈现出明显的权力去中心化趋势，政府决策的权威性受到重大挑战。

第二节　人工智能背景下政府治理的大数据安全风险

随着大数据对政府治理的影响日益加深，大数据安全问题日益凸显，个人信息泄露事件时有发生，网络诈骗、网络黑灰产业屡禁不止，给公民人身和财产安全带来了严重威胁，甚至威胁着政治、经济、文化、社会、生态、国防等领域的安全。此外，全球数据爆发增长、海量集聚，使越来越多依赖数据的政府部门不仅面临传统的信息安全问题，而且由于大数据服务政府治理和经济发展模式的特殊性，集中化的数据平台部署方式和大规模数据的管控、调度模式面临着许多新的安全挑战和风险。

第三节　人工智能背景下社会伦理冲突

一、算法歧视

算法在本质上是“以数学方式或者计算机代码表达的意见”，包括其设计、目的、成功标准、数据使用等都是设计者、开发者的主观选择，设计者和开发者可能将自己的偏见嵌入算法系统。另外，大数据的有效性、准确性，也会影响整个算法决策和预测的准确性。比如，数据是社会现实的反映，训练数据本身可能是歧视性的，用这样的数据训练出来的算法自然也会有歧视的影子；再比如，数据可能是不正确、不完整或者过时的，带来所谓的“垃圾进，垃圾出”的现象；更进一步，如果一个算法依赖多数学习，自然不能兼容少数族裔的利益。此外，算法歧视可能是具有自我学习和适应能力的算法在交互过程中习得的，算法在与现实世界交互过程中，可能没办法区别什么是歧视，什么不是歧视。

二、安全威胁

人工智能依赖于算法，但算法却具有不透明性和不可预见性，增加了人工智能监管失控的发生概率，从而产生一系列安全问题。例如，2015年德国某制造厂发生的机器人袭击工作人员事件；2016年发生的某无人驾驶汽车与大巴车碰撞事件。这些人工智能伤人事件发生之后如何明确责任，如何将人工智能带来的安全隐患降到最低等问题是政府治理面临的一大挑战。

三、情感伦理

人工智能越来越像人，人对机器可能会产生感情。在未来，知识型的人工智能可以回答人们能够想到的很多问题，从而导致个体学习方式、生活方式乃至社会化模式的变革。假如人与人工智能出现类夫妻、父女等情感，将拷问现代伦理规范。妥善处理人工智能与人类之间可能产生的情感与羁绊，也是人工智能伦理研究的重要一环。

第四节　人工智能对政府治理挑战的案例

近年来，大数据在公共管理领域的应用日趋增加，但由于缺乏理论指导，其应用决策往往无一定之规。相比于技术层面创新，思维方式变革在大数据时代更为重要。本质上，公共大数据具有广泛记录和有限描述的特性。为保证其利用的科学性、合理性和可靠性，在公共管理应用决策中，应建立 4M 思维，即通过微观探究（microscope），发掘数据的内在价值；凭借复合利用（mixability），提升数据的知识挖掘广度；以语义为导向（meaning），实现数据与应用的有效结合；采用多维分析（multidimension），保证数据应用结论的有效性。在分析的基础上，结合北京市交通治理的实践，对大数据的应用思维进行进一步诠释。

作为信息化和数字化技术高速发展的产物，大数据正深刻地影响着社会、经济生活的方方面面。如今，借助办公自动化、企业资源计划以及在此基础上发展起来的各类数字化应用系统，企业和政府的所有经营、管理活动都可以被实时记录；利用教育、医疗、社保等网络共享平台，居民全生命周期的个人信息能够被完整保存；通过传感器、物联网和用户生成内容（user generated content，UGC）的网络资源，社会、经济、文化等多方面的特征参数和辅助信息不断得以丰富与更新。这些数据都为物理世界和非物理世界的描述、分析、理解和管理提供了多维度、详尽的数据资料，并推动管理学科朝着科学化、智慧化的方向发展（George et al.，2014；McAfee and Brynjolfsson，2012）。

从其所产生的价值效应来看，在某种程度上可以说，大数据是当前先进生产力的体现。它既是一种现象，也涉及一系列相关技术，更需要新的研究范式和思维方式与之相适应（徐宗本等，2014）。近年来，大数据在公共管理领域的应用越来越多（Kim et al.，2014），从国家到地方，都在积极探索数据治理的体系架构（陈之常，2015）、政策法规（张勇进和王璟璇，2014）和应用方法（米加宁等，2018）。但现有的研究成果通常只能为政府部门的特定业务提供技术方案和案例参考。因此，大部分政府公职人员对于大数据的认识仍然停留在其表面特征，现实工作中技术与方法的学习、模仿远大于数据资源的有效利用。一方面，日益复杂的经济、社会环境对公共管理提出了越来越高的要求，各个部门都希望通过大数据的分析、挖掘提升应用决策的科学性；另一方面，大量公共数据被存储在政府的数据库中，却往往难以得到充分、有效利用，有的甚至因为缺乏应用需求而被直接清除或动态覆盖。究其原因，传统的数据思维方式已经无法满足大数据时代公共管理应用决策的需要。

一、大数据的应用挑战

随着应用的深入，学者和工程专家从不同角度对大数据进行定义，提出了 3V（volume、velocity、variety）、4V（3V+ value）、5V（4V + veracity）等一系列特征描述框架（Wamba et al.，2015）。其中，4V 在各领域得到最为广泛的认同，被认为是大数据不同于传统数据资料的本质特征。一直以来，无论是数据收集、整理，还是分析、应用，对于大数据的研究和探讨，大多围绕其 4V 特征展开，尝试从技术层面解决现实工作中所面临的复杂问题（李国杰和程学旗，2012）。然而，以数据处理能力提升和计算方法创新为导向的思路，往往容易陷入技术陷阱，并产生许多脱离实际的错误，特别是在人文社会科学和公共管理领域。例如，对政治倾向的错误预测，对疾病发病率的高估，对灾害影响的失效描述（Lazer et al.，2014）。大数据在创造机遇的同时，也给管理和应用带来了诸多挑战。

（一）体量增长与价值提升

体量通常被看作表征数据资源丰富程度的最重要参考指标。日趋完善、多样的数据收集体系和信息平台使我们能够获得的数据资料比以往任何时期都要多。由 IBM 2011 年的统计结果可知，我们每天都可以创造出超过 2.5EB 的新数据。根据 Human Face of Big Data 于 2012 年发布的项目报告，Facebook 每天会产生 300 亿条以上的信息记录，YouTube 每分钟都会新增时长达 48 小时的视频资料并带来每天 40 亿的浏览量，Google 每天处理超过 20PB 的信息请求。而在我国，2015 年百度收录的网页数量已超过一万亿个，每天响应中国网民请求达几十亿次；阿里巴巴集团拥有巨大体量的数据，日处理数据量等同于几千个国家图书馆信息总量之和；腾讯数据中心存储的数据总量超过 1000PB，且日均数据增速达 500TB；粗略估算，全国的政府数据加起来实际已有数百甚至上千个阿里巴巴的数据体量。

然而，数据量的增长并不能完全代表其内在价值的提升。特别是，当我们面对的是复杂、异构、无序的大数据集时，信息理解和知识发现的成本已远远超过通过统计汇总和抽样调查所获得的小数据。从应用角度看，虽然数据的准确性、有效性和完整性在整体上决定了其分析结果的合理性，但当数据规模达到一定程度时其分析利用的投资收益往往会随着数据量的进一步增加而急剧降低（Nair，2014）；而从数据共享角度看，尽管各级政府都在努力推动部门间数据的互联互通以及各领域大数据的开放与利用，却由于数据标准不统一、结构化不足、语义缺失，其实际应用范围、使用效率和产生的社会、经济价值都受到严重制约（Zuiderwijk and Janssen，2014）。为了保证数据的可用性，提高其价值密度和使用效率，很多时候有必要对原始数据进行适当清洗、整理和提炼，将粗放的数据资源转化为高质量的数据资产（Tang，2014）。

（二）技术革新与模式转变

面对海量、多样化、快速更新的大数据，公共管理辅助决策的信息应用技术和手段正在产生巨大变革（Jagadish et al.，2014）。随着各单位间沟通与协作的加强，跨领域的数据互通与共享越来越多，过去广泛使用的关系型数据库逐渐被Hadoop、NoSQL数据系统所取代，灵活、网络化的数据中心和云计算平台成为政府大数据存储、管理的基础。针对复杂的数据类型、全新的现实问题，习惯于使用统计表格对数据进行标准化整理与汇总的信息部门，在新时期不得不开始尝试借助 R、Python、地理信息系统或各类专业化应用系统进行多层面的数据分析，以提升数据认知和理解的深度。特别是那些直接参与城市运营的政府机构，如今也不再满足于传统的程序化处理机制，而是更多地通过引入智能化辅助决策系统，基于实时的数据收集能力和高效的可视化监测手段，对辖区环境、事务和突发状况进行动态管理。

但是，大数据带来的不仅仅是技术手段的革新，数据分析方法和利用方式转变对于管理决策制定具有更为重要的意义（Provost and Fawcett，2013）。从量化指标的比较到数据压缩与融合、从公式计算到变量间的泛在关联，各领域应用在进行数据分析时已不再单纯强调理论模型的科学性，而是日益关注数据本身的加工、处理和信息表达。例如，进行智慧交通管理，需要以数据所反映的动态交通现象为基础进行道路流量预测和复杂网络控制（Shi and Abdel-Aty，2015）；实现网络社会的数字化治理，关键在于识别信息流通的复杂结构特征和核心节点间的连接关系（Tan et al.，2013）；而在公共政策分析方面，只有从具体语境出发对不同数据集进行阐释，才能有效理解和推断多利益群体、多阶层的行为反应，明确执行过程中的潜在影响和问题（Schintler and Kulkarni，2014）。知识既来源于数据又作用于数据，围绕流动性强、碎片化、不规则且来源各异的数据资料，从实证视角对事物的共性规律和个性特征进行探索成为大数据分析、应用的关键。

（三）数据挖掘与事务管理

为了发现大数据背后的潜藏价值，数据挖掘在当下得到了前所未有的关注。越来越多的大数据应用尝试通过不同方式的数据解译，以及时间、空间维度的深入剖析，对已知经验与未知问题进行验证和说明（Fan and Bifet，2013）。不同于简单的统计描述与比较，数据挖掘往往更关注于研究对象的组成结构、变化规律和关联关系。采用聚类分析或机器学习手段对数据样本的个体属性与群体特质进行研究，能够了解相关事物的系统构成和基本模式；凭借函数拟合与特征识别方法，对数据的变化和差异进行分析，可以有效认知事物的发生、发展规律；通过对数据间的关联关系进行细致探讨，我们能找出现象的产生原因和影响因素，并在此基础上更好地理解事物的相互作用机制（Kantardzic，2003）。而除此之外，可视化作为一种更加灵活、综合的数据挖掘手段，如今也被广泛运用于社会科学领域的各项实践活动中（孙轩和孙涛，2018）。

不过，大数据应用绝不是纯粹的科学计算与研究，其实际价值应更多地体现在事务管理的改革创新中（Lavalle et al.，2011）。公共管理在逐渐走向精细化、现代化、智能化的过程中，公众需求理解、资源优化配置、应急动态响应等方面都存在着大量的复杂问题（Teisman and Klijn，2008）。虽然大数据的重要性近年来一再得到认可，但供给与需求对接不畅、理论支撑不足、应用框架缺失使得基层的数字化治理往往名过其实，许多有价值的数据得不到充分利用。以应用为导向，如何将大数据分析融入公共部门的日常工作，实现问题探索与治理实践的统一，切实提升基础设施运行效率和民生服务质量，保障社会安定，改善生活环境，是各级政府所面临的巨大挑战。

二、公共大数据的本质

公共大数据涉及经济、文化、教育、公安、交通、医疗、卫生、就业、社保、环境等众多领域。它既包括政府因工作开展而产生和采集的业务数据，也包括与公共管理实践相关的各类外部网络数据。相比纯粹的商业数据和科学数据，其来源更丰富、复杂性更强、应用更多元化，而且与日常生活的关系更加密切。在大数据时代，公共大数据收集的途径、方式和速度与过去相比有着巨大差异，不仅数据量急剧增加，而且数据内涵也发生了深刻变化。

（一）广泛记录

数据的本质是记录。在数字化手段和信息化技术还不够发达的时期，人们往往只能通过抽样调查方法，对部分典型或特殊事物在特定时段的状态进行有针对性的记录。由此获得的传统数据虽然也具有一定的代表性，但相对于现实世界的复杂情况，却是不全面、不完整、不连续的。与之相比，大数据所记录的内容则要更为广泛。

一方面，大数据属于强细节记录。过去那些用于反映经济、社会生活中各种现象和事件的抽象指标参数正在被一系列直观的数字档案所取代。这些数字档案不再仅仅聚焦于个别感兴趣的对象，而是力图对整个场景进行细致刻画。例如，安装在各个交通路口的摄像头不仅记录了该位置通过的车辆信息，也记录了车辆通过时刻的路况环境；网络电商的交易数据，不仅记录最终的交易金额，也记录了买卖双方交易事前、事中和事后的交流内容；各大医院保存的电子病历，不仅包括病人的诊断结果，也涉及其病发症状、应诊医生、医疗处方和后续疗程。

另一方面，大数据倾向于全样本记录。随着传感器、物联网和移动互联网等技术手段的广泛应用，公共大数据的收集能力相比过去得到了大幅提高，其关注对象也不再限于群体集合或少数个体，而是针对集合中的每一个组成单元。利用号牌识别和电子不停车收费（electronic toll collection，ETC）技术，我们可以了解通过特定路口的每一辆车，而不仅仅是记录通行的车辆数目；借助信用卡、一卡通等带有身份标识的消费工具，每个人在购买商品或服务的过程中，其社会、经济活动可以被有效记录；而通过全球定位系统（global position system，GPS）和手机信号的空间定位信息，每一部正在使用的手机的当前位置也都能够被实时掌握。

与此同时，大数据往往是全周期记录。在数字化管理体系下，数据的产生和收集已成为日常工作的重要组成部分。伴随着公共服务提供和公共事务办理的过程，一系列相关数据得以不断更新。如今，我们能够获得的不仅是代表事物当前状态的片段数据，而且是反映其变化和发展的完整历史轨迹。比如，通过连续的空气质量监测，各城市能够了解其近一周、一个月、一年甚至多年的大气环境状况；基于出租车、铁路和航空公司的销售运营记录，城市内和城际每天、每周、每月乃至每年的人流情况都可以被清晰地反映；根据公交车乘坐、公共自行车租赁和水、电、气等生活必需品的使用记录，政府能够掌握公共资源在不同时段的使用需求。

大数据的广泛记录背后充斥着海量信息。在海量信息给公共管理带来众多潜在应用的同时，要充分利用这些信息也面临着巨大的认知负担。针对具体的管理实践需求，我们往往只关注大数据所反映的某些特定现象和问题，而其绝大部分内容则会被认为是无效信息和暗数据（Heidorn，2008）。

（二）有限描述

数据的应用目标在于描述。为了清晰、有效、准确地描述特定问题、现象和规律，过去我们制定了许多标准化的数据收集、整理和分析流程，以获得尽可能可靠的小数据。与之相比，大数据虽然蕴藏着更多信息，但很多时候它只能对事物进行有限描述。

一方面，大数据的描述具有表面性。不同于传统的社会调查和调研数据，以计算机技术为支撑和以自动化数据采集、整理为主导的大数据，通常只是对于所发生事物的现象进行描述，而难以深入其本质。现象与现象之间，通过统计计算归纳出的泛相关性，也仅能说明一些表面问题，无法科学地阐释其内在机理。面对啤酒与尿布的关联、男性内裤与经济形势的联系、女服务员颜值与股市波动的关系、不同星座人群的性格特点，虽然我们都能够从数据中找出一些规律，并尝试从不同角度给出看似合理的解释，但其真实原因及影响过程却始终不得而知。

另一方面，大数据的描述存在有偏性。如今，企事业单位和政府机构的数据获取能力越来越强，通过各种渠道所获得的每一个数据集都足够大。但由于业务领域的区别、观察视角的不同、用户群体的差异，其数据描述实际上只能代表特定情况、特定方面或特定人群，而并非对普适规律的系统诠释。例如，通过对社交媒体数据进行跟踪分析，我们能够了解公众对各类事件的网络舆情变化，但用户的线上活动很多时候并不能完全反映其真实想法和线下行为；司机的驾驶习惯对车辆保险的定额有着重要参考价值，然而个人交通事故的发生率还与其视力水平、身体状况、所驾车辆、行驶路线等内容有着密切关系；滴滴出行虽然能够通过对出租车的行驶轨迹进行数据挖掘，理解居民在不同时段的乘车出行模式，却无法涵盖通过公交、地铁出行人群的行为选择。

另外，大数据的描述缺乏精确性。在这个数据爆炸的时代，快速的更新频率和错综复杂的来源，都给数据的精度控制和评定带来了极大困难。特别是那些基于网络开放平台所获得的大数据，很多时候，我们根本无法对其误差和真实性进行有效估量与验证。以中关村在线、搜房网、汽车之家为代表的交易门户网站，虽然能够提供相关领域商品的一系列资讯数据，但其数据的采集方式、计算方法都不得而知；以大众点评、口碑网为代表的众源信息平台，尽管为事物认知提供了丰富的资料描述，但该类数据在语义表达方面却存在巨大的模糊性；对于论坛、贴吧、微博等自媒体数据而言，网络水军的广泛存在，使其实际参考价值大打折扣。

大数据并不能完美地解决所有问题，其有限描述能力给应用实践带来了一定的风险。但不可否认，它为我们了解现实世界开辟了一个全新的视角（Davenport et al.，2012）。在数字化转型时代，寻求答案不能仅依靠简单的量化计算，而是要在充分认识大数据的价值和不足的基础上，对其进行有效利用。

三、应用决策的 4M 思维

作为政府公职行使的主要形式和政策制定的基础，应用决策在公共管理实践中具有重要意义（Bozeman and Pandey，2004）。高效的公共服务应用离不开合理的数据分析，而科学的决策制定过程也需要依靠充分的数据支撑。为了提升公共管理质量，保证应用决策的可靠性，面对大数据的广泛记录和有限描述能力，其数据利用的思维方式必须进行相应转变。

（一）微观探究

受到计算机技术发展和人类认知能力制约，各级政府机构和机关单位长期以来习惯于通过宏观分析了解事物的当前状况和历史变化，并在此基础上总结归纳其发生、发展规律。所使用的数据大多严重缺乏微观细节；即便通过特殊手段进行详尽的数据收集，经过一层层汇集、整理，最终也转化为一目了然的指标参数。汇总数据固然简洁、明了，但同时也丢失了许多对于应用决策而言极为重要的参考信息。它不仅无法对事物的不同组成部分进行细致刻画，也不能对其描述内容进行深入剖析，不能清晰说明相关分项指标对最终数据的影响，更难以明确知道该数据在不同情况下的差异和变化。

随着经济、社会发展与改革的推进，数据的深度理解对于保障应用决策的合理性具有越来越重要的意义。很多复杂问题的解决有赖于细致的数据分析，而大数据的强细节、全样本和全周期记录特性则为事物的微观探究创造了先决条件。基于语境的数据统计与比较，可以为现象理解提供更完整的信息（Light and Butterworth，2018）；从个体出发的数据描述与多层次综合，能够为规律发现提供更系统的知识（Girard et al.，2015）；而完整、有效的时序分析与模拟仿真，则为我们认识事物的变化过程和机制提供了更加科学的手段（Hassan et al.，2008）。无论是政策分析、社会治理，还是资源优化与应急处置，数据的分析与利用已不能仅仅停留在宏观层面，只有在微观视角下对问题的本质进行探讨，才能充分发掘大数据的内在价值。

（二）复合利用

面对制度化、标准化的日常工作，政府部门的数据使用往往具有极强的独立性和针对性。各单位在对具体事务进行分析和处理时，都习惯基于自身的应用体系和流程进行封闭式的信息整理，而较少考虑数据的多重价值以及数据与数据之间的潜在联系。然而，对于包含丰富细节的大数据来说，传统的单通道数据解读与应用不仅难以满足复杂事物认知和现象理解的现实需求，而且也是对信息资源的极大浪费。同一份数据，采用不同手段、从不同层面进行分析和探讨，可以获得多样、系统的知识；各部门所收集和掌握的数据资料，不仅对其自身的业务开展具有重要意义，很多时候也有利于其他相关单位的资源规划、配置、调度、管理。

大数据对于应用决策的支持，不只体现在问题探究的深度上，也反映在其知识挖掘的广度上。广泛记录所带来的多元信息，决定了大数据分析方式和使用过程的复合性。对数据的信息利用，并不局限于个别问题的解决，更多的是通过时序关联、业务关联和知识关联，实现不同应用场景下的形势判断与发展预测（Fan and Bifet，2013）。由于内容的开放性和可重用性，大数据的计算框架正从过去的"以流程为中心"转变为"以数据为中心"（Li et al.，2016），从强调数据的保密和自主管理逐渐过渡到注重其在线应用与互操作（Madden，2012）。考虑到数据外部关联所带来的乘数效应，跨领域互通与共享被认为是大数据价值放大的有效途径，而"块数据"的推广与应用则能够进一步为数据复合和信息流动奠定基础（大数据战略重点实验室，2015）。

（三）语义导向

不同于直观、明确的小数据，大数据由于内容描述的表面性，其分析、处理过程通常离不开隐含信息的挖掘和语义属性的探讨。相比数据本身的变化、差异和量化特征，其价值更多地应体现于对内容和结果的应用解释（Frankel and Reid，2008）。对于文本数据而言，传统的词频统计方法仅能揭示语料记录的关注重点，只有通过句法解析和语境理解才可以明确其表述的真实含义和背后所反映的情感、态度；多媒体数据的挖掘，不能仅依靠资料的分类组织与整理，如果缺乏深入、有效的语义标注和索引，大量有价值的信息将埋没于复杂、异构的数据文件中而难以被利用；即便是数值数据的分析与应用，离开了知识推理与语义论证，其参数计算最多也只能反映一些表面现象，而无法说明现实世界的事物本质与客观规律。

从数据选择、加工，到存储、管理、分发、利用，语义在基于大数据应用决策的整个流程中起到了越来越重要的作用，它既是数据和应用之间的黏合剂，也是信息融合与知识创新的基础。语义场景的构建、语义内涵的阐释、语义关系的剖析日益成为大数据分析、探索的关键。为了提高大数据的应用效率，保证信息的合理、有效利用，一方面，需要根据数据的语义内涵对其进行结构化、标签化处理，将隐含信息显性、规范地表达出来，以满足大规模计算和机器学习的现实要求（Berman，2013）；另一方面，还要考虑事物间的内在关联，依据本体论、知识图谱和语义网，围绕实际应用构建具有针对性的语义计算框架，实现从表层感知到深入理解（王天思，2016）、从被动响应到智慧服务（温有奎和乔晓东，2015）的价值过渡和升华。

（四）多维分析

大数据虽然为我们了解现实世界提供了更多精细、完整的记录资料，但面对复杂的内、外部环境，有偏性和不精确的内容描述却使得其分析结果的真实性和可信度大打折扣。使用大数据对事物进行探索，就好比盲人摸象，通过单一视角或依靠单一数据源所得出的结论通常都难以全面、准确地反映其实际情况和变化规律（Wu et al.，2014）。从现有的众多应用来看，数据本身的代表性问题往往是一系列误差的主要来源。与此同时，在对事物的当前状态进行量化评价时，由于其多维度的外在表现形式，仅依据某类属性特征进行比较和判断，相应结论必然会有所偏颇；基于历史数据对事件的发展过程进行推演和预测，也非常容易因为相似样本有限和诱导因素的多样化，导致最终结果存在较大的不确定性。

在推动国家治理体系和治理能力现代化的发展背景下，“数据治理”需要通过不同视角的补充、完善和相互印证，尽量避免数据利用过程中的无效探讨和由此造成的错误决策。在大数据收集方面，采用不同方式获得的数据越多，对事物的描述往往越接近其真实状态（Kostyuchenko et al.，2015）；在数据计算方面，借助多源数据的交叉比较与融合纠正，能够使系统误差得以科学评估与有效控制（Rässler，2004）；而在数据内容的表达方面，则可充分利用可视化仿真、虚拟现实、增强现实等全方位展示手段，最大限度地提高应用决策者的信息综合能力（Olshannikova et al.，2015）。从“全息感知”到立体化理解，从单一标签到多层面画像，大数据分析维度增加带来的不仅仅是数量上的变化，更是应用决策质量的跃升。

四、4M 思维在北京市交通治理中的实践探索

交通拥堵是当前各大城市公共治理过程中普遍面临的难题。地方交管部门虽然采用特定的车流限制和疏导措施，也出台了一系列相关政策，但过高的人口密度、逐年攀升的汽车保有量和巨大的区域通勤压力使得城市“车–路矛盾”始终难以得到有效解决，并由此带来了包括环境污染在内的诸多经济、社会问题。而借助大数据，我们可以在有限条件下尽可能地提高城市治理水平，改善道路通行环境、完善城市功能系统。

相比全国其他城市，北京市的交通数据积累和应用探索都比较超前，其实践经验具有很强的参考、借鉴意义。在没有先进的数据获取手段下，早在 1986 年，北京就开始开展军民出行调查，详细记录每一户当天的出行日志；2008 年之前，北京市五环以内快速主干道基本都安装了车流量监测器，而所有出租车也装配了 GPS 接收机，进行浮动车动态数据采集。如今，为了更好地发现问题、找出规律、提出方案，基于大数据的城市交通治理正在得到越来越多的认可，并被写入《北京市“十三五”时期交通发展建设规划》。综观当前的诸多应用，其大数据的分析、利用过程实际上都离不开 4M 思维的理论框架，如图 3-1 所示。

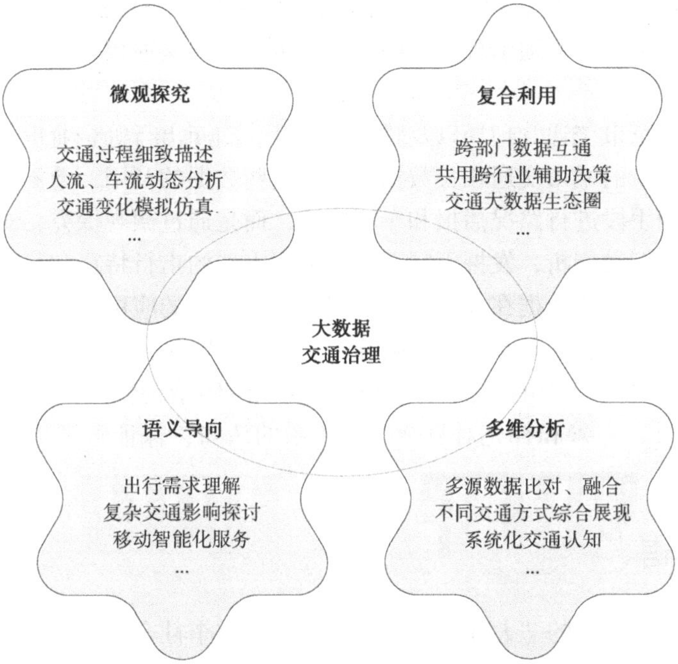

图 3-1　大数据交通治理的 4M 思维框架

北京市交通委员会和市公交集团联合多所高校与科研院所共建的北京协同创新轨道交通研究院有限公司，在利用大数据开展城市交通研究与治理方面做了大量工作。其中，以“微观探究”思维为主导，利用公交 ID 卡数据和每一台运营出租车的 GPS 定位数据对不同时段的公共交通出行和道路交通流量进行细致分析，并借助模拟仿真手段实现由微观到宏观的城市交通过程推演与预测；基于“复合利用”的思路，不仅将车流量数据应用于城市交通状况的评价，而且与北京市交通行业节能减排中心合作，利用该数据对道路网周边的空气质量变化进行研究，探讨绿色可持续交通体系构建问题；而且采用“多维分析”方法，在展现道路拥堵的变化规律时，充分综合出租车、公交车及手机定位等各类数据，全方位涵盖不同交通出行方式，以提升信息的完整性与准确性。

为了深化大数据的行业应用，给交通规划、管理提供决策支持，北京交通发展研究院与中国电信共建的城市与交通大数据联合实验室致力于数据资源的有效整合与利用。在对人流和车流的运动规律进行研究时，从微观层面入手，尝试利用大数据探索每个区域、每条道路的人和车都从哪来、到哪去；出于理解城市居民出行需求的目的，根据数据背后隐含的语义信息，对城市空间布局、业态和区位作用机制进行量化描述和分析，力求弄清行人、车辆和道路网络之间的复杂关系与相互影响；更通过打造交通大数据生态圈，实现多方数据的复合与交叉利用，在借助电信数据提升交通治理能力的同时，也将公共交通数据应用于移动端的智能服务推广。

另外，北京市交通管理局以及腾讯、百度、滴滴出行等企业也都从不同角度收集并拥有大量的城市交通相关数据。对于这些数据的利用，绝不是仅仅依靠传统的指标监测手段进行路况播报和车辆监管，而是通过微观探究，对市区交通现象和过程进行细致剖析，发掘不同区域、不同人群的出行特征和行为模式；凭借复合利用，拓展交通数据在多个相关部门和服务行业的应用，实现政府、企业、社会的多元协同治理与基于位置的服务；通过语义导向，分析交通问题的表征内容、产生原因和后续影响，推动公共服务的供给侧结构性改革和精细化管理；采用多维分析，完善和补充对复杂交通体系的认知，保证管理决策的正确性和有效性。

五、结语

大数据不是简单的“大存储+大计算”，它给整个社会带来的挑战，不完全在于技术层面。其价值更多地体现在对实际应用决策的支持，而应用决策的最终需求往往又会影响到数据收集、整理、分发、利用的各个环节。只有明确公共大数据的特性与差异，才能清晰地了解数据应当怎样科学利用、如何有效共享、怎么合理开放。特别是，随着人工智能技术的进一步发展，机器对数据的自动化学习和智能化处理将越来越广泛。人类对数据分析和应用过程的管理，也将逐渐从程序化干预过渡到方向性控制，而此时其应用决策的思维方式将显得更为关键。通过分析、探讨所总结的 4M 思维，在公共管理大数据应用决策中扮演着重要角色。不仅是交通治理，人口、经济、文化、教育、医疗卫生、土地资源、公共安全等领域的数据利用也都面临着思维方式转变的问题。虽然大数据的分析、应用和开放还涉及社会伦理、经济效益、部门关系、政策法规等众多方面，而且需要考虑数据脱敏、数据流通、数据权益和数据标准化等一系列问题，但从大数据的广泛记录和有限描述特性出发，微观探究、复合利用、语义导向和多维分析对于保证数据的科学、合理、可靠利用具有指导意义。

第四章　加强政府对人工智能发展的顶层设计

人工智能是引领性的战略性技术和新一轮产业变革的核心驱动力，世界上主要发达国家都从国家层面加强了对人工智能的战略安排、顶层设计和系统协调。比较而言，美国、英国政府注重人工智能的基础研究，日本、德国偏向从应用方面促进人工智能的发展。我国人工智能起步较晚，2017 年才正式将人工智能写入国务院工作报告，但在政府扶持下，人工智能迅速成长起来，吸引了大批人工智能人才参与国家建设。在我国人工智能快速发展的当下，更应该加强政府对人工智能发展的顶层设计，基础研究和应用研究应齐头并进，抓住人工智能带来的机遇并规避潜在风险，走出一条独特的人工智能建设道路。

第一节　人工智能发展基本思路与重要策略

为加强政府对人工智能发展的顶层设计，需要从三个基本思路、七大重要策略入手来全面建设人工智能发展体系。

人工智能发展的三个基本思路包括：①树立符合战略态势的指导思想。清楚认识我国人工智能发展的战略态势，面对新形势、新需求，深入学习贯彻习近平总书记系列重要讲话精神和治国理政新理念新思想新战略，树立符合当前战略态势的指导思想。②将人工智能产业发展与一系列重大应用工程相结合。加强人工智能相关软硬件产业供给和智能制造的协同发展，引导人工智能与各行业、各领域开展合作，促进人工智能产业与其他产业的协同发展。③引导加强国际合作。利用政府互访、学术交流、会展论坛等契机，推动和加强与国外人工智能领域政策制定者和科技人员的交流与合作，积极参与国际人工智能领域的标准化合作，提高国际影响力。

人工智能发展的七大重要策略为：①开发有效的人类与人工智能协作方法。虽然完全自主的人工智能系统在某些应用领域（如水下或深空探索）中很重要，但在许多其他应用领域（如灾难恢复和医学诊断）中，最有效的解决方法是人类与人工智能系统相结合以实现应用目标。这种交互协作利用了人类和人工智能系统的互补性。未来的应用将在人类与人工智能系统之间的功能角色划分、相互作用的本质、协同工作的数量以及将如何沟通和共享情境感知等方面有很大的差异。在创建与人类有效合作的系统时，研究人员面临许多根本性的挑战，如寻求人类感知人工智能的新算法、为人类机能的增进开发人工智能技术、开发更有效的语言处理系统等。②理解并解决人工智能的伦理、法律和社会问题。人工智能系统必须是值得信赖的，而且人工智能可以改变社会和经济生活的许多领域，包括就业、医疗和制造业。政府需要进行更多的研发工作来开发人工智能架构，通过诸如透明度和可解释性等技术机制，将伦理、法律和社会问题结合起来。这项研发需要技术专家、利益相关者和其他领域专家的紧密合作，包括社会行为科学、法律、伦理和哲学领域的专家。主要的研究领域既包括理解人工智能的伦理、法律和社会含义，还包括开发符合伦理、法律和社会原则的人工智能设计方法。这一领域遇到的关键信息技术研究挑战有：通过设计提高公平性、透明度和问责性，建设符合伦理道德的人工智能，以及设计符合伦理的人工智能体系结构。③确保人工智能系统安全、可靠。在广泛使用人工智能系统前，需要确保该系统以可控的方式安全、可靠地运行。与其他复杂系统一样，人工智能系统也面临着重要的安全挑战。为了应对这些挑战，可采取的措施有：提高可解释性和透明度、建立信任、加强核查与验证、防范攻击等。④开发用于人工智能培训及测试的公共数据集和环境。人工智能的好处将继续增加，但只有在为人工智能开发提供培训和测试资源的情况下才会增加。政府需要为各种人工智能应用程序开发高质量的数据集和环境，并使可靠地访问良好的数据集和测试与培训资源成为可能。此外，还需要开发额外的开源软件库和工具包，以加快人工智能研发的进程。这些关键领域包括开发和访问各种数据集，以满足各种人工智能兴趣和应用程序的需要，使培训和测试资源符合商业与公共利益，开发开源软件库和工具包。⑤制定标准和基准以测量和评估人工智能技术。评估、促进并确保人工智能各个方面的可信度都需要通过一定的基准和标准来度量与评估人工智能技术的性能。人工智能除了要安全、可靠、有弹性、可解释和透明之外，还必须能够在检测和避免不适当的偏见的同时保护隐私。随着人工智能技术的发展，需要开发新的度量标准和测试需求来验证这些基本特征。可以取得进展的领域有：制定广泛的人工智能标准、建立人工智能技术基准、提高人工智能测试平台的可用性、让人工智能社群参与标准和基准测试。⑥更好地了解国家人工智能的研发人力需求。人工智能发展的浪潮带来数以百万的就业机会，但可用的人工智能专家却越来越少。据报道，人工智能专家供不应求，预计需求将继续上升；高科技公司正在投入大量资源招聘具有人工智能专长的教职员工和学生；各大高校与各行各业都在为招募和留住人工智能人才而战。各地政府应该研究并探索人工智能劳动市场的供需结构以预测未来的劳动力需求，还需要了解预计的人工智能研发的劳动力通道，并考虑教育途径和可能的再培训机会。⑦扩大公私合作以加速人工智能发展。公私合作伙伴关系对人工智能研发日益重要，公私合作伙伴关系的好处包括战略性地利用资源，包括设施、数据集和专业知识，以推进科学和工程创新；加快这些创新向实践的转变；加强对下一代研究人员、技术人员和领导人的教育与培训。

第二节　顶层设计案例：城市动态治理——概念内涵与应用框架

随着经济、社会生活节奏的加快，城市日常管理工作对信息传递和问题解决的实时性要求越来越高。面对复杂、多变的现实环境，传统的静态、固定管理流程已难以保证城市功能系统的有效运行。在大数据计算背景下，动态治理作为一种面向常态化应急和不确定性事务处置的实时、灵活管理模式，其应用需求日益强烈。然而，要实现城市动态治理的目标，不仅需要在技术层面具备高效的数据收集、处理和通信能力，而且要在应用层面应对数据标准化、跨部门协作和多主体互动等一系列挑战。从城市动态治理的需求和挑战出发，对实时大数据流的应用与管理问题进行探讨，并进一步阐释了城市运行系统的动态优化机制。

一、背景

在快速城镇化发展背景下，面对日益复杂的经济、社会环境，为了解决人口、交通、能源、市政和公共服务问题，提高城市韧性，实现可持续发展，智慧城市及其相关应用近年来得到了包括城市规划和公共管理在内各领域学者的高度重视与广泛研究。在数字技术的支撑下，诸如城市计算（Zheng et al.，2014）、城市大脑（王坚，2019）、可视化治理（孙轩和孙涛，2018）等一系列全新的管理理念和方法得以提出。城市治理逐渐从宏观调控过渡到微观控制、从离线分析变为实时在线管理。

作为客观世界直接的量化描述和记录，数据逐渐成为当前城市现代化建设和运营管理工作的基础。当整个社会的信息化和数字化水平得到大幅提升，数据的精确性、时效性都变得越来越强，数据计算的智能化水平也越来越高。尤其是随着 5G 时代的到来，数据的网络传输速率得到彻底解放，我们面对的已不仅仅是单纯的大数据，更是随处可见的快数据。超大带宽带来的是超大规模数据流，而超高速传输则使得数据的实时性比以往任何时候都要强。在此背景下，高速、海量数据引发的技术革命，正推动整个社会的运行管理机制发生巨大变革。

在实时大数据的驱动下，诸如虚拟现实、增强现实、无人驾驶、车联网等一系列全新的应用被开发出来，并迅速渗透到城市生活的各个方面。人与人、物与物、人与物之间的联系变得更加紧密，关系也更加复杂。面对城市中复杂、多变的现实环境，传统的管理机制、方法和手段显得越来越力不从心。任何看似完备的政策和管理措施在实际实施过程中往往都难以发挥其预想的功效。此时，只有随机应变，根据数据所反映的现实情况进行动态治理，才能保证城市功能系统的有效运行。

然而，我们对于数据的加工、利用，大多只停留在事后的规律探索与总结上。面对实时的大数据流和日益常态化的城市应急挑战，却始终缺乏有效的管理和应对措施。究其原因，除了技术层面的部署与准备不足之外，更多的是城市动态治理机制的匮乏。从实时大数据的收集、分析、应用，到城市各部门的组织、协调、应对，都有待系统地研究和探讨。

二、大数据计算与城市治理现代化

作为信息的直接载体，大数据如今被连续不断地从多个方面收集，并快速汇集到某些集中管理平台，为城市治理现代化提供了重要支撑。高细节层次的大数据有助于城市状态识别和问题发现；细时间粒度的数据流使得变化跟踪和精准控制成为可能；而快速的数据收集、传输则让我们能够对现实环境进行实时监测与管理。

（一）数据驱动的城市研究

为了更好地了解城市，发现和解决城市问题，数据驱动的城市研究近年来得到了越来越多的关注。特别是在大数据时代，我们可以参考和利用的数据资源比以往任何时候都要丰富。除了各部门的业务数据和集中采集的人口密度、道路流量、空气质量等实时状态数据外，还包括从用户端获取的 GPS 轨迹数据、手机信令数据、签到数据、刷卡数据、街景图片数据，以及微博、微信的文本数据。虽然不同数据集所采用的分析、应用手段会存在一定的差异，但整体而言，现有研究主要可以分为以下三类。

第一，数据驱动的社会现象和城市形态感知一直以来得到了各领域研究者最为广泛的探讨。从人口流动规律的总结（Geng and Yang，2017）、交通出行模式的探索（Kim and Mahmassani，2015）、公众情绪波动的探测（Sun et al.，2019），到城市结构（Louail et al.，2014）和空间品质（Zhang et al.，2018）的理解，通过统计描述、量化比较和关联分析，以语义为导向的数据挖掘成为该类应用研究的核心。而在此基础上，为了对多源大数据进行更加深入的融合分析，也有学者提出了基于数据可视化的计算范式（Liu et al.，2015b），强调时空特征的层次叠加与识别。

第二，根据现实事物间的关联关系，数据驱动的各种指标参数估算成为城市大数据研究的热门方向。例如，通过对历史交通数据进行分析和建模，可以实现当前交通流量的精准预测（Lv et al.，2015）；根据车辆和手机 GPS 数据所反映的城市道路拥堵情况，可以对不同区域的大气污染物排放量进行有效评估（Gately et al.，2017）；而对城市多方面时空特征进行比较、综合，则能够大致推测能源在市区不同地段的使用强度差异（Ma and Cheng，2016）。特别是近两年来，基于超大规模的地图位置服务数据，百度慧眼更直接推出了包括人口规模测算和人口结构研判在内的一系列智能化社会调查服务，并在部分规划工作实践中取得了很好的应用效果。

第三，从具体的公共服务需求出发，还有许多学者对数据驱动的城市功能系统优化问题进行深入研究。其包括：根据电动出租车运营的历史轨迹数据，对其充电和服务时间进行适当调配，以提升城市出行效率（Tseng et al.，2019）；从时空大数据中分析共享单车的供需关系，进而合理安排不同站点间的单车数量，有效规划单车停放区域的电子围栏范围（Zhang et al.，2019）；将城市中的动态物流数据与共享交通数据结合，通过时空建模，给出高效的即时配送策略（Lee et al.，2016）。

（二）城市治理现代化发展

在理念和技术创新的双重驱动下，城市治理的概念内涵、实现方式和体系框架一直都在不断发展，各类规划和运营管理活动的针对性、科学性和灵活性也变得越来越强。在此过程中，面对物理空间和传统体制的制约，信息化、数字化、智能化成为推动城市治理体系和治理能力现代化发展的关键要素。

信息化是城市治理现代化发展的核心内容。从“互联网+”到网格化管理，伴随着信息收集、传递和处理方式的革新，城市治理机制发生了一系列变化。一方面，基层的信息查询和应用能力逐渐增强，多部门联动的协同和综合治理得到大范围推广（陈慧荣和张煜，2015），而与此同时，人员下沉、事权下移和就近管理的城市执法体制改革引起越来越多的关注（陈晓运，2018）；另一方面，为了提升管理决策质量，上层的政府职能和信息资源整合问题得到了更多探讨，提出了整体性治理（孙迎春，2014）和多元共治（张建伟和谈珊，2018）等诸多先进理念。

数字化是城市治理现代化发展的重要支撑。从多层级数据中心建设到基于大数据的创新应用，可记录、可分析、可计算成为新时代城市管理工作改革的现实需求和特征。一方面，随着数据覆盖范围扩大和数据精度提升，城市治理的精细化程度日益增强（锁利铭和冯小东，2018）；另一方面，为了从海量数据中挖掘有效信息，给复杂问题的解决提供决策支持，一些全新的思维模式被更多地应用于公共管理工作实践中（孙轩和孙涛，2019）。特别是当我们通过数据采集和建模所获得的虚拟环境和现实物理环境之间相似性越来越强、相互作用关系越来越紧密时，基于数字孪生的城市治理模式逐渐成为可能（周瑜和刘春成，2018）。

智能化是城市治理现代化发展的驱动力量。从程序化、自动化的流程控制到个性化、多样化的公共服务，算法在现如今的城市治理过程中扮演着越来越重要的角色。一方面，考虑城市资源的优化配置，供水、供电和各类市政服务都在积极探索智能化的弹性调配方案（刘健等，2015）；另一方面，为保障城市功能的高效、稳定运行，交通（Zhu et al.，2016）、物流（Comi et al.，2017）和公共安全（Gupta et al.，2014）领域更加注重系统流程的智能控制与协调。以数据为基础，模型为支撑，越来越多的理论研究成果正在被逐渐应用于城市管理实践中。有关城市运营的动态学习和集中控制体系研究更成为当前智慧城市建设探索的前沿方向（Zhuhadar et al.，2017），北京、深圳、武汉、杭州等地相继开启了一系列相关改革发展项目。

三、城市动态治理的需求与挑战

随着经济和社会生活节奏的加快，城市无时无刻不在发生着各种变化，有待解决的问题不断涌现，各领域对于动态治理的应用需求正变得越来越强烈。在《关于深入开展平安建设的意见》的指导下，公安系统从 2005 年开始就着手建设“天网”工程，力图实现对交通要道、公共空间、宾馆、学校、医院和复杂场所的动态监控与治安管理；而在其八大信息资源库支撑下，各类智能化指挥、调度系统的研发与应用更成为公安部门基层技术革新和改革的重点。在城市交通方面，从摄像头、地感线圈、测速仪，到射频识别系统，一系列物联网和信号控制设备正在被越来越多地应用到日常运营管理工作中，用以实现交通流量的实时监测、交通拥堵的实时疏导，以及道路空间与交通车辆的动态管理。除此之外，能源、环保、市政和公共服务领域都在大力推动资源与各项事务的实时监测和精准管控。而上述所有工作背后的驱动力量，实际上是数据的收集、分析、管理、应用。如何对实时数据进行有效处理，进而驱动相应功能系统的动态调整与优化，已成为当前城市管理工作面临的现实问题。

与传统的城市管理方式不同，城市动态治理并不是基于固定流程和固定规则来处理标准化的事务，而是更多地强调在城市功能系统的动态运行过程中，对日益常态化的应急和不确定性事务的实时、灵活处置。在实际应用过程中，涉及环境状态的感知、理解和系统功能的优化、控制等多方面内容。而各方面工作又分别对应于数据的收集、加工、分析、交换等不同的处理流程，并相应地关系到多个事业单位和事务部门（图 4-1）。

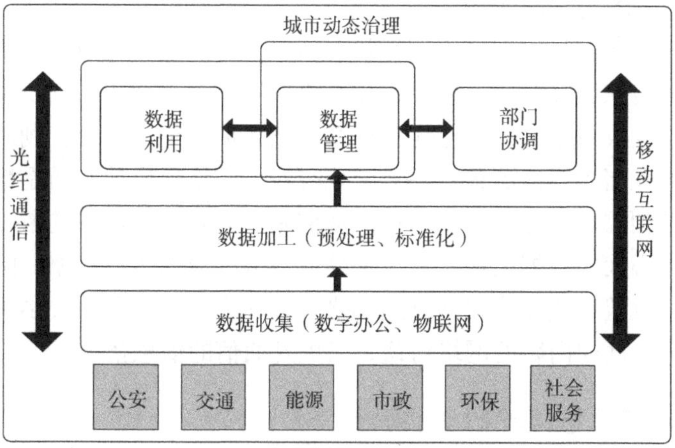

图 4-1　城市动态治理的体系框架

（一）城市动态治理的技术需求

要实现城市动态治理的应用目标，至少有两方面技术问题需要着重讨论和解决。首先，作为管理和干预的直接依据，城市状态必须得到实时跟踪和评价，并对异常情况进行不间断监测；其次，为了保证城市功能系统的稳定运行，城市管理系统的控制参数和运行模式应该能够根据不同时刻的现实情况动态调整到最适宜的配置。而上述所有功能技术需求的关键要素则是效率。

高效的数据收集是城市状态跟踪所需要解决的首要问题。当前，城市治理过程中常用的数据收集手段包括：工作记录整理、社会抽样调查、物理环境监测及网络数据抓取。通过上述方法所获取的数据都能从不同角度对城市状态进行有效刻画和描述。然而，要满足城市动态治理的实际应用需求，其数据收集的时效性要求正变得越来越高。在日常工作中，除了对数字化办公系统中的实时业务数据进行充分利用外，随着物联网技术不断完善，借助各类传感器，特别是由一系列观测设备组成的传感器网络，我们可以获得更多高精度、高时间粒度的连续状态数据。这些从不同位置获取的多源大数据一同构成了城市动态治理的基础。

高效的数据处理是城市状态实时评价和动态优化的关键。受到特定时期硬件设备的物理性能制约，数据处理的效率在很大程度上与相关应用的整体计算模式和操作算法相关。面对城市中不断产生和更新的大量数据流，如何规划分布式计算资源，并对前台和后台的计算内容进行合理设计，显得尤为重要。随着云计算技术逐渐走向成熟和边缘计算的兴起，随时随地的末端感知和多层次集中控制成为可能，给城市功能系统的动态优化提供了技术支撑。而在此基础上，为了实时了解、评价城市的运行状态，不仅需要在前台实现流程简化和敏捷计算，也离不开后台的强化学习与精准建模。

高效的数据通信是实现城市运行状态动态调整的重要保障。城市功能系统本身就是一个多组织、多模块、多设备相互协作的综合运行体系。要实现城市的动态治理，绝不仅仅只是高效的监测和计算。从数据收集、处理，到优化、调控，整个过程还涉及诸多通信流程。在数字化时代，网络通信的本质是数据传输，包括从终端设备到控制中心的数据上行、从控制中心到终端设备的数据下行，以及多层级控制中心间的数据交换。为了提高各环节的数据传输效率，除了在物理层面增加带宽、设置专线和优化网络结构之外，在应用层面还需要尽可能地减少数据传输量，采用面向内容的网络协议，以提升通信的信息密度。

（二）城市动态治理的现实挑战

然而，为了在城市动态运行过程中实现其功能模式的自适应调整，除了要考虑不同层面的技术支撑外，还需要从实际的应用管理出发，对大数据加工、处理的有效性进行深入探讨，并明确新时期部门与部门之间、部门与社会之间的交互和联动关系。

如今，很多城市都建设了数据中心，并开展了一系列数据应用探索。相比于数据的收集与分析，数据的标准化在传统城市管理工作中并没有引起足够关注。但对于城市动态治理而言，保障多源、实时大数据流的一致性兼容成为其面临的一个巨大挑战。首先，城市运行状态的监测通常采用多种设备，所获取的数据（声音、音像、数字、文本）具有较强的异构性；其次，所获取的实时大数据往往存储于多个相关单位的不同数据库中，数据存储结构差别较大；再次，不同单位和部门所采用的数据交换接口一般也并不完全相同；最后，为了提高数据传输、计算的效率和质量，必须制定一系列标准来统一数据格式、数据内容，甚至是不同层面的数据交换过程。

另外，跨部门协作一直以来都是公共管理领域面临的难题。而要在全新的技术条件下实现城市动态治理，实际上对各部门间的协作方式和协作频率提出了比以往更高的要求。无论是数据收集，还是系统运行状态调整，其过程一般都涉及多部门参与。跨部门实时的数据共享和交换是城市功能系统动态优化的关键。典型的数据交换方式包括“点对点”“一点对多点”“多点对多点”，以及“单中心”

“多中心”汇集等不同类型；其数据交换过程又涉及机制、协议、权限等多方面内容。只有综合考虑应用数据和指令数据的信息传递需求，根据不同部门间的组织关系和业务联系，构建一体化的政府数据应用平台，才能使城市动态治理工作真正得以实施。

除此之外，城市治理并不只是地方政府单方面完成的工作。为了提高城市运行效率，政府、企业、民众之间的有效互动，如今变得越来越重要。特别是随着互联网平台和社会组织的快速发展，企业的社会信息获取和应用能力大幅增强，其服务范围和服务水平在很多方面与地方政府机构形成了良好的互补。而整个系统的实时优化，不仅依靠上层的分析、控制和动态引导，也有赖于系统中每个参与者的协同、配合。一方面，需要通过实时数据共享，推动政府和企业单位的联动服务；另一方面，还要构建市民与政府间的实时通信渠道，实现面向个体的信息动态发布和定向收集；同时，企业与企业、民众与民众之间的网联协作能力在动态环境下也有待于进一步提升。

四、实时大数据流的应用与管理

实时大数据流的应用与管理，是城市动态治理的关键。面对全新的需求和挑战，我们需要明确当前城市大数据分析、处理的核心内容，厘清各部门间的数据关系和互操作流程，并在此基础上建立基于实时大数据流的协作治理体系（图 4-2）。

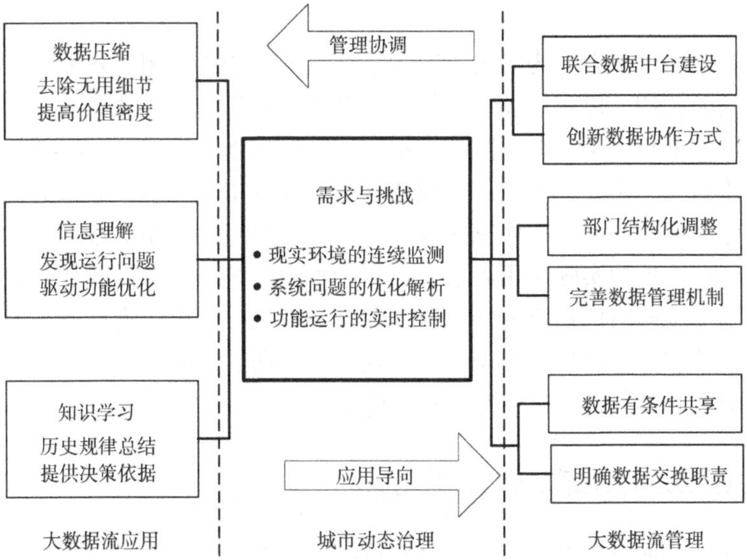

图 4-2　城市实时大数据流的应用与管理

相比于独立、离线的数据计算，大数据流的分析、处理是一个多流程、分阶段的数据利用过程。它涉及数据压缩与信息聚合、信息理解与问题发现和知识学习与系统优化等多个方面。

第一，数据压缩与信息聚合。数据量一直都是阻碍大数据高效利用的重要因素。在动态环境下，只有通过特定的数据压缩算法（如特征提取、模式识别），去除冗余细节，保留大数据中最重要的内容，才能提高数据的实时信息表达能力。而面对不同渠道的多源信息流，除了数据层面的压缩外，还需要通过指标融合和语义叠加等方法进行深层次的信息聚合，最终得到应用导向的动态信息流。

第二，信息理解与问题发现。理解系统的实时运行状态是城市动态治理的基础。只有对信息流进行精准解读，才能够发现城市运行过程中的各种问题，进而驱动功能系统的动态优化调整。在此过程中，变化监测和过程理解是实现运行系统有效预警的关键。基于简单的判读规则，能够发现城市动态运行中的局部问题和潜在风险；而要动态理解整个城市系统的全局状态，则需要充分了解系统部件与整体间的复杂作用关系，并采用智能化的方法定位系统化问题的症结。

第三，知识学习与系统优化。由于城市运行的复杂性，知识和经验对于城市动态治理尤为重要。通过后台的历史数据挖掘，可以深入了解城市日常运行的相关规律，并为不同应用环境拟订优化预案。一方面，明确数据记录与城市运行系统各部分状态间的关联关系；另一方面，总结城市运行系统不同部件和模块间相互影响机制，并在此基础上设计精细的运行参数调整方案，为实时决策提供科学依据。

而从管理角度来看，为满足实时大数据流的系统化应用，各部门需要突破当前条块分割的制约，以应用场景为依托，对数据协作方式、数据管理机制和数据交换职责进行重新定义，在保障数据可靠性的前提下，提升城市治理的动态协作能力。具体而言，需要在相关部门间建立联合数据中台，围绕城市的日常运营工作，设立标准化的协议和程序来规范跨层级、跨部门的分布式数据操作；同时，根据城市动态治理的实际应用需求，适当调整部门结构，增设或合并某些数据管理节点，以实现网络信息流的合理引导和有效控制；最后，为保证整个系统动态计算过程中的数据安全性，还需以事务处理为导向、权限配置为基础，对各部门的实时和历史数据共享与应用实行条件化管理。

五、城市运行系统的动态优化

城市动态治理的所有工作，其最终目标是在复杂、多变的现实环境下推动城市运行系统的动态优化。但要实现该目标，绝不是仅仅依靠大数据流的实时处理，而是有赖于一个全周期的数据获取、分析和应用过程。

借助传感器和一系列数字化记录设备，我们可以对城市中所有相关事物和场景进行连续监测，进而获得不断更新的时序数据流。通过时序数据的分析、挖掘，能够了解城市运行的趋势、规律，发现各类异常状态和潜在问题，进而驱动城市系统的状态预测、问题预警和影响效果评估。然而，在城市的动态运行过程中，并不是上述所有分析、应用流程都会随着数据的实时更新而即时计算。除了前台的实时控制，更多的知识学习工作其实是在后台逐渐完成的（图 4-3）。

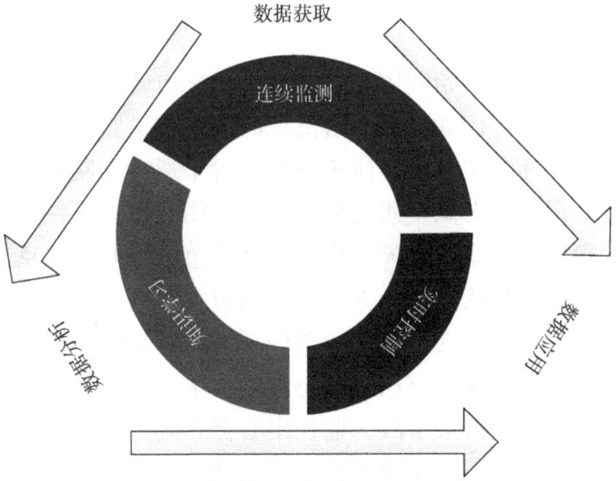

图 4-3　城市运行系统的动态优化机制

在前台数据应用方面，主要凭借既定的分析算法，对动态获取的时序数据流进行实时处理，用以判断城市系统的当前状态；而在此基础上，城市功能系统则将能够根据预设的控制模型，对其运行参数进行相应调整，以适应物理运行环境的不断变化。为了保证系统的动态优化效率，此过程中算法和模型的计算复杂度必须得到严格限制。此外，对于城市运行系统的实时控制而言，跨部门的数据通信和联合响应也起到了决定性作用。

在后台数据分析方面，算法和模型的选择往往具有更大的灵活度。从智能计算、深度学习到模拟仿真，相比于系统的运算效率，模型参数和优化预案的正确性与精确程度成为知识学习关注的焦点。然而，其知识学习过程并不是一蹴而就的，而是随着时序数据流的动态更新不断调整和完善。通过对城市运行系统相关知识的自主学习，最终形成持续改进、顺应变化的知识库，以指导前台的实时控制过程。

六、结语

在经济活动和社会交往日益频繁的今天，城市土地空间、交通设施和公共服务的需求与供给之间的矛盾凸显。而各领域无时无刻不在产生着各种变化，更给城市带来了一系列突发、偶然和不可预见的复杂问题。相比于传统的静态管制和宏观调控，在微观层面的动态调整和系统优化对于城市治理而言正在变得越来越重要。尤其是在城市的日常运营管理工作中，面对随时可能出现的交通拥堵、公共事件、安全事故和环境恶化现象，其动态治理能力已成为反映城市韧性的一个重要方面。

目前，已有很多城市开始利用大数据对传统城市管理方式进行改革，探索动态治理的一些具体应用。例如，为缓解高峰时期城市道路网络的交通压力，上海市和成都市在城市内环高架的入口匝道处都设置了通行控制系统，通过对实时交通流量数据进行分析，动态调整匝道的开启和关闭状态，以保证城市主干快速路的畅通；而为了满足公共安全预警和突发事件应急的需要，北京市利用移动互联网和射频识别技术，实时获取城市人口的空间位置数据，建立人群流动的动态感知信息网络，并将其融入公安、交通管理等部门的日常管理决策工作中；为了严格控制城市污染物排放，深圳市通过遥感测绘技术对全市固定污染源和主要水体进行动态监测，一旦发现污染事故，监控中心会立刻报警，并在短时间内对污染事故进行有效处置；等等。上述应用在不同领域、不同层面实现了城市的连续监测和实时调控，但都仍然处于动态治理的初步阶段。由于多部门联动不足、大数据价值挖掘有限、后台分析对前台应用的支撑较少，加之局部控制与系统优化的结合缺失，其实际应用效果与理想还存在着较大差距。

随着数字化技术的进一步发展和人工智能的广泛应用，动态治理将更多地融入城市管理的日常工作中，并推动政府部门的组织机构调整和运行管理模式变革。在大数据计算背景下，公共服务的提供会变得更加实时、准确，各类系统化冲突在早期就能够得到有效协调，所有突发事件都可以获得及时回应和处置，而最终使得城市运行更为智慧（陈慧荣和张煜，2015）。

第一篇　参 考 文 献

陈慧荣, 张煜. 2015. 基层社会协同治理的技术与制度: 以上海市 A 区城市综合治理“大联动”为例[J]. 公共行政评论, 8(1): 100-116, 200-201.

陈晓运. 2018. 技术治理: 中国城市基层社会治理的新路向[J]. 国家行政学院学报, (6): 123-127, 191.

陈之常. 2015. 应用大数据推进政府治理能力现代化: 以北京市东城区为例[J]. 中国行政管理, (2): 38-42.

大数据战略重点实验室. 2015. 块数据[M]. 北京: 中信出版社.

李国杰, 程学旗. 2012. 大数据研究: 未来科技及经济社会发展的重大战略领域——大数据的研究现状与科学思考[J]. 中国科学院院刊, 27(6): 647-657.

刘健, 赵思翔, 刘晓. 2015. 城市供水系统弹性应对策略与仿真分析[J]. 系统工程理论与实践, 35(10): 2637-2645.

米加宁, 章昌平, 李大宇, 等. 2018. 第四研究范式: 大数据驱动的社会科学研究转型[J]. 学海, (2): 11-27.

孙轩, 孙涛. 2018. 基于大数据的城市可视化治理: 辅助决策模型与应用[J]. 公共管理学报, 15(2): 120-129, 158-159.

孙轩, 孙涛. 2019. 大数据时代公共管理应用决策 4M 思维: 理论思考与实践探索[J]. 上海行政学院学报, 20(1): 56-65.

孙迎春. 2014. 澳大利亚整体政府信息化治理[J]. 中国行政管理, (9): 112-118.

锁利铭, 冯小东. 2018. 数据驱动的城市精细化治理: 特征、要素与系统耦合[J]. 公共管理学报, 15(4): 17-26, 150.

王坚. 2019. 城市大脑: 以数据资源驱动社会可持续发展-谈从电力时代迈向算力时代[J]. 前沿科学, (2): 32-36.

王天思. 2016. 大数据中的因果关系及其哲学内涵[J]. 中国社会科学, (5): 22-42, 204-205.

温有奎, 乔晓东. 2015. 大数据下智慧发现服务平台研究[J]. 情报学报, 34(11): 1181-1189.

徐宗本, 冯芷艳, 郭迅华, 等. 2014. 大数据驱动的管理与决策前沿课题[J]. 管理世界, (11): 158-163.

张建伟, 谈珊. 2018. 我国城市环境治理中的多元共治模式研究[J]. 学习论坛, (6): 83-90.

张勇进, 王璟璇. 2014. 主要发达国家大数据政策比较研究[J]. 中国行政管理, (12): 113-117.

周瑜，刘春成. 2018. 雄安新区建设数字孪生城市的逻辑与创新[J]. 城市发展研究，25(10): 60-67.

Abdul-Mageed M, Diab M, Kübler S. 2014. SAMAR: subjectivity and sentiment analysis for Arabic social media[J]. Computer Speech & Language, 28(1): 20-37.

Ahmadi-Javid A, Seyedi P, Syam S S. 2017. A survey of healthcare facility location[J]. Computers & Operations Research, 79: 223-263.

Amann M, Klimont Z, Wagner F. 2013. Regional and global emissions of air pollutants: recent trends and future scenarios[J]. Annual Review of Environment and Resources, 38: 31-55.

Aurenhammer F, Klein R, Lee D T. 2013. Voronoi Diagrams and Delaunay Triangulations[M]. Hackensack: World Scientific.

Baylis P, Obradovich N, Kryvasheyeu Y, et al. 2018. Weather impacts expressed sentiment[J]. PLoS One, 13(4): 0195750.

Berman J J. 2013. Principles of Big Data: Preparing, Sharing, and Analyzing Complex Information[M]. San Francisco: Morgan Kaufmann Publishers .

Berry H L, Waite T D, Dear K B G, et al. 2018. The case for systems thinking about climate change and mental health[J]. Nature Climate Change, 8(4): 282-290.

Betha R, Behera S N, Balasubramanian R. 2014. 2013 Southeast Asian smoke haze: fractionation of particulate-bound elements and associated health risk[J]. Environmental Science & Technology, 48(8): 4327-4335.

Blumenthal D, Hsiao W. 2015. Lessons from the East: China's rapidly evolving health care system[J]. The New England Journal of Medicine, 372(14): 1281-1285.

Bollen J, Mao H N, Zeng X J. 2011. Twitter mood predicts the stock market[J]. Journal of Computational Science,2(1): 1-8.

Bourque F, Willox A C. 2014. Climate change: the next challenge for public mental health?[J]. International Review of Psychiatry, 26(4): 415-422.

Bozeman B, Pandey S K. 2004. Public management decision making: effects of decision content[J]. Public Administration Review, 64(5): 553-565.

Burnap P, Williams M L, Sloan L, et al. 2014. Tweeting the terror: modelling the social media reaction to the Woolwich terrorist attack[J]. Social Network Analysis and Mining, 4(1): 206.

Cao N, Lu L, Lin Y R, et al. 2015. SocialHelix: visual analysis of sentiment divergence in social media[J]. Journal of Visualization, 18(2): 221-235.

Cheng Z, Luo L N, Wang S X, et al. 2016. Status and characteristics of ambient $PM_{2.5}$ pollution in global megacities[J]. Environment International, 89/90: 212-221.

Comi A, Buttarazzi B, Schiraldi M M, et al. 2017. DynaLOAD: a simulation framework for planning, managing and controlling urban delivery bays[J]. Transportation Research Procedia, 22: 335-344.

Davenport T H, Barth P, Bean R. 2012. How "big data" is different[J]. Sloan Management Review, 54(1): 43-46.

de Melo S N, Frank R, Brantingham P. 2017. Voronoi diagrams and spatial analysis of crime[J]. The Professional Geographer, 69(4): 579-590.

de Vries A, Li C-H, Oza M. 2013. Strategies to reduce nonurgent emergency department use: experience of a Northern Virginia Employer Group[J]. Medical Care, 51(3): 224-230.

Dehaan E D, Madsen J, Piotroski J D. 2017. Do weather-induced moods affect the processing of earnings news?[J]. Journal of Accounting Research, 55(3): 509-550.

Denissen J J A, Butalid L, Penke L, et al. 2008. The effects of weather on daily mood: a multilevel approach[J]. Emotion, 8(5): 662-667.

Derose K P, Varda D M. 2009. Social capital and health care access: a systematic review[J]. Medical Care Research and Review, 66(3): 272-306.

Epstein R M, Fiscella K, Lesser C S, et al. 2010. Why the nation needs a policy push on patient-centered health care[J]. Health Affairs, 29(8): 1489-1495.

Fajersztajn L, Veras M, Barrozo L V, et al. 2013. Air pollution: a potentially modifiable risk factor for lung cancer[J]. Nature Reviews Cancer, 13: 674-678.

Fan W, Bifet A. 2013. Mining big data: current status, and forecast to the future[J]. ACM SIGKDD Explorations Newsletter, 14(2): 1-5.

Fang P Q. 2017. Problem analysis and choice of reform path of medical alliances in China[J]. Chinese Journal of Hospital Administration, 33: 881-884.

Fang P Q, Hu R R, Han Q X. 2017. Effects of healthcare reform on health resource allocation and service utilization in 1110 Chinese county hospitals: data from 2006 to 2012[J]. The International Journal of Health Planning and Management, 32(4): 400-415.

Fitzgerald D, Rose N, Singh I. 2016. Revitalizing sociology: urban life and mental illness between history and the present[J]. The British Journal of Sociology, 67(1): 138-160.

Fonseca S, Milho J, Travassos B, et al. 2012. Spatial dynamics of team sports exposed by Voronoi diagrams[J]. Human Movement Science, 31(6): 1652-1659.

Frankel F, Reid R. 2008. Big data: distilling meaning from data[J]. Nature, 455: 30.

Fujii Y, Tohno S, Amil N, et al. 2015. Annual variations of carbonaceous $PM_{2.5}$ in Malaysia: influence by Indonesian peatland fires[J]. Atmospheric Chemistry and Physics, 15(23): 13319-13329.

Gall E T, Chen A L, Chang V W C, et al. 2015. Exposure to particulate matter and ozone of outdoor origin in Singapore[J]. Building and Environment, 93: 3-13.

Gao J H, Woodward A, Vardoulakis S, et al. 2017. Haze, public health and mitigation measures in China: a review of the current evidence for further policy response[J]. Science of the Total Environment, 578: 148-157.

Gascon M, Triguero-Mas M, Martínez D, et al. 2015. Mental health benefits of long-term exposure to residential green and blue spaces: a systematic review[J]. International Journal of Environmental Research and Public Health, 12(4): 4354-4379.

Gaspar R, Pedro C, Panagiotopoulos P, et al. 2016. Beyond positive or negative: qualitative sentiment analysis of social media reactions to unexpected stressful events[J]. Computers in Human Behavior, 56: 179-191.

Gately C K, Hutyra L R, Peterson S, et al. 2017. Urban emissions hotspots: quantifying vehicle congestion and air pollution using mobile phone GPS data[J]. Environmental Pollution, 229: 496-504.

Geng W, Yang G. 2017. Partial correlation between spatial and temporal regularities of human mobility[J]. Scientific Reports, 7: 6249.

George G, Haas M R, Pentland A. 2014. Big data and management[J]. Academy of Management Journal, 57(2): 321-326.

Gifford R. 2014. Environmental psychology matters[J]. Annual Review of Psychology, 65: 541-579.

Girard Y, Hett F, Schunk D. 2015. How individual characteristics shape the structure of social networks[J]. Journal of Economic Behavior & Organization, 115: 197-216.

Gordon J B, Colby H H, Bartelt T, et al. 2007. A tertiary care-primary care partnership model for medically complex and fragile children and youth with special health care needs[J]. Archives of Pediatrics & Adolescent Medicine, 161(10): 937-944.

Gulliford M, Morgan M. 2003. Access to Health Care[M]. London: Routledge.

Gupta M, Chandra B, Gupta M P. 2014. A framework of intelligent decision support system for Indian police[J]. Journal of Enterprise Information Management, 27(5): 512-540.

Hassan S, Antunes L, Arroyo M. 2008. Deepening the demographic mechanisms in a data-driven social simulation of moral values evolution[C]. Estoril: International Workshop on Multi-Agent Systems and Agent-Based Simulation: 167-182.

He A J, Wu S L. 2017. Towards universal health coverage via social health insurance in China: systemic fragmentation, reform imperatives, and policy alternatives[J]. Applied Health Economics and Health Policy, 15(6): 707-716.

He J L. 2018. Practice and reflections of medical alliance development in Wuxi[J]. Chinese Journal of Hospital Administration, 34: 189-191.

Heidorn P B. 2008. Shedding light on the dark data in the long tail of science[J]. Library Trends, 57(2): 280-299.

Hooper J. 2015. A destination too far? Modelling destination accessibility and distance decay in tourism[J]. GeoJournal, 80(1): 33-46.

Hu S L, Tang S L, Liu Y L, et al. 2008. Reform of how health care is paid for in China: challenges and opportunities[J]. The Lancet, 372(9652): 1846-1853.

Huang L, Rao C, van der Kuijp T J, et al. 2017. A comparison of individual exposure, perception, and acceptable levels of $PM_{2.5}$ with air pollution policy objectives in China[J]. Environmental Research, 157: 78-86.

Huang R J, Zhang Y L, Bozzetti C, et al. 2014. High secondary aerosol contribution to particulate pollution during haze events in China[J]. Nature, 514: 218-222.

Hutchison B, Levesque J F, Strumpf E, et al. 2011. Primary health care in Canada: systems in motion[J]. The Milbank Quarterly, 89(2): 256-288.

Isley C F, Nelson P F, Taylor M P, et al. 2018. Reducing mortality risk by targeting specific air pollution sources: Suva, Fiji[J]. Science of the Total Environment, 612: 450-461.

Jagadish H V, Gehrke J, Labrinidis A, et al. 2014. Big data and its technical challenges[J]. Communications of the ACM, 57(7): 86-94.

Jin C. 2018. What kind of medical alliance do we need to build[J]. Chinese Health Resources, 21(1): 1-2.

Kööts L, Realo A, Allik J. 2011. The influence of the weather on affective experience[J]. Journal of Individual Differences, 32(2): 74-84.

Kantardzic M. 2003. Data mining: concepts, models, methods, and algorithms[J]. Technometrics, 45(3): 277.

Kaplan A M, Haenlein M. 2010. Users of the world, unite! The challenges and opportunities of social media[J]. Business Horizons, 53(1): 59-68.

Kim G-H, Trimi S, Chung J-H. 2014. Big-data applications in the government sector[J]. Communications of the ACM, 57(3): 78-85.

Kim J, Mahmassani H S. 2015. Spatial and temporal characterization of travel patterns in a traffic network using vehicle trajectories[J]. Transportation Research Procedia, 9: 164-184.

Kostyuchenko Y V, Movchan D, Kopachevsky I, et al. 2015. Robust algorithm of multi-source data analysis for evaluation of social vulnerability in risk assessment tasks[C]. London: 2015 SAI Intelligent Systems Conference (IntelliSys): 944-949.

Lavalle S, Lesser E, Shockley R, et al. 2011. Big data, analytics and the path from insights to value[J]. MIT Sloan Management Review, 52(2): 21-32.

Lazer D, Kennedy R, King G, et al. 2014. The parable of Google flu: traps in big data analysis[J]. Science, 343(6176): 1203-1205.

Lee S, Kang Y, Prabhu V V. 2016. Smart logistics: distributed control of green crowdsourced parcel services[J]. International Journal of Production Research, 54(23): 6956-6968.

Li A S, Soh B, Bhatti M I, et al. 2016. Data-centric view of knowledge in information systems literature review[J]. International Journal of Services, Economics and Management, 7(2/3/4): 111-123.

Li H M, Wu H F, Wang Q G, et al. 2017a. Chemical partitioning of fine particle-bound metals on haze-fog and non-haze-fog days in Nanjing, China and its contribution to human health risks[J].

Atmospheric Research, 183: 142-150.

Li H Z, Liu K, Gu J J, et al. 2017b. The development and impact of primary health care in China from 1949 to 2015: A focused review[J]. The International Journal of Health Planning and Management, 32(3): 339-350.

Li L, Fu H Q. 2017. China's health care system reform: progress and prospects[J]. The International Journal of Health Planning and Management, 32(3): 240-253.

Li Y R, Wei Y H D. 2010. The spatial-temporal hierarchy of regional inequality of China[J]. Applied Geography, 30(3): 303-316.

Light P, Butterworth G. 2018. Context and Cognition: Ways of Learning and Knowing[M]. London: Routledge.

Lin Y C, Hsu S C, Chou C C K, et al. 2016. Wintertime haze deterioration in Beijing by industrial pollution deduced from trace metal fingerprints and enhanced health risk by heavy metals[J]. Environmental Pollution, 208: 284-293.

Liu C, Hsu P C, Lee H W, et al. 2015a. Transparent air filter for high-efficiency $PM_{2.5}$ capture[J]. Nature Communications, 6: 6205.

Liu Y, Liu X, Gao S, et al. 2015b. Social sensing: a new approach to understanding our socioeconomic environments[J]. Annals of the Association of American Geographers, 105(3): 512-530.

Louail T, Lenormand M, Cantu Ros O G, et al. 2014. From mobile phone data to the spatial structure of cities[J]. Scientific Reports, 4: 5276.

Lucas R E, Lawless N M. 2013. Does life seem better on a sunny day? Examining the association between daily weather conditions and life satisfaction judgments[J]. Journal of Personality and Social Psychology, 104(5): 872-884.

Ludwick A, Fu R W, Warden C, et al. 2009. Distances to emergency department and to primary care provider's office affect emergency department use in children[J]. Academic Emergency Medicine : Official Journal of the Society for Academic Emergency Medicine, 16(5): 411-417.

Lujala P, Lein H, Rød J K. 2015. Climate change, natural hazards, and risk perception: the role of proximity and personal experience[J]. Local Environment, 20(4): 489-509.

Lv Y S, Duan Y J, Kang W W, et al. 2015. Traffic flow prediction with big data: a deep learning approach[J]. IEEE Transactions on Intelligent Transportation Systems, 16(2): 865-873.

Ma J, Cheng J C P. 2016. Estimation of the building energy use intensity in the urban scale by integrating GIS and big data technology[J]. Applied Energy, 183: 182-192.

Madden S. 2012. From databases to big data[J]. IEEE Internet Computing, 16(3): 4-6.

Martínez L M, Viegas J M. 2013. A new approach to modelling distance-decay functions for accessibility assessment in transport studies[J]. Journal of Transport Geography, 26: 87-96.

McAfee A, Brynjolfsson E. 2012. Big data: the management revolution[J]. Harvard Business Review,

90(10): 60-66, 68, 128.

Mehrotra A, Wang M C, Lave J R, et al. 2008. Retail clinics, primary care physicians, and emergency departments: a comparison of patients'visits[J]. Health Affairs, 27(5): 1272-1282.

Meng Q Y, Zhang J, Yan F, et al. 2012. One country, two worlds-the health disparity in China[J]. Global Public Health, 7(2): 124-136.

Nair B. 2014. Reaping ROI from big data[J]. CSI Communications, 38(3): 28.

Nakov P, Rosenthal S, Kiritchenko S, et al. 2016. Developing a successful SemEval task in sentiment analysis of twitter and other social media texts[J]. Language Resources and Evaluation, 50(1): 35-65.

Nguyen T H, Shirai K, Velcin J. 2015. Sentiment analysis on social media for stock movement prediction[J]. Expert Systems with Applications, 42(24): 9603-9611.

Olshannikova E, Ometov A, Koucheryavy Y, et al. 2015. Visualizing big data with augmented and virtual reality: challenges and research agenda[J]. Journal of Big Data, 2(1): 22.

Oppong J R, Ironside R G, Kennedy L W. 1988. Perceived quality of life in a centre-periphery framework[J]. Social Indicators Research, 20: 605-620.

Ordenes F V, Ludwig S, de Ruyter K, et al. 2017. Unveiling what is written in the stars: analyzing explicit, implicit, and discourse patterns of sentiment in social media[J]. Journal of Consumer Research, 43(6): 875-894.

Ortiz-Astorquiza C, Contreras I, Laporte G. 2018. Multi-level facility location problems[J]. European Journal of Operational Research, 267(3): 791-805.

Pan J, Qin X Z, Li Q, et al. 2015. Does hospital competition improve health care delivery in China?[J]. China Economic Review, 33: 179-199.

Pepe A, Bollen J. 2008. Between conjecture and memento: shaping a collective emotional perception of the future[EB/OL]. https://arxiv.org/pdf/0801.3864.pdf[2023-12-29].

Provost F, Fawcett T. 2013. Data science and its relationship to big data and data-driven decision making[J]. Big Data, 1(1): 51-59.

Qiu L, Lin H, Ramsay J, et al. 2012. You are what you tweet: personality expression and perception on twitter[J]. Journal of Research in Personality, 46(6): 710-718.

Quan C Q, Ren F J. 2010. A blog emotion corpus for emotional expression analysis in Chinese[J]. Computer Speech & Language, 24(4): 726-749.

Rässler S. 2004. Data fusion: identification problems, validity, and multiple imputation[J]. Austrian Journal of Statistics, 33: 153-171.

Ramesh M, Wu X, He A J. 2014. Health governance and healthcare reforms in China[J]. Health Policy and Planning, 29(6): 663-672.

Rosenberg M. 2014. Health geography I: social justice, idealist theory, health and health care[J]. Progress in Human Geography, 38(3): 466-475.

Rout J K, Choo K K R, Dash A K, et al. 2018. A model for sentiment and emotion analysis of unstructured social media text[J]. Electronic Commerce Research, 18(1): 181-199.

Ruijsbroek A, Mohnen S M, Droomers M, et al. 2017. Neighbourhood green space, social environment and mental health: an examination in four European cities[J]. International Journal of Public Health, 62(6): 657-667.

Sahoo P, Nataraj G, Dash R K. 2012. China's growth story: the role of physical and social infrastructure[J]. Journal of Economic Development, 37(1): 53-75.

Schintler L A, Kulkarni R. 2014. Big data for policy analysis: the good, the bad, and the ugly[J]. Review of Policy Research, 31(4): 343-348.

Schmid A, Cacace M, Götze R, et al. 2010. Explaining health care system change: problem pressure and the emergence of "hybrid" health care systems[J]. Journal of Health Politics, Policy and Law, 35(4): 455-486.

Schoen C, Osborn R, Doty M M, et al. 2007. Toward higher-performance health systems: adults' health care experiences in seven countries, 2007[J]. Health Affairs, 26(6): w717-w734.

Schooling C M, Kwok M K, Yau C, et al. 2011. Spatial proximity and childhood hospital admissions in a densely populated conurbation: evidence from Hong Kong's "children of 1997" birth cohort[J]. Health & Place, 17(5): 1038-1043.

Setianto A, Triandini T. 2013. Comparison of Kriging and inverse distance weighted(IDW) interpolation methods in lineament extraction and analysis[J]. Journal of Applied Geology, 5(1): 21-29.

Shi Q, Abdel-Aty M. 2015. Big data applications in real-time traffic operation and safety monitoring and improvement on urban expressways[J]. Transportation Research Part C: Emerging Technologies, 58: 380-394.

Spence A, Pidgeon N. 2009. Psychology, climate change & sustainable behaviour[J]. Environment Science and Policy for Sustainable Development, 51(6): 8-18.

Stieglitz S, Dang-Xuan L. 2013. Emotions and information diffusion in social media: sentiment of microblogs and sharing behavior[J]. Journal of Management Information Systems, 29(4): 217-248.

Sun X, Wang W K, Sun T, et al. 2018. Understanding the living conditions of Chinese urban neighborhoods through social infrastructure configurations: the case study of Tianjin[J]. Sustainability, 10(9): 3243.

Sun X, Yang W T, Sun T, et al. 2019. Negative emotion under haze: an investigation based on the microblog and weather records of Tianjin, China[J]. International Journal of Environmental Research and Public Health, 16(1): 86.

Syed S T, Gerber B S, Sharp L K. 2013. Traveling towards disease: transportation barriers to health care access[J]. Journal of Community Health, 38(5): 976-993.

Tan W, Blake M B, Saleh I, et al. 2013. Social-network-sourced big data analytics[J]. IEEE Internet Computing, 17(5): 62-69.

Tang N. 2014. Big data cleaning[C]//Chen L, Jia Y, Sellis T, et al. Asia-Pacific Web Conference. Cham: Springer: 13-24.

Teisman G R, Klijn E-H. 2008. Complexity theory and public management: an introduction[J]. Public Management Review, 10(3): 287-297.

Triguero-Mas M, Dadvand P, Cirach M, et al. 2015. Natural outdoor environments and mental and physical health: relationships and mechanisms[J]. Environment International, 77: 35-41.

Tseng C-M, Chau S C-K, Liu X. 2019. Improving viability of electric taxis by taxi service strategy optimization: a big data study of New York City[J]. IEEE Transactions on Intelligent Transportation Systems, 20(3): 817-829.

Wamba S F, Akter S, Edwards A, et al. 2015. How " big data "can make big impact: findings from a systematic review and a longitudinal case study[J]. International Journal of Production Economics, 165: 234-246.

Wang F H. 2012. Measurement, optimization, and impact of health care accessibility: a methodological review[J]. Annals of the Association of American Geographers, 102(5): 1104-1112.

Wang H H X, Wang J J, Wong S Y S, et al. 2015. The development of urban community health centres for strengthening primary care in China: a systematic literature review[J]. British Medical Bulletin, 116(1): 139-154.

Wang L T, Wei Z, Yang J, et al. 2014. The 2013 severe haze over southern Hebei, China: model evaluation, source apportionment, and policy implications[J]. Atmospheric Chemistry and Physics, 14(6): 3151-3173.

Wang L Y. 2017. County integrated healthcare organization, China solution of rural health[J]. Chinese Studies, 6(3): 161-166.

Wang R H, Li Y T, Ge Y Q. 2018a. Present situation and reflection of the construction of medical alliance[J]. Medicine & Philosophy(A), 39(2): 59-62.

Wang X, Birch S, Zhu W M, et al. 2016. Coordination of care in the Chinese health care systems: a gap analysis of service delivery from a provider perspective[J]. BMC Health Services Research, 16(1): 571.

Wang Y F, Chen B Y, Yuan H, et al. 2018b. Measuring temporal variation of location-based accessibility using space-time utility perspective[J]. Journal of Transport Geography, 73: 13-24.

Watson D, Tellegen A. 1985. Toward a consensual structure of mood[J]. Psychological Bulletin, 98(2): 219-235.

Watts N, Adger W N, Agnolucci P, et al. 2015. Health and climate change: policy responses to protect public health[J]. Lancet, 386(10006): 1861-1914.

Wu X D, Zhu X Q, Wu G Q, et al. 2014. Data mining with big data[J]. IEEE Transactions on Knowledge and Data Engineering, 26(1): 97-107.

Xiao Y, Gao Z Y, Qu Y C, et al. 2016. A pedestrian flow model considering the impact of local density: Voronoi diagram based heuristics approach[J]. Transportation Research Part C: Emerging Technologies, 68: 566-580.

Xu P, Chen Y F, Ye X J. 2013. Haze, air pollution, and health in China[J]. Lancet, 382(9910): 2067.

Yang D-H, Goerge R, Mullner R. 2006. Comparing GIS-based methods of measuring spatial accessibility to health services[J]. Journal of Medical Systems, 30(1): 23-32.

Yin C H, He Q S, Liu Y F, et al. 2018. Inequality of public health and its role in spatial accessibility to medical facilities in China[J]. Applied Geography, 92: 50-62.

Yip W C M, Hsiao W C, Chen W, et al. 2012. Early appraisal of China's huge and complex health-care reforms[J]. The Lancet, 379(9818): 833-842.

Zhang F, Zhang D, Liu Y, et al. 2018. Representing place locales using scene elements[J]. Computers, Environment and Urban Systems, 71: 153-164.

Zhang H, Hu H M, Wu C, et al. 2015a. Impact of China's public hospital reform on healthcare expenditures and utilization: a case study in ZJ province[J]. PLoS One, 10(11): e0143130.

Zhang J J, Cui M M, Fan D, et al. 2015b. Relationship between haze and acute cardiovascular, cerebrovascular, and respiratory diseases in Beijing[J]. Environmental Science and Pollution Research, 22(5): 3920-3925.

Zhang X, Zhang X B, Chen X. 2017. Happiness in the air: how does a dirty sky affect mental health and subjective well-being?[J]. Journal of Environmental Economics and Management, 85(sep.): 81-94.

Zhang Y L, Cao F. 2015. Fine particulate matter($PM_{2.5}$) in China at a city level[J]. Scientific Reports, 5: 14884.

Zhang Y P, Lin D, Mi Z F. 2019. Electric fence planning for dockless bike-sharing services[J]. Journal of Cleaner Production, 206: 383-393.

Zhang Z L, Wang J, Chen L H, et al. 2014. Impact of haze and air pollution-related hazards on hospital admissions in Guangzhou, China[J]. Environmental Science and Pollution Research, 21(6): 4236-4244.

Zhao J C, Dong L, Wu J J, et al. 2012. MoodLens: an emoticon-based sentiment analysis system for Chinese tweets[C]. Beijing: The 18th ACM SIGKDD International Conference on Knowledge Discovery and Data Mining: 1528-1531.

Zhao W C, Cheng J P, Li D L, et al. 2013. Urban ambient air quality investigation and health risk assessment during haze and non-haze periods in Shanghai, China[J]. Atmospheric Pollution Research, 4(3): 275-281.

Zheludev I, Smith R, Aste T. 2014. When can social media lead financial markets?[J]. Scientific

Reports, 4: 4213.

Zheng G J, Duan F K, Su H, et al. 2015. Exploring the severe winter haze in Beijing: the impact of synoptic weather, regional transport and heterogeneous reactions[J]. Atmospheric Chemistry and Physics, 15(6): 2969-2983.

Zheng Y, Capra L, Wolfson O, et al. 2014. Urban computing: concepts, methodologies, and applications[J]. ACM Transactions on Intelligent Systems and Technology, 5(3): 1-55.

Zhou J, Chen A L, Cao Q L, et al. 2015. Particle exposure during the 2013 haze in Singapore: importance of the built environment[J]. Building and Environment, 93(11): 14-23.

Zhu F H, Li Z J, Chen S H, et al. 2016. Parallel transportation management and control system and its applications in building smart cities[J]. IEEE Transactions on Intelligent Transportation Systems, 17(6): 1576-1585.

Zhuhadar L, Thrasher E, Marklin S, et al. 2017. The next wave of innovation: review of smart cities intelligent operation systems[J]. Computers in Human Behavior, 66: 273-281.

Zuiderwijk A, Janssen M. 2014. Open data policies, their implementation and impact: a framework for comparison[J]. Government Information Quarterly, 31(1): 17-29.

Zuo X, Zhen C, Ye X Q, et al. 2018. The current situation and effectiveness evaluation of medical staff's participation in medical alliances in Beijing[J]. Chinese Journal of Health Policy, 11(2): 37-43.

第二篇

人工智能背景下政府决策风险与智能决策优化研究

第五章　政府治理中的决策风险分类与评估

政府治理决策是众多决策形式中的一种。决策制定时由于其主体与客体都具有动态性，如果决策条件不够成熟和完备，就会使决策活动陷入纷乱复杂、难以控制的局面，造成决策实施偏离预期目标和程序，进而造成决策风险。

第一节　政府治理决策风险的分类

常见的政府治理决策风险分类方法是根据决策风险因素的来源不同进行分类，具体可分为内部风险和外部风险。政府治理决策的特殊性及重要性决定了政府在决策过程中要充分考虑内外部风险因素，尽最大可能规避可能对决策效果及社会稳定发展产生的不利影响，以保证决策目标的顺利实现，促进政府公共管理职能的有效落实。

一、政府治理决策内部风险因素分析

（一）决策者自身素质的缺陷

毫不夸张地说，组织是靠人们做决定来运作的。决策者通过执行决策来计划、组织、管理、领导和控制团队。这些决策的有效性和质量决定了管理者的成功程度。随着科学技术的快速发展，知识推陈出新的周期不断缩短，政府治理决策者需要面对更加复杂的决策环境，而决策者的知识和能力难以与之相匹配；同时，现代政府治理决策中，决策者通常需要综合考虑经济、政治因素，整个决策过程依赖于正确的人在正确的时间获得正确的信息。然而，政府治理决策者知识结构的不合理会使其进行科学决策愈加困难。由于这个原因，决策中容易出现纰漏，决策风险随时可能发生。

（二）决策主体单一

政府在制定重大行政决策之前应该广泛征集民意，遵循民主决策原则，确保公众的知情权并通过各种形式使其参与到决策中去。但是，在征集民意的过程中往往缺乏具体的适用规则。

事实上，公民参与政府治理的意愿远远高于他们实际参与的意愿。要实现协商一致的治理，从而实现可持续发展，就必须为他们与政府的有效互动创造条件，将参与转化为主要的治理工具，能够使人们的生活发生切实的变化。让公民广泛参与的政策制定活动，包括确定服务水平、预算优先事项和实体建设项目的可接受性，以便使政府计划面向社区需求，建立公众支持，并增强社区内的凝聚力。公民参与有利于弥补政府专业知识的缺乏，降低决策的风险，推动政府治理决策科学化。

（三）决策过程监督乏力

虽然我国已有内外结合的监督机制，但是在政府治理决策过程中监督乏力的情况依然存在。这一现象会严重影响政府治理决策的质量，造成决策失误，进而造成过程控制失控，影响整个社会发展的质量和效率。当前政府治理决策在监督管理上的问题主要有两方面：首先，缺乏有效的决策监督和反馈机制，一些监管手段流于形式。其次，一些监管手段过分强调奖惩，没有实现真正有效的监督。

（四）决策责任追究机制的不完善

部分政府治理决策者由于失职，致使国家或集体利益遭受损害的，必须追究其责任。目前，政府治理决策的责任追究以追究行政责任为主，很少涉及刑事责任，这往往导致政府治理决策追责机制的威慑力不足。决策责任追究机制的不健全会造成政府治理决策中风险和责任意识的淡薄，加剧了决策风险出现的可能性。如果不能有效地预防政府治理决策风险，责任归属又十分模糊，那政府治理决策的合理性也就得不到保障（夏金莱，2015）。

二、政府治理决策外部风险因素分析

对于政府治理决策来说，不仅要应对体制内部的风险因素，更要应对体制外部的众多风险因素，这些风险因素构成了政府治理决策风险发生的外部根源。

（一）经济因素

经济因素的变动会对政府治理决策产生较大的影响。随着经济全球化趋势进一步凸显，我国在未来很长一段时间内需要越来越重视经济因素对于政府治理决策的影响。宏观上，经济危机容易导致政府治理决策的不确定性突增；微观上，企业的经营波动也会影响政府治理决策的执行。这些宏观和微观方面的经济因素都对政府治理决策而言具有重要影响，重视程度不够很容易导致政府治理决策风险的发生。

（二）生态环境因素

生态环境是另一个影响政府治理决策的重要因素。目前，我国生态环境保护取得了一定的成效，立法也日益完善，但目前个别地方的经济发展模式仍然比较粗放，生态保护的观念还没有深入人心，生态环境保护的制度还有待进一步细化。在保护过程中，政府自身承担的责任过重，没有充分发挥社会力量及实现协同共治。因此，有必要进一步推进生态治理现代化，充分发挥多主体协同治理的巨大优势，避免政府治理决策风险的发生。

（三）社会因素

一个和谐、稳定的社会环境是政府治理决策能够有效制定和实行的重要前提，而社会环境中的众多不确定因素很容易导致政府治理决策风险的发生。当前形势下，由于社会治理体制有待完善，治理水平有待进一步提升。环境污染、食品药品安全和医患关系等议题是社会的焦点问题，处理不慎将影响社会和谐、稳定。因此，政府治理决策必须要充分考虑社会因素的影响。

第二节　政府治理决策风险的评估

准确评估政府治理决策风险是妥善应对决策风险的前提，政府在进行重大决策之前有必要进行决策风险的评估。在确定决策风险可控之前，不能轻易实施决策。此外，政府很难独立承担风险治理的责任，风险的治理需要依靠社会各界的共同参与。基于多元主体参与的政府治理决策风险评估机制主要包括以下几个方面。

一、政府主导

社会共治强调多元主体的参与以及政府与公众的良性互动。政府作为资源最为充沛、运行效率较为高效的机构，并能借助各种强制手段有效维护风险治理的秩序，因此风险评估的主导工作主要应该由政府进行。政府治理决策风险评估需要多元主体的参与才能保证其有效性，然而，由于风险治理主体的多元化，可能存在各主体相互制约和风险评估顺序混乱的情况。为了实现政府治理决策的有序风险评估，政府应该充分发挥其资源整合以及统筹规划的能力，利用好各个主体的优势，进而优化政府治理决策。

二、公民参与

政府治理决策实际上是政府对公共资源和社会利益的权威性分配，而公民作为公共资源的所有者和社会利益的创造者，其有权参与到监督决策过程中（张紧跟，2017）。为了促进公民参与，一是需要进一步完善政府治理决策的监督和反馈机制。二是建立政府治理决策的民意沟通和协商机制，促进政府与公众的沟通。三是建立政府治理决策的投票表决机制。对于一些政府治理决策方案，可以采用投票表决的方式进行决策。四是建立政府治理决策的听证机制。对于某些有法可依的决策，可以借助听证机制来帮助决策的制定，听证会需要设置在做出政府治理决策之前，由政府部门将政府治理决策的相关信息告知相关利害关系人。五是建立政府治理决策的选举和新闻报道机制。政府部门应该允许新闻媒体参与到政府治理决策的制定过程中，监督决策制定的全过程。

三、专家咨询

随着决策风险涉及的领域不断扩大，复杂程度不断加深，政府治理决策风险评估工作的难度将变得更大，专业性要求也更强。因此，政府治理决策风险评估单靠政府自身是很难完成的（胡志强等，2018）。只有合理发挥专家咨询的作用，才能保证政府治理决策风险评估的准确性和科学性。咨询专家在政府治理决策风险评估中主要承担的责任是充分发挥自身专业优势，最大限度地为风险评估提供决策支持。

目前关于政府治理决策专家咨询的立法基本上还处于空白状态，而专家咨询机制必须纳入法治化的轨道才能切实发挥其功效。为确保专家咨询的独立性，使决策咨询机构能对政府治理决策的风险评估客观地表达意见，必须要用法律的形式，将专家咨询机制固定下来（姜晓萍和范逢春，2005）。随着我国法律法规的进一步完善和健全，还应该通过立法来确立政府治理决策咨询机构的权利和义务，建立专门的政府治理决策风险评估专家咨询机制，进而保证政府治理决策风险评估能够顺利进行。

第三节　政府治理决策风险评估案例

金融风险管理是政府治理决策的重要组成部分，政府作为社会的主要管理者，可以凭借自身在法律、政策、制度等方面的供给和执行优势，通过行政、经济、法律和信息等诸多领域的手段进行金融风险管理。由于信用卡欺诈检测是金融风险管理领域最重要的决策问题之一，下面具体介绍基于人工智能的信用卡欺诈检测中的决策风险评估问题。

一、背景介绍

一般而言，信用卡欺诈可以被定义为未经授权使用信用卡、不寻常的交易行为或在非活动卡上进行的交易（Syeda et al.，2002）。近年来随着移动互联网、电子商务和互联网金融等领域的高速发展，信用卡欺诈也变得越来越频繁，获得了广泛的关注。仅在 2016 年，信用卡欺诈就导致全球损失 220 亿美元。此外，信用卡欺诈还有更广泛的影响，如此类欺诈为有组织犯罪、国际毒品贩运，甚至恐怖主义提供了资金（Bhattacharyya et al.，2011）。因此，信用卡欺诈不仅会扰乱现有的金融秩序，还可能危害社会稳定，对政府治理造成了巨大的挑战。为了降低信用卡欺诈带来的损失以及人工检测所需要的成本，在过去的几十年中，包括深度神经网络、逻辑回归（logistic regression，LR）、元学习、决策树及支持向量机（support vector machine，SVM）在内的人工智能模型被成功应用于信用卡欺诈检测当中，并取得了令人满意的结果（Abbasi et al.，2012；Abdallah et al.，2016；Chang and Liu Sheng，2008；Xiao et al.，2020c）。目前信用卡欺诈检测已经成为人工智能在政府治理决策中最成熟的应用之一（Phua et al.，2010）。

一般而言，信用卡欺诈检测可以被看成一个二分类问题，即根据样本的特征将不同样本分成两类：欺诈交易样本和正常交易样本。已有的研究主要关注如何提升信用卡欺诈检测模型的分类性能（如分类准确率），而很少关注信用卡欺诈检测模型的决策风险。事实上，信用卡欺诈检测可以被看成银行和欺诈者之间的军备竞赛。一方面，银行在不断优化自己的检测技术以最大化地降低信用卡欺诈所带来的损失。另一方面，全世界的欺诈者每时每刻都在探索实施信用卡欺诈的新方法，已经形成了很多经验丰富、有组织的群体，甚至还能使用自动化软件来提高自身的欺诈成功率（Phua et al.，2012）。在该背景下，面对技术和经验不断提升的欺诈者，信用卡欺诈检测决策风险分析变得尤为重要。目前，仅有少量文献从博弈论的角度对信用卡欺诈检测决策风险进行了初步研究。例如，Vatsa 等（2005）的研究表明，当欺诈检测系统采用静态的欺诈识别策略时，欺诈者最终有机会学习到一种纳什均衡策略，在该策略下，欺诈者能够一直保持欺诈交易不被欺诈检测系统发现。Zeager 等（2017）的研究发现，当面对能够不断学习的欺诈者时，相比静态的欺诈检测系统，基于博弈论的动态欺诈检测系统能够为银行提供更有效的防御。尽管这些研究看起来很有前景，但信用卡欺诈检测并不是一种有明确规则的游戏，现实约束往往十分复杂，很难纳入现有的博弈论分析框架。因此，基于博弈论的信用卡欺诈检测决策风险研究是否真的符合现实情况有待进一步证实（Biggio et al.，2013；Biggio and Roli，2018）。

近年来，大量研究表明人工智能模型很容易受到智能攻击：给定一个测试样本，攻击者只需要在测试阶段对该样本添加一个精心设计的扰动，就能生成容易被目前性能最优的人工智能模型所错误分类的对抗样本（Szegedy et al.，2014；Woods et al.，2019）。在该背景下，人工智能模型的决策风险可以被定义为模型在受到智能攻击时分类性能的下降程度：面对同样的攻击，性能下降程度越大的模型决策风险越高。根据攻击者对目标模型（被攻击的模型）的了解程度不同，已有的智能攻击大致可以分为两类：智能白箱攻击算法和智能黑箱攻击算法（Biggio and Roli，2018）。在智能白箱攻击算法中攻击者知道目标模型的所有信息，包括模型的训练集、类型、结构及参数。而在智能黑箱攻击算法中，攻击者不知道目标模型的内部细节，只能够观察模型对输入样本的输出结果。值得一提的是，用于生成对抗样本的攻击算法可能会被误认为与生成式对抗网络（Goodfellow et al.，2014；Hu et al.，2019）有关，其实两者在使用的技术及应用领域方面大不相同。作为一种深度神经网络（LeCun et al.，2015），生成式对抗网络由一个生成模型和一个判别模型组成，这两个模型相互竞争，进行零和极大极小博弈。生成式对抗网络主要用于图像处理领域，包括图片修复、图片合成、超分辨率成像等。而现有的攻击算法主要基于各类优化技术，生成的对抗样本主要被用于评估人工智能模型的决策风险。与智能白箱攻击算法相比，智能黑箱攻击算法所需要的关于目标模型的信息更少，更符合现实情况，同时也更难实施。在现实中，智能黑箱攻击可能会带来非常严重的后果。假设一家银行正在使用人工智能模型进行信用卡欺诈检测，人工智能模型会根据每笔交易的特征，如消费的金额、购买的商品类别、交易的地点来判断该交易是否属于欺诈交易。当模型认为某一笔交易大概率属于欺诈交易时，该银行就可以及时与持卡人进行联系并采取相应的措施，从而最大程度地降低欺诈带来的损失。如果信用卡欺诈者掌握了智能黑箱攻击技术，他们在获得持卡人信用卡的各项信息之后可以有针对性地调整交易行为，将欺诈交易伪装成正常交易以保证欺诈交易不被银行的欺诈检测模型所识别，最终使银行和持卡人蒙受巨大的损失。目前，智能黑箱攻击算法已经被证明可以成功攻击图像识别以及垃圾邮件检测等领域的人工智能模型（Chen et al.，2017；Gao et al.，2018a；Papernot et al.，2017），这说明现实中基于人工智能的分类系统可能存在巨大的决策风险。因此，对智能黑箱攻击算法进行深入研究有助于更好地评估和降低分类模型的决策风险，这引起了学术界的广泛关注（Finlayson et al.，2019；Heaven，2019；Pereira and de Carvalho，2019）。

已有的智能黑箱攻击算法大致可以分为三类（Brendel et al.，2017；Li et al.，2018）：基于迁移的攻击算法；基于评分的攻击算法；基于决策的攻击算法。

基于迁移的智能黑箱攻击算法主要基于迁移现象：针对某一种人工智能模型的对抗样本常常也会被其他的人工智能模型错误分类（Papernot et al.，2017）。为了攻击目标模型，攻击者首先会训练一个与目标模型尽可能相似的替代模型。对于攻击者而言，替代模型的全部信息都是已知的，因此可以使用已有的智能白箱攻击算法来生成能够成功欺骗替代模型的对抗样本。根据迁移现象，这些对抗样本大概率也能成功欺骗攻击者真正想要攻击的目标模型。Papernot 等（2016）首次提出了一种基于迁移的智能黑箱攻击算法。为了得到一个和目标模型十分相似的替代模型，该算法首先需要攻击者收集一个很小的初始训练集并在该训练集上训练一个初始的 LR 或深度神经网络替代模型；其次，该算法使用基于雅克比矩阵的数据扩充方法来生成不含类别标签的合成样本；再次，该算法向目标模型查询这些合成样本的类别标签，之后将这些标记后的合成样本加入到初始训练集当中并重新训练新的替代模型；最后，不断重复上述步骤以得到一个和目标模型更为相似的替代模型。根据训练得到的替代模型，Papernot 等使用经典的智能白箱攻击算法——快速梯度符号法（Goodfellow et al.，2015）来生成对抗样本，并用这些样本来攻击包括深度神经网络、LR、SVM、决策树、k 近邻（k-nearest neighbour，KNN）及集成模型在内的六种目标模型。在图像分类数据集 MINIST 上的实验结果显示，根据 LR 和深度神经网络替代模型生成的对抗样本往往也会被上述六种目标模型错误分类。进一步，Papernot 等（2017）还利用上述智能黑箱攻击算法来攻击现实中的分类模型。MetaMind、亚马逊及谷歌三家公司都有自己的人工智能平台并提供人工智能模型在线训练服务，用户只需上传训练数据就可以得到训练好的分类模型。在整个训练过程中，用户不知道分类模型的具体结构、参数甚至类型。为了尽可能真实地模拟现实中的智能黑箱攻击，他们首先在这些平台上传 MINIST 数据集并让平台代为训练目标模型，然后使用基于迁移的智能黑箱攻击算法来攻击这些目标模型。实验结果显示，上述三个平台的目标模型都错误分类了 80%以上的对抗样本。Papernot 等（2017）提出智能黑箱攻击算法在训练替代模型时需要向目标模型查询大量样本的类别标签，这往往需要耗费大量的时间。为了应对这一问题，Li 等（2018a）将主动学习技术引入到基于迁移的智能黑箱攻击当中，提出了一种高效查询的智能黑箱攻击算法。在向目标模型查询样本类别标签的过程中，主动学习技术被用来筛选出那些信息量最大的样本并加以查询。在两个图像分类数据集 MINIST 和 CIFAR-10 上的大量实验结果表明，针对目标模型卷积神经网络（convolutional neural networks，CNN），该攻击算法在保持攻击成功率不变的同时减少了 90%以上的查询。

基于评分的智能黑箱攻击算法是根据目标模型对输入样本属于各个类别的概率评分来估计目标模型损失函数的梯度，进而构造相应的对抗样本。整个过程既不需要知道目标模型的内部信息，也不需要训练额外的替代模型。Chen 等（2017）提出了一种基于零阶优化的智能黑箱攻击算法。为了将原始样本构造成一个对抗样本，该攻击算法首先向目标模型查询原始样本属于各个类别的概率评分，其次使用对称差商法来估计损失函数的梯度，最后根据估计得到的梯度使用零阶优化方法来生成对抗样本。在图像分类数据集 MINIST、CIFAR-10 和 ImageNet 上的实验结果表明，针对目标模型深度神经网络，该智能黑箱攻击算法的攻击性能与目前最先进的智能白箱攻击算法 C&W（Carlini and Wagner，2017）相当，并且显著优于已有的基于迁移的智能黑箱攻击算法。为了尽可能地减少基于零阶优化的智能黑箱攻击算法向目标模型查询的次数，Tu 等（2019）提出了一种基于自编码零阶优化方法的智能黑箱攻击框架。该框架采用了一种新的自适应随机全梯度估计策略，在查询数量和预测误差之间取得平衡，并采用一种解码器来加速算法收敛。在图像分类数据集 MINIST、CIFAR-10 和 ImageNet 上的实验结果显示，针对目标模型深度神经网络，相比基于零阶优化的智能黑箱攻击，该框架在保证攻击成功率相近的前提下能够减少 93%以上的查询量。进一步，Narodytska 和 Kasiviswanathan（2016）提出了一种基于局部贪婪搜索的攻击算法。该算法向随机选择的单个或一组像素添加扰动，然后利用局部贪婪搜索来对像素的扰动进行优化进而提高攻击的有效性。在五个图像分类数据集 CIFAR-10、MINIST、SVHN、STL-10 和 ImageNet 上的实验结果显示，针对目标模型 CNN，该攻击算法总体上要优于快速梯度符号法（Goodfellow et al.，2015）。总的来说，相比基于迁移的智能黑箱攻击算法，基于评分的智能黑箱攻击算法的优点在于不需要训练替代模型，但缺点是需要确切地知道目标模型返回的每个输入样本属于各个类别的评分，而且往往需要向目标模型进行更多次数的查询。

基于决策的智能黑箱攻击算法的特点是仅仅依靠目标模型对每个输入样本的

最终分类决策来生成对抗样本。相比上述两类攻击方法，基于决策的智能黑箱攻击算法既不需要训练替代模型，也不需要知道每个输入样本属于各个类别的概率评分，但是往往需要对目标模型进行更多次的查询以达到最优的攻击性能。Yu 等（2018a）首次对基于决策的智能黑箱攻击进行了定义，并提出了一种称为边界攻击的智能黑箱攻击算法。为了生成对抗样本，该算法首先在原始样本上添加一个大的对抗性扰动；然后，在保证该样本被目标模型分类错误的同时逐渐减少扰动，直至算法收敛。生成的对抗样本被用于攻击目标模型 CNN，在三个图像分类数据集 MINIST、CIFAR-10 和 ImageNet 上的实验结果表明，在仅知道目标模型对输入样本的分类决策的情况下，该算法取得了和快速梯度符号法（Goodfellow et al.，2015）、深度欺骗和 C&W（Carlini and Wagner，2017）等三种传统的智能白箱攻击算法相当的攻击性能。进一步地，Gao 等（2018a）提出了一种专门针对垃圾邮件检测模型的攻击算法 DeepWordBug。该算法首先根据目标模型的决策结果来选出对分类最重要的单词，其次通过一个转化算法对选出的单词进行修改以生成对抗样本，最后使用这些对抗样本来攻击目前检测性能最好的递归神经网络。在一个垃圾邮件分类数据集上的实验结果显示，该攻击算法使目标模型分类准确率下降了约 70%。

上述工作对基于人工智能的分类模型决策风险研究做出了重要贡献，但是主要针对图像识别和垃圾邮件检测领域。就我们所知，目前还没有研究基于人工智能的信用卡欺诈检测模型遭遇智能黑箱攻击时的决策风险问题，因此，现有的基于人工智能的信用卡欺诈检测模型是否存在决策风险还不得而知。与此同时，已有的智能黑箱攻击算法也难以被直接用于评估信用卡欺诈检测模型的决策风险，原因主要有以下两点。

第一，信用卡欺诈者在尝试进行欺诈交易后往往只会知道该交易是否成功，而不会知道信用卡欺诈检测模型认为该交易属于欺诈交易的概率评分，这就直接规避了所有基于评分的智能黑箱攻击算法。

第二，为了达到满意的攻击效果，已有的三类智能黑箱攻击算法往往需要向目标模型进行大量且有序的查询，尽管有不少关于提升查询效率的研究，但是一次成功的攻击仍然需要至少上千次有序的查询（Li et al.，2018b）。在现实的信用卡欺诈检测中，欺诈者在每次查询后往往都要等待很长一段时间才能得到银行的反馈结果，大量且有序的查询必然需要花费大量的时间。此外，大量的查询还会增加信用卡欺诈者被抓住的概率。因此，出于时间成本和风险的考虑，欺诈者不太可能使用已有的智能黑箱攻击算法进行信用卡欺诈。由于基于评分的智能黑箱攻击算法和基于决策的智能黑箱攻击算法都完全依赖于向目标模型查询的反馈结果，因此，当信用卡欺诈检测中欺诈者的查询能力被限制时，这两类攻击算法都是不可行的。另外，对于基于迁移的智能黑箱攻击算法而言，向目标模型查询是为了训练和目标模型更加相似的替代模型，因此，当欺诈者的查询能力被限制时，传统的基于迁移的智能黑箱攻击算法的攻击效果可能会大大降低。信用卡欺诈检测的上述特点引出了一个问题：能否在不对目标模型进行大量查询的前提下来构建基于迁移的攻击算法？

综上，为了系统地评估基于人工智能的信用卡欺诈检测的决策风险，本案例提出了一个基于智能黑箱攻击的信用卡欺诈检测决策风险评估框架——IBA-SEF；在该框架下，进一步将半监督学习技术和基于迁移的智能黑箱攻击相结合，提出了一种半监督迁移黑箱攻击算法（semi-supervised transfer black-box attack algorithm，STBA）来评估已有的基于人工智能的信用卡欺诈检测的决策风险。事实上，在信用卡欺诈检测中，虽然欺诈者只能通过有限次的查询来获得少量有类别标签的样本，但却可能通过很多方式来收集大量无类别标签的样本。例如，从暗网购买遭泄露的客户数据（Benaroch and Chernobai，2017）以及收买金融机构的内部人员（Willison and Warkentin，2013）。而半监督学习技术的基本思想在于能够同时利用少量有类别标签和大量无类别标签样本来建模（Zhou and Li，2010）。因此，本案例提出的 STBA 算法，不需要向目标模型查询大量样本的类别标签，而是利用半监督学习技术从无类别标签的样本集中选择性标记一部分样本的类别来辅助训练替代模型，这样可以在一定程度上提高替代模型与目标模型判别函数的相似性，进而提高攻击算法的攻击效果。值得一提的是，STBA 算法中对于半监督学习技术的选择没有十分严格的限制。在本案例中我们考虑使用经典的半监督学习技术——Co-Forest，该技术在处理半监督分类问题上拥有非常好的性能（Yan et al.，2016）。在两个真实信用卡欺诈检测数据集上的实验结果显示，当欺诈者仅能进行少量查询的情况下，半监督学习技术的引入能够进一步降低常用的基于人工智能的信用卡欺诈检测模型在生成的对抗样本集上的分类准确率；面对 STBA 算法生成的对抗样本，六种信用卡欺诈检测模型都基本丧失了识别欺诈交易的能力。这说明本案例提出的决策风险评估框架的可行性和有效性。

本案例的创新点如下。

第一，首次提出基于智能黑箱攻击的信用卡欺诈检测决策风险评估框架——IBA-SEF 来评估常用的人工智能模型的决策风险。

第二，首次将半监督学习技术引入智能黑箱攻击，提出了一种半监督迁移黑箱攻击算法 STBA，弥补了传统的智能黑箱攻击算法需要对目标模型进行大量有序查询的不足。

二、基于智能黑箱攻击的信用卡欺诈检测决策风险评估框架

在本节，我们首先介绍 IBA-SEF 的基本框架。其次，我们分别详细介绍如何构造替代模型的训练集、训练替代模型及生成对抗样本。最后，我们给出了 IBA-SEF 的详细建模步骤。

（一）基本框架

基于人工智能技术的信用卡欺诈检测模型凭借其较高的分类精度和较低的检测成本，被广泛应用在银行业。然而，这些信用卡欺诈检测模型在面对智能黑箱攻击时是否存在潜在的决策风险还不得而知。本案例提出了一个基于智能黑箱攻击的信用卡欺诈检测决策风险评估框架——IBA-SEF；在该框架下，进一步将半监督学习技术和基于迁移的智能黑箱攻击相结合，提出了一种半监督迁移黑箱攻击 STBA 算法来评估已有的基于人工智能的信用卡欺诈检测的决策风险。

令 D_{tr}、D_{va} 和 D_{te} 分别表示某信用卡欺诈检测问题的训练集、验证集和测试集，O 和 C 分别表示银行训练的目标模型和欺诈者训练的替代模型。在本案例中，我们假设银行知道 D_{tr} 和 D_{va} 中所有样本的类别标签，其中 D_{tr} 被用于训练目标模型 O，D_{va} 被用于目标模型的参数优化，而 D_{te} 中的欺诈交易样本将被构造成对抗样本以测试目标模型的决策风险。令 $D'_{tr} \subset D_{tr}$ 表示欺诈者收集到的样本的集合，τ 表示 D'_{tr} 中样本在 D_{tr} 中所占的比例。正如前面提到过的，欺诈者可能通过伪造、从暗网购买及收买银行内部人员等途径来获得这些数据。基于传统智能黑箱攻击的设定，我们假设欺诈者既不知道 D'_{tr} 中样本的类别标签，也不知道目标模型 O 的类型及参数。与此同时，根据信用卡欺诈检测的实际情况，我们还假设欺诈者仅能从 D'_{tr} 中选择少量样本向目标模型进行查询，令 δ 表示被查询的样本在 D'_{tr} 中所占的比例。在上述条件下，IBA-SEF 包含以下五个步骤。

第一，训练目标模型：在数据集 D_{tr} 上训练目标模型 O，并在数据集 D_{va} 上优化 O 的参数。

第二，构造替代模型的训练集：首先，从 D'_{tr} 中选择比例为 δ 的样本并向目标模型 O 查询它们的类别标签，这些被查询的样本构成了欺诈者获得的初始有类别标签数据集 L，未被查询的样本构成了初始的无类别标签数据集 U。其次，使用半监督学习技术 Co-Forest 对 U 中样本进行标记以扩充有类别标签数据集 L，进而构造出替代模型的训练集 L_{train}。

第三，训练替代模型：在 L_{train} 上训练替代模型 C。

第四，生成对抗样本集：根据替代模型生成由对抗样本组成的集合 D_{adv}。

第五，评估目标模型 O 的决策风险：计算目标模型在对抗样本集上的分类准

确率。

图 5-1 显示了 IBA-SEF 的流程，其中步骤二到四表示使用 STBA 算法生成对抗样本的过程，是本案例的重点。接下来，我们将分别对其进行详细介绍。此外，由于 STBA 算法在替代模型的选择上没有很严格的限制，本案例尝试了两种不同的替代模型：LR 和 SVM，它们分别代表了线性模型和非线性模型。最后，根据选择的替代模型的不同我们构造了两个不同版本的攻击算法 LR-STBA 和 SVM-STBA。

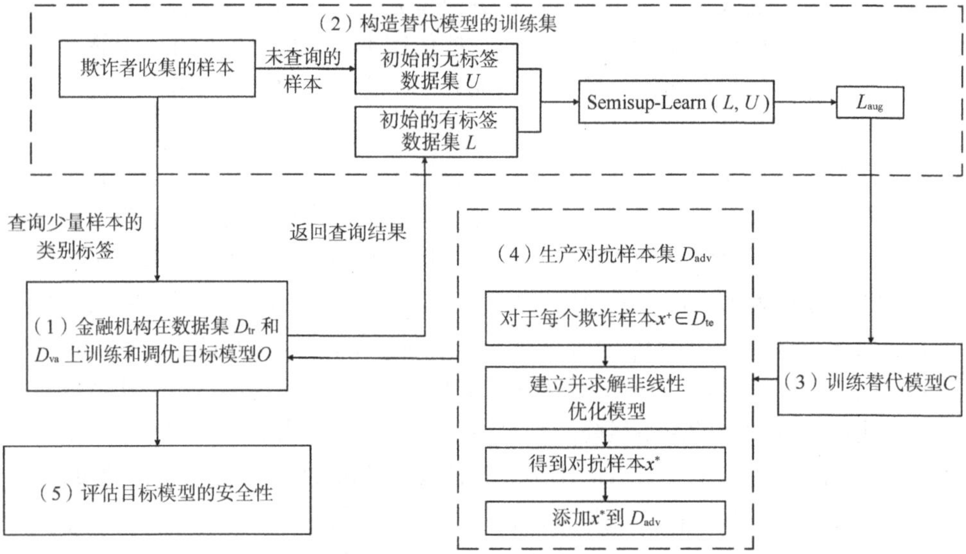

图 5-1　IBA-SEF 的流程图

（二）构造替代模型的训练集

根据之前的假设，δ 通常是一个较小的数，因此 L 中只有很少的样本，仅使用 L 训练替代模型往往难以取得令人满意的效果。同时，U 中的大量样本所包含的大量有价值的信息也没有得到有效利用。为了解决该问题，一种可行的思路是在替代模型的训练过程中引入半监督学习技术（He et al.，2018b；Mallapragada et al., 2009）。在本案例中，我们使用一种经典且应用广泛的半监督学习技术——Co-Forest（Li and Zhou，2007）来对训练替代模型的数据集进行扩充（Li and Zhou，2007）。作为 Co-Training（Blum and Mitchell，1998）的一种扩展，Co-Forest 的优势在于既不需要由充足且冗余的属性子集描述的数据集，也不需要在每次迭代中使用非常耗时的交叉验证来计算无类别标签样本的标记置信度。Co-Forest 最终会生成一个随机森林（random forests，RF）模型，并不能直接构造替代模型的训练集，因此，我们还需要使用最终得到的 RF 模型来重新计算初始的 U 中样本的标记置信度，令 L_θ 表示标记置信度大于 θ 的样本集合，$L_{\text{train}} = L_\theta \cup L$ 就构成了替代模型的训练集。

（三）训练替代模型

在本案例中，我们选择了两种不同的替代模型：LR 和 SVM，它们分别代表了线性模型和非线性模型，下面分别介绍。

1. 训练替代模型 LR

LR 是人工智能中最常用的分类方法之一，其目标是建立样本特征和类别标签之间的概率关系（Peduzzi et al.，1996）。令 $L_{\text{train}} = \{(x_i, y_i)\}_{i=1}^N$ 表示替代模型的训练集，其中 $x_i \in R^m$ 表示一个包含 m 个特征的样本，$y_i \in \{-1,1\}$ 表示 $x_i \in R^m$ 的类别标签。在 LR 中，x_i 属于–1 或 1 的条件概率分别如下：

$$p(y_i = -1 \mid x_i) = \frac{1}{1 + \mathrm{e}^{w^{\mathrm{T}} x_i + b}} \tag{5-1}$$

$$p(y_i = 1 \mid x_i) = 1 - p(y_i = -1 \mid x_i) = \frac{\mathrm{e}^{w^{\mathrm{T}} x_i + b}}{1 + \mathrm{e}^{w^{\mathrm{T}} x_i + b}} \tag{5-2}$$

其中，参数 $w \in R^m$ 和 $b \in R$ 是回归模型的参数。w 和 b 的确定需要求解以下优化问题：

$$\min_{w,b} \frac{1}{N} \sum_{i=1}^{N} \ln(1 + \mathrm{e}^{-y_i(w^{\mathrm{T}} x_i + b)}) \tag{5-3}$$

经典的数值优化算法如梯度下降法、牛顿法都可以被用来求解该问题。最终，LR 的判别函数 $\widehat{g}(x)$ 如下：

$$\widehat{g}(x) = w^{\mathrm{T}} x + b \tag{5-4}$$

当 $\widehat{g}(x)$ 大于 0 时，待分类样本 x 被分类为正类，小于 0 时被分类为负类，等于 0 时可以被任意分类。

2. 训练替代模型 SVM

SVM 是一种经典的人工智能方法，其由于分类精度高而得到了广泛的应用（Hearst et al.，1998），训练 SVM 需要求解如下优化问题：

$$\min_{w,b,\xi}\frac{1}{2}w^{\mathrm{T}}w+\varepsilon\sum_{i=1}^{N}\xi_i$$
$$\text{s.t.}\quad y_i(w^{\mathrm{T}}\phi(x_i)+b)\geqslant 1-\xi_i,\ i=1,2,\cdots,N \tag{5-5}$$
$$\xi_i\geqslant 0,\ i=1,2,\cdots,N$$

其中，ϕ 表示一个映射函数，其将训练样本 x_i 映射到一个更高维的空间；$w\in R^m$ 和 $b\in R$ 表示待优化的模型参数；ε 表示惩罚系数；ξ_i 则表示第 i 个松弛变量。上述优化问题是一个二次规划问题，可以使用拉格朗日乘子法进行求解。求解之后可以得到 SVM 的判别函数：

$$\widehat{g}(x)=w^{\mathrm{T}}\phi(x)+b=\sum_{i=1}^{N}\alpha_i y_i K(x_i,x)+b \tag{5-6}$$

其中，$\alpha_i\geqslant 0$ 表示拉格朗日乘子；$K(x_i,x)=\phi(x_i)^{\mathrm{T}}\phi(x)$ 被称为核函数。常见的核函数包括线性核、多项式核、径向基核和拉普拉斯核。本案例选择径向基核，因此 $K(x_i,x)=\mathrm{e}^{(-\gamma\|x_i-x\|^2)}$，其中 γ 为核参数。根据式（5-6），当 $\widehat{g}(x)$ 大于 0 时，待分类样本 x 被分类为正类，小于 0 时被分类为负类，等于 0 时可以被任意分类。

（四）生成对抗样本

早期的攻击算法主要是智能白箱攻击，在智能白箱攻击算法中攻击者确切地知道目标模型的所有信息，包括目标模型的类型、结构及判别函数。以二分类问题为例，传统智能白箱攻击的目标是以尽可能小的程度将一个原始的正类样本 $x^+\in D_{\mathrm{te}}$ 修改成一个新的样本 x，且满足 x 被目标模型 O 分类为负类，即 $g(x)<0$。因此，在传统的智能白箱攻击算法中对抗样本 x^* 的生成需要求解以下优化问题：

$$x^*=\arg\min_{x} d(x^+,x)$$
$$\text{s.t.}\quad g(x)\leqslant 0 \tag{5-7}$$

其中，$d(x^+,x)$ 表示 x^+ 与 x 的距离，用于衡量修改程度，常用的距离包括曼哈顿距离、欧氏距离及切比雪夫距离（Kantchelian et al.，2016）。

与智能白箱攻击的假设不同，在智能黑箱攻击中，由于攻击者不知道目标模型的任何信息，因此不能直接使用上述优化模型。在基于迁移的智能黑箱攻击中，常见的做法是首先训练一个和目标模型 O 相似的替代模型 C，然后进一步通过求解以下优化问题来生成对抗样本：

$$x^*=\arg\min_{x} d(x^+,x)$$
$$\text{s.t.}\quad \widehat{g}(x)\leqslant 0 \tag{5-8}$$

其中，$\widehat{g}(x)$ 表示训练的替代模型 C 的判别函数。

事实上，上述两种方法都不太适合于信用卡欺诈检测领域的对抗样本构造，原因有以下两点。

第一，传统的攻击算法主要是针对图像识别领域，希望修改后的样本与原始样本之间没有肉眼可见的差别，因此都以最小化 $d(x^{+},x)$ 为目标。然而，对于信用卡欺诈者而言，最重要的是在不违背修改程度限制的前提下尽可能地提高欺诈的成功概率。

第二，在基于迁移的智能黑箱攻击算法中，欺诈者使用 C 的判别函数 $\widehat{g}(x)$ 来代替 O 的判别函数 $g(x)$，进而生成对抗样本。由于 $\widehat{g}(x)$ 与 $g(x)$ 之间或多或少存在一些差异，因此根据式（5-8）构造的 x^{*} 仍然可能被 O 分类为欺诈交易样本。

鉴于上述两点原因，本案例提出的 STBA 算法通过求解以下优化问题来生成对抗样本：

$$x^{*}=\arg\min_{x}\widehat{g}(x)\qquad \text{s.t.}\quad d(x^{+},x)\leqslant\rho \tag{5-9}$$

其中，$d(x^{+},x)$ 表示欺诈交易样本 x^{+} 与修改后的样本 x 之间的距离，在本案例中我们使用最常用的欧氏距离；常数 ρ 表示 x^{+} 与 x 之间被允许的最大距离。相比式（5-8）中的优化问题，式（5-9）中优化问题的目标是在保证修改过后的样本 x 与原始欺诈交易样本 x^{+} 之间的距离不超过 ρ 的前提下，找到使 $\widehat{g}(x)$ 最小的 x。根据式（5-9）来生成对抗样本的好处是可以充分利用最大修改程度 ρ，进而最大程度地提高对抗样本被目标模型错误分类的概率。在现实的信用卡欺诈中，各种现实约束使得欺诈者不可能随心所欲地对 x^{+} 进行修改，如欺诈者每次消费的金额不可能大于被盗用的信用卡的剩余消费额度，因此 ρ 的大小取决于具体的信用卡欺诈问题。特别地，当 $\rho=0$ 时欺诈者无法对原始欺诈交易样本进行任何修改，而当 $\rho=+\infty$ 时欺诈者可以随意修改原始的欺诈交易样本。此外，ρ 的引入还有助于我们更好地评估信用卡欺诈检测的决策风险。在信用卡欺诈检测决策风险评估实验中，ρ 可以被看作攻击强度，其值越大表示欺诈者被允许以更大的程度修改原始欺诈交易样本，生成的对抗样本往往也更容易成功欺骗目标模型。当 ρ 一定时，目标模型在生成的对抗样本集上的分类准确率越低表示攻击算法的攻击性能越强，同时也表示目标模型的决策风险越大。

图 5-2 更直观地说明了 STBA 和传统基于迁移的智能黑箱攻击算法生成的对抗样本的差异。在图中，黑点和灰点分别表示欺诈交易样本和正常交易样本，x^{+} 表示欺诈者想要修改的任意一个原始欺诈交易样本，x_{1}^{*} 和 x_{2}^{*} 则分别表示根据传统

基于迁移的智能黑箱攻击和 STBA 算法生成的对抗样本。实线和虚线分别表示目标模型 O 和替代模型 C 的决策边界，即目标模型 O 的判别函数 $g(x)=0$ 和替代模型 C 的判别函数 $\widehat{g}(x)=0$ 。一方面，由于 C 的判别函数 $\widehat{g}(x)$ 与 O 的判别函数 $g(x)$ 之间存在差异，x_1^* 虽然被 C 分类为正常交易样本，但是仍然被 O 分类为欺诈交易样本；另一方面，x_2^* 充分利用了最大修改程度 ρ ，因此成功地骗过了 O。接下来，我们将分别介绍如何使用 LR 和 SVM 作为替代模型来生成对抗样本。

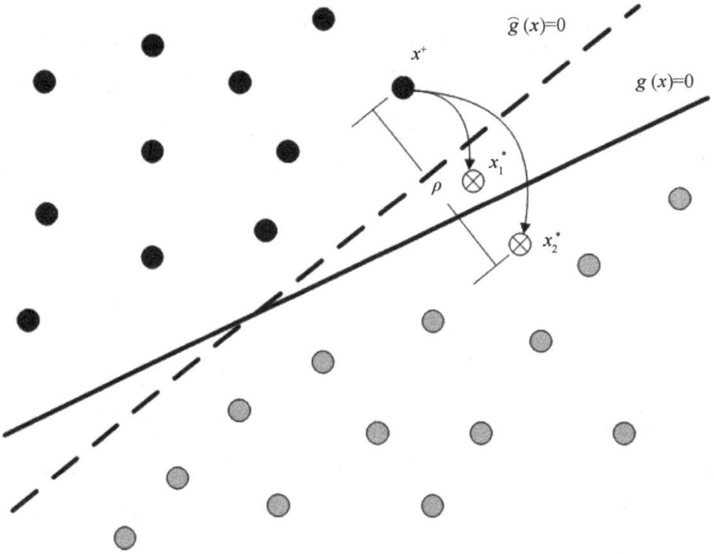

图 5-2　两种不同的智能黑箱攻击算法生成的对抗样本的差异

1. 使用 LR 作为替代模型生成对抗样本

令 x^+ 和 x 分别表示原始的欺诈交易样本以及修改后的样本，为了生成对抗样本 x^* ，我们需要求解以下优化问题：

$$\begin{gathered} x^* = \arg\min_x (w^{\mathrm{T}} x + b) \\ \text{s.t.} \quad (x^+ - x)^{\mathrm{T}} (x^+ + x) \leqslant \rho^2 \end{gathered} \tag{5-10}$$

对式（5-10）构建拉格朗日函数如下：

$$F(x,\lambda,\eta) = w^{\mathrm{T}} x + b + \lambda((x^+ - x)^{\mathrm{T}} (x^+ + x) - \rho^2 + \eta^2) \tag{5-11}$$

其中，λ 表示拉格朗日乘子；η 表示一个松弛变量。分别对式（5-11）的 x、λ 和 η 求偏导，并令它们等于 0，有

$$\frac{\delta F}{\delta x} = w + 2\lambda(x - x^+) = 0 \tag{5-12}$$

$$\frac{\delta F}{\delta \lambda}=(x^{+}-x)^{\mathrm{T}}(x^{+}-x)^{\mathrm{T}}-\rho^{2}+\eta^{2}=0 \tag{5-13}$$

$$\frac{\delta F}{\delta \eta}=2\lambda\eta=0 \tag{5-14}$$

由式（5-14）易知，λ=0 或 η=0。然而，当 λ=0 时，代入式（5-12）得 w=0，这与式（5-1）、式（5-2）中的 w 不等于 0 的条件矛盾。因此，只能令 η=0，即式（5-12）~式（5-14）联立求解为

$$x=x^{+}-\frac{\rho}{\sqrt{w^{\mathrm{T}}w}}w \tag{5-15}$$

$$\lambda=\frac{\sqrt{w^{\mathrm{T}}w}}{2\rho} \tag{5-16}$$

$$\eta=0 \tag{5-17}$$

最终，我们可以得到：

$$x^{*}=x^{+}-\frac{\rho}{\sqrt{w^{\mathrm{T}}w}}w \tag{5-18}$$

2. 使用 SVM 作为替代模型生成对抗样本

当替代模型为 SVM 时，其判别函数为

$$\widehat{g}(x)=\sum_{i=1}^{N}\alpha_{i}y_{i}\mathrm{e}^{(-\Upsilon\|x_{i}-x\|^{2})}+b \tag{5-19}$$

为了生成对抗样本 x^{*}，我们需要求解以下优化问题：

$$x^{*}=\arg\min_{x}\sum_{i=1}^{N}\alpha_{i}y_{i}\mathrm{e}^{(\Upsilon\|x_{i}-x\|^{2})}+b \\ \text{s.t.}\quad (x^{+}-x)^{\mathrm{T}}(x^{+}+x)\leqslant\rho^{2} \tag{5-20}$$

对于该优化问题，很难得到一个类似于式（5-18）的解析解。同时，对于不同的 x^{+}，x^{+} 与 x^{*} 之差并不是固定的，当根据不同的 x^{+} 构造新的对抗样本时，我们都必须重新求解该优化问题。因此，相比将 LR 作为替代模型的智能黑箱攻击，将 SVM 作为替代模型的智能黑箱攻击需要花费更多的时间。在本案例中，我们使用 SciPy(http://www.scipy.org)中实现的顺序最小二乘规划法来求解该优化问题。

（五）完整建模步骤

算法 1 显示了本案例提出的基于智能黑箱攻击的信用卡欺诈检测决策风险评估框架 IBA-SEF 的伪代码。首先，步骤 1 中的 Learn(D_{tr},D_{va}) 表示在训练集 D_{tr}

上训练的需要评估决策风险的目标模型 O，在验证集 D_{va} 上优化其参数。步骤 2~6 表示欺诈者收集无标签数据集 D'_{tr} 的过程，其中步骤 3 中的 $\lfloor\cdot\rfloor$ 表示向下取整函数。其次，步骤 7~21 表示使用本案例提出的半监督迁移黑箱攻击算法 STBA 来生成对抗样本的过程。其中，步骤 7~14 是为了得到初始的有类别标签数据集 L 和无类别标签数据集 U；步骤 12 中的 $O(x_j)$ 表示向目标模型 O 查询样本 $O(x_j)$ 类别；步骤 15 中的 $\text{Co-Forest}(L,U,\theta,T)$ 表示使用半监督学习算法 Co-Forest 构造替代模型的训练集 L_{train}；步骤 16 中的 $\text{Train}(L_{\text{train}},\beta)$ 表示在 L_{train} 的比例为 β 的部分特征上训练替代模型 LR 或 SVM；步骤 18~21 表示根据训练得到的替代模型建立优化模型，并通过求解优化问题将测试集 D_{te} 中的欺诈交易样本构造成容易被 O 分类错误的对抗样本，进而得到对抗样本集 D_{adv}。最后，步骤 22 中的 $\text{Evaluate}(O,D_{\text{adv}})$ 表示通过计算目标模型 O 在对抗样本集 D_{adv} 上的分类准确率来评估其决策风险。

算法 1：IBA-SEF ($D_{\text{tr}},D_{\text{va}},D_{\text{te}},\tau,\delta,\theta,T,\beta,\rho$)

输入：目标模型的训练集 D_{tr}；目标模型的验证集 D_{va}；测试集 D_{te}；D'_{tr} 中的样本在 D_{tr} 中所占的比例 τ；被查询的样本在 D'_{tr} 中所占的比例 δ；标记置信度 θ；基分类器个数 T；欺诈者能修改的特征占全部特征的比例 β；攻击强度 ρ。

输出：目标模型的分类准确率 Accuracy_{ρ}。

1：$O=\text{Learn}(D_{\text{tr}},D_{\text{va}})$
2：$D'_{\text{tr}}=\varnothing$
3：$n_1=\lfloor|D_{\text{tr}}|\times\tau\rfloor$
4：for i=1 to n_1 do
5：　从 D_{tr} 中随机选择一个样本 x_j
6：　$D'_{\text{tr}}=D'_{\text{tr}}\cup\{x_i\}$
7：$L=\varnothing$
8：$U=D'_{\text{tr}}$
9：$n_1=\lfloor|D'_{\text{tr}}|\times\delta\rfloor$
10：for j=1 to n_2 do
11：　从 D'_{tr} 中随机选择一个样本 x_j
12：　　$L=L\cup\{(x_j,O(x_j))\}$
13：　　$U=U\setminus\{x_j\}$
14：end for
15：　L_{train}=Co-Forest(L,U,θ,T)
16：　C=Train(L_{train},β)

$D_{\mathrm{adv}} = \varnothing$

for 每个欺诈交易样本 $x^{+} \in D_{\mathrm{te}}$ do

　求解优化问题（5-20）并得到 x^{*}

　　$D_{\mathrm{adv}} = D_{\mathrm{adv}} \cup \left\{x^{*}\right\}$

end for

$\mathrm{Accuracy}_{\rho}=\mathrm{Evaluate}(O,D_{\mathrm{adv}})$

return $\mathrm{Accuracy}_{\rho}$

三、实验结果与分析

在本节，我们通过大量对比实验来说明本案例所提出的 IBA-SEF 框架及智能黑箱攻击算法 STBA 的有效性。具体而言，我们首先介绍了实验数据集、评价指标及实验设置。其次，我们分析了 LR-STBA 和 SVM-STBA 算法与传统的黑箱攻击算法在攻击性能上的差异。再次，我们进一步比较了 LR-STBA 和 SVM-STBA 算法在攻击性能及运行时间上的差异。最后，我们分析了半监督学习技术的引入对替代模型决策边界的影响。

（一）实验数据集

为了验证本案例提出的信用卡欺诈检测决策风险评估框架 IBA-SEF 的有效性，我们分别在两个信用卡欺诈数据集上进行了实验。第一个数据集——欧洲信用是一个公开的信用卡欺诈检测基准数据集（Randhawa et al.，2018）。该数据集包含了在 2013 年 9 月欧洲持卡人通过信用卡进行的 284 807 次交易，其中包括 492 次欺诈交易和 284 315 次正常交易。为了保护持卡人的隐私，数据集的原始特征被转化。用于实验的数据集包含 28 个由主成分分析转化得到的特征以及一个表示交易金额的特征。另一个数据集——贷款俱乐部信用来自美国最大的 P2P（peer-to-peer，个人对个人）网贷平台贷款俱乐部 2016 年第一季度的个人贷款数据。原始的数据集包含 115 675 条个人贷款记录，其中包括 822 条欺诈贷款记录和 114 853 条正常贷款记录，每条贷款记录包含 110 个特征。由于原始的贷款俱乐部信用数据集在很多特征上存在大量的缺失值，我们按照以下步骤对数据集进行了预处理：首先，剔除掉缺失率高于 60%的特征；其次，对剩余离散型特征和连续性特征的缺失值分别使用该特征的众数和平均值进行填补。处理后的数据集剩下 78 个特征。

（二）评价指标

在欺诈者与银行的对抗过程当中，信用卡欺诈者的目的是将原来的欺诈交易样本伪装成正常交易样本（对抗样本）以保证欺诈行为不被银行的欺诈检测模型发现，进而获得经济上的收益。因此，在本案例中，我们只考虑在不同的攻击强度 ρ 下目标模型 O 在生成的对抗样本集上的分类准确率 Accuracy_ρ：

$$\text{Accuracy}_\rho = \frac{\text{对抗样本被分类为欺诈交易的数量}}{\text{总的对抗样本数量}} \times 100\% \qquad (5\text{-}21)$$

该指标能够很好地反映信用卡欺诈检测模型的决策风险。特别地，当 $\rho=0$ 时，Accuracy_0 表示目标模型对于原始的欺诈交易样本的分类准确率。随着 ρ 不断增大，Accuracy_ρ 下降得越快表示攻击算法的攻击性能越强，同时也表示目标模型的决策风险越大。

（三）实验设置

为了分析本案例提出的信用卡欺诈检测决策风险评估框架 IBA-SEF 的有效性，我们将 IBA-SEF 框架下的两种半监督迁移黑箱攻击算法 LR-STBA 和 SVM-STBA 与传统的基于迁移的智能黑箱攻击算法 LR-classic 和 SVM-classic 分别进行了比较。由于智能白箱攻击算法以及另外两类智能黑箱攻击算法的前提假设与信用卡欺诈检测的现实情况严重不符，因此我们在对比实验中没有考虑这些算法。在本案例中，我们在每个数据集上都进行了五重交叉验证以得到最终的实验结果。首先，每个数据集都被随机等分成五个子集。在每次实验中，一个子集被当成测试集 D_{te}，从剩余 4 个子集中随机选择一个作为验证集 D_{va}，剩余的三个子集作为训练集 D_{tr}。其次，训练集 D_{tr} 被用于银行信用卡欺诈检测模型 O 的训练，验证集 D_{va} 被用于为目标模型 O 选择最优的超参数。D_{tr} 的一个随机子集 D'_{tr}（这部分是假设被欺诈者所搜集到的）被去掉类别标签后成为智能黑箱攻击算法的数据来源。测试集 D_{te} 中的正类（欺诈交易）样本被构造成对抗样本用来评价目标模型 O 的决策风险。接着，上述过程重复 5 次，以确保每个子集都恰好被当作一次测试集，整个过程就是一次五重交叉验证。

本案例使用的两个数据集的类别分布都十分不平衡，对于不平衡数据集，银行通常会在训练信用卡欺诈检测模型之前使用重抽样技术来平衡数据集的类别分布。常用的重抽样技术包括过采样（van Vlasselaer et al.，2017）和欠采样（Pozzolo et al.，2014）。为了避免过采样可能导致模型过拟合的不足以及降低对计算资源的需求（Mead et al.，2018），我们使用欠采样中的随机向下抽样来平衡目标模型训练集 D_{tr} 的类别分布。抽样比率被设置为 10∶1，该比率被证明是训练信用卡欺诈检测模型的理想比率（Chen and Wasikowski，2008）。同样地，为了保证攻击算法的攻击性能不受类别分布不平衡的影响，我们也以相同的方式对 Co-Forest 的初始有标签数据集 L 以及替代模型 C 的训练集 L_{train} 进行了平衡类别分布的处理。

对于本案例所提出的半监督迁移黑箱攻击算法 LR-STBA 和 SVM-STBA，其主要参数包括 D'_{tr} 中的样本在 D_{tr} 中所占的比例 τ、被查询的样本在 D'_{tr} 中所占的比例 δ、标记置信度 θ、基分类器的个数 T、欺诈者能修改的特征占全部特征的比例 β 及各自替代模型的参数。首先，对于参数 τ，由于欺诈者能收集到的无类别标签样本数可能是十分有限的，在本案例中我们令 τ =10%。为了说明 LR-STBA 和 SVM-STBA 在 δ 很小的情况下依然能取得不错的攻击性能，我们令 δ=10%。以欧洲信用数据集为例，在进行随机向下抽样及五重交叉验证等操作后 $|D'_{\text{tr}}| = 433$，对于欺诈者而言，向目标模型进行 43（$\lfloor 433 \times 10\% \rfloor$）次查询是不难的。其次，对于参数 T 和 θ，我们通过反复实验发现，当 T=6，θ=0.65 时攻击算法的攻击性能最强。对于参数 β，由于本案例所用的两个数据集都没有详细的特征信息，我们无法判断哪些特征是欺诈者可以修改的。因此我们令 β=100%，即假设欺诈者可以修改全部的样本特征。最后，由于欺诈者无法使用验证集 D_{va} 来优化替代模型的参数，我们在训练替代模型 LR 和 SVM 时使用了 scikit-Learn（https://scikit-learn.org）中的默认参数。此外，为了保证对比实验的公平性，我们在训练 LR-classic 和 SVM-classic 的替代模型时同样使用了 scikit-Learn 中的默认参数。

为了比较信用卡欺诈检测中不同人工智能模型的决策风险差异，我们考虑了六种比较有代表性的目标模型：LR、深度神经网络、决策树、RF、SVM 和 KNN。其中，LR 和深度神经网络代表了可微模型，决策树、RF、SVM 和 KNN 代表了不可微模型。此外，KNN 和 RF 还分别代表了惰性学习模型和集成模型。上述目标模型都存在一个或多个参数，因此，我们利用验证集 D_{va} 来优化各个模型的重要参数，从而使这些目标模型的分类性能尽可能最优。具体来讲，对于 LR，我们发现当最大迭代次数超过 500 后，LR 的分类性能不再提升，因此，我们令最大迭代次数为 500。对于深度神经网络，我们采用最经典的前馈神经网络并使用线性整流函数（rectified linear unit，ReLU）作为激活函数。此外，我们为深度神经网络设置了三个隐藏层。每个隐藏层中神经元数量的取值范围为[1, 20]，步长为 1（Khosrojerdi et al.，2016）。对于决策树而言，我们使用经典的分类回归树（Breiman，2017），当分割内部节点所需的最小样本数为 2，叶节点所需的最小样本数为 1 时模型分类性能最好。由于分类回归树是 RF 的基分类器，使用分类回归树作为目标模型便于我们比较单一模型与集成模型在决策风险上的差异。对于 RF，我们发现当基分类器的数量超过 100 后，RF 的分类性能不再提升，因此我们令基分类器的数量为 100。我们使用 LIB SVM 来实现 SVM 分类器并使用径向基核函数。径向基的核参数 γ 被默认设置为 $1/m$，其中 m 表示训练集中特征的个数。此外，我们从集合(1,10,100,1000)中为 SVM 选择最优的惩罚系数 ε（Wang et al., 2016）。对于 KNN，参数 K 的取值范围为[1, 9]，步长为 2（Xiao et al., 2020b）。

最后，为了使实验结果更加可靠，我们将上述每一个模型都重复运行五重交叉验证十次，并取十次结果的平均值作为最终的实验结果。所有实验都是在 Python 2.7 上进行的。

（四）使用替代模型 LR 的攻击效果比较

在本节，我们使用 LR 作为替代模型来生成对抗样本，来攻击前面提到的六种目标模型。为了证明本案例提出的第一个版本的攻击算法 LR-STBA 中引入半监督学习技术的效果，我们将其与传统的智能黑箱攻击算法 LR-classic 的性能进行比较。这两种算法的唯一差别在于 LR-STBA 先使用半监督学习技术 Co-Forest 来扩充初始有类别标签数据集 L，然后在扩充后的数据集 L_{train} 上训练替代模型 LR，而 LR-classic 仅使用初始的有类别标签数据集 L 来训练替代模型 LR。图 5-3 显示了在欧洲信用数据集上，随着攻击强度 ρ 不断增大时，六种目标模型在攻击算法 LR-STBA 和 LR-classic 生成的对抗样本集上分类准确率的变化情况。其中，曲线越低，下降得越快，表示目标模型越容易被相应的攻击算法生成的对抗样本成功欺骗。进一步地，图 5-4 展示了在贷款俱乐部信用数据集上的实验结果。结合图 5-3 和图 5-4，我们可以得到以下结论。

第一，面对未经修改的欺诈交易样本（ρ=0），六种目标模型都展现出了较高的分类准确率，特别地，在欧洲信用数据集上为 78.38%~85.81%，这说明人工智能模型能够有效地帮助银行识别传统的欺诈行为。然而，随着 ρ 不断增大，大部分目标模型在对抗样本集上的分类准确率都出现了大幅度的下降。面对 LR-STBA 算法生

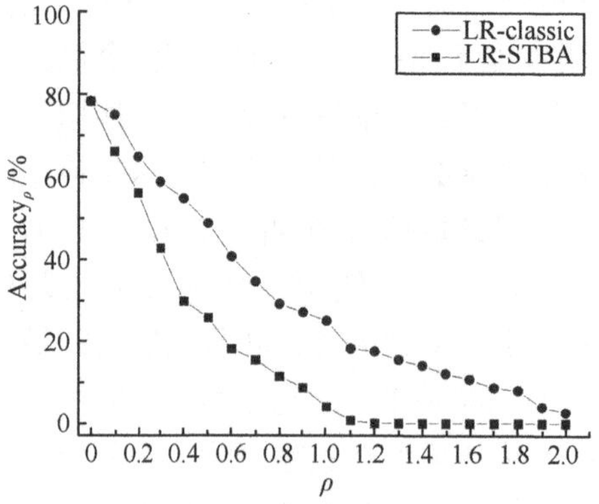

（a）LR

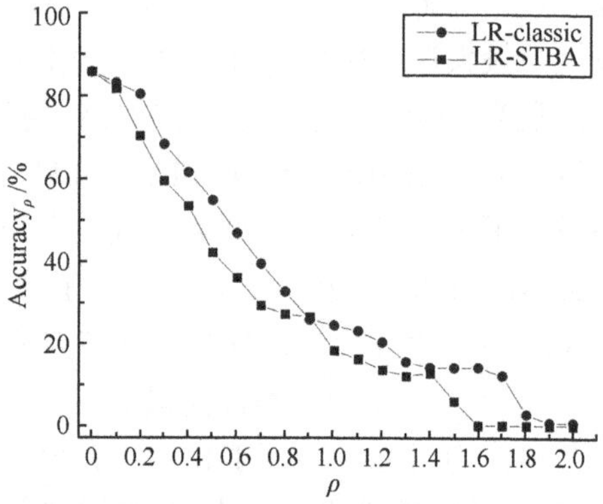

（b）KNN

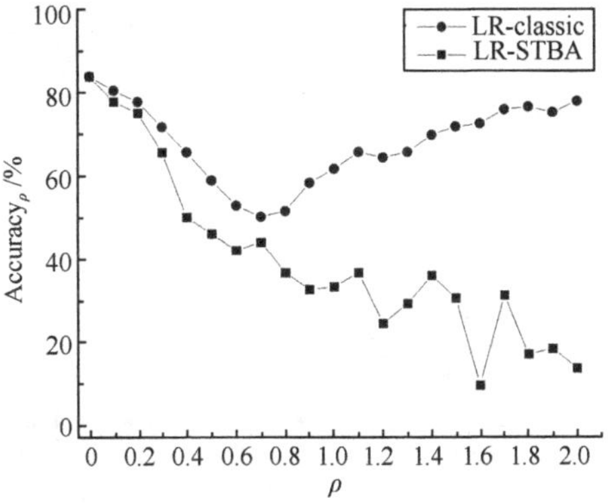

（c）决策树

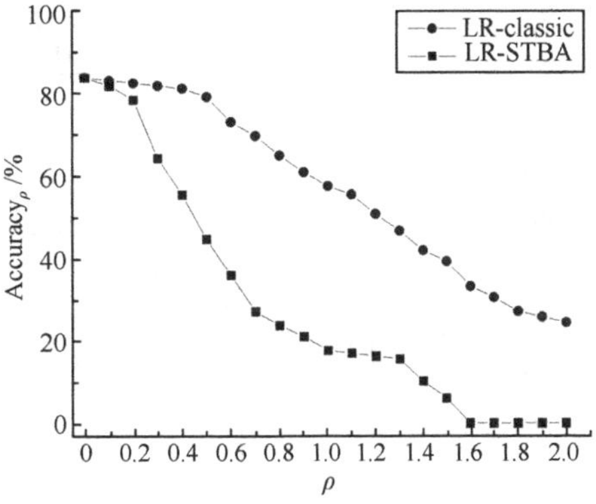

（d）SVM

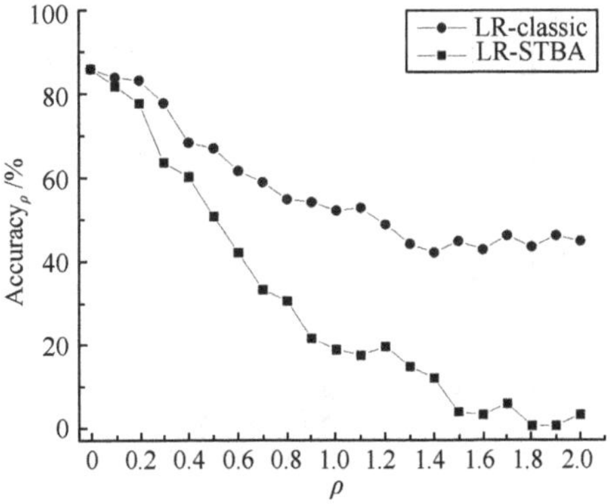

（e）RF

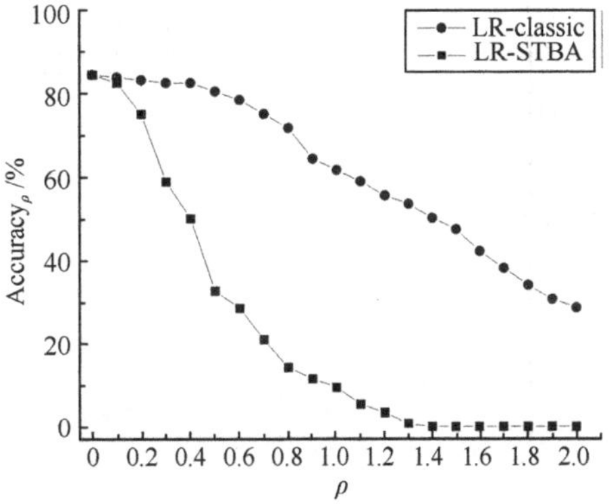

（f）深度神经网络

图 5-3　在欧洲信用数据集上 LR-classic 与 LR-STBA 的攻击性能比较

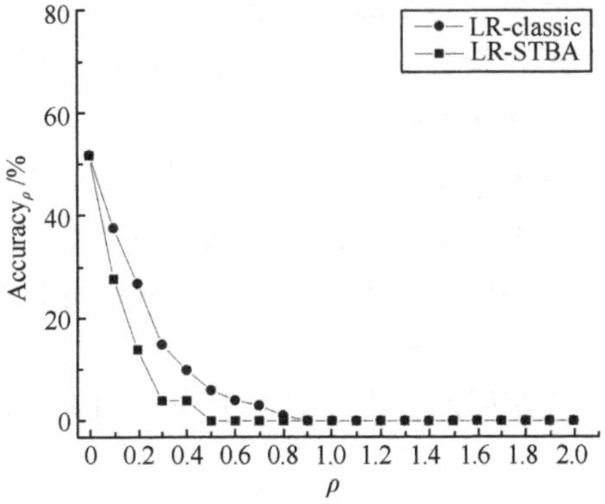

（a）LR

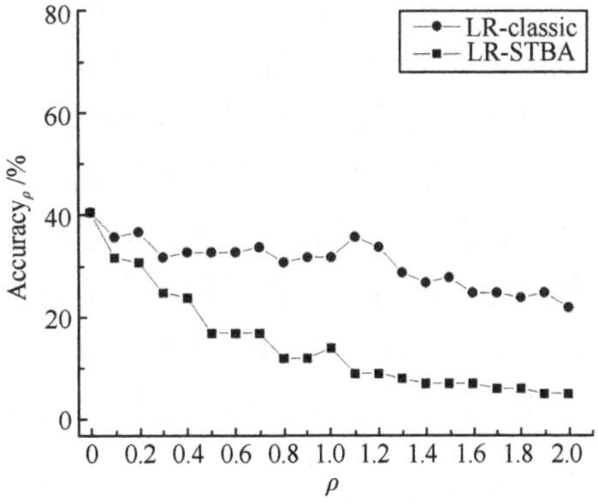

（b）KNN

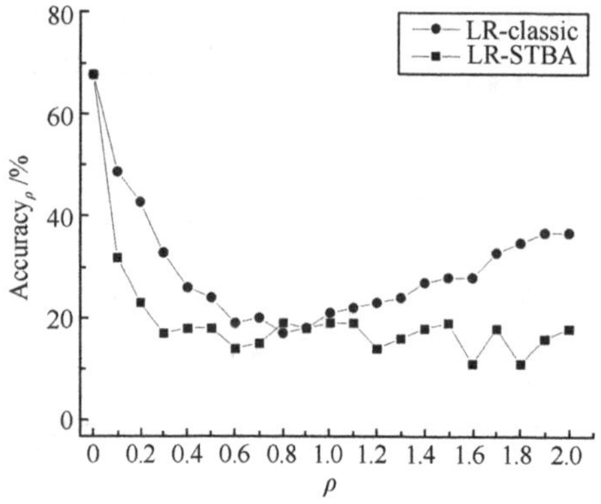

（c）决策树

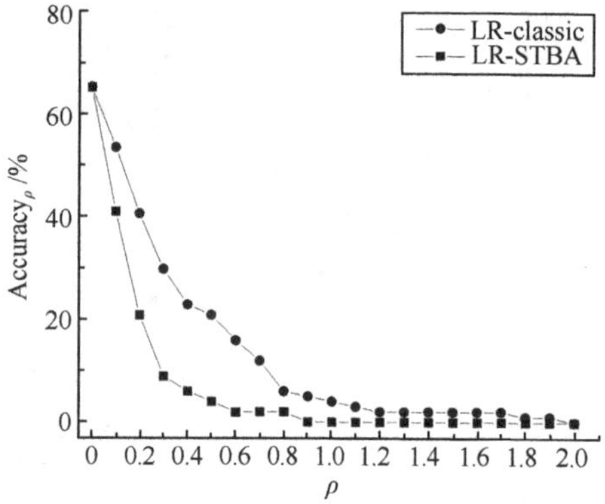

（d）SVM

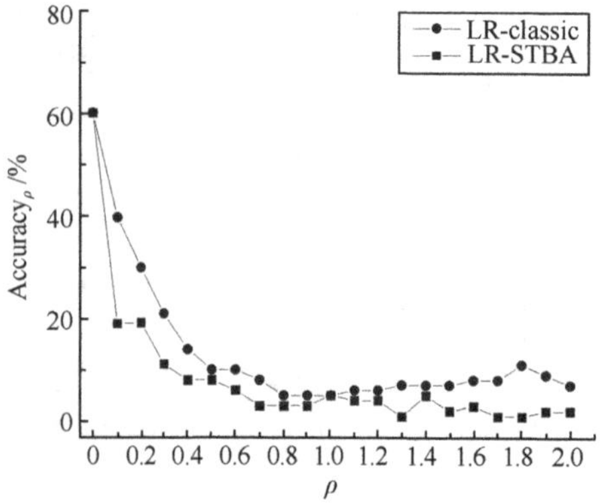

（e）RF

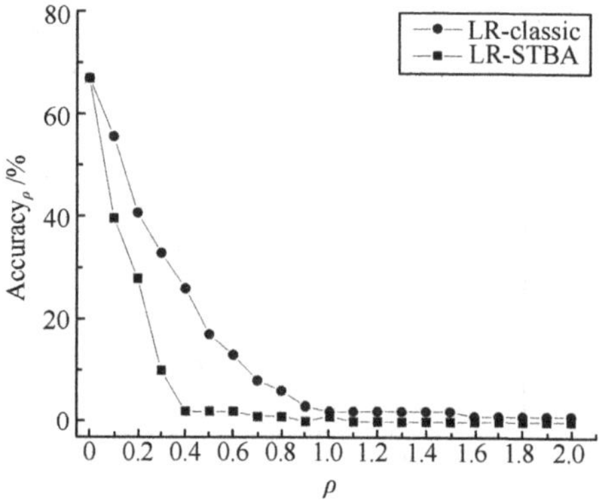

（f）深度神经网络

图 5-4　在贷款俱乐部信用数据集上 LR-classic 与 LR-STBA 的攻击性能比较

成的对抗样本，除决策树以外的目标模型的分类准确率都最终下降至 0 附近。这些结果说明基于人工智能的信用卡欺诈检测模型很容易被对抗样本所欺骗，现实中的基于人工智能的信用卡欺诈检测模型可能存在着巨大的决策风险。

第二，相比传统的智能黑箱攻击算法 LR-classic，六种不同的目标模型对于本案例提出的 LR-STBA 生成的对抗样本的准确率更低。这说明当欺诈者的查询能力被严重限制时，在智能黑箱攻击算法中引入半监督学习技术能够有效降低目标模型在对抗样本集上的分类准确率。特别地，根据图 5-3（c）可以看出，当 ρ=2.0 时，半监督学习技术的引入能够使目标模型决策树的分类准确率下降 64.19 个百分点（77.70%–13.51%）。

第三，相比其他五种目标模型，随着 ρ 不断增大，目标模型 LR 的分类准确率下降得更快一些［图 5-3（a）和图 5-4（a）］。这可能是因为此时替代模型和目标模型都是 LR，它们具有更为相似的决策边界，因此根据替代模型生成的对抗样本也更容易成功欺骗目标模型。

第四，随着 ρ 不断增大，相比其他的目标模型，决策树模型的分类准确率下降得要少一些。这说明面对本案例提出的攻击算法，决策树模型的决策风险更小。值得一提的是，与单一模型决策树相比，集成模型 RF 更容易被精心构造的对抗样本所欺骗。出现这一结果可能与集成模型的基本假设有关。在经典的集成模型理论中，基分类器都必须满足弱分类器假设——对于二分类问题，每个基分类器的分类准确率至少要大于 50%（Rodríguez et al.，2006；Zhou，2012）。从图 5-4（c）可以看出，随着 ρ 不断增大，决策树分类模型的分类准确率逐渐降低到了 50%以下。因此，对于集成模型 RF 而言，随着 ρ 不断增大，越来越多的基分类器将不满足弱分类器假设，集成反而会降低信用卡欺诈检测模型的分类准确率。

（五）使用替代模型 SVM 的攻击效果比较

在本节，我们使用 SVM 作为替代模型生成对抗样本，来攻击前面提到的六种目标模型。同上文类似，为了证明本案例提出的第二个版本的攻击算法 SVM-STBA 中引入半监督学习技术的效果，我们将其与传统的智能黑箱攻击算法 SVM-classic 的性能进行比较。图 5-5 和图 5-6 分别显示了在欧洲信用数据集和贷款俱乐部信用数据集上，随着攻击强度 ρ 不断增大，六种目标模型在攻击算法 SVM-classic 和 SVM-STBA 生成的对抗样本集上的分类准确率的变化情况。根据图 5-5 和图 5-6，我们可以得出以下结论。

（1）不管面对什么类型的目标模型，SVM-STBA 的攻击性能总是优于 SVM-classic，这再次说明了采用半监督学习技术训练替代模型能有效提升智能黑箱攻击算法的攻击性能。

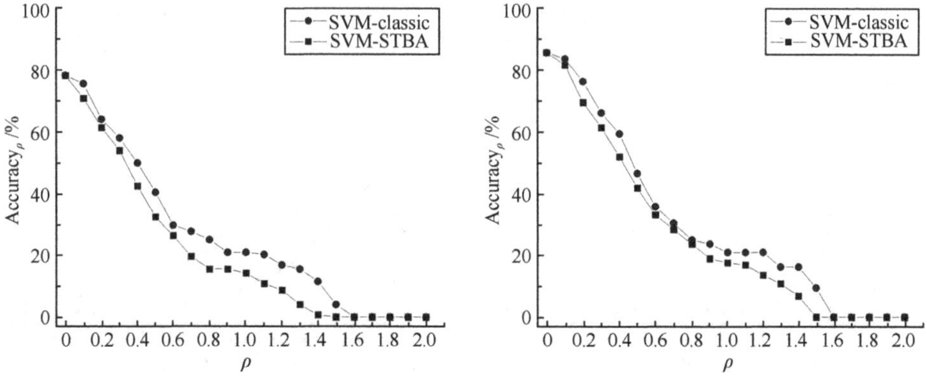

（a）LR　　　　　　　　（b）KNN

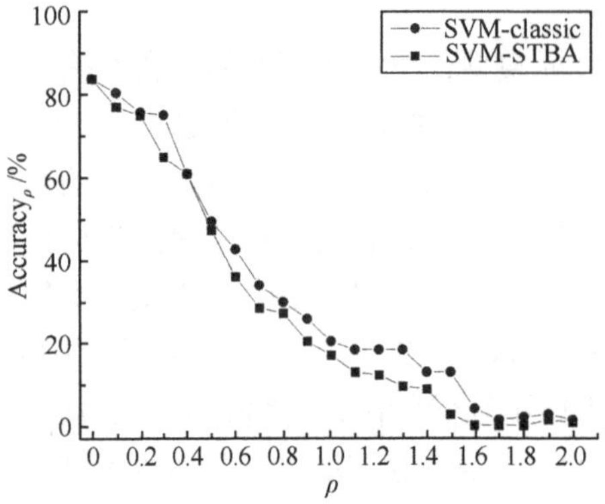

（c）决策树

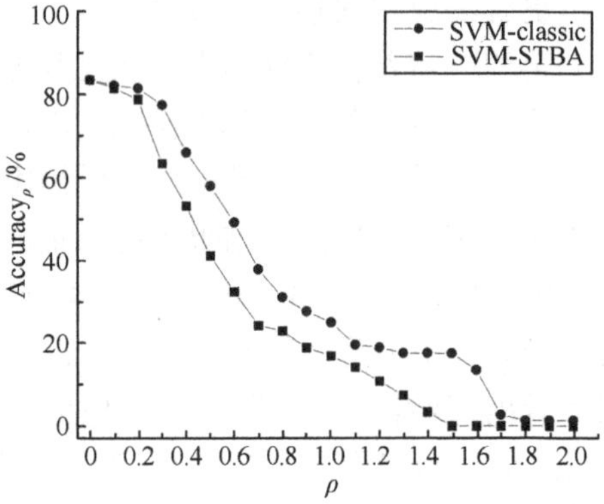

（d）SVM

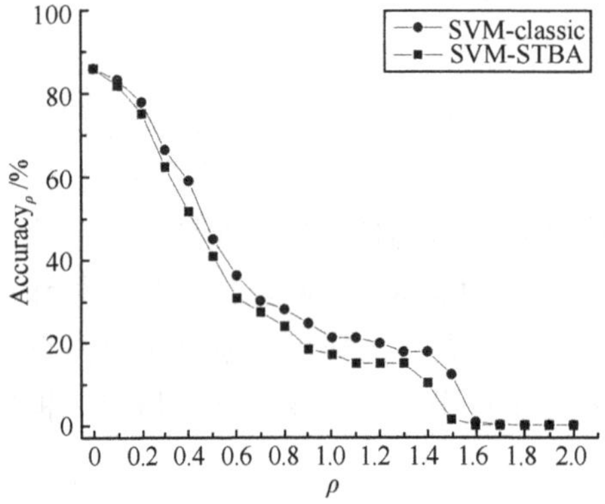

（e）RF

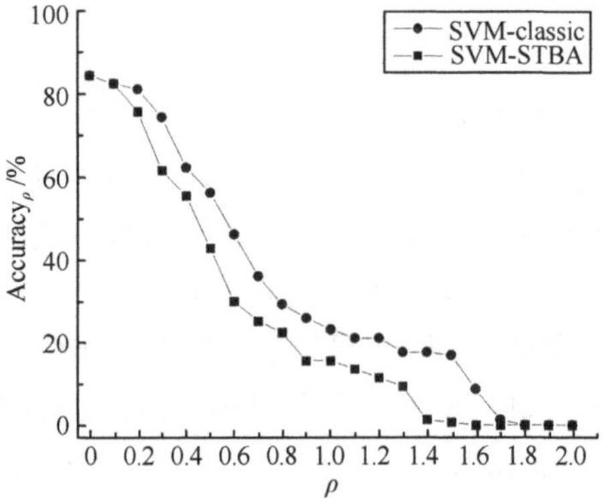

（f）深度神经网络

图 5-5　在欧洲信用数据集上 SVM-classic 与 SVM-STBA 的攻击性能比较

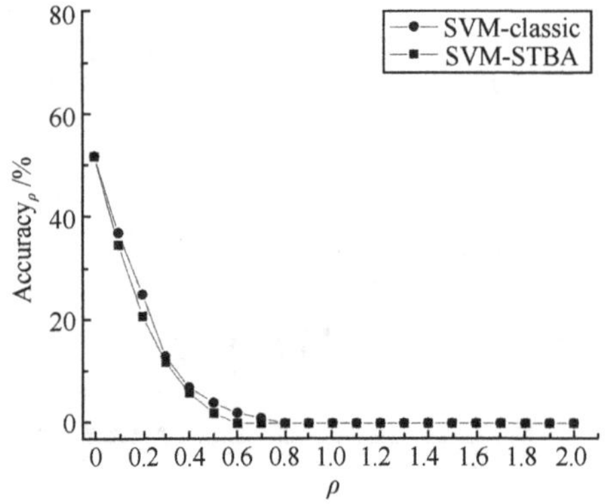

（a）LR

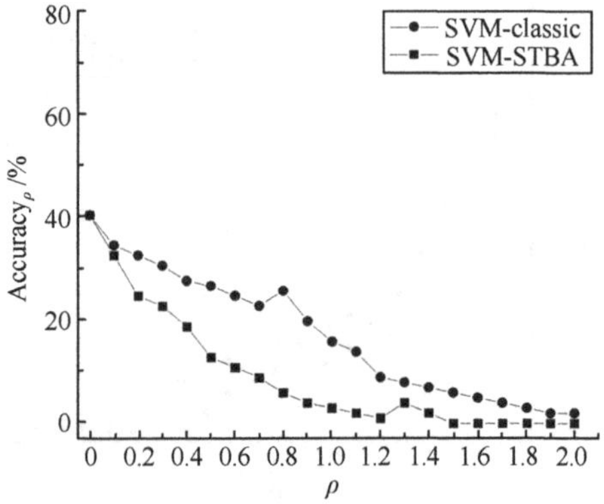

（b）KNN

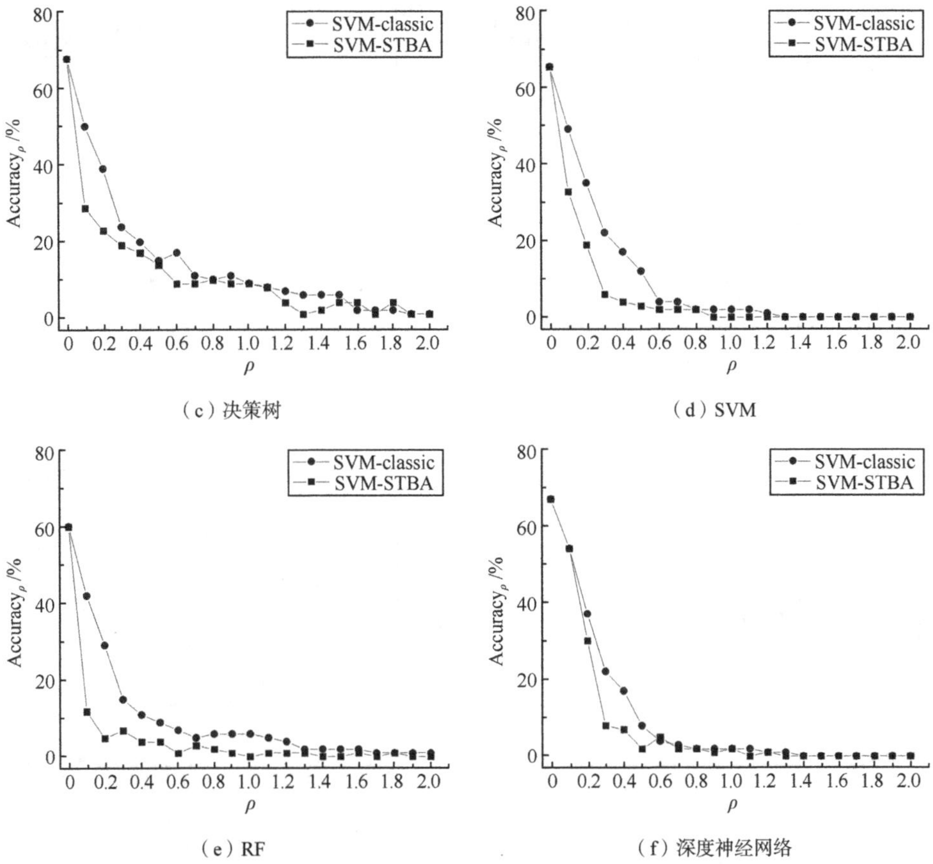

（c）决策树　（d）SVM

（e）RF　（f）深度神经网络

图 5-6　在贷款俱乐部信用数据集上 SVM-classic 与 SVM-STBA 的攻击性能比较

（2）从图 5-6（c）和 5-6（e）可以看出，随着 ρ 的增加，虽然目标模型决策树和 RF 的分类准确率都最终接近于 0，但是 RF 的分类准确率下降得略微快一些，这也印证了我们之前的发现，即集成模型更容易被对抗样本所欺骗。

（六）使用不同替代模型的攻击效果比较

为了分析替代模型的选择对攻击算法性能的影响，本节对本案例提出的两种不同版本的攻击算法 LR-STBA 和 SVM-STBA 的攻击性能进行了比较。图 5-7 和图 5-8 分别显示了在 2 个数据集上的实验结果。进一步，表 5-1 列出了在不同的数据集上针对各个目标模型攻击性能更强的攻击算法。根据图 5-7、图 5-8 及表 5-1 我们可以得出以下结论。

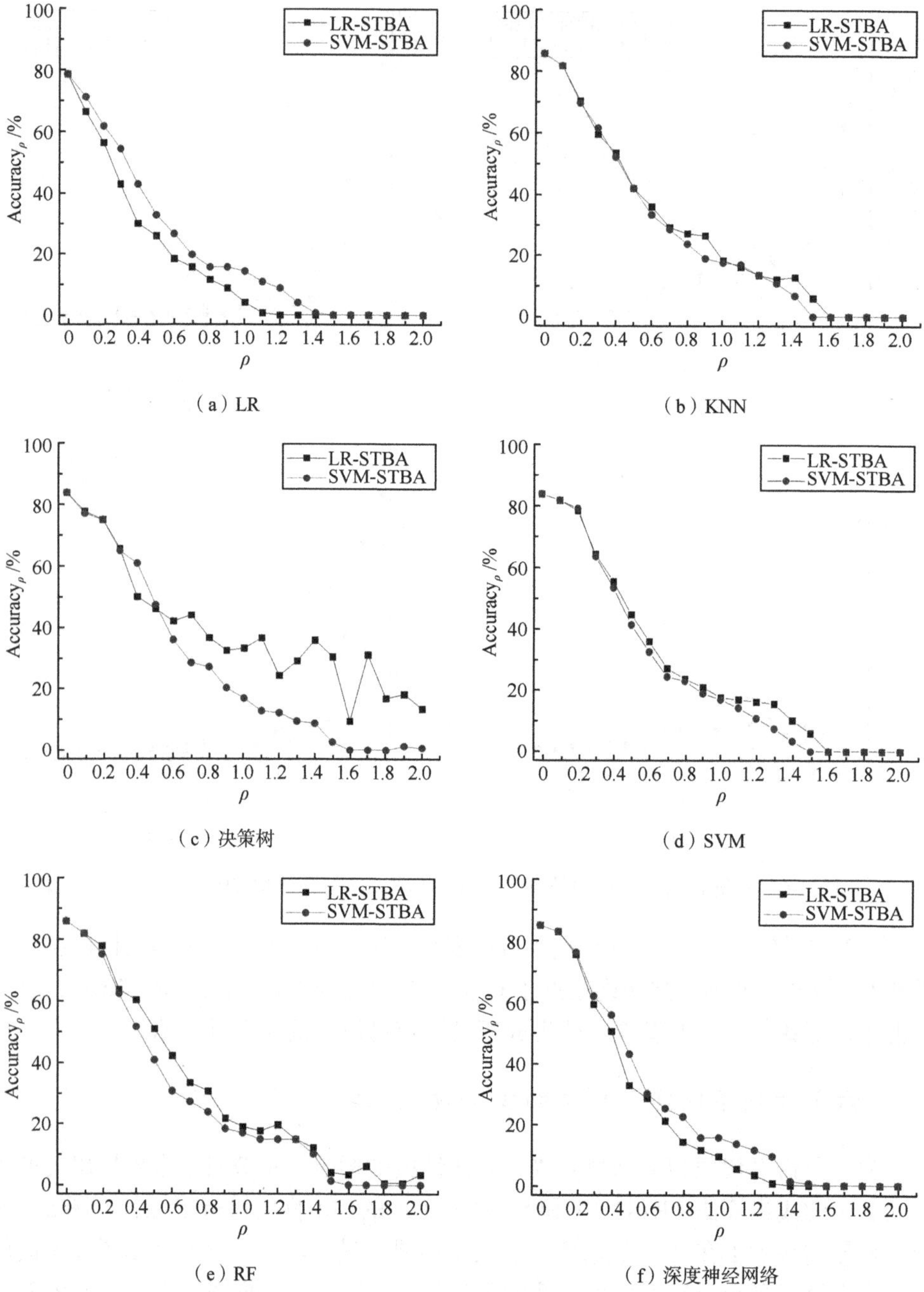

图 5-7　在欧洲信用数据集上 LR-STBA 与 SVM-STBA 攻击性能的比较

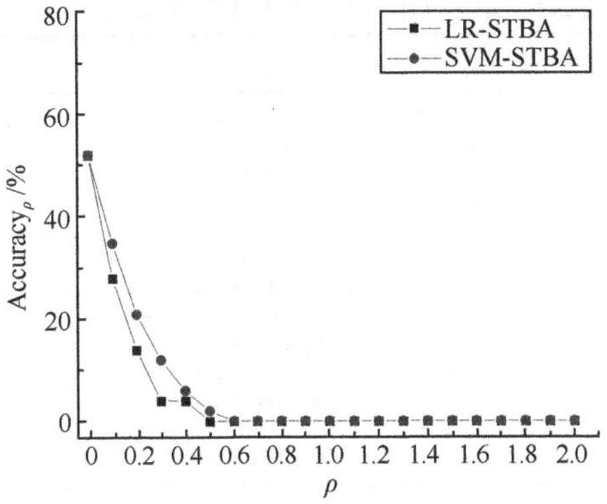

（a）LR

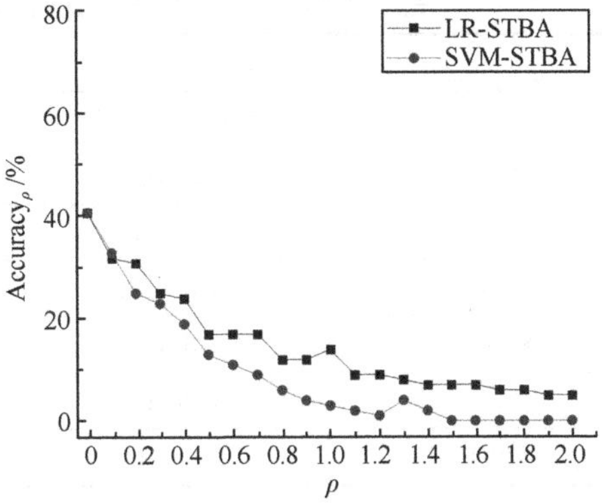

（b）KNN

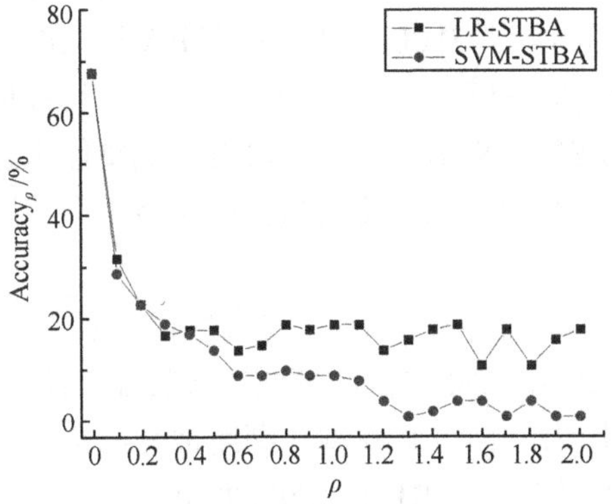

（c）决策树

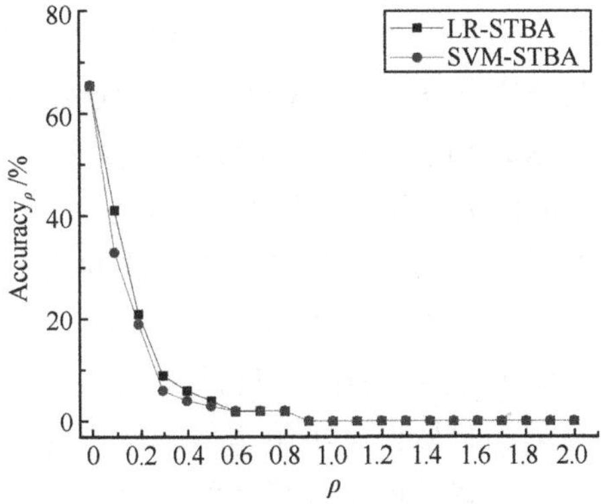

（d）SVM

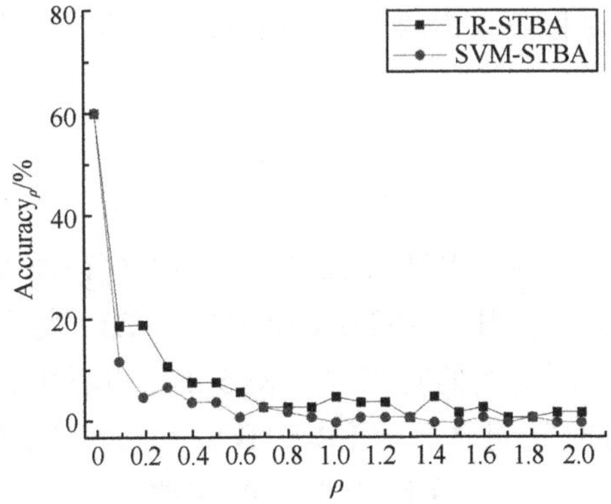

（e）RF

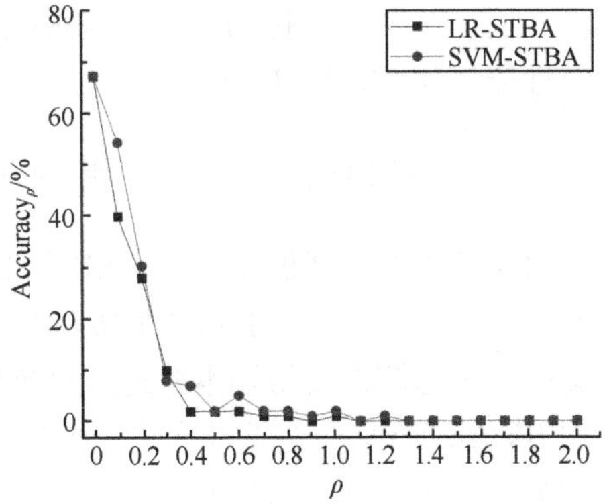

（f）深度神经网络

图 5-8　在贷款俱乐部信用数据集上 LR-STBA 与 SVM-STBA 的攻击性能比较

表 5-1 在不同数据集上针对不同的目标模型攻击效果最强的攻击算法

目标模型	数据集	
	欧洲信用数据集	贷款俱乐部信用数据集
LR	LR-STBA	LR-STBA
KNN	SVM-STBA	SVM-STBA
决策树	SVM-STBA	SVM-STBA
SVM	SVM-STBA	SVM-STBA
RF	SVM-STBA	SVM-STBA
深度神经网络	LR-STBA	LR-STBA

（1）针对不同的目标模型，LR-STBA 和 SVM-STBA 算法的攻击性能各有强弱。一方面，当目标模型是 LR 时，选择 LR 作为替代模型的 LR-STBA 算法的攻击性能要优于选择 SVM 作为替代模型的 SVM-STBA 算法。另一方面，当目标模型是 SVM 时，选择 SVM 作为替代模型的 SVM-STBA 算法的攻击性能要优于选择 LR 作为替代模型的 LR-STBA 算法。这个结果说明，使用与目标模型类型一致的替代模型有助于提高攻击算法的攻击性能。

（2）LR-STBA 算法在面对目标模型深度神经网络时攻击性能更强，而 SVM-STBA 算法在面对目标模型决策树、RF 和 KNN 时攻击性能更强，我们认为这可能与目标模型决策边界的特点有关。作为一种可微模型，深度神经网络的决策边界一般是连续且平滑的，而不可微模型决策树、RF 和 KNN 的决策边界不连续且不太规则。由于 LR-STBA 生成对抗样本的方式是在原始欺诈交易样本的基础上减去一个固定的扰动向量，这可能导致它在攻击决策边界不太规则的目标模型时性能不如 SVM-STBA。

（七）不同攻击算法运行时间比较

由于使用的替代模型不同，LR-STBA 和 SVM-STBA 在运行时间上存在较大差异。表 5-2 分别显示了在两个实验数据集上使用 LR-STBA 和 SVM-STBA 将测试集中的全部欺诈交易样本构造成对抗样本所花费的时间。从表 5-2 可以看出，使用 SVM-STBA 来生成对抗样本所花费的时间明显高于 LR-STBA。正如我们前面提到过的，上述两种攻击算法在运行时间上存在巨大差异的主要原因在于 LR-STBA 只需求解优化问题一次就可以构造出全部的对抗样本，而 SVM-STBA 在构造每个对抗样本时都必须重新求解优化问题。尽管如此，在实际的信用卡欺诈中，攻击算法的运行时间长短可能不是一个非常重要的问题。对于欺诈者而言，如果攻击算法能帮助他们提高欺诈成功率，就算攻击算法需要大量的运算时间也是可以接受的。

表 5-2　两种攻击算法将测试集中的全部欺诈交易样本构造成对抗样本所花费的时间（单位：秒）

数据集	LR-STBA	SVM-STBA
欧洲信用数据集	1.31	954.63
贷款俱乐部信用数据集	2.77	14 022.19

四、参数敏感性分析

本案例提出的半监督迁移黑箱攻击算法 STBA 主要包括 6 个参数：D'_{tr} 中的样本在 D_{tr} 中所占的比例 τ 、被查询的样本在 D'_{tr} 中所占的比例 δ、标记置信度 θ、基分类器的个数 T、欺诈者能修改的特征占全部特征的比例 β 及攻击强度 ρ。在本节，我们以 LR-STBA 为例来研究模型参数选择对攻击算法性能的影响。由于有多个参数需要进行分析，我们在分析某个参数之前会先根据之前参数设置情况来固定其他参数值。以参数 θ 为例，首先，我们固定除 θ 外的其余参数并为 θ 设置不同的取值；其次，针对 θ 不同的取值来构造对抗样本集；最后，分别计算本案例涉及的六种目标模型在对抗样本集上的分类准确率，并计算它们的均值 u。显然，u 越低表示攻击算法的整体攻击性能越强。由于在之前的实验中已经详细分析过两种攻击算法在不同攻击强度 ρ 下的攻击性能，因此我们不再对参数 ρ 进行单独分析。此外，我们通过反复实验发现当 τ 的取值在区间［5%，50%］内变化时，攻击算法攻击性能的变化非常小。这可能是因为欺诈者只能向目标模型查询很小一部分无标签样本的类别标签，对于欺诈者而言无标签样本的数量是绰绰有余的，因此在一定范围内改变 τ 的取值对最终实验结果的影响十分有限。此外，在现实中欺诈者很容易收集到大量的无标签样本，参数 τ 对于欺诈者的限制十分有限，因此对参数 τ 进行详细分析的现实意义不大。出于上述原因，我们不再对参数 τ 进行单独分析。

（一）参数 θ 对攻击算法性能的影响

在 Co-Forest 中，置信度大于 θ 的无类别标签样本会被伴随的集成模型标记并被用于下一轮模型的训练，过小的 θ（$\theta<0.5$）会导致很多噪声样本被添加到模型训练集当中，进而损害模型的分类性能。因此，本节主要分析当 θ=0.55，0.65，…，0.95 时 LR-STBA 算法攻击性能的变化情况。图 5-9 显示了在两个数据集上，当 θ 取不同的值时，随着攻击强度 ρ 不断增大，u 的变化情况。从图中可以看出，当 θ 取不同的值时，LR-STBA 算法的攻击性能差别不是特别明显。

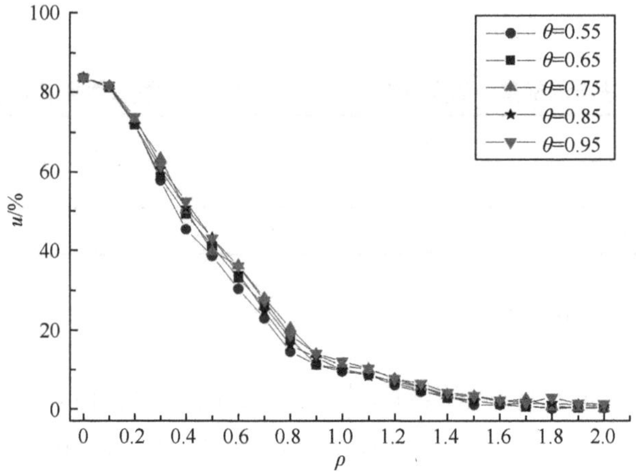

（a）LR-STBA 攻击算法在欧洲信用数据集上的结果

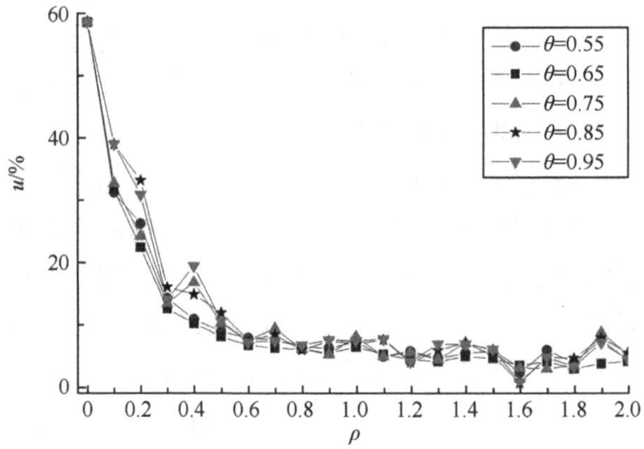

（b）LR-STBA 攻击算法在贷款俱乐部信用数据集上的结果

图 5-9　当 θ 取不同值时六种目标模型在对抗样本集上准确率的均值

进一步地，表 5-3 和表 5-4 分别显示了在两个数据集上当 θ 取不同值时，在不同攻击强度下 u 的取值。为了研究当 θ 取不同值时攻击算法的攻击性能之间是否存在统计显著性差别，我们使用两种非参数检验：弗里德曼检验（Friedman，1940）以及伊曼–达文波特检验（Iman and Davenport，1980）。弗里德曼检验和伊曼–达文波特检验的原假设是当 θ 取不同值时攻击算法的性能相同，如果原假设被拒绝，那么一个额外的莱蒙伊后验检验（Nemenyi，1962）将被进行。在本案例中，我们统一令显著性水平 α=0.05。当攻击强度 ρ 固定后，u 越小表示攻击算法性能越好，因此我们对表中每一行的 u 值从低到高进行排序，u 最小时排序为 1，有相同值的取它们的平均排序。最后，表 5-3 和表 5-4 的最后一行显示了当 θ 取不同值时，u 的平均值及平均排序。

表 5-3　在欧洲信用数据集上当 θ 取不同值时 u 的变化情况（单位：%）

ρ	θ				
	0.55	0.65	0.75	0.85	0.95
0.10	78.93 (3.5)	78.60 (1.5)	78.93 (3.5)	78.60 (1.5)	79.10 (5)
0.20	72.40 (3)	72.07 (1.5)	73.23 (4)	72.07 (1.5)	74.05 (5)
0.30	58.18 (1)	59.01 (2)	63.79 (5)	60.99 (3)	61.81 (4)
0.40	45.81 (1)	49.77 (2)	50.76 (3)	51.26 (4)	52.91 (5)
0.50	37.73 (1)	40.20 (3)	38.88 (2)	42.35 (5)	42.18 (4)
0.60	30.87 (1)	33.67 (2)	36.81 (5)	34.83 (3)	36.64 (4)
0.70	25.13 (1)	28.27 (3)	30.25 (5)	26.95 (2)	29.59 (4)
0.80	20.57 (1)	23.87 (3)	26.51 (5)	22.22 (2)	24.70 (4)
0.90	20.27 (1.5)	20.27 (1.5)	22.91 (4)	22.09 (3)	23.08 (5)
1.00	16.23 (1)	16.89 (3)	17.72 (4)	16.73 (2)	18.87 (5)
1.10	15.38 (2)	15.54 (3)	16.86 (4)	15.05 (1)	17.03 (5)
1.20	12.18 (1)	12.84 (2)	13.83 (4.5)	13.17 (3)	13.83 (4.5)
1.30	11.71 (1)	12.05 (2)	13.04 (4)	12.87 (3)	13.86 (5)
1.40	12.48 (3)	11.82 (1)	12.65 (4)	12.32 (2)	13.31 (5)
1.50	6.78 (1)	7.77 (2.5)	8.93 (4)	7.77 (2.5)	9.09 (5)
1.60	1.97 (1)	2.14 (2.5)	2.80 (4)	2.14 (2.5)	3.13 (5)
1.70	6.36 (2)	6.19 (1)	8.17 (5)	7.02 (3)	7.18 (4)
1.80	2.60 (1)	2.93 (2)	3.09 (3)	3.92 (4)	5.40 (5)
1.90	3.32 (2.5)	3.15 (1)	3.32 (2.5)	3.98 (4)	4.31 (5)
2.00	2.82 (2)	2.82 (2)	2.82 (2)	3.15 (4)	3.81 (5)
均值	24.09 (1.6)	24.99 (2.1)	26.26 (3.9)	25.47 (2.8)	26.69 (4.7)

注：括号里面的是 u 值在该行的排序

表 5-4　在贷款俱乐部信用数据集上当 θ 取不同值时 u 的变化情况（单位：%）

ρ	θ				
	0.55	0.65	0.75	0.85	0.95
0.10	31.26 (1)	31.75 (2)	32.74 (3)	39.01 (4.5)	39.01 (4.5)
0.20	26.27 (3)	22.47 (1)	24.29 (2)	33.20 (5)	30.89 (4)
0.30	14.21 (4)	12.56 (1)	13.38 (2)	16.02 (5)	14.04 (3)
0.40	10.89 (2)	10.23 (1)	16.83 (4)	14.85 (3)	19.47 (5)

续表

ρ	θ				
	0.55	0.65	0.75	0.85	0.95
0.50	8.92 (2)	8.09 (1)	10.24 (3)	11.89 (5)	10.57 (4)
0.60	7.90 (5)	6.75 (1)	7.57 (3.5)	7.57 (3.5)	7.24 (2)
0.70	7.59 (3)	6.27 (1)	9.41 (5)	8.42 (4)	7.43 (2)
0.80	6.44 (4)	6.11 (2.5)	6.11 (2.5)	5.94 (1)	6.77 (5)
0.90	6.27 (3)	5.45 (2)	5.28 (1)	7.43 (4)	7.59 (5)
1.00	7.26 (3)	6.44 (1)	8.09 (5)	6.93 (2)	7.43 (4)
1.10	4.95 (1.5)	5.28 (3)	4.95 (1.5)	7.59 (4)	7.76 (5)
1.20	5.78 (5)	4.46 (3)	5.61 (4)	3.96 (1)	4.13 (2)
1.30	4.62 (3)	4.13 (1)	4.46 (2)	5.94 (4)	6.93 (5)
1.40	5.45 (2)	4.95 (1)	7.10 (4.5)	7.10 (4.5)	6.93 (3)
1.50	5.78 (3)	4.62 (1)	5.94 (4)	5.12 (2)	6.11 (5)
1.60	2.31 (3)	3.47 (5)	3.14 (4)	0.66 (1)	0.83 (2)
1.70	5.94 (5)	4.13 (2)	2.97 (1)	4.79 (3.5)	4.79 (3.5)
1.80	3.96 (4)	2.97 (1)	3.47 (3)	4.62 (5)	3.30 (2)
1.90	7.59 (3)	3.80 (1)	8.75 (5)	7.92 (4)	7.10 (2)
2.00	4.29 (2)	4.13 (1)	5.28 (4)	5.45 (5)	4.46 (3)
均值	8.88 (3.1)	7.90 (1.6)	9.28 (3.2)	10.22 (3.6)	10.14 (3.6)

在本实验中，弗里德曼检验和伊曼–达文波特检验的统计量分别服从自由度为4的χ^2分布以及自由度为4和76的F分布。表5-5显示了上述两种检验的结果，在两个数据集上两种检验的检测值都大于相应的临界值，因此我们拒绝原假设。也就是说，在95%的置信度水平上，θ取不同值时攻击算法的攻击性能存在统计显著差异。接着，我们进行莱蒙伊检验。由于θ和ρ的取值个数分别为5和20，临界值为2.728，临界值域CD为1.36。图5-10（a）和图5-10（b）分别显示了两个数据集上莱蒙伊检验的检验结果，其中被同一条线段相连的模型之间没有统计显著性差异。根据图5-10可知，对于欧洲信用数据集而言，在95%的置信度水平下，$\theta=0.55$、0.65及0.85时攻击算法的攻击性能最强，并且相互之间没有统计显著性差异。对于贷款俱乐部信用数据集而言，$\theta=0.65$时攻击算法的攻击性能要显著优于其余4种情况。综合两个数据集的结果，当$\theta=0.65$时，攻击算法具有最强的攻击性能。

表 5-5　关于参数 θ 的弗里德曼和伊曼–达文波特检验结果

数据集	方法	测试值	分布值	假设
欧洲信用数据集	弗里德曼	51.98	9.49	拒绝
	伊曼–达文波特	35.25	2.49	拒绝
贷款俱乐部信用数据集	弗里德曼	20.33	9.49	拒绝
	伊曼–达文波特	6.47	2.49	拒绝

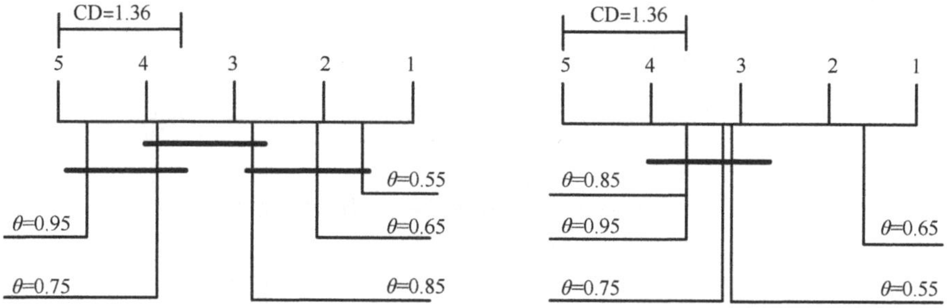

(a) 欧洲信用数据集　　(b) 贷款俱乐部信用数据集

图 5-10　参数 θ 的莱蒙伊检验结果

（二）参数 T 对攻击算法性能的影响

图 5-11 显示了在两个数据集上，当 T 取不同的值时，随着攻击强度 ρ 不断增大，u 的变化情况。同样地，从图中可以看出，当 T 取不同的值时 LR-STBA 算法的攻击性能差别不是特别明显。

进一步地，表 5-6 和表 5-7 分别显示了在两个数据集上当 T 取不同值时，在不同攻击强度下 u 的取值，两个表的最后一行显示了 u 的平均值及平均排序。我们仍然使用弗里德曼检验和伊曼–达文波特检验来研究 T 取不同值时攻击算法的性能是否有统计显著性差异，表 5-8 显示了检验结果。由于在两个数据集上两种检验的检测值都大于相应的临界值，我们拒绝原假设。接着，我们进行莱蒙伊检验，图 5-12（a）和图 5-12（b）分别显示了两个数据集上莱蒙伊检验的检验结果。由图 5-12 可知，对于欧洲信用数据集而言，在 95%的置信度水平下，T=6 时攻击算法的攻击性能要显著优于其余 4 种情况。对于贷款俱乐部信用数据集而言，T=6、8 及 10 时攻击算法的攻击性能最好，并且相互之间没有统计显著性差异。综合两个数据集的结果，当 T=6 时，攻击算法具有最强的攻击性能。

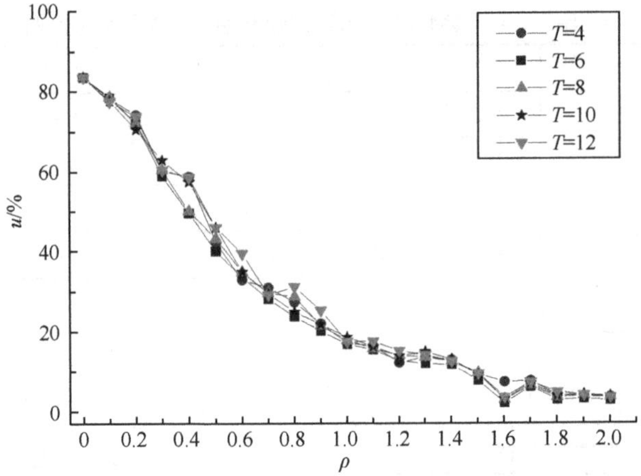

（a）LR-STBA 攻击算法在欧洲信用数据集上的结果

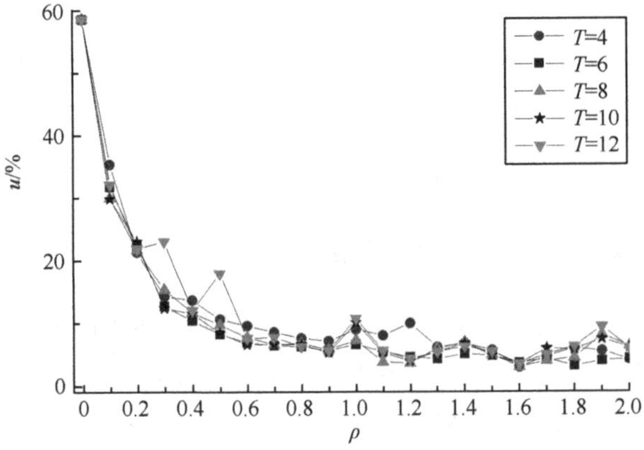

（b）LR-STBA 攻击算法在贷款俱乐部信用数据集上的结果

图 5-11　当 T 取不同值时六种目标模型在对抗样本集上准确率的均值

表 5-6　在欧洲信用数据集上当 T 取不同值时 u 的变化情况（单位：%）

ρ	T				
	4	6	8	10	12
0.10	81.35 (3)	81.52 (4)	81.68 (5)	80.69 (2)	80.53 (1)
0.20	74.26 (5)	72.11 (2)	72.28 (3)	70.63 (1)	73.93 (4)
0.30	59.08 (2)	57.76 (1)	59.24 (3.5)	61.72 (5)	59.24 (3.5)
0.40	54.46 (5)	45.38 (1)	45.87 (2)	53.14 (3)	54.29 (4)
0.50	40.76 (2)	38.61 (1)	41.75 (3)	44.55 (4.5)	44.55 (4.5)
0.60	29.70 (1)	30.36 (2)	31.68 (3.5)	31.68 (3.5)	36.30 (5)

续表

ρ	T				
	4	6	8	10	12
0.70	25.74 (5)	22.94 (1)	24.42 (4)	24.26 (3)	23.93 (2)
0.80	18.15 (3)	14.52 (1)	19.47 (4)	15.68 (2)	21.95 (5)
0.90	13.04 (4)	11.22 (1)	12.54 (2)	12.87 (3)	16.34 (5)
1.00	9.74 (2)	9.41 (1)	10.40 (4)	11.22 (5)	10.07 (3)
1.10	9.57 (4)	8.58 (1)	8.91 (2)	9.41 (3)	10.73 (5)
1.20	5.45 (1)	5.94 (2)	7.26 (4)	7.10 (3)	8.42 (5)
1.30	5.94 (2.5)	4.28 (1)	5.94 (2.5)	7.26 (5)	6.44 (4)
1.40	4.46 (4)	3.30 (1)	4.13 (2.5)	4.62 (5)	4.13 (2.5)
1.50	2.64 (3)	0.99 (1)	2.97 (5)	2.48 (2)	2.81 (4)
1.60	6.27 (5)	0.99 (1)	1.82 (2)	1.98 (3)	2.48 (4)
1.70	2.15 (5)	0.66 (1)	0.99 (2)	1.49 (3)	1.82 (4)
1.80	1.16 (4)	0.00 (1)	0.66 (2)	0.99 (3)	1.98 (5)
1.90	0.99 (2)	0.33 (1)	1.16 (3)	1.49 (5)	1.32 (4)
2.00	0.99 (3)	0.17 (1)	0.99 (3)	1.16 (5)	0.99 (3)
均值	22.29 (3.3)	20.45 (1.3)	21.71 (3.1)	22.22 (3.5)	23.11 (3.9)

表 5-7　在贷款俱乐部信用数据集上当 T 取不同的值时 u 的变化情况（单位：%）

ρ	T				
	4	6	8	10	12
0.10	31.29 (5)	27.72 (3)	25.91 (2)	25.74 (1)	28.05 (4)
0.20	16.44 (1)	17.66 (4)	16.83 (2)	18.15 (5)	17.00 (3)
0.30	12.28 (3)	10.73 (2)	13.37 (4)	10.40 (1)	21.12 (5)
0.40	11.68 (5)	8.42 (1)	9.74 (3)	9.57 (2)	10.07 (4)
0.50	8.32 (4)	5.94 (1)	7.43 (3)	6.11 (2)	15.68 (5)
0.60	8.12 (5)	5.45 (2)	6.27 (4)	5.12 (1)	6.11 (3)
0.70	7.92 (5)	5.78 (1)	5.94 (2.5)	5.94 (2.5)	7.10 (4)
0.80	6.93 (5)	5.61 (1.5)	6.11 (4)	5.94 (3)	5.61 (1.5)
0.90	6.14 (5)	4.62 (2.5)	4.79 (4)	4.29 (1)	4.62 (2.5)
1.00	6.34 (3)	3.96 (1)	4.62 (2)	7.43 (4)	8.09 (5)
1.10	7.72 (5)	5.12 (3)	3.47 (1)	4.95 (2)	5.28 (4)
1.20	10.30 (5)	4.95 (4)	3.96 (1)	4.29 (2)	4.62 (3)

续表

ρ	T				
	4	6	8	10	12
1.30	5.35 (5)	3.47 (1)	5.12 (4)	4.62 (2.5)	4.62 (2.5)
1.40	4.95 (3.5)	3.30 (1)	5.12 (5)	4.95 (3.5)	4.46 (2)
1.50	4.36 (5)	3.47 (1.5)	3.63 (3)	3.47 (1.5)	4.13 (4)
1.60	4.75 (1)	5.45 (5)	4.79 (2)	5.28 (3.5)	5.28 (3.5)
1.70	4.16 (3)	3.80 (2)	3.47 (1)	5.45 (5)	4.46 (4)
1.80	6.14 (4)	3.30 (1)	4.62 (2)	5.94 (3)	6.44 (5)
1.90	2.57 (2)	0.99 (1)	5.12 (4)	4.46 (3)	6.44 (5)
2.00	2.97 (1)	3.14 (2)	5.12 (5)	4.95 (4)	4.79 (3)
均值	8.44 (3.8)	6.64 (2)	7.27 (2.9)	7.35 (2.6)	8.70 (3.7)

表 5-8　关于参数 *T* 的弗里德曼和伊曼–达文波特检验结果

数据集	方法	测试值	分布值	假设
欧洲信用数据集	弗里德曼	31.55	9.49	拒绝
	伊曼–达文波特	12.37	2.49	拒绝
贷款俱乐部信用数据集	弗里德曼	16.96	9.49	拒绝
	伊曼–达文波特	5.11	2.49	拒绝

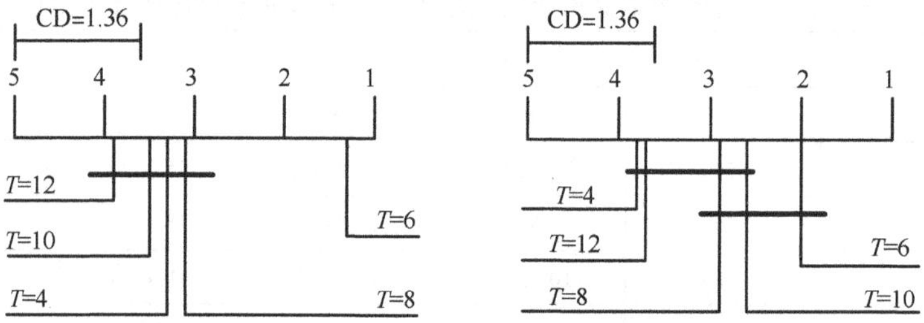

(a) 欧洲信用数据集　　(b) 贷款俱乐部信用数据集

图 5-12　参数 *T* 的莱蒙伊检验结果

（三）参数 δ 对攻击算法攻击性能的影响

在本案例提出的半监督迁移黑箱攻击算法 STBA 中，被查询的样本在 D'_{tr} 中所占的比例 δ 的取值与欺诈者实施欺诈的代价紧密相关，δ 越大意味着欺诈者需要花费越多的时间进行查询，被银行发现的风险也会增大。为了研究 δ 对 LR-STBA 算法攻击性能的影响，我们进行以下实验：首先，分别令 δ 取五种不同的值：5%、

10%、20%、50%、100%，来构造替代模型的训练集；其次，训练替代模型；最后，根据替代模型生成对抗样本并计算六种目标模型在对抗样本集上准确率的均值 u。

图 5-13 显示了在两个数据集上，当 δ 取不同的值时，随着攻击强度 ρ 不断增大，u 的变化情况。从图 5-13 可以看出，随着 δ 的增大，攻击算法的攻击性能逐渐增强。特别地，当 δ 从 5%增加到 10%时，攻击算法的攻击性能有非常明显的增强。而当 δ 大于 10%以后，继续增大 δ 仅只能略微地提高攻击算法的攻击性能。

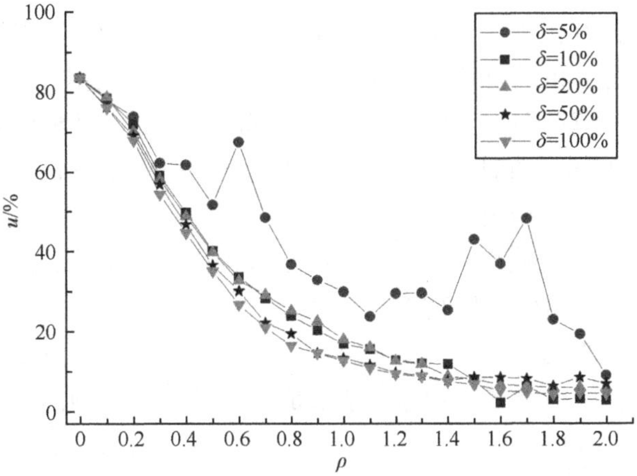

（a）LR-STBA 攻击算法在欧洲信用数据集上的结果

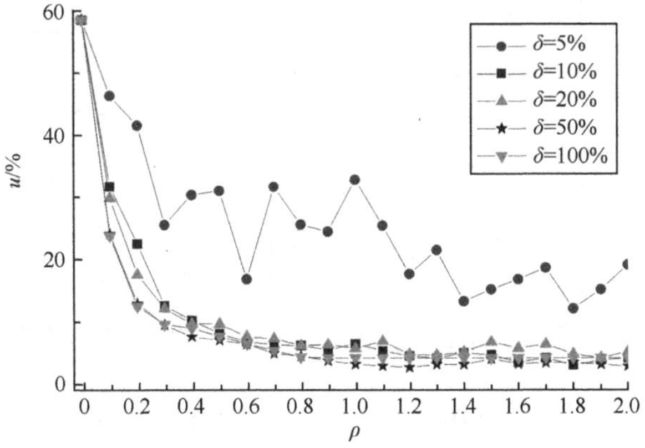

（b）LR-STBA 攻击算法在贷款俱乐部信用数据集上的结果

图 5-13　当 δ 取不同值时六种目标模型在对抗样本集上准确率的均值

（四）参数 β 对攻击算法攻击性能的影响

在前面的所有实验中，我们假设欺诈者在生成对抗样本时能够对欺诈交易样本的全部特征值进行修改。事实上，银行用于构建欺诈检测模型的训练集中可能会包含一些欺诈者无法对取值进行修改的样本特征（如持卡人的年龄）。因此，在现实中欺诈者无法利用这些特征来生成对抗样本。缺乏公开的数据集一直是信用卡欺诈检测研究所面临的难题（Dal Pozzolo et al.，2014），而本案例所用的两个数据集都没有详细的特征信息，因此我们无法判断哪些特征是不可修改的。为了研究欺诈者能修改的特征占全部特征的比例 β 对攻击算法攻击性能的影响，我们设计了如下实验：首先，在全部的特征上训练六种目标模型；其次，从全部特征中随机抽取比例为 β 的特征用于训练替代模型；最后，根据替代模型生成对抗样本并计算六种目标模型在对抗样本集上准确率的均值 u。图 5-14 显示了在两个数据集上，当 β 取不同的值时，随着攻击强度 ρ 不断增大，u 的变化情况。根据图 5-14 我们可以得出以下结论。

第一，随着 β 不断减小，攻击算法的攻击性能不断下降，这说明可供欺诈者利用的特征越少，攻击的难度越大。

第二，当 β=40%时，攻击算法仍然有较强的攻击性能，这说明欺诈者不需要修改太多的样本特征值就足以构造出能够成功欺骗目标模型的对抗样本。

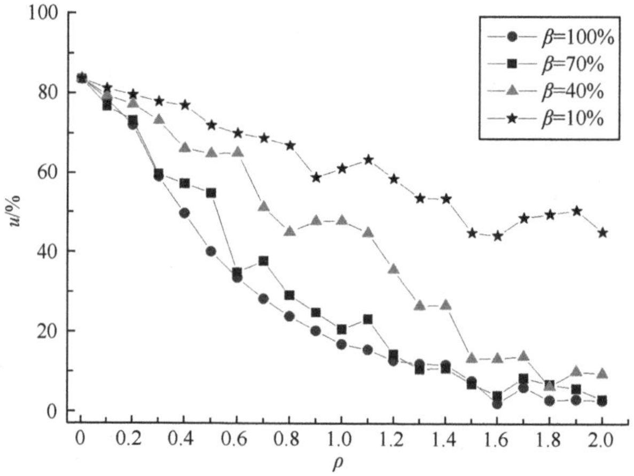

（a）LR-STBA 攻击算法在欧洲信用数据集上的结果

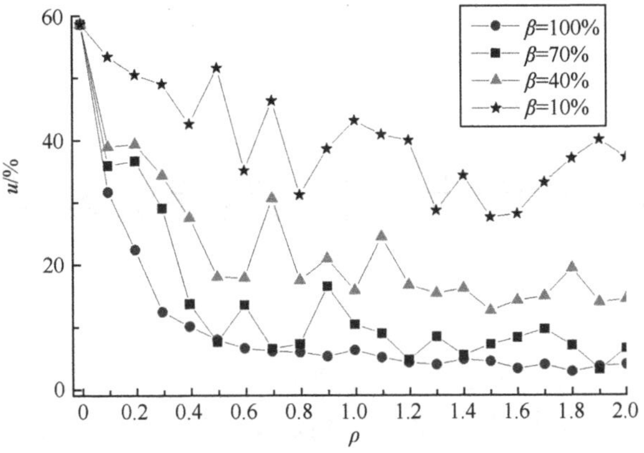

（b）LR-STBA 攻击算法在贷款俱乐部信用数据集上的结果

图 5-14　当 β 取不同值时六种目标模型在对抗样本集上准确率的均值

五、讨论

基于人工智能的信用卡欺诈检测模型是否存在决策风险问题，是否值得信赖，是已有的信用卡欺诈检测研究很少考虑的。本案例提出了基于智能黑箱攻击的信用卡欺诈检测决策风险评估框架 IBA-SEF；在该框架下，进一步提出了一种半监督迁移黑箱攻击算法 STBA 来评估已有的基于人工智能的信用卡欺诈检测的决策风险。该算法不需要向目标模型查询大量样本的类别标签，而是利用半监督学习技术从无类别标签的样本集中选择性标记一部分样本的类别来辅助训练替代模型，这样可以提高替代模型与目标模型判别函数的相似性，进而提高攻击算法的攻击效果。根据训练的替代模型的不同，我们构造了两个版本的算法 LR-STBA 和 SVM-STBA。分别在两个公开的信用卡欺诈检测数据集上进行了实验以评价 STBA 的攻击性能。实验结果显示，当欺诈者仅能进行少量查询的情况下，半监督学习技术的引入能够进一步降低常用的基于人工智能的信用卡欺诈检测模型在对抗样本集上的分类准确率；面对 STBA 算法生成的对抗样本，六种信用卡欺诈检测模型都基本丧失了识别欺诈交易的能力。这说明本案例提出的决策风险评估框架的可行性和有效性。

第六章　政府治理中的智能决策理论研究

技术随着信息的传播而进步，大数据时代已经到来。当今世界各行业产生的数据呈爆炸性增长，每天增加的数据量超过 2.5 兆字节。大数据的资料量大、变化飞快、种类繁杂、价值密度低及真伪存疑等特点进一步加剧了这个时代的不确定性。然而，海量数据中包含的信息与价值却可以帮助政府对这些不确定性进行预测，基于大数据的智能决策将取代传统决策，成为当今政府治理决策的主要模式。大数据时代的到来引起了全球各国政府的高度重视。2012 年 3 月，美国发布《大数据研究和发展计划》，为发展大数据产业做出详细规划（顾颖，2018）。联合国在 2012 年 5 月发布的《大数据促发展：挑战与机遇》白皮书分析了大数据给各国发展带来的机遇和挑战。2015 年，国务院印发《促进大数据发展行动纲要》，这是我国第一份对大数据发展从战略高度进行顶层设计的纲领性文件，提出政府部门将建立“用数据说话、用数据决策、用数据管理”的管理机制。“大数据对政府智能决策的影响”这一议题在国内引起了广泛关注。

第一节　大数据与政府智能决策的内在逻辑关系

一、与决策主体的内在逻辑关系

首先，大数据为政府智能决策提供了多元主体协同共治的新思考和新探索。从行为主义分析模型、政策网络与政策共同体分析模型（Sabatier，1988）、政策地形模型（Jones and Jenkins-Smith，2009）到政策体制模型（Jochim and May，2010），政府智能决策主体正在由一元主体向多元主体转变，治理方式由单向控制向协同共治转变。大数据时代使政府智能决策在决策主体方面跨系统、跨边界的特点日益明显。政府智能决策的关键不再是传统权威，而是由政府、企业和公众等多元主体参与的整合性协同治理。

其次，大数据引发政府智能决策参与主体下移。在传统的政府决策过程中，决策通常是由在政府中占据关键职位的专家制定，普通大众无法参与决策过程。

而大数据和社会媒体的发展，使得决策主体开始由某些特定的专家下移到普通大众。这是因为新媒体等技术的发展，大大丰富了社会大众获取信息的途径，促进了信息的共享和传播，同时也为社会大众提供了发声渠道，这些声音成为大数据政府决策过程中不可忽视的力量。可以说，大数据时代的到来赋予了普通民众前所未有的参与决策的机会，大大提升了决策过程的公平性和民主性。

最后，大数据打破了政府的控制导向的行为模式。大数据时代，决策过程的不确定性和复杂性大大增加（张康之，2015），使得政府控制导向的行为模式越来越难以为继。第一，在对信息的控制方面，大数据时代的到来将打破政府对信息垄断控制的权威。大数据时代信息的传播更加快速和便利，任何人和企业都可以方便快捷地获取最新资讯，也可以随时随地发布信息，政府不再是信息的唯一权威发布者，并且可能会因为发布信息的滞后性产生消极影响。同时，海量的信息中真假混杂，政府决策中缺乏可依赖的真实信息，这也会引起人们对政府公信力的怀疑。第二，在对政策的控制方面，大数据时代政府制定政策的中心地位将被动摇。互联网为公众提供了前所未有的发声渠道，人人都可以平等地发表自己的意见，互联网具有的快速传播和方便快捷等特点大大提高了公众参与公共事务讨论的热情，政府制定的政策将受到公众更加严格和全面的监督。第三，在对公共品和公共服务供给的控制方面，大数据时代的到来将打破政府的垄断性。以互联网企业为代表的众多高科技企业拥有大量的数据和自主创新技术，依托这些资源，在危机事件到来时可以迅速向公众提供所需的公共品和公共服务，与政府形成互补，加速化解危机。

二、与决策过程的内在逻辑关系

首先，大数据为政府智能决策提供了实时连续决策的轨迹和路径。政府智能决策经历了阶段论模型（Deleon，1999）、多源流框架（Kingdon，2010）、突变-均衡模型（Baumgartner and Jones，1993）等过程，然而这些模型往往很难预测决策过程的突发状况。大数据时代发展起来的一系列新的技术为政府智能决策提供了有力手段，如分布式文件系统（许春聪等，2010）、分布式数据库（Chang et al.，2008）、批处理技术（Dean and Ghemawat，2008），以及开源实现平台（Shvachko et al.，2010）等。这些技术可以为政府智能决策提供实时连续的支持，从而增强决策过程中各种突发事件的可解释性。

其次，大数据为政府智能决策时分析事件的相关关系提供了技术支持。在传统的政府决策过程中，往往需要基于许多假设来处理问题中的不确定性，然后使用一系列诸如成本-收益分析、成本-效益分析、博弈论等模型与分析工具进行决策。这些方法需要经过一些假设和推理将实际问题中的不确定因素转化为确定因素，进而在确定性的框架内进行决策。然而，大数据时代信息更新快、传播速度快加之种类繁杂等特点加剧了问题的复杂程度和决策环境的不确定性。在这种环境下，传统的将不确定性转化为确定性的思路已经不再适用。在大数据时代，政府可以使用数据分析技术挖掘事件之间的相关关系，并在此基础上进行决策。区别于传统政府决策流程的事后被动响应模式，大数据时代政府的智能决策流程则是搜集数据—量化分析—找出相互关系—提出优化方案的前瞻性主动研判模式（徐继华等，2014）。

三、与决策目标的内在逻辑关系

首先，大数据时代，政府决策的透明性和公平性将得到提高。传统的决策过程以“经济人”假设为前提，因此政府决策者缺少足够的动力去制定最符合公共利益的政策，甚至存在权力寻租和权力腐败的风险。而政府智能决策过程可以借助大数据的技术优势，使用数据检索分类工具、传感器、条形码及射频识别（Ni et al.，2003）等方法，结合互联网和物联网等技术全面感知社会事项及公众所需，采取网络地图（Govindan and Tangmunarunkit，2000）、标签云（Kaser and Lemire，2007）和历史流图（Viégas et al.，2004）等可视化技术分析事件的发展规律，展示决策行为的全过程。政府智能决策提高了决策的透明度和公平性，进而大大增强了对决策过程的监督和对决策者权力的约束。

其次，大数据时代，以技术为导向的政府决策转变为以价值为导向的决策。传统的政府决策往往以效率作为评价标准，忽视了决策的公平性和民主性（杨润美和邓崧，2015）。大数据背景下，互联网为大众提供了交流思想和表达观点的广阔平台，个人从信息的被动接受者转变为信息的产生者和传播者。产生的这些数据包含图片、视频等大量复杂的非结构化数据，而这些非结构化数据通常最能反映民众的情感和诉求。大数据技术的应用使政府能够有效利用这些非结构化数据，在智能决策的过程中不单单关注效率，而是更加重视民主诉求回应以及决策的公平和民主，即以价值为导向进行决策。值得一提的是，以价值为导向的决策并不是不顾效率，而是更强调决策中应该包容和彰显更多的价值，特别是当包容性、公平性、民主性与效率产生冲突时，更应该坚持价值导向，遵循回应诉求和公平、民主的原则进行智能决策。

第二节　面向大数据的政府智能决策特征分析

一、整体化

整体化决策要求打破政府各机构、各部门及各层级之间的业务壁垒和数据壁垒，以整体性和全局性的思路整合数据资源、优化决策流程，尽可能地减少因政府部门内部信息沟通不通畅、共享不及时造成的对决策质量的影响。大数据时代，信息来源更加多样化，公众需求更加复杂化，各领域之间的交叉影响越发紧密，因此传统的仅依靠单一数据源的决策模式已经难以满足新时代政府治理的要求。在大数据时代，政府应坚持整体性决策，有效融合多源数据，推动跨部门的数据共享。无论是对政府自身监管行为所产生的大数据，还是对公民在社交媒体或其他网络平台上所产生的行为数据进行采集和分析，都可能促进政府机构中跨层级的智能中心的建立。

二、透明化

在推进大数据在政府智能决策中应用的同时，政府的监管方式也应不断创新，应更加透明。在最极端的情况下，我们可以设想如果一个机构像维基百科那样完全进行数字化运作，那么通过下载其所有的编辑历史就可以提供该组织的所有完整的交互记录，从而提供一种迄今为止难以想象的机会去理解其治理安排。随着政府组织越来越成为一种前台的网络存在和后台的信息处理系统，大数据也将更加有力地促进政府智能决策过程的透明化。

三、服务导向

服务导向的政府决策的主要特征包括以下几点：第一，决策以人民需求为出发点；第二，人民对政府的决策有着完善的监督机制，当政府决策有悖于公众利益时，公众有权利提出意见；第三，权力的合理分散，既包括权力在政府各部门之间的分散，也包括在中央政府与地方政府之间的分散。大数据时代的到来可以有效强化政府决策的以上特征，推动政府由传统决策模式向服务导向的决策模式的转变。首先，大数据时代公众表达观点和意见的渠道大大增加，信息的传播速度和存储数量呈现几何级数增长的趋势，政府可以使用网络爬虫技术、多源数据融合技术和文本分析技术对这些数据进行获取、整合和分析，以便实时了解公众诉求，制定出更加贴合实际需求的政策。其次，大数据时代，舆论监督成为人民监督政府的重要途径，且舆论监督的公开性和开放性都大大增强，这不仅使公众监督政府决策的方式更加便利，同时也可以提高公众监督政府的意识和热情。最后，大数据时代，数据共享平台和智能办公系统等工具的使用可以打破政府各机构、各部门和各层级之间的数据壁垒与业务壁垒，为权力分散提供技术支持。

四、多元共治

多元共治是指政府依托大数据资源，遵循民主决策原则，坚持公共利益主导的价值观念，保证各主体参与决策机会的公平性、参与主体的多样性及决策过程的民主性。

随着市场经济的发展，社会主体利益呈现出个性化和多样化的特点，因此，在政府决策过程中，如何平衡多方的利益，建立公平、公正的利益协调机制是提高政府治理水平的重要议题，此外，部分政府部门决策过程责任模糊、回应滞后及暗箱操作的局面亟须改善。因此，利用政府智能决策机制，提高公民在决策制定中的参与度以及政府服务的公民满意度变得越来越重要。同时，公共事务也变得越来越复杂，诸如 2019 年新冠疫情的突发对政府决策制定的及时性、决策方案的科学性及决策执行的有效性提出了更高的要求。而传统的政府作为单一决策主体的治理模式已经不能满足新时代的要求，只有扩大决策主体，让更多的组织和个人参与到决策过程中来，才能适应时代的变化。

政府智能决策引导政府将决策重心转移或回归到公众需求上。政府智能决策的本质是政府与公众的合作，在合作的过程中，公众要积极参与，政府要扮演好引导者的角色，对公众的声音做出积极回应，在这种互动关系中增加双方的信任。

第三节　大数据优化政府决策的作用机理研究

在大数据时代，政府可以从数据收集、需求分析、决策制定、决策执行和监管反馈等方面对决策进行全过程优化（闫利平和申灿，2016）。

一、大数据能够广泛吸纳公众意见，推动决策的民主化

决策问题构建是指根据社会现实和目标之间的差距，找出问题所在并解决问题的过程。邓恩（Dunn，2017）认为决策问题构建分为以下四个阶段：问题感知、问题搜索、问题界定和问题陈述。帕顿和沙维奇（2001）认为，这四个阶段不是递进关系， 而是一个不断重复的过程。大数据可以从各个环节对政府决策问题构

建进行优化。第一，大数据可以加快信息传播速度，保证接收信息的及时性和全面性，同时，大数据可帮助决策者分析事件之间的相互关系，挖掘隐藏在表象之下的深层规律，预测事件的未来发展趋势。第二，大数据时代的网络爬虫和多源信息融合等技术可以大大提高政府收集公共信息的效率并拓展信息来源。第三，传统政府决策中的问题界定往往依靠决策者本人的语言，这种决策方式主要依赖于决策者的道德标准和主观偏好，欠缺客观性和普适性，大数据技术为这一问题提供了解决方案，政府可以使用大数据技术建立规范、统一的决策问题边界。第四，相比传统决策模式中的问题陈述方式，大数据可以对问题进行更加全面和客观的描述。因此，大数据可以从每一个环节全方位地优化决策问题构建过程。

二、大数据能够优化决策方案制订，实现决策的科学化

决策方案制订是政府决策的关键步骤，它包括以下五个环节：确定思路、明确目标、设计方案、评估方案和选择方案。大数据时代，政府可以优化决策方案制订的各个环节。首先，大数据可以分析历史事件的相关性并预测未来事件发展规律，促进政府决策者的决策思路由经验决策向逻辑决策转变，这一转变有助于提升决策方案的客观性和科学性。其次，大数据技术可以帮助评估决策目标的合理性和可实现性，从而为决策者提供判断依据。再次，大数据能够提供更加全面和准确的决策依据，正如舍恩伯格（Mayer-Schönberger and Cukier，2013）所说，大数据可以帮助我们进一步接近事实真相。最后，大数据技术可以提高信息整合、数据分析和文件流转的速度，进一步提高政府的决策效率。

三、大数据能够动态监控决策方案执行，提升决策的有效性

决策方案执行是实现决策目标的必经途径。大数据时代，公众的需求变得更加复杂，各群体之间利益冲突带来的社会矛盾大大增加了决策执行的难度。决策方案执行主要关注两个方面，即执行方法和执行效果，大数据可以从这两方面优化决策方案的执行。首先，对于决策的执行方法，大数据可以动态收集数据，实时更新环境变化情况，为决策执行提供实时连续的数据支持，从而保证决策执行的及时性和有效性。同时，大数据可以记录决策执行的每个环节，使决策者动态把握决策执行的进展情况，一旦出现计划外的偏差可以及时采取应对措施。其次，对于决策的执行效果，大数据可以制定客观、全面的评价指标，并提供横向和纵向的对比结果，从而使对决策效果的评价更加科学化，同时，大数据为公众提供了更加便利的监督方式，这也有助于在对决策效果进行评价时听取多方声音，提高民主性和公平性。

第七章　影响政府智能决策的内部因素研究

影响政府智能决策的内部因素主要从政府智能决策的主观方面展开，主要包括数据分析能力的影响、价值观的影响和注意力的影响。

第一节　数据分析能力的影响

数据分析能力是影响决策质量的一个重要因素（Janssen et al.，2017）。所有涉及的专业人士和组织在整个政府智能决策过程中起着至关重要的作用。政府智能决策离不开数据，而这些数据往往具有以下特点：①来源多样化。政府智能决策数据不仅包含人口、地理、经济等政府部门数据，还包含企业经营数据和城市建筑物数据等工业数据，以及城市各个角落的数据传感器采集来的物联网数据，比如水电气的使用数据，环境、卫生、安全的各种监测数据等。②类型多样化，政府智能决策数据包含结构化和非结构化数据。前者主要包括政府各级部门的业务数据和办公数据，常常存储在各级部门信息系统的关系二维表中。后者主要包括一些音频、视频和图片等数据，通常通过分布式文件系统进行存储和管理。③数据海量化。城市的信息和经济活动每天都会生产大量的数据。比如，交通运输部门的车辆信息数据、与安全有关的监控视频数据、每年城市人口流动等统计数据等，这些数据都呈现出爆发式的增长。

因此，政府智能决策数据的以上特点对决策人员的数据分析能力提出了更高的要求。

大数据分析的过程涉及许多变量和参数，然而很难找到合适的工具来分析和确定这些参数。在进行政府智能决策时，应该使用哪些技术以及如何实现大数据可视化是一个重大挑战，也是一个漫长的搜索过程。提升大数据分析能力，不仅需要提高政府部门工作人员的大数据分析能力，也要借助该领域专家和机构的帮助与支持。

一方面，加强政府相关人员业务知识培训，努力提升大数据分析能力，努力解决数据收集和处理中的难题，积极适应人工智能环境下政府智能决策工作的需要。一是注重数据归集。积极推进大数据中心建设，扎实做好各部分业务数据归集整理和上报工作。对于具有信息价值的数据，应当按照相关规定，及时进行数据归集，科学存储保管，并明确使用权限和共享权限。二是强化人才培养。特别要注意培养政府人员的大数据思维，了解当前人工智能在政府智能决策中的应用情况，分批次地开展大数据分析技术培训，同时邀请企业和高校的人工智能专家进行专题讲座，优化政府人员知识结构，不断提升他们的大数据分析实战能力。三是推进成效转化。要注重数据分析为政府决策带来的效益。对具备实行智能决策的项目，要加强数据挖掘和分析能力，并将数据分析结果反馈并应用于政府智能决策实践中。

另一方面，加强与领域专家和研究机构的合作。从大数据中获得知识发现不能仅仅依靠计算机，专家才具有信息抽象能力。此外，不同专家的关注角度不同，即使从相同的数据中看到的信息也存在差异，从同样的决策模型中分析得到的结论也不尽相同。因此，不管是信息的获取还是决策分析都大大依赖于专家的智慧。政府应当建立专业化的大数据分析中心。这些大数据分析中心应当适当聘用企业或高校的专业技术人员，借助他们的专业技能，进行政府智能决策分析。当承接了许多大型大数据分析任务并积累了一定的经验之后，政府大数据分析中心可以形成一套特殊的分析软件工具，进而可以通过云平台向社会提供这些工具，供其他政府借鉴和使用。

第二节　价值观的影响

除了数据分析能力，政府决策者的价值观也会对政府智能决策产生影响。政府部门决策者的价值观不同，其判断决策问题的结果不同，决策者在考虑哪些问题需要进行智能决策的时候，通过对社会现状的观察和调研来发现问题，那么各种不同的政府决策者会从自身更关注的问题出发，选择自己认为更迫切或者与公众更相关的问题进行决策。决策者的价值观不同，对政策问题的认识程度不同，对政策方案的理解不同，对政策方案的好坏也存在不同的看法，所以得出的结论肯定存在不同。

随着人工智能技术的不断发展，政府智能决策的备选方案逐渐多样化。政府决策者对这些智能决策方案的选择在一定意义上也会用不同的价值标准去衡量。在进行政府智能决策过程中，相关决策人员的价值观无法达到一致，所以无法选择出符合所有决策者要求的决策方案。

最后，决策者有限理性的特点决定了一些具有争议的决策观念存在的必然。

在选择决策方案时，很难考虑到各个方面的综合因素，没有一个方案是完美的。即使使用大数据技术制定的决策，政府决策者在选择的时候也要进行综合的可行性和合理性分析，这就要求决策者采取对应的价值观。人工智能决策在很大程度上会涉及公众的隐私泄露问题，决策者在制订智能决策方案时，需要考虑到这类隐私问题，因此在问题和方案选择时必然进行取舍。

第三节　注意力的影响

注意力是影响政府决策的一个重要因素（琼斯等，2010）。“政府决策中的注意力是为决策者将有限的时间和知识等资源用于关注、聚焦、组织和解决社会问题，确定决策议题和选择决策方案过程中需要的能力资源。”（师容，2015）图 7-1 给出了注意力过程图示。注意力是客观存在的，当注意力转变时，决策者的决策能力和价值观会随之改变，其选择的决策问题和决策方案也会变化。大数据条件下，决策者获得的信息千变万化，其注意力也会随之改变，从而对政府智能决策造成了影响。

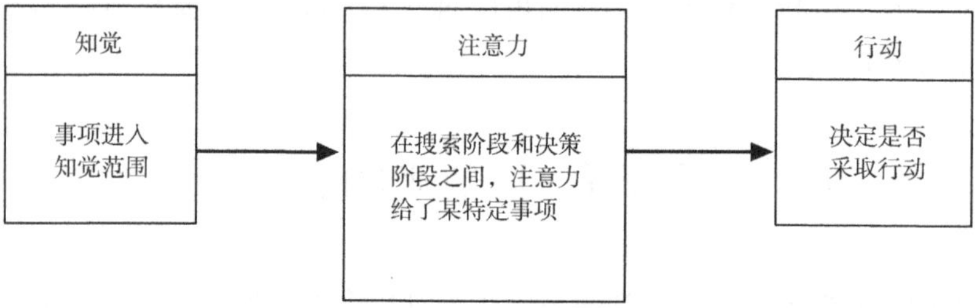

图 7-1　注意力过程图示

一、注意力影响政府智能决策的内在机理

（一）政府注意力的引发

引发政府注意力的最主要的两大因素是新闻媒体和公众诉求，它们会促使决策者将注意力集中在特定的决策目标上。例如，“微博实时热搜”加快了公众对社会热点问题的知情进程，同时也使出现的社会问题迅速传递到政府决策者的视野，进而加快了这些社会问题的决策议程。随着大数据技术的发展，网上的公众诉求会加速引发政府注意力的变化，从而影响了对政府决策议程的先后排序。公众的诉求和态度引发了政府注意力，让相关决策者关注到了这些社会热点问题，进而

产生决策。

（二）政府注意力的作用范围

在政府智能决策过程中，受注意力影响的对象主要包括决策议程的制定和决策方案的选择两个阶段。在制定政府决策过程中，政府决策者的注意力范围必然会受到自身价值观和偏好及社会公众反馈情绪的影响。同时各种外部突发事件也会影响决策者的注意力，可能导致决策者的注意力转移从而影响决策制定进程。在选择政府决策方案中，每个决策方案都具备各自的优势和劣势，政府决策更加关注某一方面，则可能更看重决策方案在这一方面的优势，在评选过程中自然会倾向于选择这些方案。因此政府注意力也会影响决策方案的选择。

二、优化政府智能决策注意力配置的途径

大数据背景下，政府智能决策的内外环境也在不断变化，各种信息爆发式增长。如何判断并且分析出正确的信息，需要政府决策者将注意力配置到具有价值的信息上。只有正确地配置注意力，才能产生高效、科学、符合社会公众利益的政府决策。如何优化政府智能决策注意力配置，是政府决策人员面临的一个难题。优化政府智能决策注意力配置的途径是：首先要把握政府注意力的配置向度，其次增强政府注意力配置力度，最后维持政府注意力配置的持久度。

第八章　影响政府智能决策的外部因素研究

政府智能决策从目标的确立到方案的选择每一个环节都会受到外部因素的干扰。这些外部因素主要有：社会环境的影响、多元参与者的影响、数据质量的影响和知识的影响。

第一节　社会环境的影响

政府智能决策社会环境影响因素主要包括：政治环境、决策体制和决策成本。

一、政治环境

在中国国情下，政治环境对政府决策具有较深的影响。政治环境决定了政府决策的决策体制，目前我国政府的决策过程日渐完善。按照国家要求，在制定重大决策时加强了公众和专家的参与度，更多地尊重公众和专家的意见，以达到增强决策透明度的目标。在当前环境下，政府制定智能决策更应当响应国家号召，按照国家要求规范政府智能决策制定流程，制定的决策要符合公众需求，符合科学规律，从实际出发，符合广大人民群众的根本利益。

二、决策体制

决策体制对政府智能决策的影响力取决于其是否对决策主体具有约束力及约束力的大小（张玉强，2017），而约束力从以下几个方面产生。一是制度的合法性。合法性是指目前决策制度的相关规定是否与现有法律法规一致，决策者是否认为这些规定是客观公正的。二是制度的权威性。制度的权威性能够防止相关决策者为了个人利益做出损害公众利益的决策。三是制度的完善性。如果决策制度系统不够完善，决策者有可能花费大量时间用于决策沟通，决策方案的制订也可能遇到重重阻力，这些都不利于政府智能决策方案的制订和实施。

三、决策成本

考虑到政府部门的资金限制和人员不足等问题，决策成本超出预算的决策很难被发现并被政府决策者选择，这样的后果就是政府制定的某些决策可能很难符合社会公众的根本利益。这就是决策成本对政府智能决策的影响。政府在制定智能决策时大都以大数据技术为依托，因此必须考虑决策成本的问题。大数据背景下的政府治理，需要建立大数据中心整合和处理信息数据，这要求政务信息系统的不断升级和资源共享。此外，政府智能决策也需要投入与人工智能相关的专业人才。这些都会造成决策成本的增加，因此在政府智能决策中必然要考虑决策成本的影响。

第二节　多元参与者的影响

大数据背景下，多元参与者的影响包括专家学者、社会公众及网络舆情等，这些都会对政府智能决策产生影响。

一、专家学者与社会公众的影响

专家学者和社会公众均属于不可或缺的参与主体。大数据背景下，政府决策环境和决策问题变化莫测，复杂度日渐提升。以政府为单一主体的决策模式很难协调处理这些复杂的决策难题，因此，需要借助专家和公众等多元参与者（朱伟，2014）。需要注意的是，目前人工智能在政府智能决策中正扮演着类似专家学者的顾问角色，通过处理相关的数据来支持决策过程，辨认决策制定者所关注的相关问题和主题，并生成书面意见。现在，政府已经开始发现使用人工智能来协助公务人员提供数字服务的价值。然而政府所要做的许多决策并不能完全移交给人工智能系统，需要专家学者和公众参与，监督人工智能系统所做决策的正确性和合理性，并需要对人工智能在其决策中发挥的作用尽量做到公开、透明。

二、网络舆情的影响

近年来，互联网发展迅猛，特别是智能手机的普及使越来越多的网民选择在网上发表对于政府政策的看法和见解，由此形成的网络舆论对于政府智能决策产生了广泛而深刻的影响。网络舆论的优势在于，它作为一种新型的民意表达方式，汇集了各方意见和看法，扩充了公民的话语权，加强了群众对政府决策的监督，因此在一定程度上降低了政府决策的失误率。实际上，政府决策会受到网民对社会实践的讨论和质疑的影响，如果政府没有及时反馈并处理，极有可能导致决策的失效（袁都等，2020）。

政府应当从以下几个方面应对网络舆情对其决策的影响。第一，加大力度普及网络的使用，特别是农村偏远地区，促使人人有公平的机会参与网络政治。第二，建立完善的网络舆论反馈机制，要及时并科学地反馈网络舆情，做到不拖延、不回避，提高政府应对突发事件网络舆论的能力。第三，加强制度建设，提升网络政治参与的制度化水平，设立专业团队负责处理网络舆情问题，维护好网络空间秩序。

第三节　数据质量的影响

数据质量是影响决策的一个外部因素。大数据时代，各种数据来源复杂，形式多样，对政府智能决策的影响更为重要。一方面，大多数政府智能决策都是依赖于构建的模型，而模型的准确率依赖于数据质量。高质量的数据有利于政府制定出精准的决策，从而对社会产生积极的影响。相反，如果政府收集的数据价值不高或者质量太低，则极有可能制定出无法解释甚至错误的决策，这些错误的决策将对社会产生负面的影响。另一方面，大数据时代，政府和企业的数据均呈现爆发式的增长，更新的速度也越来越快，诸如疫情防控监督、智能交通管理等政府智能决策大都依赖于实时的数据更新。如果政府采集的数据不及时，则很难做出精准的决策，造成决策滞后，无法发挥智能决策的优势。

数据质量可以用数据充分性来表示，即“数据足以满足分析目标和目的的状态或能力”。Huang 等（2018）提出了数据质量的三个重要特征。首先是上下文充分性，即在同一研究领域中，数据具备独立于其格式、大小和数据流的能力，可以进行独立的分析。比如数据质量在当前任务范围内是否合适，来源是否可靠，内容是否完整，以及是否符合法律规范。其次是时间上的充分性，即数据是否在合适的分析时段内或者数据的及时性。比如数据是否描述的是相似或适当时间段内发生的事实，是否针对当前任务正确地更新了数据，是否包含了不连贯的时间上混乱的数据等。最后是操作的充分性，即数据可以在预期分析中处理而不会被遗漏的程度。包括数据是否可用，是否易于恢复，是否被授权用于预期目的，是否具有代表性以避免资源浪费，以及是否可提供跟踪访问等。

目前我国政府智能决策数据质量主要存在数据源头不明确、格式不统一、数据不完整等问题。要解决以上数据质量问题，保证政府智能决策不会遭受“坏”或“脏”数据带来的负面影响，需要从数据的收集、清洗、存储、推送、挖掘、呈现等多方面进行持续治理和加强。首先，政府管理层要充分认识到数据质量的重要性。加强政府各层级人员的协作沟通，积极推动数据质量的改进工作，包括加强政府相关人员专业素养的培训，提高数据管理人员的数据质量管理意识。其次，政府需要集中力量进行数据清洗与整合。政府需要花较大的时间和精力对从不同数据源收集到的数据进行一次清洗。然而，数据的清洗需要大量人员和时间，在必要的情况下，政府可以寻求企业或者高校的数据预处理技术专家的帮助。最后，为了解决数据的及时性和有效性问题，政府需要对数据质量进行定时核查。大数据时代，政府和企业的数据均呈现爆发式的增长，更新的速度也越来越快。政府要及时采集数据，将最新的数据进行汇总、整合，提高数据质量。此外，一旦发生数据质量问题，需要通过上报系统及时上报处理，并安排相关人员及时进行检查验证，并保留相关记录以备用检查。

第四节　知识的影响

决策中所采用的知识越多、越丰富，决策就越科学有效（赛明明，2011）。中国人工智能产业的发展速度要高于全球平均水平。尤其是近年来人工智能在计算、检索、病虫害测报和天气预报等领域的广泛应用，其效率水平已大大超越人类智慧，给社会生活和生产发展带来了积极效应。人工智能时代到来后，知识对政府智能决策产生的影响愈发重要。

一、政府智能决策的知识应用过程

政府智能决策过程中的知识应用过程包括三个方面，首先政府决策相关人员通过收集数据和分析数据，将知识进行开发，并且应用到实际决策中。其次，将知识进行转化，转换的客观事实才能提高政府智能决策的能力。最后，将这些知识进行共享，为今后的政府决策提供经验和借鉴。综合来看，政府智能决策知识应用的运作轨迹可用图 8-1 表示。

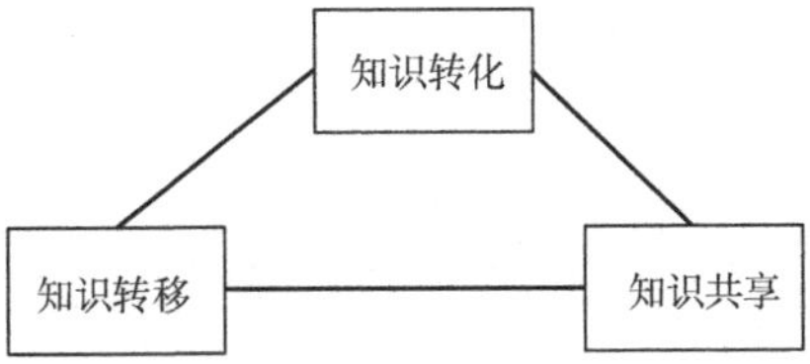

图 8-1　政府智能决策知识应用的运作轨迹

二、优化政府智能决策的知识应用路径

根据以上政府智能决策的知识应用路径，可以从以下三个方面进行优化。第一，要尽力扫除知识转化障碍，需要建立政府各部门之间的沟通交流渠道，并保障上下级之间信息传播的有效性和流通性。第二，在面对知识转移障碍时，需要积极引导社会公众和企业组织参与到政府决策制度和方案选择中，同时保障社会公众的合法权益。第三，在面对知识共享障碍时，政府应当尊重专家的意见，充分听取他们的建议，保障政府决策的科学性。同时，政府应当将智能决策方案进行总结，并将经验及时分享给其他部门。

第九章　融合内外部信息的政府智能决策研究

物联网、传感器、社交媒体网络、移动技术应用、智能终端的爆炸性增长使得政府治理所面临的信息量异常庞大，大量数据往往以半结构化或者非结构化的形式存在，每一时刻产生的数据，包括位置、状态、见闻、言论等，都被数字化，大多数领域的数据都能被收集。从数量上来看，可供政府获取的决策数据资源呈指数式的爆炸增长趋势，数据类型从传统的结构化数据向常规软件无法分析的半结构和非结构化数据扩展；从来源上来看，政府可利用的决策数据资源领域和范围更深、更广。大数据信息时代的到来让政府各项公共管理事务变得十分复杂，仅仅依靠政府的内部数据难以针对多数政府事务做出正确和科学的决策，为了从根本上提升我国政府决策的科学性和准确性，应该有效地运用大数据的思维方式，收集大量来自政府外部的数据，充分分析我国现阶段经济社会运转的内在规律，采取合适的数据挖掘方法来辅助开展决策工作。融合内外部信息的政府智能决策系统能从海量数据中挖掘出有用知识，给政府相关部门的工作人员提供有用的决策支持，并为智能化政务办公的发展提供强有力支撑。

政府智能决策系统（government intelligent decision system，GIDS）是将人工智能嵌入传统决策支持系统而构建的专家系统，它根据政府涉及的内部信息和外部信息、各类分析模型和各种基本知识定律，利用人机交互方式辅助政府人员进行决策。政府智能决策系统为决策者提供问题分析、模型构建和决策结果可视化等功能，有望进一步促进政府管理者提升政务治理的水平。政府智能决策系统结构如图 9-1 所示。

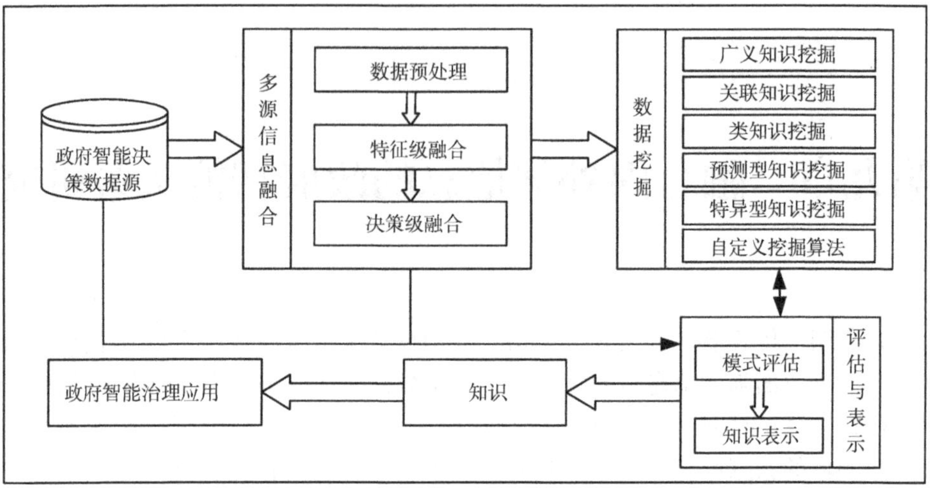

图 9-1　政府智能决策系统结构

第一节　政府智能决策中的多源信息融合研究

随着网络技术的发展，越来越多互联网或政务内部网的可用数据源相互交织，政府对信息源进行统一访问的需求已成为政务信息融合领域研究的背后推动力（赵晓娟等，2020）。传统的政府治理主要以各种纸质文件为信息来源，而互联网时代的到来，使得数据获取的渠道不断扩充，极大地丰富了信息的主体内容（Bedworth and O'Brien，2000）。同时，数据的特征、组织结构及来源的多样化导致政府部门从中提取有用信息并做出有效决策的难度不断增加。人工智能背景下政府决策建模数据存储分散且结构不同难以有效利用的问题十分突出，已成为政府治理中信息资源整合的主要障碍。为了对政府数据进行有效融合，本书提出运用多源异构融合技术对政府信息进行全方位的整合，为智能决策系统建设奠定基础。

一、政府智能决策数据源

政府智能决策数据源主要来自各政府部门所用的政务信息资源。政务信息资源可以被简单地定义为政府相关部门和行政人员在具体政务办理过程中所产生或接触到的各类信息资源，它既包括政府部门的内部文件，也包括政府工作开展过程中依托第三方平台管理、采集、存储的各类社会资源数据，其数据结构表现更加复杂（刘岩，2020）。根据行政惯例，政务信息资源可以分为内部数据源及外部数据源（黄如花，2020）。

1. 政府内部数据源

政府内部数据源主要有四大来源：政府网站所产生的数据资源、政府业务系统所产生的数据资源、专项数据资源，以及政府工作中的存档、归档数据资源。政府网站所产生的数据资源主要包括线上网站实时刷新所产生的前后端数据以及网站用户访问行为所产生的网络日志数据等。政府业务系统所产生的数据资源主要来源于各政府部门所建立的电子政务信息系统或者信息化工程项目在运转过程中所形成的多样化信息资源。专项数据资源与前两种资源有较大区别，是专门领域中所采集、检测的数据，通常呈现非结构化特征，如政府工作人员执法过程中产生的音视频数据、地理地图数据、城市气象数据等。政府工作中的存档、归档数据资源主要是传统的线下政务管理和服务过程中以特定形式记录和保存的各类纸质文件和电子文档等，通常存放在政府档案管理部门（马亮，2012）。

2. 政府外部数据源

政府外部数据源主要涵盖了社会信息数据资源和互联网信息数据资源。社会信息数据资源是由大量社会组织产生的数据信息所组成的，这些组织包括科研事业单位、行业协会商会及其他民间组织，他们掌握着科学理论研究、行业信息、经济运行数据等众多资源。社会信息数据资源已成为政务信息资源中不可或缺的一部分。互联网信息数据资源主要是因特网所包含的各类相关信息，政府有关部门履行职责需要大量网络信息作为理论支撑，它来源于各大社交网站、自媒体平台、移动客户端等。政府外部数据相比内部数据的构成更为复杂，同时也能挖掘出更多价值（肖引，2010）。

二、多源信息融合的基本理论

多源信息融合是指源自多个信息源，将采集到的各种数据进行挑选、识别与聚合的过程。与单一信源相比，多源信息融合能够将对象系统中更多的信息汇集到一起，更能全面地表现系统的真实状况，提升系统识别和管理决策的可靠性，同时也提高了对复杂的信息数据处理能力的要求（Solano et al.，2012）。目前，信息融合技术可按层次分成数据级融合、特征级融合和决策级融合三个级别，分别代表着系统对信息利用和管理决策的不同需求。

1. 数据级融合

数据级融合是三种方法中最低层次的融合方法，它直接对原始数据进行融合，最后依据融合的结果提取特征并进一步地做出决策判断，数据级融合框架如图 9-2 所示。直接融合使得融合前的信息量损失最小，在最大程度上保持了各类信息数据的真实状况，但这类方法对数据一致性和校准精度要求高，特别是针对大数据量融合时处理代价大、实效性差以及容错能力较弱。数据的校准就是将由信息源提供的初始信息进行数据形式的适当转换，以此使不同的数据形成具有一致的信息结构。数据校准后，还要进行数据与信息对象的关联，即保障信息与信息对象间彼此关系的反映。因此，数据级融合主要适用于数据种类不多、数据间关系相对简单的同类信息融合问题。

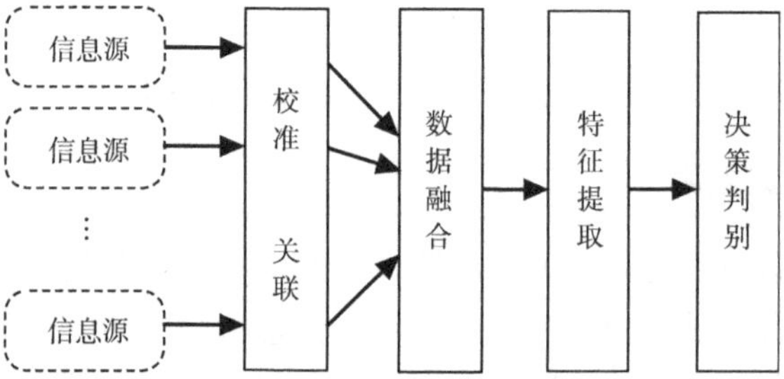

图 9-2　数据级融合

2. 特征级融合

特征级融合属于中间层融合方法，介于数据级和决策级融合之间，需要先从各个信息源的初始化信息中挑选出相应的特征矢量，随后针对信息特征进行融合，框架结构如图 9-3 所示。特征级融合主要包括目标状态融合和目标特性融合。目标状态融合方法本质上是进行模型识别，常被用于解决多目标追踪问题，其核心在于进行融合前的特征关联操作，常用的融合方法有 SVM 和神经网络等。特征

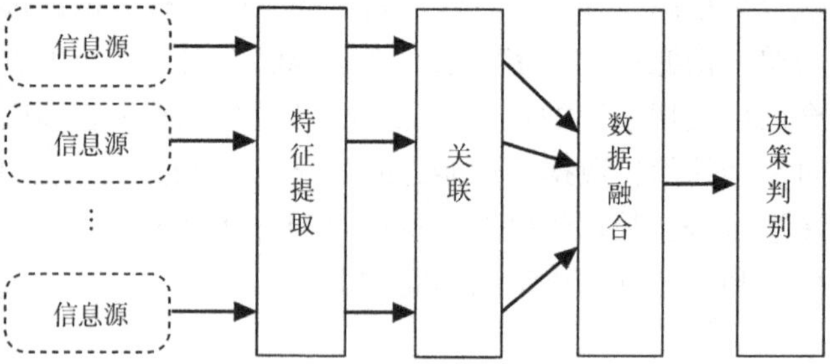

图 9-3　特征级融合

级融合对数据进行了一定程度的压缩，提升了模型对数据进行处理的能力和效率，但处理过程会造成价值信息的丢失（Tao and Veldhuis，2009）。特征级融合通过特征提取过程可以将不同类型的信息实现特征结构一致化，从而能够实现对不同种类信息源进行有效融合。

3. 决策级融合

决策级融合属于三种方法中最高级的数据融合方法，每个信息源约等于一个子系统，在对每个子系统进行局部特征提取和识别后，融合是针对各局域信度实现的决策层融合，系统框架如图 9-4 所示。决策级融合产生联合决策结果，信息量丢失较大，相对来说精确度也较差，但对系统的抗干扰能力最强，信息在决策级的处理量减小提高了系统灵活性（Arevalillo-Herráez et al.，2008）。由于涉及对每个子系统的局部处理，决策级融合能够更好地适应多信息源且信息特征不一致的复杂情况的融合问题。

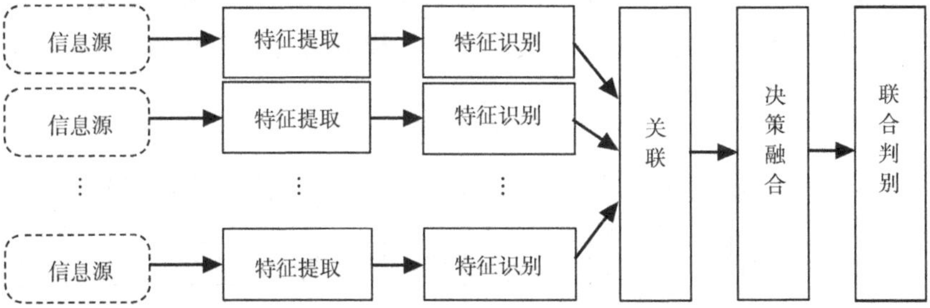

图 9-4　决策级融合

4. 三种融合层次比较

数据级融合方法相比其他方法能更多地保留原始信息的数据特征，但融合的代价较为高昂，同时时效性较差，无法满足政府部门在大数据时代对政务数据即时性的要求；特征级融合既能保证信息的即时性，同时又能够在很大程度上给出决策所需的特征数据，其融合结果具有较高的准确性；此外，决策级融合在容错性和时效性上表现良好，能够有效降低数据处理量。由于政务数据不像图像数据那样具有较高精度的融合效果，且数据总量非常大，因此，集成特征级和决策级的融合方法不仅能很好地满足人工智能时代政府大数据智能分析的要求，还能有效降低数据处理量。因此，本书将采用结合特征级和决策级的数据融合方法来构建基于政府内外部信息的多源信息融合模型。

三、基于政府内外部信息的多源信息融合模型

对政府内外部信息进行多源信息融合旨在挖掘有用信息并进行有效划分以期输出一致性的知识结果，其可以视为不断训练以获得最优特征集或分类器集的过程。决策级融合使用一组分类器来提供一个更好的、无偏的结果，被广泛运用于人脸识别、语音处理及医学图像领域。特征级融合研究方法进行特征的选择和组合时，能够去除冗余和不相关的特征。将最终选择出的特征集合融合在一起，得到相对更优的特征集合，并将其交给分类器来处理，以便得到最终的分类结果。从特征融合的定义本身可以看出，特征融合是信息融合的一个进步。为了提高融合精度，本书结合了决策融合和特征融合的概念，提出了基于政府内外部信息的多源信息融合模型，即多分类器融合模型。该模型主要包括数据预处理、特征级融合和决策级融合这三个模块。数据预处理模块主要涵盖了数据清洗、数据集成和数据变换三个模块。特征级融合模块首先需要对数据集进行特征排序，随后为各个分类器挑选特征子集。决策级融合在各个特征子集上训练分类器，随后利用不同的分类器对不同的特征集进行决策融合。模型流程见图 9-5。

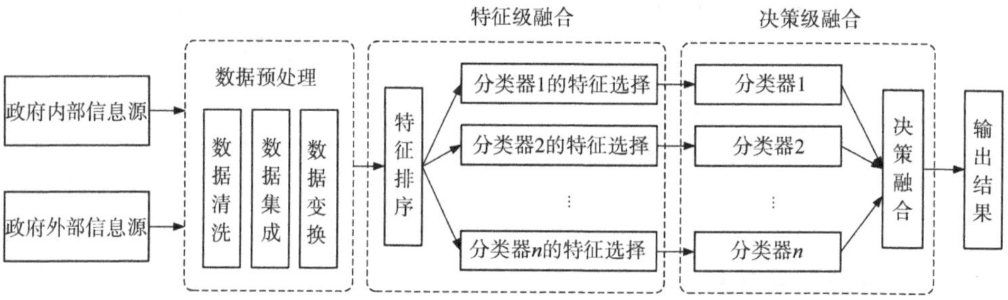

图 9-5　基于政府内外部信息的多源信息融合模型

1. 数据预处理模块

本节通过以下三个步骤来对政府内外部数据进行预处理。

1）数据清洗

数据清洗主要是对政府的内外部数据中存在缺失数据、异常数据和重复数据的情况进行处理。数据缺失的类型主要包括完全随机缺失、随机缺失和非随机缺失这三种。完全随机缺失数据是指缺失数据发生概率与现有数据之间没有明显的相关关系，其中现有数据主要涵盖了两类：已观察到的数据和未观察到的数据。非随机缺失数据情况需要引起重视，该缺失情况下的不完全变量数据一方面需要依赖完全变量数据，另一方面又依赖于不完全变量本身。在政务信息处理过程中，

需要根据缺失类型选择合适的处理方法，主要包括删除记录、数据填补和衍生变量等方法。异常数据形成的原因主要有数据输入错误、测量误差、实验误差、数据处理错误及抽样错误等。异常值检测手段主要有简单统计、散点图分析、箱型图分析及密度聚类方法。检测出异常值后根据异常值的不同类型选择删除样本、变换异常值及不处理。产生重复数据的原因主要是数据采集或者导入的过程中由于某些不明原因进行了多次操作和数据整合过程中的关联键不唯一所造成数据重复的情况。重复数据的处理方法通常是开展去重处理。

2）数据集成

在对数据进行集成时分别将政府内外部数据的多个数据库整合为政府内部数据库和政府外部数据库。在对政府数据进行集成时，不同源的数据往往结构不同，即多源异构问题，同时还存在实体和属性冗余的问题，只有妥善处理好这些问题才便于进一步实施转换、提炼和集成等操作。实体识别是为了统一不同源数据矛盾而提出的，常见的数据矛盾主要包括同名异义、异名同义和数据单位不一。检测并且解决这些类型的冲突是实体识别的首要目标。此外，数据集成通常会导致数据冗余，产生一个属性多次出现的情况。对于数据的冗余属性首先要进行分析，检测到后再将其进行删除处理。对不同源数据进行仔细整合才能减少或解决上述问题，进一步提高数据挖掘的质量。

3）数据变换

数据变换主要是对政府内外部信息数据进行格式标准化、变量离散化和属性统一化的操作，将数据转换成便于直接处理的相应形式，有助于后续数据挖掘工作的展开。主要的数据变换方法包括简单函数变换、数据归一化和连续属性离散化处理。简单函数变换是指对数据进行平方、开方、取对数和差分运算等数学运算。数据归一化处理能够消除数据量纲和取值范围上的差异，其标准化处理方法是将数据缩放到特定范围。归一化已成为数据挖掘中极其重要的基础工作。而属性离散化是指在数据挖掘过程中将连续属性转变成分类属性。

2. 特征级融合

特征级融合的主要目的是对特征进行约简和去除噪声。该方法还可以将不同域的两个或多个特征进行合并，减少“维数诅咒”问题。特征级融合的本质在于特征选择过程。特征级融合包括四个模块：特征排序、特征选择、特征提取及特征组合。特征排序主要是对原始数据的特征进行排序，可以得到所有特征的排序集。而在特征选择中，我们得到的是一个特征数量较少的排序集。因此，本节先对所有特征进行排序，再为各分类器选择合适的特征子集。

1）特征排序

特征排序先从预处理后的数据中找出所有特征，并根据每个特征的重要性计算相应的权重值，根据权重值对特征进行排序。特征排序可以通过机器学习等多种方法完成。以决策树的特征排序为例，首先假设在单个决策树中对每个特征分裂点的改进性能进行测度，根据性能评价结果得出属性的重要程度。由当前节点来对属性处理结果进行加权及记录的操作，当前属性下，属性的权重越大则越重要。最后，将各属性在决策树中的所有结果进行加权平均求和，即可得到该属性的权值，以此实现对特征的排序（Liu and Yu，2005）。

2）特征选择

特征选择通过从排序后的特征子集中选出最优特征来降低特征维度，主要包括四个模块：特征子集的生成、评价特征子集、判断停止准则和验证方法（Kudo and Sklansky，2000）。

候选特征子集的生成是特征选择的重要步骤，该步骤可以通过不同策略来生成特征子集，这些策略包括：全局最优搜索策略、随机搜索策略、启发式搜索策略和混合搜索策略。其中，混合搜索策略综合了前三种搜索策略的优点，能够避免单一搜索策略的不足。采用这种策略进行特征搜索能够得到比单一搜索策略更优的特征选择结果。

评价特征子集需要设定评价函数，依据该函数来判断特征子集的优劣，从函数类别上来说主要可以分为过滤式评价策略和封装式评价策略。在政务信息融合的过程中，需要根据数据的自身特点，选出恰当的评价函数对候选特征子集进行筛选。

判断停止准则用于判断特征子集评价过程是否停止，在不满足先前设置的搜索停止条件的情况下，特征搜索过程将一直运行。停止条件主要包括五大选项：算法运行时间、评价的阈值次数、特征子集的数量、评价函数的阈值及算法早熟或收敛等。

最后，在政府内外部数据上验证特征子集的优劣，将进行上述操作的结果作为训练数据，让分类器在该数据集上进行训练及测试，再将分类结果与未经特征选择的分类结果进行相应的比较，以便选出更优的分类器。

3. 决策级融合

决策级融合是指对特征级融合阶段选出的各分类器进行融合，可选方式有分类器融合和分类器选择两种方式。在分类器融合中，为每个分类器提供完整的特征空间信息，并将不同分类器的输出进行组合。而在分类器选择方法中，每个分类器都是特征空间中某个特定领域的专家，局部专家单独决定集成的输出。由于特征选择已经将特征空间进行了有效划分，不再需要进行局部训练，采用分类器融合方案更适合本任务。本节选择对分类器进行排序来实现分类器融合。分类器排序根据分类器置信度的降序进行排序。分类器的决策被表示为类的排名，这样它们就可以在不同类型的分类器和问题的不同实例之间进行比较。在多个分类器的类排序输出时进行决策级融合，包括采用类集约简方法（Ho et al.，1994）。

类集约简方法的目的是考虑通过尽可能减少类的数量来进行分类器融合，但确保正确的类仍在分类器集中。该方法尝试找到最小化分类器集和最大化真实类所占概率值的权衡。这可以通过两种方式实现，第一类，邻域相交，首先根据训练集中最坏情况下正确类的排序确定分类器领域，随后将所有分类器中正确类的最低排名作为阈值，只有排名靠前的分类器才被选择，以此来剔除阈值最低的冗余分类器。第二类，邻域联合，将训练集中最坏情况下所有正确类的最大排序值作为分类器的阈值，这样很容易找出冗余的分类器。

第二节　政府智能决策系统的构建

一、政府智能决策系统的基本概念

政府智能决策系统是将人工智能嵌入传统决策支持系统而构建的专家系统，它是在决策支持系统的基础上所构建的，该系统根据政府涉及的内部信息和外部信息、各类分析模型和各种基本知识定律，利用人机交互方式辅助政府人员进行决策。政府智能决策系统为决策者提供问题分析、模型构建和决策结果可视化等功能，有利于提高决策质量。随着人工智能的不断发展，企业将提高决策系统的智能化水平作为发展目标。虽然特定领域的专家系统已经得到了不同程度的发展，但是智能决策系统仍然处于初级发展阶段。开发政府智能决策系统对政府部门和社会组织的工作开展具有重大意义（杨晓锋，2019）。

二、政府智能决策系统架构

（一）系统构建目标

传统政务工作依赖于政府内部信息资源做出决策，而其信息数据存在来源单一、信息量有限的缺点，在一定程度上影响了决策的精确化，容易导致决策质量不高的问题。提升决策质量已成为政务工作的主要目标之一。实现该目标的重要途径是构建政府智能决策系统，依托大数据，扩大政府决策信息源的深度和广度，并综合人工智能技术、线上分析处理技术及其他大数据分析手段加大对政府决策数据资源的高效压缩和运用；在政务处理过程中，充分利用大数据辅助决策制定，能够有效提升决策质量，进一步拓宽民意收集渠道，同时促进政府信息的公开，让决策更加民主化；通过大数据优化决策的方案制订及监控方案的执行，提升决策的科学性和有效性。

（二）系统决策主体

系统决策主体是指能够影响决策结果的个人或组织（徐婧等，2019）。政府决策除一般程序外，还需要执行一些外部程序，如涉及国民经济和社会发展与民生建设中的重大决策时，需要将群众参与、专家指导与政府决策相结合。政策决策主体主要包括政府部门、民众、专家及利益相关者，而利益相关者是指受益于政策制定的相关人员或群体。每个决策主体对政务工作的影响权重是不同的（李灿强等，2019）。

（三）数据收集

根据“数据—信息—知识—智慧”的层次递进结构，数据位于知识结构的最底层，是信息和知识的基础与源泉，所以数据收集是最基础也是十分重要的一环。

传统的政府决策大多依赖各种文件作为信息源，但随着互联网技术的发展，信息来源越来越丰富，数据的特征也越来越多元化。前文提到政府智能决策数据源政务信息资源主要分为政府内部数据源和政府外部数据源。其中，政府内部数据源包含了政府网站所产生的数据资源、政府业务系统所产生的数据资源、政府业务系统所产生的专项数据资源，以及政府工作中的存档、归档数据资源等四个来源；政府外部数据源主要涵盖了社会信息数据资源和互联网信息数据资源，所以我们在执行数据收集工作的时候也专注于相关信息和数据的获取，值得注意的是，政府应确保数据的高质量、可靠性和唯一性，以便其在下游使用，使得数据库更可信和准确，并在此基础上推动数据安全和隐私保护，不断挖掘数据潜力，促进信息共享，提升数据价值。

数据收集的方式众多，线上的收集代表方式大多利用采集软件和各类网络媒介来获取数据，常用工具如搜索引擎、新闻网站、论坛、微博、博客和其他各类型网页信息。这些信息可以通过要素收集、关键词索引及全文检索等方式进行数据采集，其数据类型主要包括文本、链接、数字、日期和图片等（李憋劼和吴花平，2018），然后把收集到的各类数据进行自动去重和分类归纳存储；对于一些民生经济方面的决策，面向不同群体、企业的高质量调查问卷也常常被采用；还可利用政府网站、市长热线、政府留言信箱等方式，畅通群众反映问题、表达意见的信息渠道；搭建线上、线下相结合的群众工作平台，健全政府对民意的采集。通过多方式、多渠道来采集数据能让决策系统更好地辅助决策主体做出科学决策，进一步提升政府智能决策的质量。

（四）数据预处理

数据预处理主要包含数据清洗、数据集成和数据变换这三大部分。数据清洗主要是对政府的内外部数据中存在缺失数据、异常数据和重复数据的情况进行处理。数据集成是指分别将政府内外部数据的多个数据库整合为政府内部数据库和政府外部数据库。数据变换主要是对政府内外部信息数据进行标准化处理、变量离散化及属性统一化处理，将数据转换成便于直接处理的相应形式，有助于后续数据挖掘工作的展开。在进行数据挖掘前，先对政府内外部融合数据进行预处理，能够有效降低数据挖掘的难度。

（五）数据挖掘

大数据是政府智能决策系统的基础，而数据挖掘是运用大数据的重要手段，能够将无规则的数据转化为有用的知识。数据挖掘的一般过程为先通过计算机技术对具体决策问题进行相应的定义，设定决策目标，随后利用该技术对预处理后的数据进行挖掘和分析，从中提取出对决策制定有价值的知识，帮助政府开展工作（何洁，2011）。在数据预处理阶段，需要将不同来源的数据转化为较为统一的形式和度量范围，并对数据集进行异常值检测，剔除异常数据，进一步地使用数据统计和关联分析等方法分析数据的特性并从中发现数据分布规律，以此作为后续数据挖掘的依据。数据挖掘分析方法主要有机器学习、统计方法及深度学习等。每种方法的功能和性能存在差异，针对不同的政府决策问题，需要对不同方法进行配合使用。

第三节　案例1　能源管理部门风机故障预测智能决策系统构建

近年来，在政府的积极推动下，我国的风电产业迅速发展，逐渐成为全球风力发电的领导者。但风力涡轮机（风机）作为风电产业中不可或缺的电力设备，当其在高纬度地区运行时，经常会出现叶片结冰的现象，进而导致风机运转故障。

所以，提前对风机叶片结冰故障进行精确预测就显得意义重大，这也成为能源管理部门进一步工作的主要方向。下面将具体介绍基于选择性深度集成的风机故障预测智能决策系统。

一、背景介绍

风能作为成本较低的清洁能源，目前已经成为人们替代传统化石燃料的主要选择之一（Zendehboudi et al.，2018）。同时，利用风机进行风力发电可以显著降低发电的经济成本（Menezes et al.，2018）。并且，随着风电技术和市场的不断发展与扩大，虽然发电成本在不断降低，但就目前而言，风力发电的成本仍然高于传统的燃煤发电。若要进一步降低风力发电的成本，必须在风机的研究上取得技术性的突破（Dai et al.，2018）。由于风力资源的分布具有一定的地理特点，人们通常选择在风力资源丰富的高海拔地区建造风机。然而，高海拔的严寒气候给风机的耐寒性带来了巨大的考验，在高海拔地区的低温环境下，风机叶片有一定的概率会出现结冰的情况，这将增加叶片的疲劳损伤（Hu et al.，2017），进而导致风机叶片寿命降低、计量误差、发电率降低和发生安全风险等问题（Lamraoui et al.，2014）。如果能对风机叶片结冰故障进行提前预测，这部分的损失将显著降低。因此，准确预测风机叶片结冰故障有利于维护电力系统的安全运行和调度，降低整个风力发电系统的运行成本（Pérez et al.，2016）。

目前，风机叶片结冰故障预测方法主要有两种：基于专家知识的建模方法和数据驱动方法（Yin et al.，2016）。第一种方法可以进一步分为直接法和间接法。直接法主要考虑风机叶片结冰所引起的物理特性变化（Homola et al.，2006），如质量变化（Ghani and Muhammad，2013；Tabatabaei et al.，2018）、反射特性变化（Shoja et al.，2018）、电容变化（Owusu et al.，2013）、功率变化（Davis et al.，2016；Li et al.，2020）等。然而，直接方法的主要缺点是实验通常需要昂贵的传感器设备，而这将带来更高的实验成本（Villalpando et al.，2016）。间接法则主要通过研究天气条件对风机叶片的影响来间接地预测风机叶片的结冰故障（Homola et al.，2006），如风机叶片表面大气温度的变化（Guo et al.，2017b）、风机叶片结冰过程中的气流和水滴行为的变化（Jin and Virk，2019）。另外，基于结冰过程开始时的天气条件，也可以识别风机叶片的结冰情况（Shakirov and Fedyaev，2020）。在第一种方法中，基于结冰机理理论的物理模型依赖于大量的专家知识，这些知识通常难以获取且具有高度的复杂性（Gao et al.，2018a）。此外，风机实际的运行过程具有非线性和不确定性的特征，使得这种模型很难在实践中得到广泛应用（Tautz-Weinert and Watson，2017）。

在工业大数据时代，数据驱动方法已被广泛应用于风机叶片结冰故障的预测领域（Gao et al.，2018b）。在传统方法中，Jiménez 等（2019）采集了质量、导电率、电感、介电常数等数据，并采用线性和非线性的特征提取方法进行特征降维，最后在 20 种不同的机器学习算法中进行实验，最终发现使用非线性特征提取技术的模型比使用线性特征提取技术的模型在风机叶片结冰故障预测的问题上能够达到更高精度。目前，大型风力发电厂基本都安装了监视控制与数据采集（supervisory control and data acquisition，SCADA）系统，通过该系统，我们可以获得大量的实时风机运行数据，包括工作条件、环境和状态数据等（Tautz-Weinert and Watson，2017）。因此，基于 SCADA 数据，许多学者对风机叶片的结冰故障问题进行了大量的研究。Peng 等（2019）通过主成分分析法从 SCADA 数据中提取与叶片结冰相关的特征，然后利用 Elman 神经网络对这些特征的未来值进行预测，最后将预测值输入反向传播神经网络进行自聚类判断。Abdallah 等（2018）则通过手动选择部分感兴趣的特征，使用决策树来对从 48 台风机中获得的风电场数据中的故障、损坏和异常操作进行识别。然而，因为正确选择特征是模型准确预测的关键，在数据量较大、特征高度可变的时候，传统的机器学习方法需要进行烦琐且困难的特征工程（Domingos，2012）。而深度学习可以自适应地学习特征之间的关系，从而减少对特征工程的依赖（Helbing and Ritter，2018）。如 Gao 等（2018b）将挖掘空间特征的 CNN 嵌入捕捉时间特征的长短时记忆（long short-term memory，LSTM）神经网络，最后在 SCADA 数据上进行了模型的验证，并发现相比使用单一的 CNN 或 LSTM，将两种网络结合的模型能够更好地识别出风机叶片结冰故障。Yuan 等（2019）基于小波变换提出了用于风机叶片结冰检测的全卷积神经网络。Zhang 等（2018）将迁移学习和全连接深度神经网络（deep neural network，DNN）结合，提出了一种新的风机叶片结冰故障识别模型。通过与 KNN 模型和 RF 模型进行比较，发现所提出的深度学习模型比传统的机器学习模型性能更好。

值得注意的是，SCADA 数据中存在着严重的类别分布不平衡问题，即结冰类样本的数量远小于非结冰类样本的数量，目前用于解决数据类别分布不平衡问题的方法有：上采样、下采样、合成少数过采样样本（synthetic minority over-sampling technique，SMOTE）及代价敏感的方法（He and Garcia，2009）。Chen 等（2019a）考虑了风机数据的类别分布不平衡问题，通过将数据在新的嵌入空间中投影到尽可能靠近的点上，从而拉开不同类数据间的距离，最后通过构建多层 CNN 进行学习。与传统用于风机故障诊断的常规行为建模方法相比，该方法针对类别分布不平衡数据集的预测精度明显提高。Ma 等（2019）通过上采样方式解决数据类别分布不平衡问题，并建立了四层深度信念网络（deep belief network，DBN）

对采样后的数据进行学习，最后与传统的 SVM 方法对比，发现该方法的预测精度和稳定性都较好。Chen 等（2018）则考虑了风电机组的多个运行阶段，提出了基于深度神经网络的风机叶片结冰故障预测框架，学习了区分性的深层特征表示，较好地解决了 SCADA 数据中类别分布不平衡问题和特征高度可变性问题。以上文献大都基于 SCADA 数据，采用传统或深度学习的算法建立风机叶片结冰故障预测模型，但传统方法很容易出现过拟合的问题，不能像深度学习方法一样捕捉复杂、非线性问题的特性（Stetco et al.，2019）。不过，上述有关风机叶片结冰故障预测的深度学习模型仍然存在着以下三方面的不足。

第一，现有研究大多仅使用能有效挖掘样本空间特征的 CNN 模型，忽略了风电机组数据的时间维度信息（Chen et al.，2019a；Yuan et al.，2019）。很少有人考虑将 CNN 和各种能够有效捕捉时间特征的循环神经网络（recurrent neural network，RNN）相结合来构建深度学习模型。

第二，大多数深度学习模型很少考虑 SCADA 数据的时间连续性。

第三，已有的研究大多数仅着眼于建立单一的深度学习预测模型，这容易导致预测结果不稳定、缺乏集成思想等问题。事实上，由于每个基本分类器都针对同一任务进行决策，这些决策之间可能存在冗余，因此有时组合所有基本分类器并不会提高分类精度，而若选择一个适当的子集进行集成，即选择性集成，反而可能提高分类精度。然而，就风机叶片结冰故障预测的选择性深度集成模型还鲜有看到。

鉴于以上不足，本案例从时间序列的角度建立了基于数据分组处理（group method of the data handling，GMDH）和选择性深度集成的风机故障预测智能决策（GMDH-based selective deep ensemble，GSDE）系统。首先，本案例分别将 CNN 和 RNN、LSTM 和门控循环神经网络（gated recurrent unit，GRU）结合，分别构建了卷积循环神经网络（CNN-RNN）、卷积长短时记忆神经网络（CNN-LSTM）以及卷积门控循环神经网络（CNN-GRU），并和 CNN 一起组成了四个基本分类模型。其次，本案例设计了一种基于分组属性的滑窗采样方法来获取时间连续和状态连续的样本。最后，应用数据分组处理（group method of data handling，GMDH）技术对最终的预测结果进行代价敏感的选择性深度集成。本案例使用的实验数据是由 SCADA 系统采集的两台风机的数据。通过将该决策系统与传统的机器学习模型及现有的深度学习模型进行比较，发现本案例所提出的 GSDE 系统具有更好的针对风机叶片结冰故障预测的智能决策性能。

二、相关理论介绍

（一）卷积神经网络

CNN 是一种特殊的前馈神经网络，它以其捕获全局或局部特征的强大功能应用于各种领域，并能显著提高系统的效率和准确性（Zhang et al.，2019）。CNN 根据其输入数据的维度不同又可分为一维 CNN 和二维 CNN。

CNN 的经典网络结构由卷积层、池化层及最后的全连接输出层组成。相较于其他网络结构，CNN 最大的特点就是权值共享，在卷积层中，卷积核的每次滑动仅与输入特征图的部分相连接，所有在同一层的输入特征图中的单元都共享着同样的权重参数和偏置参数，这也将简化前向和反向传播过程（Wang et al.，2017a）。因此，第 l–1 层的输入特征图中的单元共享着卷积核的权重参数和偏置参数，然后经过一个激活函数后产生第 l 层的输出特征图，表达式如下：

$$y_j^l = f(\sum_{i \in N_m} x_i^{l-1} \otimes w_{i,j}^l + b_j^l) \tag{9-1}$$

其中，y_j^l 表示第 l 层的第 j 个输出单元；N_m 表示一个卷积核中选中的输入单元的个数；x_i^{l-1} 表示第 l–1 层的第 i 个输出单元；$\otimes$ 符号表示卷积操作；$w_{i,j}^l$ 表示第 l 层中连接第 i 个输入单元和第 j 个输出单元之间的权重矩阵；b_j^l 表示第 l 层的第 j 个输出单元的偏置，并且 $f(\bullet)$ 表示激活函数。

卷积层之后通常会跟随一个池化层，池化操作实际上就是一个下采样过程（Wang et al.，2017a）。通过对输入特征图的下采样将减小输入的维度，从而将输入信息进行整合，使之更整洁地表达出来，大大减少了模型的参数量，增强了模型的鲁棒性。池化层的表达式为

$$y_j^l = f(\beta_j^l \mathrm{down}(x_j^{l-1}) + c_j^l) \tag{9-2}$$

其中，β_j^l 表示第 l 层的第 j 个输出特征图的乘法偏置；down(•) 表示下采样函数，池化操作中通常有两种下采样方式，分别是平均采样和最大采样；c_j^l 表示第 l 层的第 j 个输出特征图的加法偏置，由于在池化操作时没有激活函数，因此通常取 $f(z)=z$ 。

在二分类问题中，全连接输出层通常采用 Sigmoid 函数作为输出层的激活函数，全连接输出层表达式如下：

$$y_j^l = f\left(\sum_{i=1}^{m} x_i^{l-1} w_{i,j}^l + b_j^l\right) \tag{9-3}$$

其中，m 表示第 l 层中的输入单元数，全连接输出层与卷积层的不同之处就在于

全连接输出层不经过卷积操作，而是直接通过权重矩阵进行线性加权求和，最后加上一个偏置得到输出结果。CNN 虽然能够共享卷积核，有效处理高维数据，捕捉其空间特征，但该网络无法扩展到除平面视觉以外的地方，应用情景具有局限性。

（二）循环神经网络原理及结构

1. 循环神经网络

在一些传统神经网络结构中样本之间通常彼此独立，不能处理具有时间顺序的数据信息。而 RNN 则克服了这一问题，它在处理交互的时间动态、用户行为和顺序模式及具有顺序信号的信息邻域中取得了较好的效果（Zhang et al., 2019）。RNN 通过神经元的激活，以一个权重和单位时间的延迟反馈给自身，为自身提供了过去的记忆（Ordóñez and Roggen，2016）。RNN 的输入格式为：（样本数量，时间步长，特征数），当 RNN 沿着时间轴即时间步长进行展开时，该网络就可以被认为是一个深度网络。

一个基本的 RNN 单元由输入层、隐藏层和输出层构成。设 h_t 代表 t 时刻的隐藏层状态，h_{t-1} 代表 t–1 时刻的隐藏层状态，RNN 在 t 时刻接受输入 x_t，并与 t–1 时刻隐藏层的状态信息融合之后再通过非线性激活函数映射，这样就完成了一次隐藏层的状态更新，函数表达式如下：

$$h_t = f(h_{t-1}, x_t) \tag{9-4}$$

在 RNN 中，激活函数通常取 tanh 函数，因此式（9-4）还可以写为

$$h_t = \tanh(W_I x_t + W_R h_{t-1}) \tag{9-5}$$

其中，W 表示当前 t 时刻的输入权重矩阵；W_R 表示 t–1 时刻状态值的权重矩阵，并且每一时刻的状态信息都与前一时刻相关，往复循环、不停更新，时间轴上最后时刻的输出则包含了过往的全部信息：

$$R_t = W_O h_t \tag{9-6}$$

其中，R_t 表示一个 RNN 单元的最终输出结果；W_O 表示输出的权重矩阵。但是当一个时间片段中时间序列长度较长时，RNN 并不能很好地完成梯度更新过程，容易发生梯度消失的问题，在此基础上，基于门控制的 LSTM 应运而生。

2. 长短时记忆神经网络

为了解决 RNN 中存在的梯度爆炸、梯度弥散和短期记忆的问题，LSTM 通过其独特的门设计来决定信息的存储，从而可以记忆长时期信息（Zhou et al., 2019）。在一个 LSTM 单元中包含三个门，分别是输入门、遗忘门和输出门。输入门决定

了当前输入的信息有多少可以被保留并输入到下一状态，遗忘门决定了上一时刻的哪些信息将不再被储存，输出门决定在新状态下哪些信息将被阻止输出发送给下一输入（Yang et al.，2017）。LSTM 中涉及的函数表达式如下：

$$i_t = \sigma\left(W_i \cdot [h_{t-1}, x_t] + b_i\right) \tag{9-7}$$

$$f_t = \sigma\left(W_f \cdot [h_{t-1}, x_t] + b_f\right) \tag{9-8}$$

$$o_t = \sigma\left(W_o \cdot [h_{t-1}, x_t] + b_o\right) \tag{9-9}$$

$$\tilde{C}_t = \tanh\left(W_c \cdot [h_{t-1}, x_t] + b_c\right) \tag{9-10}$$

$$C_t = f_t \times C_{t-1} + i_t \times \tilde{C}_t \tag{9-11}$$

$$L_t = o_t \times \tanh(C_t) \tag{9-12}$$

其中，i_t，f_t，o_t 分别表示输入门、遗忘门和输出门；W_i、W_f、W_o、W_c 和 b_i、b_f、b_o、b_c 分别表示输入门、遗忘门、输出门及新信息的权重矩阵和偏置矩阵，这两个参数都是通过 LSTM 算法自己反向传播后学习的；$\sigma(\bullet)$ 表示 Sigmoid 激活函数；$\tilde{C}_t$ 表示新进入的信息，在 LSTM 中要对输入 x_t 进行处理之后再使用；C_t 表示 t 时刻产生的新信息，它是由遗忘门对 $t-1$ 时刻信息的筛选和输入门对 t 时刻新信息的筛选之后再融合而得到的；L_t 则表示 LSTM 一个单元的最终输出。虽然 LSTM 在一定程度上解决了 RNN 的梯度问题，但是 LSTM 拥有三个门结构，模型参数较多，若 LSTM 的时间跨度很大，将会导致计算量增大，耗时较长。

3. 门控循环神经网络

由于 LSTM 中的三个门结构导致模型的参数量较大，训练时间较长，因此一个相对精简的模型 GRU 便诞生了。GRU 进一步简化了 LSTM 中的控制门，只包含两个门结构，分别是更新门和复位门。其中，更新门的功能与 LSTM 中的遗忘门类似，复位门与输入门类似，GRU 删除了输出门以及处在隐藏层中新旧信息变化的变量 C_t（Zhou et al.，2016）。GRU 中两个门的关系表达式为

$$\rho_t = \sigma\left(W_\rho [x_t, s_{t-1}] + b_\rho\right) \tag{9-13}$$

$$r_t = \sigma\left(W_r [x_t, s_{t-1}] + b_r\right) \tag{9-14}$$

$$u_t = \tanh\left(W_h [x_t, s_{t-1} \circ r_t] + b_u\right) \tag{9-15}$$

$$s_t = (1 - \rho_t) \circ u_t + \rho_t \circ s_{t-1} \tag{9-16}$$

其中，ρ_t、r_t 表示更新门和复位门；W_ρ、W_r、W_h 和 b_ρ、b_r、b_u 分别表示更新门、复位门及中间隐藏状态的权重矩阵和偏置矩阵，式（9-15）中的 $s_{t-1} \circ r_t$ 表示复位门对上一时刻状态信息的阈值筛选，将筛选完后的信息与 t 时刻的输入融合后再经过非线性激活函数 tanh 便得到了中间状态 u_t，GRU 的最终输出状态为 s_t，

更新门 ρ_t 的作用就是调整上一时刻状态 s_{t-1} 与中间状态 u_t 之间的权衡比例关系。相比于 LSTM，GRU 只有两个门结构，大大减少了模型的参数量，减少了过拟合的风险，但其仅着重于处理具有时间序列性质的数据，缺少对数据空间特征信息挖掘的能力。

（三）GMDH 神经网络

GMDH 神经网络以其自组织筛选模型或特征、训练参数的强大功能及良好的可解释性被应用于多个领域。Xiao 等（2015）将 GMDH 引入到客户特征选择中，通过构造新的传递函数和外准则确定特征子集，再将通过映射得到的训练集送入模型中，从而提高模型的预测能力。

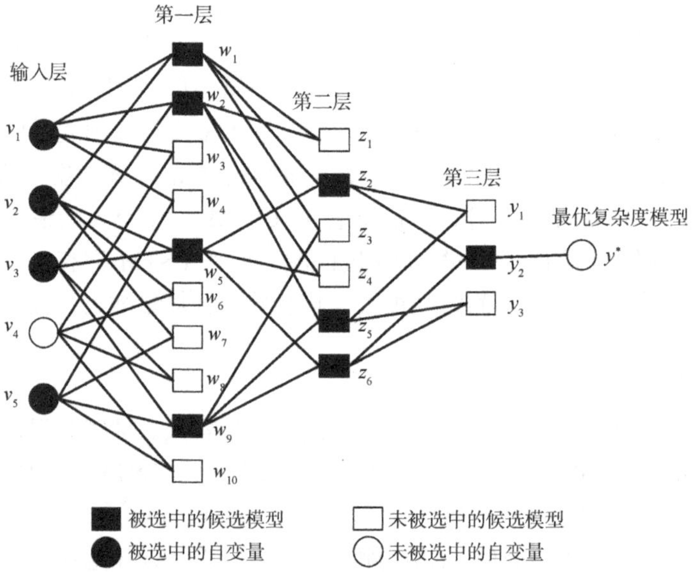

图 9-6　GMDH 神经网络寻找最优复杂度模型 y^* 的过程

在 GMDH 算法中，模型可以表示为一组神经元，在每一层中不同的神经元之间通过多项式连接的方式产生下一层中新的神经元（Xiao et al.，2010）。GMDH 算法中训练集通常划分为学习集和检测集，学习集用于模型的参数学习，检测集用于评价中间的候选集。首先建立输入与输出之间的关系，此关系称为参考函数，一般选用 k-g 多项式：

$$f = a_0 + \sum_{i=1}^{n} a_i x_i + \sum_{i=1}^{n}\sum_{j=1}^{n} a_{ij} x_i x_j + \sum_{i=1}^{n}\sum_{j=1}^{n}\sum_{k=1}^{n} a_{ijk} x_i x_j x_k + \cdots \qquad (9\text{-}17)$$

其中，f 表示输出变量；$x = \left(x_1 x_2 x_3 + \cdots\right)$ 表示输入变量；a 表示系数或权重。当我

们取一次 k-g 多项式时，式（9-17）又可表示为

$$F(x_1, x_2, x_3, \cdots) = a_1 x_1 + a_2 x_2 + \cdots + a_n x_n \quad (9\text{-}18)$$

以式（9-18）为参考函数，并以它的子项作为建模网络结构中的 n 个初始模型：

$$v_1 = a_1 x_1, v_2 = a_2 x_2, \cdots, v_n = a_n x_n \quad (9\text{-}19)$$

将 n 个初始模型两两组合并输入传递函数中，生成候选模型：

$$w = f(v_i, v_j); i, j = 1, 2, \cdots, n \text{且} i \neq j \quad (9\text{-}20)$$

通过初始模型的两两组合，我们可得到第一层的 $C_n^2 = \dfrac{n(n+1)}{2}$ 个候选模型，如图 9-6 所示。接着我们对学习集采用最小二乘法估计各候选模型的参数。在检测集中通过外准则对候选模型进行评价，筛选出 $Q_1\left(\leqslant C_n^2\right)$ 个误差较小的候选模型。同时对 Q_1 个候选模型再次进行两两组合，生成 $C_{Q_1}^2$ 个第二层的候选模型：

$$z = f(v_i, v_j); i, j = 1, 2, \cdots, Q_1 \text{且} i \neq j \quad (9\text{-}21)$$

最后，此过程一直在外准则的筛选下进行下去并生成第三层、第四层、第五层和第 l 层的候选模型。然而此过程将会由于最优复杂原理而终止：随着中间候选模型的复杂程度增加，外准则值将会呈现先下降后上升的趋势，因此在外准则值开始上升的时候最优复杂度模型 y^* 便确定了（Xiao et al.，2017）。图 9-6 展示了 GMDH 的流程，我们可以从最优输出模型 y^* 进行逐层逆推得到被选择的初始模型：v_1，v_2，v_3，v_5，换句话说，即输入变量 x_1，x_2，x_3，x_5 最终被选择，而 v_4 则在自适应过程中被淘汰，最终输出模型的表达式为 $y^* = a_1 x_1 + a_2 x_2 + a_3 x_3 + a_5 x_5$，其中 a_1，a_2，a_3，a_5 由训练过程的最小二乘法确定。

三、基于选择性深度集成的风机故障预测智能决策系统构建

风机叶片结冰故障的预测问题实际上是一个类别分布不平衡数据的分类问题，在 SCADA 系统采集的风机数据集中，我们可以通过实时监测叶片的结冰情况数据，然后将这些数据作为训练样本送入模型中进行训练，再将没有标记的数据输入训练完毕的模型，就可以对叶片是否结冰进行预测。本案例构建了四个深度神经网络作为基本分类模型，相比大多数学者选择单一的深度神经网络进行预测，多个深度神经网络的组合将会提高预测精确度并降低欠拟合和过拟合问题发生的概率。同时，本案例采用卡方检验方法构建多个特征子集，通过映射得到一系列训练集用于后续模型的训练，从而得到了若干个具有差异性的基分类器。面对众多的基分类器，相比对所有基分类器的预测结果进行统一集成，本案例引用 GMDH 技术对最终预测结果进行代价敏感的选择性深度集成，选择分类性能较好的基分类器进行最终的集成，这将避免基分类器数量过多所带来的信息冗余。

（一）训练集的构建

考虑到本案例使用的基本分类器是深度神经网络，它可以利用其复杂的非线性特性来学习特征之间的关系，从而降低了人工提取复杂特征的需要。因此，本案例使用卡方检验（Thaseen and Kumar，2017）这一过滤式方法来构建多个特征子集，通过映射可得到一系列训练集。在统计学中，卡方检验主要用于评价两个事件是否独立，在卡方检验中，我们通常假设标签与特征之间是独立的。如果检验结果显示接受原假设，则表明该特征对模型的训练没有帮助，那么该特征就可以消除，从而达到了筛选特征的效果。

首先给予两个独立性检验的假设。

零假设（H_0）：特征 τ 与风机故障独立，$\tau=1,2,\cdots$

备选假设（H_1）：特征 τ 与风机故障不独立，$\tau=1,2,\cdots$

其次建立列联表：由于本案例采用的数据为连续性数据，因此该列联表并非传统意义上的通过计算频数构建的列联表，而是将每一个标签类别的特征取值的总和作为列联表单元格的观测值。列联表示意图如表 9-1 所示。

表 9-1　列联表示意图

标签	特征 1	特征 2	……	特征 τ
故障（$y=1$）	N_{11}	N_{12}	……	$N_{1\tau}$
正常（$y=0$）	N_{01}	N_{02}	……	$N_{0\tau}$

其中，$N_{1\tau}=\sum_{y=1}\mathrm{Data}_\tau$ 表示标签为 1 的特征 τ 的取值的总和；$N_{0\tau}=\sum_{y=0}\mathrm{Data}_\tau$ 表示标签为 0 的特征 τ 的取值总和。

构建完列联表后，我们可计算检验统计量 χ^2（χ^2 表示卡方值）：

$$\chi^2=\sum_{y\in\{0,1\}}\sum_{\tau\in\{1,2,\cdots\}}\frac{\left(N_{y\tau}-E_{y\tau}\right)^2}{E_{y\tau}} \tag{9-22}$$

其中，$E_{y\tau}$ 表示标签 y 和特征 τ 独立时期望的数量，表达式为

$$E_{y\tau}=\frac{\sum_{\tau\in\{1,2,\cdots\}}N_{y\tau}\times\sum_{y\in\{0,1\}}N_{y\tau}}{N} \tag{9-23}$$

这里，N 表示所有特征值的总和，其表达式为

$$N=\sum_{y\in\{0,1\}}\sum_{\tau\in\{1,2,\cdots\}}N_{y\tau} \tag{9-24}$$

通过式（9-22）可以得到每个特征的卡方值，接着，对所有特征的卡方值由

高到低进行排序，排在前面的特征卡方值较大，表明该特征与风机故障之间存在很强的相关性，对模型的训练有较大帮助，而排在后面的特征卡方值较小，表明该特征与风机故障之间存在微弱的相关性，对模型的训练几乎没有帮助。通过依次剔除排在末尾的一个特征，可以逐步得到若干个特征子集，最后通过对这些特征子集的映射，可以形成不同的训练集，将这些训练集送入基本分类模型中可得到不同的基分类器。

（二）基分类器的构建

1. 损失函数的选择

深度神经网络中常用的损失函数有交叉熵损失函数、平方误差损失函数和对数似然损失函数。考虑到本案例的风机叶片结冰预测就是一个典型的类别分布不平衡数据集的分类问题，因此本案例采用 Lin 等（2017）提出的基于交叉熵损失函数改进的 Focal Loss 作为基本分类模型的损失函数。Focal Loss 能有效降低简单易分类样本的权重，使模型更加关注难分类的样本，该损失函数对本案例中类别分布不平衡的风机数据集的故障预测具有重要作用。

首先引入 Focal Loss：

$$\mathrm{FL}\left(y,p\right)=\begin{cases}-\alpha(1-p)^{\gamma}\log(p) & y=1\\ -(1-\alpha)p^{\gamma}\log(1-p) & y=0\end{cases} \tag{9-25}$$

其中，y 表示标签类别，y=1 代表正类样本即风机故障，y=0 代表负类样本即风机正常；p 表示由输出层激活函数激活后的预测概率值，且 $p\in[0,1]$；α 表示平衡因子，用来平衡正负样本本身的比例不均；γ 表示调制因子，当 γ>0 时，模型更加关注于困难、难分的样本。假设当 γ=2 时，对于正类样本而言，当预测概率为 0.98 时，该样本是简单样本，因此 $(1-0.98)^{\gamma}$ 将会很小，从而导致此时的损失函数值变小；预测概率为 0.2 时，该样本则是困难样本（即实际是正类样本但预测结果倾向于负类样本），因此 $(1-0.2)^{\gamma}$ 将会很大从而导致损失函数值变大；负类样本则相反，预测概率为 0.98 的损失函数值（困难样本）远大于预测概率为 0.2 的损失函数值（简单样本）。因此，随着调制因子的增加，简单样本的影响将减小，模型将会更加聚焦于困难样本的分类。

2. 四种基本分类模型的构建

凭借深度神经网络良好的灵活性，人们通常将各种神经网络进行组合从而形成更加强大和更具表现力的模型。CNN 以其出色的局部捕捉和整合功能经常与各种循环神经网络进行组合搭建以获取数据深层次的信息（Canizo et al.，2019）。为了增强基分类器之间差异性，本案例搭建了四种基本分类模型，分别是 CNN、CNN-RNN、CNN-LSTM 和 CNN-GRU。这四种基本分类模型不仅可以利用 CNN 网络来挖掘空间特征，而且可以同时捕捉时间特征，避免信息丢失。

四种基本分类模型的结构示意图如图 9-7 所示，假设输入的每个样本大小为 $50 \times k'$。

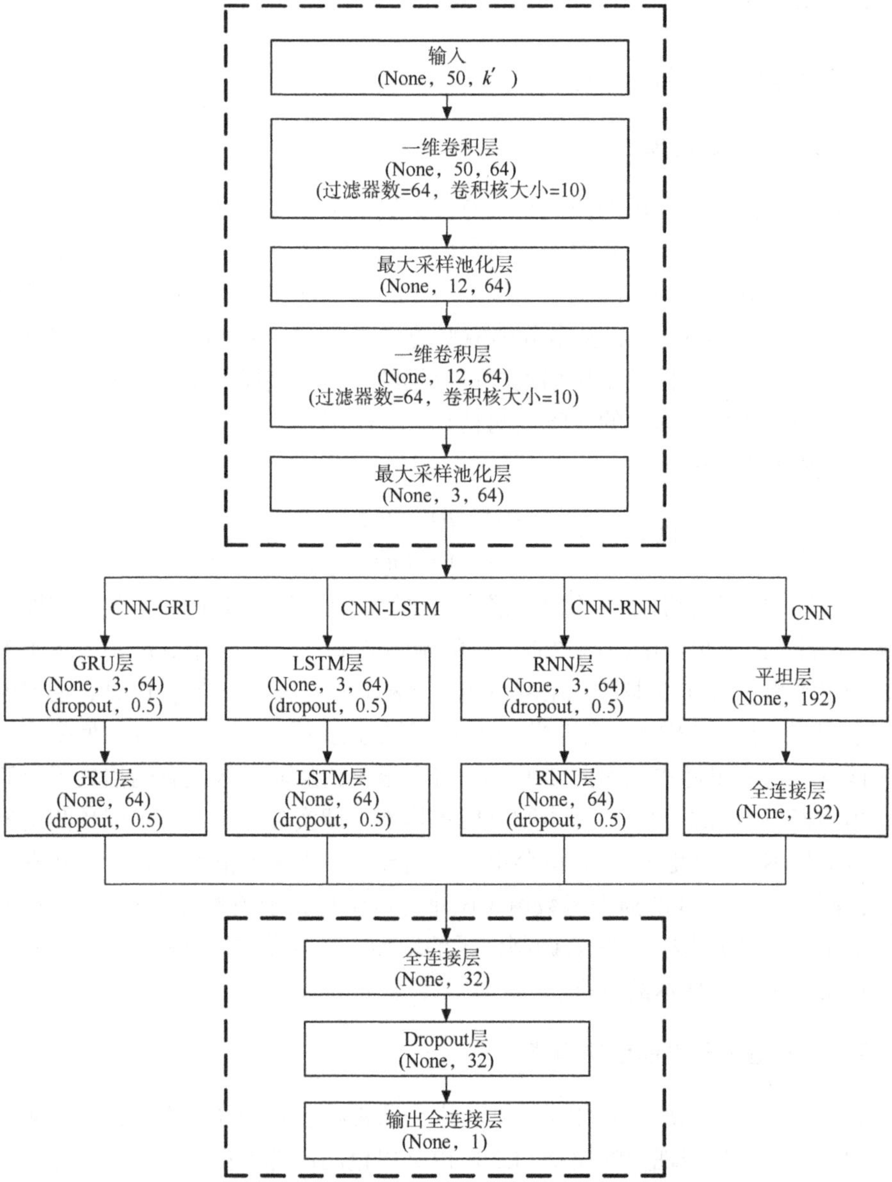

图 9-7　四种基本分类模型的结构示意图

首先，图 9-7 中上部虚线框代表四个基本分类模型中共有的 CNN 层部分，该部分由两个一维卷积层加上两个最大采样池化层构成。一维卷积层的输入为一个个经过滑窗采样后的样本(None,50,k')，在一维卷积层中，设置 64 个过滤器（卷积核），卷积核大小为 10，另外对样本进行填充处理保证输出后样本维度不变，每一个卷积层后都跟一个大小为 4 的最大采样池化层，一维卷积层的激活函数采用 ReLU$\sigma(\delta)$：

$$\sigma(\delta)=\max(0,\delta)=\begin{cases}\delta & \delta>0\\ 0 & \delta\leqslant 0\end{cases} \tag{9-26}$$

从式（9-26）中可看出 ReLU 函数能使一些神经元的输出为 0，导致输出小于 0 的一侧被抑制表达，这可以有效地避免过拟合和梯度消失问题的发生，加快反向传播的速度。经过图 9-7 上部虚线框 CNN 层之后，输入向量的维度由(None,50,k')变成(None,3,64)。

其次，图 9-7 中间的部分则是四个基本分类模型的主体，第一个基本分类模型是 CNN，数据在第一个虚线框中的 CNN 层进行训练之后进入平坦层，将三维向量(None,3,64)平坦成二维向量(None,192)，并将平坦后的二维向量(None,192)输入到一个包含 192 单元并采用 ReLU 激活函数的全连接层；第二、三、四个基本分类模型分别是 CNN-RNN、CNN-LSTM、CNN-GRU，数据在共有的 CNN 层中进行空间特征提取之后，分别进入了两个 RNN 层、两个 LSTM 层及两个 GRU 层，并且在 RNN、LSTM、GRU 层中均设置 64 个单元，dropout 都设置为 0.5，输入向量由(None,3,64)变成(None,64)。

最后，图 9-7 的下部虚线框表示四个基本分类模型共同在 32 个单元，且激活函数采用 ReLU 的全连接层之后增加一个 dropout 为 0.5 的 Dropout 层来减少模型复杂度过高而导致的过拟合问题，并且由一个 1 单元的全连接层进行最终的结果输出。Sigmoid 函数被用于作为四个基本分类模型输出层的激活函数，目的是将最终的输出值通过非线性映射为在(0,1)区间内的概率值。

本案例采用 Kingma 和 Ba（2014）提出的 Adam 优化算法实现对梯度的更新，该算法是小批量梯度下降法的优化版，它通过估计梯度的第一阶矩和第二阶矩来计算梯度的更新步长，该优化方法适用于大规模数据集和参数的模型。

Adam 优化算法的更新规则如下：

$$g_t=\nabla_\theta J(\theta_{t-1}) \tag{9-27}$$

$$m_t=\beta_1 m_{t-1}+(1-\beta_1)g_t \tag{9-28}$$

$$d_t=\beta_2 d_{t-1}+(1-\beta_2)g_t^2 \tag{9-29}$$

$$\hat{m}_t=\frac{m_t}{1-\beta_1^t} \tag{9-30}$$

$$\hat{d}_t = \frac{d_t}{1-\beta_2^t} \tag{9-31}$$

$$\theta_t = \theta_{t-1} - \frac{\mathrm{lr}}{\sqrt{\hat{d}_t + \varepsilon}}\hat{m}_t \tag{9-32}$$

通过式（9-27）到式（9-32）可以实现梯度的更新。其中，g_t表示 t 时间步长的梯度；θ_{t-1} 表示要更新的参数；β_1 和 β_2 系数表示一阶矩和二阶矩估计的指数衰减率；$\hat{m}_t$ 和 $\hat{d}_t$ 表示算法对梯度的指数移动平均数 m_t 和梯度平方的移动平均数 d_t 的偏差纠正，最后将纠偏后的式（9-30）和式（9-31）代入式（9-32）得到更新后的权值和偏倚值参数 θ_t，其中 lr 为学习率，$\varepsilon=10^{-8}$，从而对梯度进行更新。

（三）GMDH 选择性集成

选择性集成学习的方法可以从三个方面来描述：聚类、优化和排序（Chen et al.，2019b）。本案例在优化方法中选择了 GMDH 技术。GMDH 常用的外部准则包括对称正则化准则、非对称正则化准则、稳定性准则和相关性准则（Xiao et al.，2017）。Xiao 等（2020c）基于对称正则化准则构建了一种代价敏感的外准则，并在最终类别分布不平衡的客户信用数据集中取得了较好结果。本案例受此启发，考虑到 SCADA 风机数据集就是一个类别分布严重不平衡的数据集，即负类样本的数量远大于正类样本的数量。因此，在对基分类器进行集成时，本案例使用代价敏感的外准则对基分类器进行筛选，以避免由风机在发生故障时未被检测到所带来的经济损失。将代价敏感与正则化准则结合后的表达式如下：

$$\phi = \mathrm{Cos}\,t(A) + \mathrm{Cos}\,t(D) \tag{9-33}$$

$$\mathrm{Cos}\,t(A) = \sum_{x=1}^{n_{11}} k_1 (y_D - y_D(A))^2 + \sum_{x=1}^{n_{12}} (y_D - y_D(A))^2 \tag{9-34}$$

$$\mathrm{Cos}\,t(D) = \sum_{x=1}^{n_{21}} k_1 (y_A - y_A(D))^2 + \sum_{x=1}^{n_{22}} (y_A - y_A(D))^2 \tag{9-35}$$

其中，k_1 表示结冰样本的分类成本系数；n_{11} 和 n_{12} 表示集合 A 上的正类（结冰）和负类（非结冰）样本数；n_{21} 和 n_{22} 表示集合 D 上的正类（结冰）和负类（非结冰）样本数；y_D 表示集合 D 上样本的标签；$y_D(A)$ 表示集合 A 上构造的模型对集合 D 的预测值。因此，Cos$t(A)$代表子集 A 上构造的模型在子集 D 上的总代价，反之 Cos$t(D)$则相反。

假设测试集的预测结果矩阵为 S，由 GMDH 算法对基分类器进行筛选之后挑选出的最优基分类器子集 y^*中基分类器的个数为 k。通过对最优基分类器子集 y^*

在测试集的预测结果矩阵 S 上的映射可以得到 k 个基分类器的预测结果矩阵 B。对于最优基分类器子集 y^*中的每一个基分类器，它会针对一个测试样本输出一个概率值，我们假设最优基分类器子集 y^*中第 c 个基分类器的预测结果为

$$B_c=\left\{P_c^1,P_c^2,\cdots,P_c^\lambda\right\}\qquad c=1,2,\cdots,k \tag{9-36}$$

其中，B_c表示第 c 个基分类器对所有测试样本的预测结果集合；P_c^λ 表示第 c 个基分类器对第 λ 个测试样本的预测概率值，表示样本属于正类的概率，且 $P_c^\lambda\in(0,1)$。

本案例通过加权投票规则确定最终的集成结果为 $P=\left\{P_1,P_2,\cdots,P_\lambda\right\}$，$P_c^\lambda\in(0,1)$，规则的表达式为

$$p_\lambda=\sum_{c=1}^{k}\eta_c\times P_c^\lambda \tag{9-37}$$

其中：

$$\eta_c=\frac{\mathrm{auc}_c}{\sum\mathrm{auc}_c}\quad c=1,2,\cdots,k \tag{9-38}$$

这里，auc_c表示第 c 个基分类器在验证集上的预测精度，该预测精度将会在下一节进行阐述；p_λ 表示第 λ 个测试样本的最终预测概率值，也就是说，先计算第 c 个基分类器的预测精度对 k 个基分类器的预测精度总和的占比，再将该占比乘以第 c 个基分类器对测试样本 λ 的预测概率值，最后计算出 k 个基分类器对测试样本 λ 的预测概率加权值，将该值作为测试样本 λ 的最终集成预测概率值。

（四）数据的转换

通过对 CNN 和各种循环神经网络的介绍，可以发现这些深度网络的输入格式要求为：（样本数量，时间长度，特征数量）。而风机数据集的存储方式为：（样本数量，特征数量），因此有必要对数据样本进行格式转化。

1. 滑窗采样

在滑窗采样之前，为了提高算法的收敛性，本案例采用 min-max 标准化对数据进行归一化处理。转换函数如下：

$$\omega_{\mathrm{new}}=\frac{(\omega-\omega_{\min}(\mathrm{axis}=0))}{(\omega_{\max}(\mathrm{axis}=0)-\omega_{\min}(\mathrm{axis}=0))} \tag{9-39}$$

其中，axis=0 表示对数据集中的每一列做归一化处理，即 $\omega_{\min}$ 表示某一列的最小值，$\omega_{\max}$ 表示某一列的最大值，ω 为样本任意点，ω_{new} 表示转换后的数据。通过式（9-39）归一化后的数据可以显著提升模型的收敛速度和精度。

滑窗采样要考虑的两个参数是时间窗 K 的大小及步长 L。K 若选取得过大，将导致一个时间窗内存在两种标记，不利于该时间片段的风机状态判断；K 若选取得过小，将导致一个时间窗内的信息包含不足，进而导致后续训练效果不佳。因此如何选择一个时间和状态都连续的时间片段是我们首先要解决的问题。在我们的研究中，设计了一种基于分组属性的滑窗采样方法来采集时间连续和状态连续的样本。

设数据集中总共有 q 组时间连续且状态连续的样本，N_φ 表示第 φ 组中的样本数量，K 表示时间窗的大小，L 表示滑窗的步长。

步骤 1：查看第 $\varphi,\varphi=1,2,\cdots,q$ 组中的样本数量 N_φ。

步骤 2：若 $N_\varphi<K$，则查看其邻近组 $\varphi+1$ 组或 $\varphi-1$ 组与第 φ 组在时间和状态上是否都连续，若都连续则执行步骤 3，若两者任一不连续则执行步骤 4；若 $N_\varphi\geqslant K$，则不操作。

步骤 3：将第 φ 组的组数值更新为与之时间和状态都连续的邻近组 $\varphi+1$ 组或 $\varphi-1$ 组的组数值。

步骤 4：删除第 φ 组。

步骤 5：对第 φ 组进行时间窗为 K、滑窗步长为 L 的滑窗采样。

步骤 6：重复步骤 1 到步骤 5，直至 q 组都采样完毕。

通过以上六个步骤我们保证了采样后的每一个样本在时间和状态上都是连续的，同时由于滑窗采样会产生较多的相似样本，而本案例根据分组属性采样，将会在一定程度上减少过多的相似样本。

2. 滑窗解码

由于滑窗采样导致数据的格式发生了变化，因此有必要对滑窗采样后的结果进行滑窗解码操作。设系统的输出结果为集合 P，c_φ 表示第 φ 组滑窗采样后的样本数。

步骤 1：计算测试集中第 $\varphi,\varphi=1,2,\cdots,q$ 组的滑窗采样样本数 c_φ：

$$c_\varphi=(N_\varphi-K)+1 \tag{9-40}$$

步骤 2：取出集合 P 中第一条到第 c_φ 条结果构成集合 L_φ。

步骤 3：计算 L_φ 中预测结果为结冰的滑窗采样样本数 n_φ。

步骤 4：定义若结冰数 n_φ 大于等于第 φ 组滑窗采样样本数 c_φ 的一半，我们则认为第 φ 组中所有样本都处在故障中，反之同理。

$$\begin{cases} \text{if } n_\varphi \geqslant \text{round}(\frac{c_\varphi}{2}), \text{ 则 } y_\varphi = 1 \\ \text{if } n_\varphi < \text{round}(\frac{c_\varphi}{2}), \text{ 则 } y_\varphi = 0 \end{cases} \tag{9-41}$$

其中，y_φ表示第φ组滑窗解码后该组内所有样本的标签。

步骤 5：删除集合 P 中前c_φ条预测结果。

步骤 6：重复步骤 1 至步骤 5，直至 q 组数据都滑窗解码完毕。

（五）GSDE 智能决策系统的步骤

本案例建立的风机故障预测智能决策系统主要分为两个阶段，阶段一的主要目的是生成基分类器，阶段二则是对基分类器进行选择并对最终基分类器预测结果的选择性集成。GSDE 智能决策系统的流程图如图 9-8 所示。

1. 阶段一：基分类器的生成

步骤 1：对风机数据进行预处理，用式（9-39）对数据进行归一化处理。

步骤 2：对归一化后的数据采用卡方检验对特征进行重要度排序，依次剔除末尾一个特征，形成 Q 个特征子集 $F_\pi, \pi = 1, 2, \cdots, Q$。

步骤 3：通过对特征子集 F_π 的映射，得到相应的训练集 T_π、测试集 S_π、验证集 E_π。

步骤 4：对训练集 T_π、测试集 S_π、验证集 E_π 分别使用本案例设计的滑窗采样方法进行时间窗为 K、步长为 L 基于分组属性的滑窗采样，采样后的训练集用 t_π 表示，测试集用 s_π 表示，验证集用 e_π 表示。

步骤 5：将训练集 t_π 输入 CNN、CNN-RNN、CNN-LSTM、CNN-GRU 四个基本分类模型进行训练，得到 4 个基分类器 $B_{c'\pi}, c' = 1, 2, 3, 4$。

步骤 6：将得到的 4 个基分类器 $B_{c'\pi}$ 分别对训练集 t_π、测试集 s_π、验证集 e_π 进行预测，得到训练集 t_π 的预测结果 $t_{c'\pi}$、测试集 s_π 的预测结果 $s_{c'\pi}$ 及基分类器 $B_{c'\pi}$ 在验证集 e_π 上的分类精度 $\text{auc}_{c'\pi}$。

步骤 7：重复步骤 3 到步骤 6，直至 Q 个特征子集都映射完毕，生成一个数量为 $4Q$ 的基分类器池，同时得到训练集上的预测结果矩阵 T、测试集的预测结果矩阵 S 及每个基分类器的分类精度 auc。

2. 阶段二：对基分类器预测结果的选择性集成

步骤 1：将训练集上的预测结果矩阵 T 随机划分为集合 A 和集合 D。

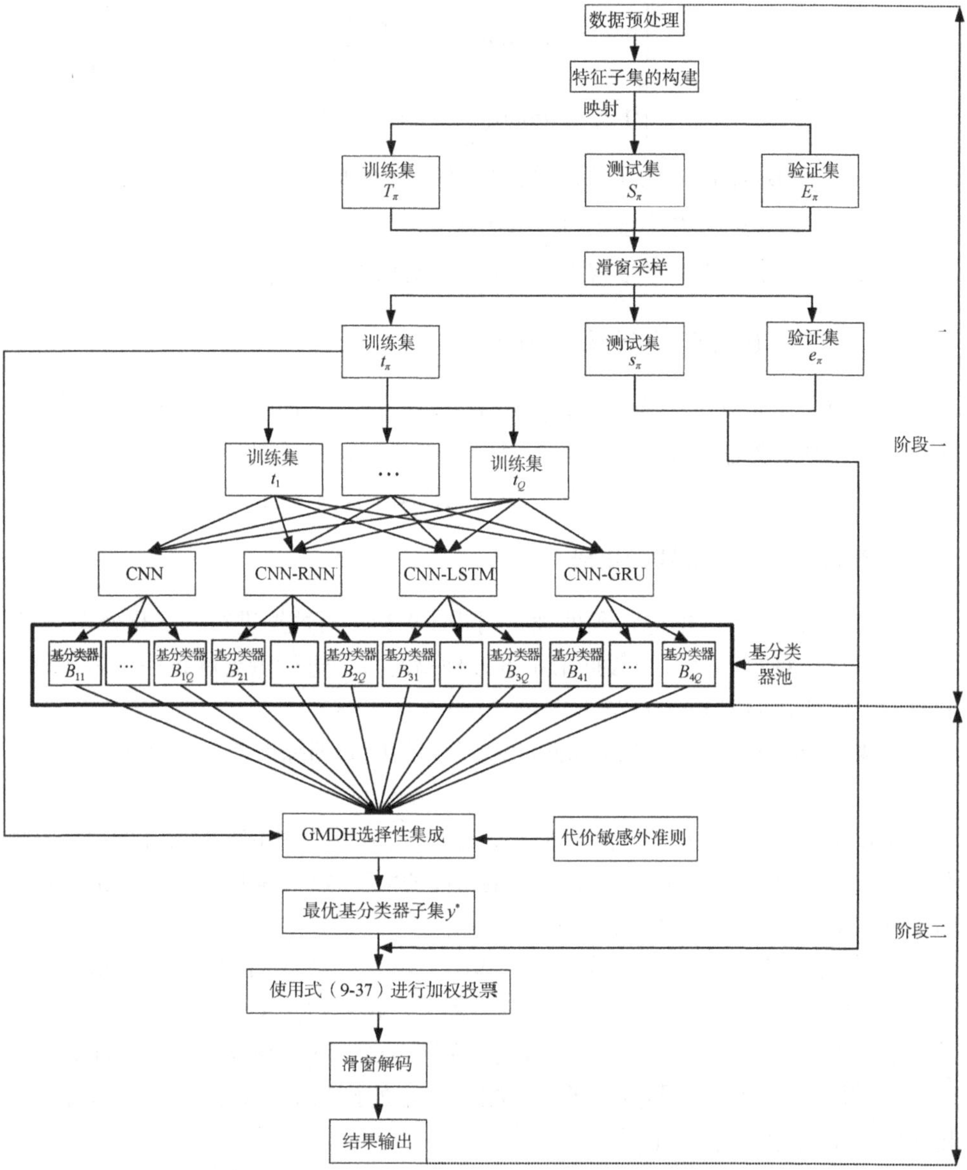

图 9-8　GSDE 智能决策系统的流程图

步骤 2：根据式（9-33）定义的代价敏感外准则构建 GMDH 神经网络，得到最优基分类器子集 y^*，其中基分类器的个数为 k。

步骤 3：对最优基分类器子集 y^*在测试集的预测结果矩阵 S 上映射得到 k 个基分类器的预测结果矩阵 B。

步骤 4：按照式（9-37），结合选出的 k 个基分类器在验证集上的分类精度对

预测结果矩阵 B 进行加权投票集成，得到预测结果集合 P。

步骤 5：采用规定的滑窗解码规则式（9-41）对预测结果集合 P 进行数据后处理。

步骤 6：输出最终的预测结果。

四、实验结果与分析

（一）数据预处理

1. 数据集介绍

本案例选取的数据集是2017年工业大数据竞赛提供的某风场由SCADA系统采集的两台风机的日常监测数据。通过对两台风机（15#风机和21#风机）数据的分析，发现样本采集的时间间隔为3至11秒不等，通常的采集时间间隔为7秒，占总体的92%，其次是10秒和8秒，分别占比为4%和2%，其他时间间隔占比为2%。因此，在后文的计算中，我们取平均值7秒来进行计算。

SCADA 系统通常可以根据风场的管理要求采集几十到上百个变量，本案例选取了其中26个作为特征变量（不包含时间戳和分组组数变量）。变量信息如表9-2所示。

表 9-2　变量信息表

参数类别	具体意义
环境参数	风速、风向、环境温度
工况参数	发动机转速、功率、偏航速度、偏航位置、直流速度
状态参数	叶片角度、叶片速度、机舱温度、变桨电机温度、横向加速度、纵向加速度
其他	时间戳、分组组数

此外，风机数据集中不仅包含风机的运行情况数据，还包括描述风机叶片结冰的起止时间文件和风机正常工作状态的起止时间文件。通过这两个文件，我们可以对风机数据集进行标记，即当风机叶片结冰时，标记该样本为1，当风机处于正常状态时，标记该样本为0。由于文件中关于风机叶片发生结冰的开始和结束时间都是人为进行记录的，因此我们无法得到结冰的精确起止时间，这也导致风机数据集中存在着部分无法标记的数据，我们称无法标记的数据为无效数据。通过对两台风机的状态标记进行统计，发现无效数据的占比较小，两台风机的数据分布情况如表9-3所示。

表 9-3　原始数据分布情况表

风机号	状态	条数/条	比例/%
15#风机	正常	350 151	89
	故障	23 846	6
	无效	19 889	5
	总计	393 886	100
21#风机	正常	168 888	88
	故障	10 583	6
	无效	11 023	6
	总计	190 494	100

通过表 9-3 发现正常样本的数量大于故障样本的数量，因此 SCADA 数据是一个典型的类别分布不平衡数据集，且 15#风机的无效数据占比为 5%，21#风机的无效数据占比为 6%，对全部数据而言，无效数据的数量几乎可以忽略不计。同时，考虑到分类问题中样本标记的准确与否将在很大程度上影响系统最终的学习效果，因此本案例不考虑对无效数据进行标记。通过上述两点考虑，本案例选择删除无效数据。

2. *K* 值的确定

接着，我们要确定滑窗采样的重要参数，即滑窗窗口大小 *K*。本案例利用两台风机结冰的起止时间文件统计出风机叶片结冰的持续时间长短分布，如图 9-9 和图 9-10 所示。

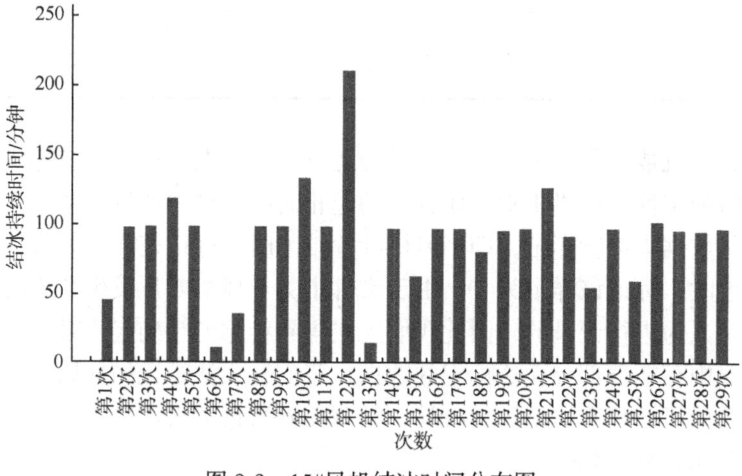

图 9-9　15#风机结冰时间分布图

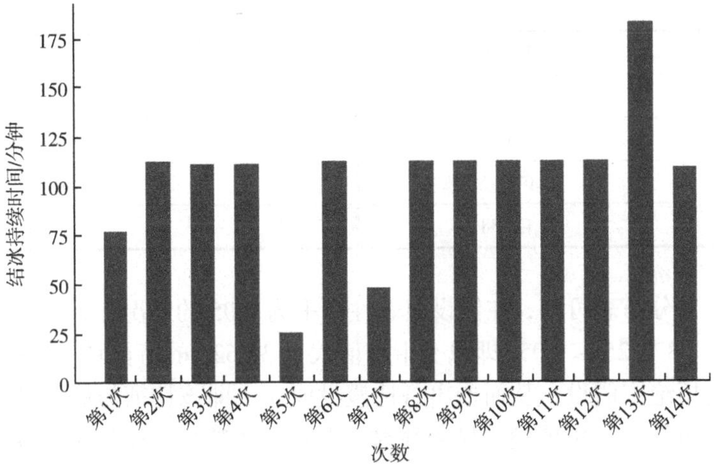

图 9-10　21#风机结冰时间分布图

从图 9-9 和图 9-10 可以看出，结冰的持续时间最短约为 13 分钟，最长约为 245 分钟。通过对两台风机数据的分析，发现通常的样本采集时间间隔为 7 秒，占总数的 92%。因此，如果我们取平均值 7 秒进行计算，那么在一个结冰期内，系统至少会采集到 111 条数据，最多采集 1715 条数据。为了达到时间窗内样本在时间和状态上连续的目的，我们选择了 $K=50$（<111）进行滑窗采样。

（二）训练集的生成

通过式（9-22）我们可以得到 26 个（除去时间戳和分类组数）特征的卡方值（χ^2），如表 9-4 所示。

表 9-4　26 个特征的卡方值（χ^2）

特征	卡方值（χ^2）	特征	卡方值（χ^2）
3	2 171.447 50	23	12.094 27
2	1 076.940 12	17	9.206 72
19	910.392 13	1	6.477 49
20	688.395 40	24	5.624 21
10	181.367 01	4	3.980 66
8	171.689 72	26	3.411 44
14	163.677 34	25	0.898 62
9	162.264 46	5	0.847 45
16	158.986 73	18	0.157 90

续表

特征	卡方值（χ^2）	特征	卡方值（χ^2）
15	147.596 57	11	0.000 05
6	31.721 52	12	0.000 04
21	28.071 07	13	0.000 03
22	25.173 88	7	0.000 03

通过卡方分布表可知，在假设显著性水平为0.05的情况下，通过查卡方分布表可知$p(\chi^2>37.625)<0.05$，即只有卡方值大于37.625的特征具有较强的显著性，才能有理由拒绝零假设，从而推出备选假设成立，即该特征与标签具有相关性。通过表9-4可知，若单纯使用显著性水平来对特征进行选择，这样将会损失较多的特征，且不利于后续模型的训练。因此，本案例更加注重比较特征之间的相对重要性。根据卡方分布表可以看到，检验统计量越大，我们越有信心拒绝零假设并接受两个变量非独立的事实。因此，我们可以根据每个特征值的χ^2大小进行排序，以删除χ^2较小的特征。考虑到过滤式方法不能识别特征之间的关联作用，同时也为了增加基分类器的多样性，本案例考虑构建五个特征子集用于后续基分类器的训练，通过依次去除一个卡方值排在末尾的特征构成一个特征子集，直至最后特征数目减到22为止。通过表9-4我们可得到五个特征子集，再对这五个特征子集进行映射可得到五个不同的训练集，五个特征子集的特征构成情况如表9-5所示。

表9-5　五个特征子集的特征构成情况

特征子集	特征
特征子集1	[1,2,3,4,5,6,7,8,9,10,11,12,13,14,15,16,17,18,19,20,21,22,23,24,25,26]
特征子集2	[1,2,3,4,5,6,8,9,10,11,12,13,14,15,16,17,18,19,20,21,22,23,24,25,26]
特征子集3	[1,2,3,4,5,6,8,9,10,11,12,14,15,16,17,18,19,20,21,22,23,24,25,26]
特征子集4	[1,2,3,4,5,6,8,9,10,11,14,15,16,17,18,19,20,21,22,23,24,25,26]
特征子集5	[1,2,3,4,5,6,8,9,10,14,15,16,17,18,19,20,21,22,23,24,25,26]

（三）智能决策系统评价准则

SCADA数据的类别分布不平衡性，使得一般模型在进行预测时即使将所有正类样本都预测错误，模型最终的正确率也较高。因此，针对类别分布不平衡问题，如何在大量负类样本中准确识别出正类样本是我们研究工作的重点。在此要求下，传统的用于评价模型优劣的精确度指标将不再适用于不平衡数据问题的研究。一些新的评价指标被提出来用于评价针对这类问题而建立的模型的分类性能。为了更好地展示 GSDE 智能决策系统的性能，本案例引入如表 9-6 所示的混淆矩阵，在此基础上，通过四个常用的评价指标来对 GSDE 系统进行分析评价。

表 9-6　混淆矩阵

预测类别	预测为正类样本数	预测为负类样本数
实际为正类样本数	TP	FN
实际为负类样本数	FP	TN

假设正类样本数为 N_1，负类样本数为 N_2，由表 9-6 可得 TP+FN=N_1，FP+TN=N_2；其中 TP 表示实际为正类，预测也为正类的样本数，FN 表示实际为正类但预测结果为负类的样本数，FP 表示实际为负类但预测结果为正类的样本数，TN 表示实际样本为负类，预测也为负类的样本数。

（1）正类（风机故障）准确率为

$$\mathrm{TPR}=\frac{\mathrm{TP}}{\mathrm{TP}+\mathrm{FN}} \tag{9-42}$$

（2）负类（风机正常）准确率为

$$\mathrm{TNR}=\frac{\mathrm{TN}}{\mathrm{FP}+\mathrm{TN}} \tag{9-43}$$

（3）总体精确率为

$$\mathrm{Acc}=\frac{\mathrm{TP}+\mathrm{TN}}{\mathrm{TP}+\mathrm{TN}+\mathrm{FP}+\mathrm{FN}} \tag{9-44}$$

受试者工作特征曲线（receiver operating characteristic curve，ROC 曲线）是用于评价二分类模型分类效果的曲线。由于看 ROC 曲线不能直接看出模型的分类性能，所以人们常用 ROC 曲线下的面积来表示模型的分类性能，面积通常用 AUC（area under the curve，曲线下面积）来表示。AUC 值越高，性能越优。

（四）实验设置

为了全面测试 GSDE 系统在不平衡风机数据集上的表现，本案例将对风机数据集按照不同的实验目的分别划分成三组，依次进行三组实验。

首先将数据集划分为训练集、测试集和验证集。在实验组一中，本案例将 40%的 15#风机的数据样本作为训练集，40%的 15#风机的数据样本作为测试集，20%的 15#风机的数据样本作为验证集，其目的是验证 GSDE 系统在一台风机数据集上的分类效果；在实验组二中，本案例采用 15#风机的全部数据样本作为训练集，将 90%的 21#风机的数据样本作为测试集，10%的 21#风机的数据样本作为验证集，其目的是验证系统的泛化能力；在实验组三中，本案例采用 15#风机全部的数据样本外加 20%的 21#风机的数据作为训练集，将剩余 70%的 21#风机的数据作为测试集，10%的 21#风机的数据作为验证集，其目的是判断当训练集中除了 15#风机的数据集之外加入部分 21#风机的数据集之后是否会提高对 21#风机叶片结冰的预测精度。三组实验中的训练集、测试集及验证集的不平衡比例均在 0.06 左右。三个实验组的样本划分情况如表 9-7 所示。

表 9-7　三个实验组的样本划分情况

组号	训练集	测试集	验证集
实验组一	40%15#	40%15#	20%15#
实验组二	全部 15#	90%21#	10%21#
实验组三	全部 15#+20%21#	70%21#	10%21#

GSDE 系统中的批量设置为 1000，即系统一次输入 1000 个样本进行迭代，迭代次数取 20。Adam 优化器中的学习率 lr 取 0.001。在 Focal Loss 中有超参数 γ 代表调制因子和 α 表示正负类样本本身的不平衡比例，本案例选取了（γ=0.25，α=0.7）、（γ=0.25，α=0.25）、（γ=2，α=0.25）、（γ=2，α=0.7）四对数据进行实验，发现在 γ=2，α=0.7 时基本分类模型的分类效果最好，因此本案例取 γ=2，α=0.7。滑窗采样的滑窗窗口大小 K=50，滑窗步长 L=9，结冰类样本分类代价系数 $k_1=9$。

本案例拟对 GSDE 系统与五个传统的机器学习模型进行对比，对比的传统机器学习模型为 LR 模型、KNN 模型、SVM 模型、RF 模型和极端梯度提升（extreme gradient boosting，XGBoost）模型。LR 中正则化强度默认为 1.0，优化算法选择了处理大样本数据集的 saga 算法；KNN 中选择 10 个最近的样本用于计算距离；SVM 中惩罚系数设为 3，核函数系数设为 1；RF 和 XGBoost 都采用了 20 棵决策树，其中 XGBoost 中最大树深取 8。考虑到风机数据集类别分布不平衡的问题，这五个模型中都进行了 SMOTE 采样以消除数据的不平衡性，然后依次对这五个模型进行如表 9-7 所示的三组实验，将这五个模型的 AUC 值与 GSDE 系统的 AUC 值进行对比。

除了将 GSDE 系统与传统的机器学习模型进行对比，本案例还考虑将 GSDE 系统与五个深度学习模型进行三组实验对比。本案例所对比的五个深度学习模型分别为 DNN、CNN、CNN-RNN、CNN-LSTM 和 CNN-GRU。这五个模型采用 26 个变量信息作为全部特征，批量设置为 1000，迭代次数取 20，Adam 优化器中的学习率 lr 取 0.001，五个模型的损失函数均采用 Focal Loss，参数 γ 和 α 分别选择为 2 和 0.7。最后，本案例实验均在 Pycharm 2019.2 和 Matlab 2014 软件平台上实现。

（五）智能决策系统参数敏感性分析

1. 分类代价系数 k_1 值的敏感性分析

在 GMDH 选择性集成的过程中，外准则的存在可以使得算法按照实际问题的需要筛选性能较好的基分类器用于集成。代价敏感外准则中的超参数，即结冰样本的分类代价系数 k_1 需要进行人为确定，本案例分别在实验组一、二、三中对 k_1 进行敏感性分析，此时我们固定滑窗步长 L 为 1，各评价指标随 k_1 的变化情况如表 9-8 所示。

表 9-8　评价指标随 k_1 的变化情况

实验组	评价指标	k_1=1	k_1=3	k_1=5	k_1=7	k_1=9	k_1=11	k_1=13
实验组一	正类准确率	**0.8875**(1)	0.8862(2)	0.8808(4)	0.8808(4)	0.8816(3)	0.8816(3)	0.8803(5)
	负类准确率	0.8904(5)	0.8947(4)	0.9033(3)	0.9033(3)	**0.9083**(1)	**0.9083**(1)	0.9072(2)
	总体准确率	0.8902(5)	0.8941(4)	0.9016(3)	0.9016(3)	**0.9064**(1)	**0.9064**(1)	0.9057(2)
	AUC	0.9419(4)	0.9424(2)	0.9419(4)	0.9419(4)	**0.9436**(1)	**0.9436**(1)	0.9422(3)
实验组二	正类准确率	0.8085(2)	0.8028(5)	0.8015(6)	0.8015(6)	**0.8186**(1)	0.8064(3)	0.8056(4)
	负类准确率	0.7792(6)	**0.8034**(1)	0.7972(2)	0.7972(2)	0.7946(3)	0.7876(5)	0.7877(4)
	总体准确率	0.7810(6)	**0.8033**(1)	0.7975(2)	0.7975(2)	0.7961(3)	0.7888(4)	0.7883(5)
	AUC	0.8916(5)	0.8966(2)	0.8929(3)	0.8929(3)	**0.8986**(1)	0.8927(4)	0.8911(6)
实验组三	正类准确率	0.8431(4)	0.8471(2)	0.8421(5)	0.8421(5)	**0.8491**(1)	**0.8491**(1)	0.8451(3)
	负类准确率	**0.8232**(1)	0.8136(5)	0.8208(3)	0.8208(3)	0.8221(2)	0.8221(2)	0.8206(4)
	总体准确率	**0.8244**(1)	0.8156(5)	0.8221(4)	0.8221(4)	0.8238(2)	0.8238(2)	0.8233(3)
	AUC	**0.9239**(1)	0.9200(5)	0.9211(4)	0.9211(4)	0.9235(2)	0.9235(2)	0.9212(3)
平均排序		3.5	3.16	3.58	3.58	1.75	2.41	3.66

注：黑体部分为一行中的最优值，括号中的数字代表它的排序

图 9-11 揭示了分类代价系数 k_1 的变化将会直接影响到 GSDE 系统的分类精度。表 9-8 还给出了三组实验下，随着 k_1 值的递增，GSDE 系统在每个评价指标下的性能变化情况，且表 9-8 中的最后一行给出了各个 k_1 值的平均排序。平均排序数越小，说明 GSDE 系统的性能越好。因此，我们发现当 k_1=9 时，平均排序数最小，表明此时 GSDE 系统的预测性能最优。

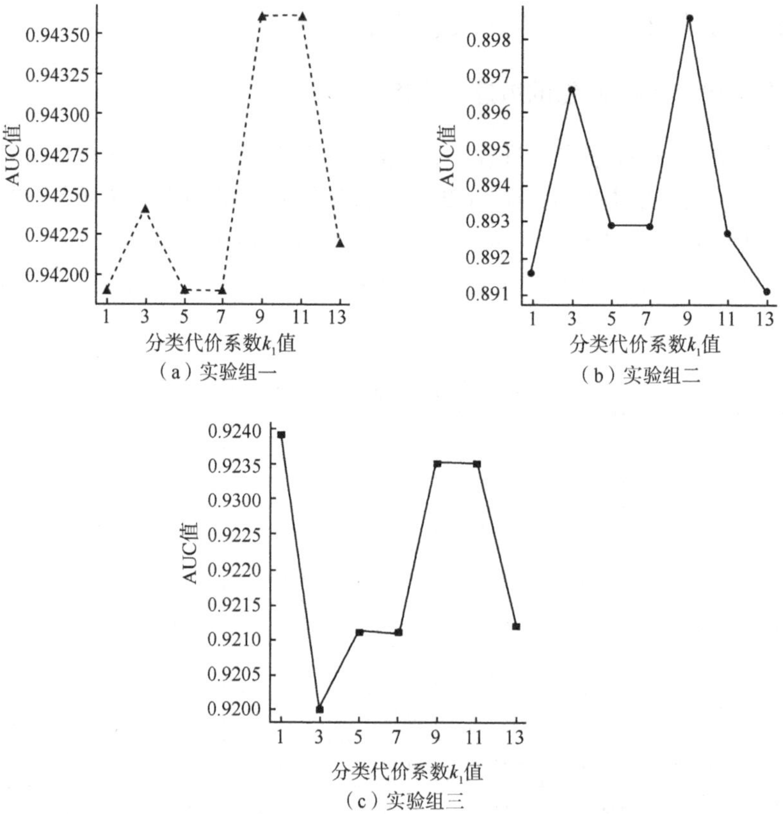

图 9-11　不同分类代价系数 k_1 值下 GSDE 系统的 AUC 值变化趋势

2. 滑窗步长 L 值的敏感性分析

对于滑窗步长 L，若 L 选取过大将会导致样本信息缺失，若步长 L 选取过小将会导致样本重复。因此滑窗步长 L 的大小需要通过敏感性分析来确定最优值。在进行滑窗步长 L 值的敏感性分析时，系统的分类代价系数 k_1 值固定为敏感性分析后确定的最优值，即 k_1=9。

通过图 9-12 可以看出，在这三组实验中，随着滑窗步长 L 值的逐渐增大，GSDE 系统的 AUC 值呈现先上升后下降的趋势，说明滑窗步长确实会影响到模型的分类性能。另外从图 9-12 中我们也可看出，当 L 取值过小时，滑窗采样后的样本之间的重复率较高，导致模型最终的预测精度较低，反之，若 L 取值过大，在滑窗采样时将会遗漏一些对模型预测有帮助的信息，进而导致模型的预测性能较差，因此，滑窗步长应当有一个最优值，在此条件下模型可以得到相对准确的预测结果。

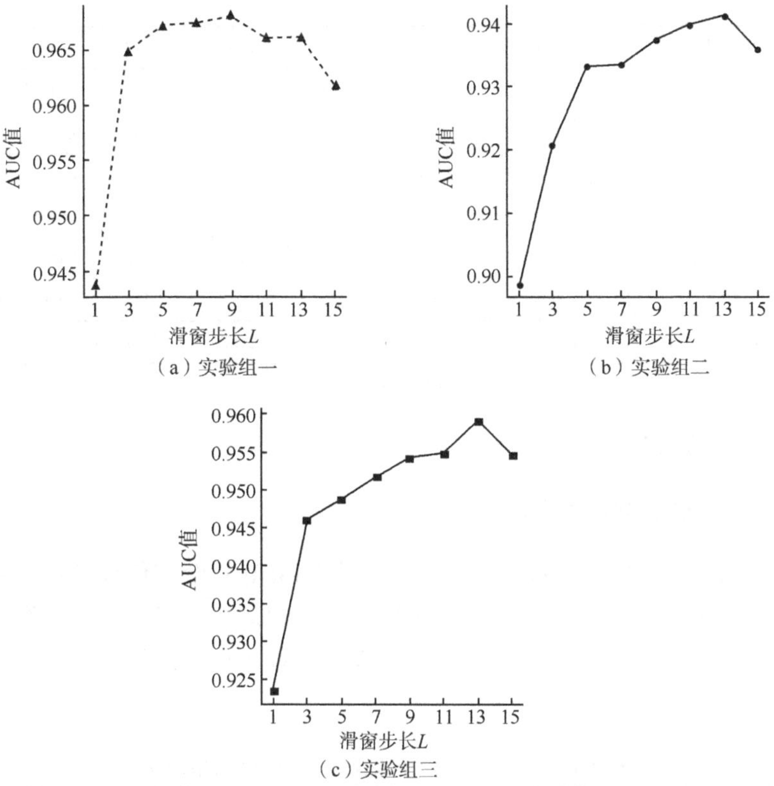

图 9-12　不同滑窗步长 L 值下 GSDE 系统的 AUC 值变化趋势

表 9-9 给出了三组实验中四个指标随 L 值的变化情况，表中最后一行给出了各 L 值的平均排序，L=1 时，平均排序数最大，说明此时 GSDE 系统的预测性能最差，当 L=9 时，平均排序数最小，说明此时 GSDE 系统的预测性能达到了最佳。因此，本案例考虑将滑窗采样的滑窗步长 L 取值为 9。

表 9-9　评价指标随 L 的变化情况

实验组	评价指标	L=1	L=3	L=5	L=7	L=9	L=11	L=13	L=15
实验组一	正类准确率	0.8816(7)	0.9074(2)	**0.9088**(1)	0.8981(4)	0.8939(5)	0.8939(5)	0.8997(3)	0.8844(6)
	负类准确率	0.9083(7)	0.9125(5)	0.9126(4)	0.9194(3)	**0.9210**(1)	0.9196(2)	0.9050(8)	0.9114(6)
	总体准确率	0.9046(8)	0.9121(5)	0.9123(4)	0.9179(2)	**0.9190**(1)	0.9177(3)	0.9064(7)	0.9095(6)
	AUC	0.9436(8)	0.9649(6)	0.9673(3)	0.9675(2)	**0.9681**(1)	0.9661(5)	0.9662(4)	0.9617(7)
实验组二	正类准确率	0.8186(8)	0.8589(7)	0.8926(6)	0.8951(4)	0.9011(3)	0.9016(2)	**0.9085**(1)	0.8942(5)
	负类准确率	0.7946(7)	0.8032(6)	0.8242(2)	0.8163(4)	0.8175(3)	**0.8274**(1)	0.8111(5)	0.7940(8)

续表

实验组	评价指标	L=1	L=3	L=5	L=7	L=9	L=11	L=13	L=15
实验组二	总体准确率	$0.7961^{(8)}$	$0.8067^{(6)}$	$0.8283^{(2)}$	$0.8210^{(4)}$	$0.8227^{(3)}$	**0.8321**$^{(1)}$	$0.8174^{(5)}$	$0.8001^{(7)}$
	AUC	$0.8986^{(8)}$	$0.9207^{(7)}$	$0.9330^{(6)}$	$0.9335^{(5)}$	$0.9374^{(3)}$	$0.9397^{(2)}$	**0.9411**$^{(1)}$	$0.9359^{(4)}$
实验组三	正类准确率	$0.8491^{(8)}$	$0.9000^{(6)}$	$0.9066^{(5)}$	$0.9095^{(4)}$	$0.9098^{(3)}$	$0.8992^{(7)}$	**0.9126**$^{(1)}$	$0.9118^{(2)}$
	负类准确率	$0.8221^{(8)}$	$0.8369^{(7)}$	$0.8490^{(6)}$	$0.8506^{(5)}$	$0.8515^{(4)}$	$0.8551^{(3)}$	**0.8595**$^{(1)}$	$0.8568^{(2)}$
	总体准确率	$0.8238^{(8)}$	$0.8408^{(7)}$	$0.8524^{(6)}$	$0.8541^{(5)}$	$0.8550^{(4)}$	$0.8578^{(3)}$	**0.8628**$^{(1)}$	$0.8600^{(2)}$
	AUC	$0.9235^{(8)}$	$0.9459^{(7)}$	$0.9486^{(6)}$	$0.9516^{(5)}$	$0.9542^{(4)}$	$0.9548^{(2)}$	**0.9590**$^{(1)}$	$0.9546^{(3)}$
平均排序		7.75	5.91	4.25	3.91	**2.91**	3.00	3.16	4.83

注：黑体部分为一行中的最优值，括号中的数字代表它的排序

（六）与其他模型的性能比较

1. 与传统机器学习模型的分析比较

为验证 GSDE 系统的预测精度，本案例将 GSDE 系统与传统机器学习模型进行对比，对 LR、KNN、SVM、RF 和 XGBoost 也进行了以上三组实验，并计算出各自的 AUC 值，将这五个模型的计算结果与 GSDE 系统的结果进行对比，结果如表 9-10 所示。

表 9-10　三组实验六个模型的 AUC 值结果对比

实验组	LR	KNN	SVM	RF	XGBoost	GSDE
实验组一	0.9390	0.9201	0.8249	**0.9689**	0.9433	0.9681
实验组二	0.8812	0.8710	0.7662	0.9083	0.8661	**0.9374**
实验组三	0.9282	0.6160	0.7997	0.7773	0.8237	**0.9542**

注：黑体部分代表一行中的最优值

表 9-10 给出了六个风机叶片结冰故障预测模型在 SCADA 数据集上的 AUC 值，AUC 值越大，表明模型的分类效果越好，预测性能越优。表中黑体数字表示每一行对应的最大值。从表中可以看出，GSDE 系统的 AUC 值仅在实验组一中略低于 RF，但是在实验组二和实验组三中，GSDE 系统的 AUC 值不仅高于 LR、KNN、SVM，而且高于采用 bagging 集成策略的 RF，以及采用 boost 集成策略的 XGBoost，表明 GSDE 系统采用的代价敏感选择性集成策略相比于经典的机器学习集成策略（bagging 和 boost）在风机结冰故障预测问题中的表现更为优异。

图 9-13 给出了三组实验六个模型的评价指标 AUC 值的对比柱状图。从中可以看出，GSDE 系统仅在实验组一中的预测性能弱于 RF，在实验组二和实验组三中，GSDE 系统与其余五个模型的 AUC 值差距逐渐拉大，表明 GSDE 系统的泛化

能力相比传统的机器学习模型更强。另外，我们可以看到 LR、SVM 和 GSDE 的 AUC 值在三组实验中呈现先下降后上升的趋势，其余三个模型的 AUC 值都呈现逐渐下降的趋势，说明 LR、SVM 和 GSDE 模型的泛化能力要强于 KNN、RF 及 XGBoost，而在 LR、SVM、GSDE 三个模型中，GSDE 模型的预测性能是最好的。因此，根据上面的分析可知相比传统的机器学习模型，采用代价敏感的选择性深度集成策略的 GSDE 系统能够对风机叶片结冰故障进行更加准确的预测。

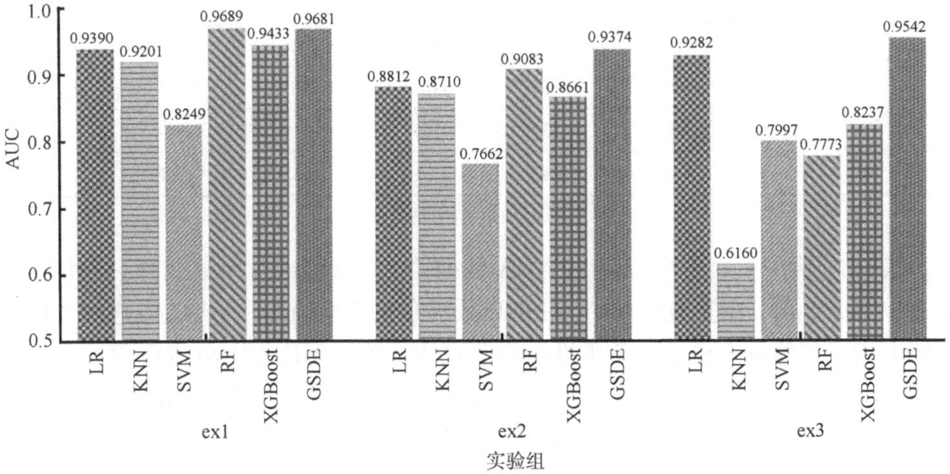

图 9-13　三组实验六个模型的 AUC 值对比柱状图

ex1、ex2、ex3 分别表示实验组一、二、三

2. 与深度学习模型的分析比较

为了检验本案例提出的 GSDE 系统的分类效果，本案例将 GSDE 系统与深度学习模型进行了对比，对 DNN、CNN、CNN-RNN、CNN-LSTM 及 CNN-GRU 也进行了以上三组实验，并计算出各自的正类准确率、负类准确率、总体准确率及 AUC 值，将这五个模型的计算结果与 GSDE 系统的结果进行对比，结果如表 9-11 所示。

表 9-11　三组实验结果对比

实验组	评价指标	DNN	CNN	CNN-RNN	CNN-LSTM	CNN-GRU	GSDE
实验组一	正类准确率	0.7827(5)	0.9043(3)	0.9064(2)	0.9043(3)	0.9002(4)	**0.9085**(1)
	负类准确率	0.8118(6)	0.9080(2)	0.8854(5)	0.9006(3)	**0.9085**(1)	0.8900(4)
	总体准确率	0.8098(6)	0.9077(2)	0.8870(5)	0.9008(3)	**0.9079**(1)	0.8914(4)
	AUC	0.8969(5)	**0.9681**(1)	0.9622(4)	0.9671(2)	0.9624(3)	**0.9681**(1)

续表

实验组	评价指标	DNN	CNN	CNN-RNN	CNN-LSTM	CNN-GRU	GSDE
实验组二	正类准确率	0.7497(5)	0.8937(3)	0.8937(3)	0.8966(2)	0.8908(4)	**0.9011**(1)
	负类准确率	0.8105(4)	0.8105(4)	0.8162(2)	0.8149(3)	0.7993(5)	**0.8175**(1)
	总体准确率	0.8058(5)	0.8157(4)	0.8210(2)	0.8199(3)	0.8050(6)	**0.8227**(1)
	AUC	0.8646(6)	0.9288(4)	0.9335(3)	0.9370(2)	0.9284(5)	**0.9374**(1)
实验组三	正类准确率	0.7705(6)	0.9076(3)	0.9034(5)	0.9077(2)	0.9055(4)	**0.9098**(1)
	负类准确率	0.8174(6)	0.8611(3)	0.8442(5)	**0.8628**(1)	0.8621(2)	0.8515(4)
	总体准确率	0.8147(6)	0.8639(3)	0.8478(5)	**0.8655**(1)	0.8647(2)	0.8550(4)
	AUC	0.8852(6)	0.9537(2)	0.9505(4)	0.9510(3)	0.9495(5)	**0.9542**(1)
平均排序		5.50	2.83	3.75	2.33	3.50	**2.00**

注：括号内数字代表一行中的排序，黑体数字代表一行中的最优值

表 9-11 给出了六个模型在 SCADA 数据集上的风机叶片结冰故障预测性能，从表中可以看出，在实验组一中，GSDE 系统在正类准确率和 AUC 值这两个评价指标上优于其他五个模型，负类准确率和总体准确率要比 CNN-GRU 模型差；在实验组二中，GSDE 系统在四个评价指标上都优于其余五个模型；在实验组三中，GSDE 系统在正类准确率和 AUC 值两个评价指标上优于其余五个模型，负类准确率和总体准确率要比 CNN-LSTM 模型差。对于针对不平衡风机数据集所建立的分类模型，正类准确率和 AUC 值是评价模型好坏的重要指标，当这两个指标都取得较大值时，我们就可以说该模型达到了较优的分类效果。在三组实验中，GSDE 系统在正类准确率和 AUC 值两个评价指标上都要优于其余五个模型，并且 GSDE 系统的正类准确率都高于负类准确率，说明该模型不仅达到了较强的预测性能，而且有效解决了一般模型中由于多数类样本较多导致的负类准确率大于正类准确率的问题。因此，根据上文的分析可知，GSDE 系统对于风机叶片结冰故障的预测性能要优于 DNN、CNN、CNN-RNN、CNN-LSTM、CNN-GRU 这五种深度学习模型。这也说明在不同数据集划分的情况下，GSDE 系统都能够准确地对风机叶片是否结冰进行预测。

此外，表 9-11 还给出了三组实验下，六个模型在每个评价指标下的性能排序，而表 9-11 中的最后一行给出了六个模型各自的平均排序，这也可以作为评价各个模型预测性能的一个标准，平均排序数越小，表示模型的排序越靠前，对风机叶片结冰故障问题的预测性能越好。据此可将六个模型在 SCADA 数据集上的风机结冰故障预测性能从高到低排序：GSDE、CNN-LSTM、CNN、CNN-GRU、CNN-RNN 和 DNN。值得注意的是，CNN-LSTM 的模型预测性能仅比 GSDE 系

统差，与其余四种深度学习模型相比，性能是最好的，而 CNN-RNN 和 DNN 模型的性能是最差的。

图 9-14 给出了六个模型在三组实验中的评价指标变化趋势。从中可以看出，六个模型的指标变化情况在三组实验中呈现先下降后上升的趋势，六个模型的评价指标值的最低点都在实验组二中，最高点都是在实验组一中。在实验组一中，除了 DNN 模型的性能较差以外，其余五个模型的性能都较优，表明五个模型对同源风机数据的分类预测效果都较好。实验组二则说明六个模型的预测性能会受到不同来源的测试集的影响，但同时实验组二也对六个模型的泛化能力进行了考察，GSDE 系统的四个评价指标在实验组二中都高于其余五个模型，表明了 GSDE 系统从一台风机的运行数据中学习到的结构用于另一台风机的预测时，它的泛化能力与五个深度学习模型相比都是较强的，说明 GSDE 系统能够有效克服其余五个模型在泛化能力上的不足。在实验组三中，六个模型的评价指标有了不同程度的提高，表明将多源数据集作为训练集时能够提高模型的泛化能力。

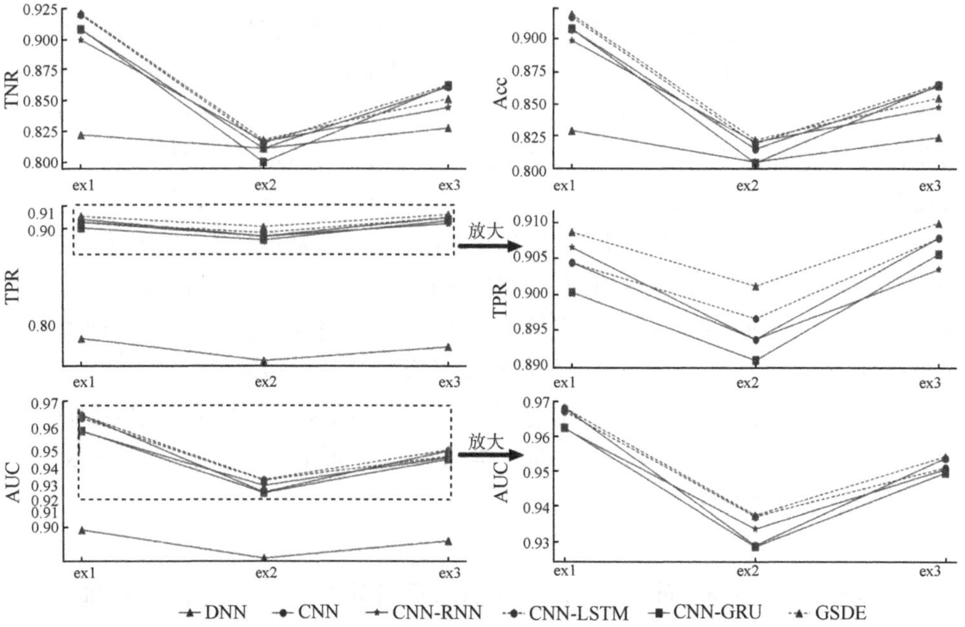

图 9-14　三组实验六个模型的四个指标趋势图

ex1、ex2、ex3 分别表示实验组一、二、三；TNR 为正类准确率（true negative rate），TPR 为负类准确率（true positive rate）；Acc 为准确率

五、结论

智能决策系统的主要意义在于减少错分和漏分所带来的经济效益损失与冗余成本的增加，并为人们在实时监控时提供有价值的参考意见。本案例所面临的风机叶片结冰故障预测问题，不仅是一个分类问题，也是一个类别分布不平衡问题。通常情况下风机处于正常工作状态，但不可避免地会发生因高海拔的低温气候导致风机叶片结冰。虽然发生故障的概率较正常工作的概率低，但风机叶片一旦发生结冰将会给经济系统带来巨大的经济损失，因此对风机结冰故障的精准预测显得尤为重要。

本案例考虑到风机数据集时间序列的特性，采用基于分组属性的滑窗采样方式对风机数据进行采样，该方式将会减少因滑窗采样而导致的相似样本过多的问题。随后，本案例将 CNN 与在处理时间序列数据方面具有显著作用的 RNN、LSTM 及 GRU 相结合构建了三个基本分类模型，分别是 CNN-RNN、CNN-LSTM、CNN-GRU，并和 CNN 一起组成了 GSDE 智能决策系统的四个基本分类模型。为了解决由相似样本过多导致的难分样本数增多问题，本案例引入在目标探测领域具有显著识别难分样本能力的 Focal Loss 作为基本分类模型的损失函数。同时本案例通过卡方检验来构建不同训练集，增强了基分类器间的差异性，并采用具有代价敏感外准则的 GMDH 选择性集成的方式对基分类器的分类结果进行选择性深度集成，以消除基分类器过多所带来的信息冗余问题。对于选择性集成后的结果，本案例设计了一种滑窗解码的方式用于对滑窗采样后的样本进行恢复。最后，通过三组实验来分别比较 GSDE 系统与传统机器学习模型及现有的深度学习模型在该 SCADA 风机数据集中的表现情况，通过对比实验的运行结果，发现本案例设计的基于 GMDH 的选择性深度集成模型具有较高的识别风机故障的能力，且在模型的泛化能力方面，GSDE 系统也能取得不错的结果，对于日常风机维护工作的展开具有一定的指导意义，同时对于推动我国能源结构优化、风电技术突破和环境治理具有重要意义。

第四节　案例 2　金融风险管理部门互联网金融信用评估智能决策系统构建

现如今，我国经济体系建设已经基本趋于稳定，而互联网金融作为金融流通中不可或缺的一环，面临的挑战及风险越来越多，所以做好金融风险管理对互联网金融机构和对社会的稳定都具有特殊意义，这也成为政府治理的重要工作。对贷款申请人进行信用评估是金融风险管理领域最重要的决策问题之一，下面具体介绍基于深度集成的互联网金融客户信用评估智能决策系统。

一、背景介绍

随着互联网金融的迅速发展，如何防控信用风险已经成为互联网金融行业面临的一个重要难题，而客户信用评估为解决这一难题提供了有效的手段（Guo et al.，2016；Mild et al.，2015）。客户信用评估最早由 Durand（1941）提出，其思想是根据申请人的年龄、性别、收入和还款能力等个人信息决定是否向其提供贷款。客户信用评估实际上是一个二分类问题，目的是将贷款申请人分为信用好和信用差的客户。不同于传统的银行客户信用评估，互联网金融客户信用评估数据具有维度高、数量大和多源异构的特征（Li et al.，2018b）。此外，类别分布不平衡也是客户信用评估领域的一个常见问题，即大部分的贷款申请人都是信用好的客户，而信用差的客户只占很小一部分。在互联网金融环境下，这一问题依然存在，甚至可能更加严重。例如，美国 P2P 平台 Lending Club 2019 年第一季度数据显示，信用差的少数类客户仅占总样本的 0.76%。因此，相比传统的银行客户信用评估研究，互联网金融客户信用评估研究面临许多新的挑战。

早期的客户信用评估模型研究主要关注统计方法，主要包括线性判别分析和 logistic 回归（Altman，1968；Bauer and Agarwal，2014；Duffie et al.，2007）。随后，传统的机器学习方法被引入到客户信用评估领域，主要包括决策树、SVM 和人工神经网络等（Xiao et al.，2020a；Huang et al.，2007；Jones et al.，2015；Sigrist and Hirnschall，2019）。为了提高分类精度，集成方法也被应用于信用评估问题，研究表明这些集成模型的分类精度要优于传统的单一分类模型。最近，由于深度学习方法能够有效处理高维、海量和多源异构的数据（Belloni et al.，2017；Kim and Kim，2020），有学者将深度学习方法，包括多层感知机（multilayer perceptron，MLP）、CNN、LSTM 和 DBN 等应用于互联网金融客户信用评估领域（Wang et al.，2018；Yu et al.，2018a；Zhu et al.，2018）。

由于深度学习方法优于传统的机器学习方法，并且集成模型的性能优于单一模型，最近一些研究者将两者结合起来构建基于深度集成的信用评估模型。例如，Yu 等（2016）提出了一个基于 DBN 的深度集成信用评估模型，并在一个日本信用数据上进行实验。结果表明新模型的准确率高于 ANN、SVM 和 LR 三种单一模型。Pławiak 等（2019）提出了一个利用深度基因粒将不同 SVM 分类器集成的模型。他们在澳大利亚信用数据集上进行实证，发现新模型获得的分类准确率优于 SVM 单一模型。Shen 等（2021）将 LSTM 和自适应的 boosting 集成方法相结合，构建了一个新的深度集成信用评估模型，并发现该模型的分类准确率高于 LR、SVM 和 LSTM 等单一分类模型。

然而，以上文献表明，深度集成模型并未广泛应用于信用评估领域，同时深度学习信用评估模型中的类别分布不平衡问题也很少有人研究。事实上，类别不平衡数据会严重影响信用评估模型分类性能（Guo et al.，2017a）。例如，对于一个仅有 1%样本为少数类（信用差）样本的数据集，即使一个分类模型将所有的样本均划分为多数类（信用好）样本，该模型的分类准确率仍然高达 99%。尽管获得如此高的分类准确率，我们最想预测正确的所有少数类样本却被错误划分。因此，在构建基于深度集成的互联网信用评估模型时，亟须解决类别分布不平衡问题。过采样①是目前解决深度学习中类别分布不平衡问题最常用的方法（Levi and Hassncer，2015；Zhang et al.，2020），主要包括：随机过采样（random over-sampling，ROS）、SMOTE（Chawla et al.，2002）、borderline-SMOTE（Han et al.，2005）和自适应合成采样（adaptive synthetic sampling，ADASYN）（He et al.，2008）。其中，SMOTE 是最常见的过采样方法，有不少学者将 SMOTE 与深度学习方法相结合来解决很多领域的分类问题（Buda et al.，2018；Zhang et al.，2020）。然而，SMOTE 及其变体算法都采用局部线性插值，并没有考虑少数类样本的特征分布问题，而在深度学习模型中进行局部线性插值很容易偏离原始数据分布，可能会产生噪声而造成误分（Ando and Huang，2017）。因此，当处理高维不平衡数据时，SMOTE 及其变体算法不能降低大多数分类器对多数类样本的分类偏差（Blagus and Lusa，2012）。因此，为了解决高维数据的类别分布不平衡问题，有必要探索新的过采样方法。

对已有的互联网金融客户信用评估研究进行仔细分析，发现它们仍然存在一些不足之处。第一，目前基于深度集成的客户信用评估模型研究很少考虑类别分布不平衡问题。尽管目前有研究将深度学习和传统的过采样方法相结合来解决其他领域中的分类问题，但是这些过采样方法并没有考虑少数类样本的特征分布问题，因此难以接近真实的数据分布，可能会产生噪声而降低分类精度。第二，现有的基于深度集成的客户信用评估模型大都属于深度神经网络模型。然而深度神经网络的最大缺陷在于网络结构设计难度大，即需要人为设计神经网络层数、每层神经元个数等超参数，以及模型的可解释性较差（Bergstra et al.，2011），因此需要花费大量时间进行调参。第三，已有的基于深度集成学习的客户信用评估方

①过采样是一种重抽样方法，而重抽样方法主要包括过采样和欠采样（Guo et al.，2017）。过采样方法通过增加少数类样本数目来降低类别分布不平衡程度，而欠采样方法通过舍弃部分多数类样本来降低类别分布不平衡程度。有研究表明过采样的性能优于欠采样（Marqués et al.，2013），因此本案例采用过采样方法解决互联网金融客户信用评估中的类别分布不平衡问题。

面的工作，大都研究传统银行的客户信用评估问题，很少研究互联网金融客户信用评估问题。此外，大部分研究都局限于将深度学习模型与传统的机器学习方法进行对比，目前还很少有研究对不同的深度学习客户信用评估模型进行比较。

为了解决第一个问题，深度自动编码器（variational auto encoder，VAE）（Kingma and Welling，2013）提供了很好的思路。VAE 是深度学习方法中的一种无监督模型，可以通过学习少数类样本的特征分布来生成新的样本，可能取得比传统过采样方法更好的性能。目前研究表明，VAE 可生成多种复杂的数据，包括手写识别数据（Salimans et al.，2015）、人脸识别数据（Rezende et al.，2014）和场景的物理数据（Kulkarni et al.，2015）等，但还没有用于解决互联网金融客户信用评估问题。为了解决第二个问题，深度集成模型深度森林（deep forest，DF）（Zhou and Feng，2017）提供了一个可行思路。DF 是一种深度神经网络之外的深度集成方法，具有超参数少、自动确定层级和可解释性强的优势，比单一的深度神经网络模型表现出更好的性能（Ma et al.，2020），已经被运用于工业故障诊断（Huang et al.，2018）、疾病诊断（Sun et al.，2020）和价格预测（Ma et al.，2020）等领域，但是还未应用到互联网金融客户信用评估领域。为了解决第三个问题，我们可以在互联网金融客户信用评估数据集构建不同的深度学习分类模型，并使用统计假设检验对模型性能进行评估。

因此，本案例将 VAE 与 DF 相结合，构建基于深度集成的互联网金融信用评估智能决策系统，并提出了一个新的深度集成模型——变分自编码器–深度森林（variational auto encoder-deep forest，VAE-DF），来解决类别分布不平衡的互联网金融客户信用评估问题。该模型首先使用 VAE 算法学习少数类样本的特征分布，然后使用 VAE 的解码器生成新的少数类样本，最后使用深度集成模型 DF 对平衡后的样本集进行分类。我们将 VAE-DF 深度集成模型应用于信用评估，并在三个 P2P 信用数据集中进行了实证实验。结果表明，与其他模型相比，我们的模型提高了分类性能，并获得了自适应深度和更好的可理解性，这表明该模型可用于类别分布不平衡的互联网金融智能决策系统构建。

二、模型简介

（一）VAE 算法

VAE 是一种基于变分贝叶斯推断的深度生成模型（Kingma and Welling，2013）。当使用 VAE 对少数类样本进行过采样时，令少数类样本集为 $X_{\min}=\left\{x_1,x_2,\cdots,x_{N_{\min}}\right\}(i=1,2,\cdots,N_{\min})$，其中 $x_i\in R^d$，即每个样本由 d 个特征描

述。那么$X_{\min}$可以看作是由某个连续变量x的$N_{\min}$个样本构成，其中x是由一个低维的隐变量z生成，并且假设z服从高斯分布。VAE主要由编码器和解码器两部分组成，其基本思想是用编码器在$X_{\min}$上学习得到隐变量z，再通过解码器对z进行解码生成数据集$X'_{\min}$，并使$X'_{\min}$的分布与$X_{\min}$一致。然而该过程存在一个难题，即真实的后验分布$p_\theta(z|x)$是不可知的。为了解决上述难题，可以引入一个分布$q_\phi(z|x)$来得到无法确定的真实后验分布$p_\theta(z|x)$。$q_\phi(z|x)$被称作VAE的编码器（识别模型），$p_\theta(z|x)$被称作VAE的解码器（生成模型），其中参数ϕ和θ分别为编码器与解码器的参数，并且均可通过神经网络学习得到。

VAE目标函数的最大化，即最大化所有少数类样本边际似然函数的总和，其形式如下：

$$\max \log p_\theta(x_1, x_2, \cdots, x_{N_{\min}}) = \max \sum_{i=1}^{N_{\min}} \log p_\theta(x_i) \tag{9-45}$$

其中，每一个少数类样本的边际似然函数可以由全概率公式表示：

$$\log p_\theta(x_i) = \log \int p_\theta(x_i | z) p_\theta(z) \mathrm{d}z \tag{9-46}$$

应用贝叶斯公式，并引入后验概率$p_\theta(z|x_i)$及其近似后验概率$q_\phi(z|x_i)$，则式（9-46）可写成：

$$\log p_\theta(x_i) = D_{\mathrm{KL}}[q_\phi(z|x_i) \| p_\theta(z|x_i)] + \mathcal{L}(\theta, \phi; x_i) \tag{9-47}$$

特别地，式（9-47）的第一项是相对熵（Kullback-Leibler，KL）散度①，衡量的是$q_\phi(z|x_i)$和$p_\theta(z|x_i)$的差异。由于散度非负，所以$\log p_\theta(x_i) \geqslant \mathcal{L}(\theta, \phi; x_i)$。因此，$\mathcal{L}(\theta, \phi; x_i)$也叫作$\log p_\theta(x_i)$的变分下界。那么求式（9-47）的最大值即为求每个$\mathcal{L}(\theta, \phi; x_i)$的最大值。根据条件概率公式，$\mathcal{L}(\theta, \phi; x_i)$也可以写为

$$\mathcal{L}(\theta, \phi; x_i) = -D_{\mathrm{KL}}\left[q_\phi(z|x_i) \| p_\theta(z)\right] + \mathbb{E}_{q_\phi(z|x_i)}\left[\log p_\theta(x_i | z)\right] \tag{9-48}$$

式（9-48）第一项中的$D_{\mathrm{KL}}\left[q_\phi(z|x_i) \| p_\theta(z)\right]$为KL散度，衡量的是$q_\phi(z|x_i)$和$p_\theta(z)$的差异。假设$p_\theta(z) = N(z; 0, I)$，$q_\phi(z|x) = N(z; \mu, \sigma^2)$，有如下公式：

$$-D_{\mathrm{KL}}\left[q_\phi(z|x_i) \| p_\theta(z)\right] = \frac{1}{2} \sum_{j=1}^{J} \left[\log\left(\sigma_i^j\right)^2 - \left(\mu_i^j\right)^2 - \left(\sigma_i^j\right)^2 + 1\right] \tag{9-49}$$

其中，σ_i^j和μ_i^j分别表示σ_i和μ_i的第j个元素$(j = 1, 2, \cdots, J)$；J表示隐变量z的维度；σ_i和μ_i可由VAE的编码器输出得到。

---

① KL散度又叫相对熵，是衡量两个概率分布$p(x)$和$q(x)$差异的一种方法。KL散度的计算公式为：$D_{\mathrm{KL}}(q(x) \| p(x) = \int q(x) \log \frac{q(x)}{p(x)} \mathrm{d}(x))$，需要注意的是$D_{\mathrm{KL}}(q(x) \| p(x)) \neq D_{\mathrm{KL}}(p(x) \| q(x))$。

式（9-48）的第二项 $\mathbb{E}_{q_\phi(z|x_i)}\left[\log p_\theta\left(x_i\mid z\right)\right]$ 是一个对数似然期望。根据蒙特卡罗方法，$\mathbb{E}_{q_\phi(z|x_i)}\left[\log p_\theta\left(x_i\mid z\right)\right]$ 可由以下公式近似估计：

$$\mathbb{E}_{q_\phi(z|x_i)}\left[\log p_\theta\left(x_i\mid z\right)\right]\approx\frac{1}{L}\sum_{l=1}^{L}\log p_\theta\left(x_i\mid z_i^l\right) \tag{9-50}$$

其中，L 为采样的次数，$z_i^l\ N\left(\mu,\sigma^2\right)$，$l=1,2,\cdots,L$，那么式（9-50）的右边表示 $\log p_\theta\left(x_i\mid z\right)$ 的平均值。由于采样过程非连续，因此无法使用随机梯度下降算法求解。为了解决这个问题，VAE 采用参数重构的方法来采样得到 z_i^l，并且 L 的取值通常为 1（Kingma and Welling，2013），那么有 $z_i=\mu_i+\sigma_i\odot\varepsilon_i$，其中 $\odot$ 表示点击运算并且 $\varepsilon_i\sim N\left(0,I\right)$。式（9-50）可写为

$$\mathbb{E}_{q_\phi(z|x_i)}\left[\log p_\theta\left(x_i\mid z\right)\right]\approx\log p_\theta\left(x_i\mid z_i\right) \tag{9-51}$$

将式（9-49）和式（9-51）代入式（9-47）有

$$\mathcal{L}\left(\theta,\phi;x_i\right)\approx\frac{1}{2}\sum_{j=1}^{J}\left[\log\left(\sigma_i^j\right)^2-\left(\mu_i^j\right)^2-\left(\sigma_i^j\right)^2+1\right]+\log p_\theta\left(x_i\mid z_i\right) \tag{9-52}$$

此时式（9-47）的每一项都可以通过神经网络直接计算得到。

图 9-15 为 VAE 模型示意图，其中编码器和解码器为含有一个隐含层的 MLP。①

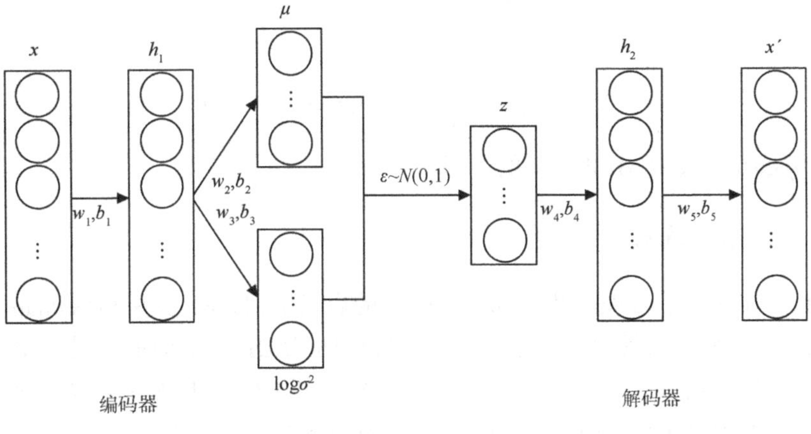

图 9-15　VAE 模型示意图

① VAE 的编码器和解码器也可以选择其他类型的神经网络，这取决于数据的类型。为了方便，示意图中的编码器和解码器仅包含一个隐含层。在实际试验中，为了提升 VAE 模型的性能，会根据不同的数据集将编码器和解码器设计为包含多个隐含层的 MLP。

在编码器中有

$$h_1 = \tan h\left(W_1 x + b_1\right) \tag{9-53}$$

$$\mu = \tan h\left(W_2 h_1 + b_2\right) \tag{9-54}$$

$$\log\sigma^2 = \tan h(W_3 h_1 + b_3) \tag{9-55}$$

在解码器中有

$$z = \mu + \sigma \odot \varepsilon \tag{9-56}$$

$$h_2 = \tan h\left(W_4 z + b_4\right) \tag{9-57}$$

$$x' = \text{sigmoid}\left(W_5 h_2 + b_5\right) \tag{9-58}$$

此时，式（9-46）中的 $\sum_{i=1}^{N_{\min}} \log p_\theta\left(x_i \mid z_i\right)$ 可由以下公式计算：

$$\sum_{i=1}^{N_{\min}} \log p_\theta\left(x_i \mid z_i\right) = \sum_{i=1}^{N_{\min}} x_i \log x_i' + \left(1 - x_i\right)\log\left(1 - x_i'\right) \tag{9-59}$$

其中，W_1, W_2, W_3, W_4, W_5 为 MLP 的权重矩阵，b_1, b_2, b_3, b_4, b_5 为 MLP 的偏置向量，并且 $\phi = W_1, W_2, W_3, b_1, b_2, b_3$，$\theta = W_4, W_5, b_4, b_5$。对构建的 VAE，为了最小化损失函数可以采用随机梯度下降算法不断调整 MLP 的参数 W_r 和 $b_r (r \in [1,2,3,4,5])$，迭代公式如下：

$$\Delta W_r = -\eta \frac{\partial \mathcal{L}\left(x_i; W_r, b_r\right)}{\partial W_r}, W_r \leftarrow W_r + \Delta W_r \tag{9-60}$$

$$\Delta b_r = -\eta \frac{\partial \mathcal{L}\left(x_i; W_r, b_r\right)}{\partial b_r}, b_r \leftarrow b_r + \Delta b_r \tag{9-61}$$

其中，$\eta \in (0,1)$ 表示 MLP 给定的学习率。

（二）深度森林

DF 是在深度学习理论及深度神经网络的启发下，以 RF 算法（Breiman，2001）为基础的一种监督式深度集成学习模型。图 9-16 为 DF 的结构示意图，如图所示，DF 由 Z 个层级组成，每个层级包含 M 个森林。DF 的每个层级都包含两种类型的森林：完全 RF 和 RF，并且这两种森林的数目相等。RF 中的决策树随机选择 $\sqrt{d}$ 个特征作为候选特征，并选择其中一个具有最佳基尼值的特征进行分裂；完全随机森林中的决策树则通过随机选择一个特征在树的节点进行分裂，直到每个叶节点只包含同类样本时停止生长。每个森林由 T 棵决策树组成，其中 M 和 T 均为 DF 的超参数。

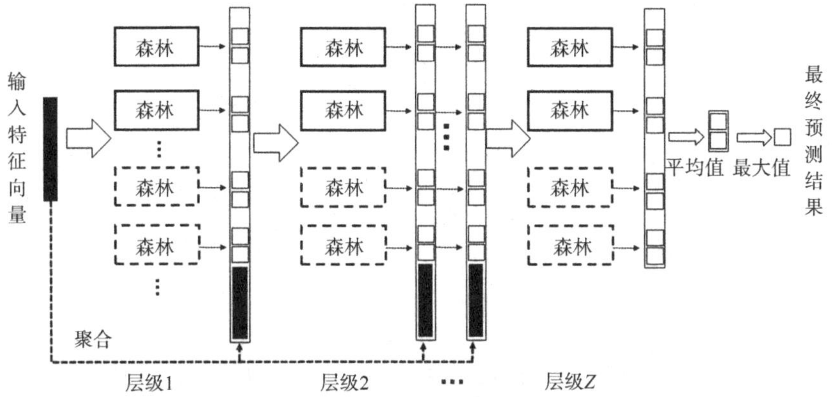

图 9-16　DF 结构示意图

首先，对每一个训练样本 x_i，每一个森林都会产生一个类向量。图 9-17 显示了每个森林类向量产生的具体过程。以 layer$l$ 中的第 m 个森林为例，它包含 T 棵决策树，那么第 t 棵决策树对 x_i 的类向量为

$$P^{(l,m,t)}(x_i)=\left(P_0^{(l,m,t)}(x_i),P_1^{(l,m,t)}(x_i)\right) \tag{9-62}$$

其中，$P_0^{(l,m,t)}(x_i)$ 和 $P_1^{(l,m,t)}(x_i)$ 分别表示 layer$l$ 中第 m 个森林的第 t 棵决策树将 x_i 划分为类别 0 和类别 1 的概率。其次，对第 m 个森林中的所有决策树对 x_i 的类向量取平均值，得到该森林对样本 x_i 的类向量：

$$P^{(l,m)}(x_i)=\left(P_0^{(l,m)}(x_i),P_1^{(l,m)}(x_i)\right) \tag{9-63}$$

其中，$P_0^{(l,m)}(x_i)=\frac{1}{T}\sum_{t=1}^{T}P_0^{(l,m,t)}(x_i)$，$P_1^{(l,m)}(x_i)=\frac{1}{T}\sum_{t=1}^{T}P_1^{(l,m,t)}(x_i)$。需要注意的是，为了减少过拟合风险，每个森林输出的类向量 $P^{(l,m)}$ 是经过 K 折交叉验证产生，即每个样本会被当作训练数据训练 K–1 次，生成 K–1 个类向量并对其求平均值。然后，将所有 M 个森林输出的类向量依次拼接得到一个维度为 $2M$ 的类向量 $P^l(x_i)$，并将其作为增强特征向量 F_{au} 与原始特征向量 F 拼接后重新作为下一层级的输入特征 F_{new}。此时 M 个森林组成了 layer$l$。最后，与深度神经网络的固定层数不同，DF 在扩展到下一个层级以后，整个 DF 的性能将通过验证集来估计。当训练得到的 DF 模型的层数超过设定的最大层数，或者如果验证集的分类准确率不再提升时，则训练过程将终止。

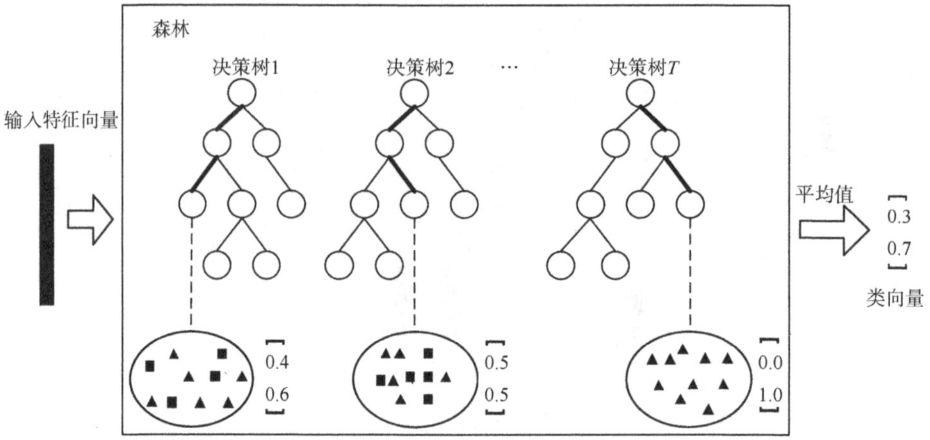

图 9-17　类向量生成示意图

相比深度神经网络算法，DF 具有以下优势。第一，可以自动确定级联层数，适用于不同规模的训练数据，而不局限于大数据集。第二，与深度神经网络模型相比，DF 超参数更少，并且对超参数的依赖性更低，在处理不同数据集时能表现出良好的鲁棒性。第三，DF 模型具有更好的可解释性。

（三）VAE-DF 模型

为了解决互联网金融客户信用评估中的类别分布不平衡问题，本案例将 VAE 和 DF 相结合，提出了一个新的基于深度集成学习的互联网金融客户信用评估模型 VAE-DF。图 9-18 显示了 VAE-DF 模型的流程图。VAE-DF 模型的基本思想如下。首先，使用 VAE 算法学习少数类样本的特征分布。编码器将少数类样本的分布映射到一个低维隐变量 zz的高斯分布上，解码器将隐变量 z 重构为输入数据，通过训练获得 VAE 神经网络的参数。其次，采样隐变量 z 并将其输入到训练得到的 VAE 解码器中，生成新的少数类样本。最后，使用深度集成模型 DF 对平衡后的样本进行分类。假设某互联网金融信用评估原始数据集为 D，将 D 划分为训练集、验证集和测试集，分别用 D_{tr} 、D_{va} 和 D_{te} 表示，对 VAE-DF 参数初始化，epoch =1，最大 epoch 次数为 1000，初始化 DF 层数为 1，最大层级数为 10，在 D_{va} 上分类正确率的提升程度为 0.01。VAE-DF 模型的建模步骤主要包含两个阶段。

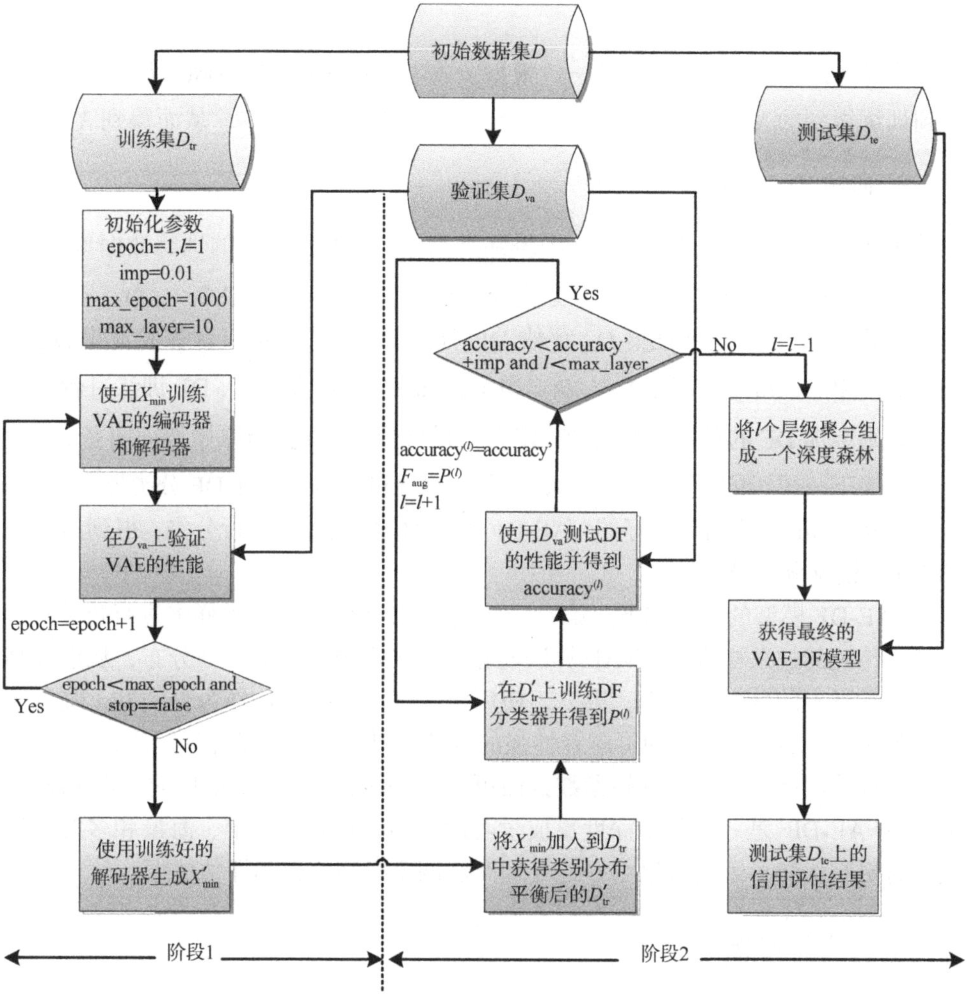

图 9-18 VAE-DF 模型流程图

1. 阶段 1：使用 VAE 算法对少数类样本进行过采样

步骤（i）：将 X_{min} 输入到 VAE 编码器中，不断更新参数 ϕ 和 φ 来训练 VAE 的编码器与解码器。

步骤（ii）：使用验证集 D_{va} 评估训练得到的 VAE 模型的性能，计算 D_{va} 的损失函数。如果指定的周期内，D_{va} 的损失函数不再降低，则停止训练并得到最后的 VAE 模型。否则重复步骤（i）继续训练 VAE。

步骤（iii）：令 X_{min} 和 X_{maj} 分别表示 D_{tr} 中的少数类样本集和多数类样本集，N_{min} 和 N_{maj} 分别表示 X_{min} 和 X_{maj} 中的样本个数。计算出需要生成的少数类样本个

数 $N'_{\min} = N_{\text{maj}} - N_{\min}$。

步骤（iv）：从 $N(0,I)$ 采样 ε，根据公式 $z = \mu + \sigma \odot \varepsilon$ 生成隐变量 z，将 z 输入到训练得到的 VAE 解码器中，生成 $N'_{\min}$ 个新的少数类样本，从而得到 $X'_{\min}$。

2. 阶段 2：训练 DF 分类器

步骤（v）：将 $X'_{\min}$ 加入到 D_{tr} 中得到类别分布平衡后的新的训练数据集 D'_{tr}。

步骤（vi）：使用 D'_{tr} 训练 DF 分类器，得到类向量 $P^{(l)}(l = 1,2,\cdots,Z)$。

步骤（vii）：使用验证集 D_{va} 评估 DF 分类器的分类性能，计算验证集 D_{va} 的分类准确率 $\text{accuracy}^{(l)}(l = 1,2,\cdots,Z)$。当 $\text{accuracy}^{(l)}$ 不再提升时，DF 训练过程将终止，否则增加 DF 的层数，并将 $P^{(l)}$ 作为增强特征向量 F_{aug} 与原始特征向量 F 拼接后作为下一层级的输入特征 F_{new}，重复步骤（vi）继续训练 DF 分类器。

步骤（viii）：使用训练好的 VAE-DF 模型对测试集 D_{te} 进行分类，得到最终的 VAE-DF 模型分类结果。

VAE-DF 模型的优势如下。第一，使用 VAE 算法对少数类样本进行过采样，相较于传统的过采样方法，VAE 算法能够学习少数类样本的特征分布，从而提高对少数类样本的分类准确率。第二，使用深度集成模型 DF 作为分类器，其具有超参数少、自动确定层级和可解释性强的优势。因此相比深度神经网络，VAE-DF 模型在设计网络结构和设置超参数方面更简单、高效，而且具有更好的可解释性。第三，VAE-DF 是一种基于深度集成学习的模型，在处理高维、海量和多源异构数据时更有优势，因此可以更好地处理互联网金融客户信用评估数据。

三、实验设置

（一）数据集介绍

本案例选取了 3 个互联网金融客户信用评估数据集来进行实验比较。数据集 Lending Club（简记为 Lending）是来自美国的 P2P 网络借贷平台 Lending Club 的 2016 年第一季度数据，包含 133 887 个初始样本和 110 个初始特征。数据集 Prosper 来源于美国 P2P 在线借贷平台 Prosper 公司 2005~2014 年的数据，包含 113 937 个初始样本和 80 个初始特征。数据集 Home Credit（简记为 Home）是来自捷信消费金融公司的信贷数据，包含 30 751 个初始样本和 718 个初始特征。这 3 个互联网金融客户信用评估数据集均包含大量缺失值，因此需要进行数据预处理。

所有数据集均按照以下步骤进行数据预处理。①删除无意义特征变量：通过观察删除一些无意义特征，比如贷款编号、客户 ID 等。②处理缺失值：剔除缺失率超过 60%的特征变量（Wang and Han，2019），并对离散变量的缺失值使用众数插补，对连续变量的缺失值使用均值插补。③数值转换：对布尔变量直接编码为 0 和 1，将多值无序变量转换为 one-hot 编码，如受雇用状态等，对连续变量统一使用 min-max 标准化。④特征选择：特征选择会对信用评估模型的分类性能产生影响（Tian et al.，2015；Xiao et al.，2017），因此使用递归特征消除方法（recursive feature elimination，RFE）（Guyon et al.，2002）进行特征选择。

3 个数据集的类标签处理方法如下。对 Lending 数据集，其贷款状态分为 7 类：贷款还款中、完成还款、坏账、冲销、宽限期、逾期 16~30 天、逾期 31~120 天。其中，我们真正感兴趣的是已完成还款的贷款与违约贷款。由于无法判断状态为还款中的贷款是否最终会违约，因此我们不能将其用于分析。为了使最终估计更加精确，简化问题并保留数据，我们将状态为还款中的贷款数据删掉，将状态为完成还款的贷款数据标记为信用好的客户，标签定义为 0，其他五种状态的贷款数据标记为信用坏的客户，标签定义为 1。对 Prosper 数据集，其贷款状态分为 12 类：取消、冲销、完成还款、贷款还款中、坏账和逾期还款等。与 Lending 数据集类似，我们将状态为取消的贷款数据删掉，将状态为完成还款的贷款数据定义为信用好的客户，标签定义为 0，将剩余状态的贷款数据定义为信用坏的客户，标签定义为 1。对 Home 数据集，初始类别标签只有两类，因此分别用 0 和 1 标记信用坏的客户和信用好的客户的样本数据。

经过上述数据预处理之后，3 个互联网金融客户信用评估数据集具有不同的特征数目、样本数目，以及类别分布不平衡比例，其详细信息见表 9-12。

表 9-12 互联网金融信用评估数据集介绍

数据集	特征数	样本数	信用好客户样本数	信用差客户样本数	不平衡比例
Lending	90	113 553	89 144	24 409	3.65
Prosper	43	49 723	33 530	16 193	2.07
Home	36	30 751	28 219	2 532	11.14

（二）参数设置

对每个原始数据集 D，我们将 60%的样本划分为训练集 D_{tr}，20%的样本划分为验证集 D_{va}，20%的样本划分为测试集 D_{te}。划分样本时采用分层采样方法进行样本采样，以保证 D_{tr}、D_{va} 和 D_{te} 的样本类别分布与原始数据集一致，避免数据划分过程中引入额外的偏差而对最终结果产生影响。对每一个数据集重复进行 10 次实验后取平均值作为最终结果。值得注意的是，针对特定的数据集调整参数可以获取更优的分类性能，因此我们在训练模型的过程中进行多次调参实验。

VAE-DF 模型的超参数设置主要包括 VAE 神经网络的超参数设置和 DF 的超参数设置。首先是 VAE 神经网络的层数设置。整个 VAE 神经网络包含输入层、多个隐含层和输出层，其中隐含层包括编码器隐含层、μ层、$\log\sigma^2$层、隐变量 z 层和解码器隐含层。设置时需要确定编码器和解码器隐含层的层数，参考 Fajardo 等（2018）的研究，我们采用对称形式将编码器隐含层数设置成与解码器隐含层数相等，且取值范围为[1, 5]，步长为 1。其次是 VAE 每层的神经元个数和激励函数的设置。输入层的神经元个数 d_{input} 和输出层的神经元个数 d_{output} 均设置为数据集样本的特征个数；编码器和解码器的隐含层神经元个数分别用 $d_{\text{encoder\_h}}$ 和 $d_{\text{decoder\_h}}$ 表示，其中 $d_{\text{encoder\_h}}$ 和 $d_{\text{decoder\_h}}$ 均为多维向量。例如，如果 $d_{\text{encoder\_h}} = [20, 30, 40]$，则表示编码器含有三个隐含层，每个隐含层的神经元个数依次为 20、30、40。编码器和解码器的隐含层神经元个数取值范围为[10, 50]，步长为 5。隐含层 z 层的神经元个数用 d_z 表示，由于假设 z 为一个低维隐变量，因此 d_z 取值范围为[2,10]，步长为 1，那么μ层和$\log\sigma^2$层的神经元个数均为 d_z。参考 Jiao 等（2020）的建议，输入层和隐含层的激励函数采用 tanh，输出层的激励函数采用 Sigmoid。最后，对 DF 分类器的超参数设置。每一层级中完全 RF 和 RF 的个数相同，因此每一层级中森林个数 M 取值范围为[2,10]，步长为 2；每一个森林中决策树的数量 T 取值范围为[200, 1200]，步长为 100。所有 DF 的训练使用默认的 3 折交叉验证产生类向量。特别地，我们在训练 VAE 神经网络时使用早停法，即在指定的周期内，如果 D_{va} 的损失函数不再降低，则训练过程终止。最小批次的取值范围为[50, 500]，步长为 50。VAE-DF 模型的超参数设置见表 9-13。

表 9-13　VAE-DF 模型的超参数设置

数据集	$d_{\text{encoder\_h}}$	d_z	$d_{\text{decoder\_h}}$	M	T
Lending	40, 40	5	40, 40	4	600
Prosper	35, 20, 20	10	35, 20, 20	6	1000
Home	25, 20, 10	4	25, 20, 10	8	800

对于 VAE-MLP、VAE-CNN 和 VAE-LSTM 模型，超参数设置也主要包括 VAE 神经网络的超参数设置和对应的深度神经网络的超参数设置。对于 VAE 神经网络，其设置与 VAE-DF 模型一致。对于 MLP、CNN 和 LSTM 三种深度神经网络，超参数的设计比 DF 更为复杂。三种深度神经网络的隐含层层数取值范围也为[1,5]，步长为 1。输入层神经元个数设置为特征数 d；每个隐含层的神经元个数取

值范围为[10,50]，步长为 5；输出层设置为一个神经元。参考 Chong 等（2017）的研究，我们将输入层和隐含层的激励函数设置为 ReLU，输出层的激励函数设置为 Sigmoid，三种网络的损失函数选择交叉熵损失函数。特别地，我们采取两项措施来防止深度神经网络的过拟合问题。一是使用 dropout 正则化。参考 Srivastava 等（2014）的建议，我们将输入层的 Dropout 比率设置为 0.1，并根据数据规模大小将隐含层的 dropout 设置为 0.25 或者 0.5。二是使用早停法自动确定每次训练的迭代次数来进一步降低过拟合风险。使用 D_{tr} 用于训练深度神经网络，在每次迭代之后，用训练好的神经网络来计算 D_{va} 的分类准确率①。在指定的周期内，如果 D_{va} 的分类准确率不再增加，则训练过程终止。

特别地，当对 CNN 网络建模时，一维卷积层的核参数的取值范围为[3, 11]，步长为 2；同时改变输入特征的顺序，以获得最优的 CNN 网络模型。因此，每一种深度神经网络在 3 个数据集上具有不同的网络结构。表 9-14~表 9-16 列出了三种深度神经网络模型在每个数据集上训练得到的网络结构。根据网络结构，可以确定三种深度神经网络在每个数据集上的训练参数的个数（表 9-17）。

表 9-14　MLP、CNN 和 LSTM 在 Lending 数据集上的网络结构

MLP		CNN		LSTM	
网络层	参数设置	网络层	参数设置	网络层	参数设置
Dense	神经元个数=90	Con1D	Filters=32, kernel size=7	LSTM	神经元个数=90
Dropout	Dropout 比率= 0.1	MaxPooling1D	Pool size=2	Dropout	Dropout 比率=0.1
Dense	神经元个数=50	Dropout	Dropout 比率= 0.1	LSTM	神经元个数 =40
Dropout	Dropout 比率= 0.5	Con1D	Filters=32,kernel size=7	Dropout	Dropout 比率= 0.25
Dense	神经元个数=30	MaxPooling1D	GlobalMaxPooling1D	Dense	神经元个数=20
Dropout	Dropout 比率= 0.25	Dropout	Dropout 比率= 0.25	Dropout	Dropout 比率= 0.25
Sigmoid	神经元个数=1	Dense	Units=20	Sigmoid	神经元个数=1
		Dropout	Dropout 比率= 0.25		
		Sigmoid	Units=1		

表 9-15　MLP、CNN 和 LSTM 在 Prosper 数据集上的网络结构

MLP		CNN		LSTM	
网络层	参数设置	网络层	参数设置	网络层	参数设置
Dense	神经元个数=43	Con1D	Filters=32, kernel size=5	LSTM	神经元个数=43

① 此处未选择验证集的损失函数，而选择验证集的准确率作为指标，是为了与 DF 一致（DF 使用的是验证集上的准确率作为确定级联层数的评估指标）。

续表

MLP		CNN		LSTM	
网络层	参数设置	网络层	参数设置	网络层	参数设置
Dropout	Dropout 比率= 0.1	MaxPooling1D	Pool size=3	Dropout	Dropout 比率= 0.1
Dense	神经元个数=30	Dropout	Dropout 比率= 0.1	LSTM	神经元个数=30
Dropout	Dropout 比率=0.25	Con1D	Filters=32, kernel size=5	Dropout	Dropout 比率= 0.5
Dense	神经元个数=10	MaxPooling1D	GlobalMaxPooling1D	Dense	神经元个数=12
Dropout	Dropout 比率= 0.25	Dropout	Dropout 比率= 0.5	Dropout	Dropout 比率= 0.25
Sigmoid	神经元个数=1	Dense	神经元个数=30	Sigmoid	神经元个数=1
		Dropout	Dropout 比率= 0.5		
		Sigmoid	神经元个数=1		

表 9-16　MLP、CNN 和 LSTM 在 Home 数据集上的网络结构

MLP		CNN		LSTM	
网络层	参数设置	网络层	参数设置	网络层	参数设置
Dense	神经元个数=36	Con1D	Filters=32,kernel size=3	LSTM	神经元个数=36
Dropout	Dropout 比率= 0.1	MaxPooling1D	Pool size=2	Dropout	Dropout 比率= 0.1
Dense	神经元个数=14	Dropout	Dropout 比率= 0.1	LSTM	神经元个数=20
Dropout	Dropout 比率= 0.25	Dense	神经元个数=20	Dropout	Dropout 比率==0.25
Sigmoid	神经元个数=1	Dropout	Dropout 比率= 0.5	Sigmoid	神经元个数=1
		Dense	神经元个数=1		

表 9-17　实验中 MLP、CNN 和 LSTM 的训练参数个数

数据集	特征个数	MLP	CNN	LSTM
Lending	90	14 301	8 987	54 921
Prosper	43	5 554	4 253	17 005
Home	36	3 809	809	10 053

对 VAE-RF 模型，RF 中树的个数 T 取值范围为[200, 1200]，步长为 100，候选属性子集中属性个数 q 设置为 $\sqrt{d}$ 。

实验涉及的 ROS、SMOTE、Borderline-SMOTE 和 ADASYN 过采样方法均采用 Python 的 imblearn 工具包中默认参数。VAE 和其他深度神经网络模型在 Python 中的深度学习框架 TensorFlow 上搭建，所有实验均在 Python 3.7.3 上运行。

（三）模型评估指标

对于客户信用评估二分类问题，每一个测试客户可分为两类：信用好和信用差。类别分布不平衡情形下，一般将少数类标记为正类，多数类标记为负类（Nanni et al.，2015）。因此，客户信用评估分类结果的混淆矩阵如表 9-18 所示，其中 TP 表示实际为正类并且预测为正类的样本个数，TN 表示实际为负类并且预测为负类的样本个数，FN 表示实际为正类但预测为负类的样本个数，FP 表示实际为负类但预测为正类的样本个数。根据 TP、TN、FN 和 FP 四个元素可以构建不同的分类性能评估指标。本案例采用 Accuracy、Recall、AUC、F-measure 和 G-mean 这 5 个指标对模型的分类性能进行评估。

表 9-18 信用评估混淆矩阵

项目		预测	
		信用差客户（正类）	信用好客户（负类）
实际	信用差客户（正类）	TP	FN
	信用好客户（负类）	FP	TN

1. Accuracy

Accuracy 是分类问题最常用的评估指标，表示所有样本中预测正确的样本的比例，它反映了分类模型在数据集上的总体分类精度，其定义为

$$\text{Accuracy}=\frac{\text{TP}+\text{TN}}{\text{TP}+\text{TN}+\text{FN}+\text{FP}} \tag{9-64}$$

2. Recall

Recall，又称 Sensitivity（灵敏性）或者 TPR（真正例率），表示被正确分类的正类样本占所有真实正类样本的比例。互联网金融客户信用评估更关注对少数的信用差客户的正确分类率（Wallace et al.，2011）。这是因为，如果将一个信用差的客户误分为信用好的客户而向其提供贷款，其违约将会给互联网金融机构带来很大的损失。所以本案例选用 Recall 作为模型性能的评价指标。Recall 的定义如下：

$$\text{Recall}=\text{Sensitivity}=\text{TPR}=\frac{\text{TP}}{\text{TP}+\text{FN}} \tag{9-65}$$

3. AUC

AUC 被定义为 ROC 曲线下的面积。ROC 曲线是常用的类别分布不平衡条件

下分类模型的评价准则，曲线的纵轴是真正例率，即 TP/(TP+FN)，横轴是假正例率，即 FP/(TN+FP)。但是在很多情况下直接比较不同模型的 ROC 曲线较为不便，因此使用 ROC 曲线下方的面积，即 AUC 来评价模型性能。AUC 值越大，分类模型的性能越好。

4. F-measure

F-measure 是一个综合指标，可以看作是 Recall 和 Precision 的调和平均值，其计算公式如下：

$$\text{F-measure}=\frac{\left(1+\beta^2\right)\text{Recall}\times\text{Precision}}{\beta^2\times\text{Recall}+\text{Precision}} \tag{9-66}$$

其中，β 度量了 Recall 对 Precision 的相对重要性，一般 β 取值为 1。F-measure 数值上接近于 Recall 和 Precision 二者中的较小值。如果 F-measure 值比较高，意味着 Recall 和 Precision 都较高，因此 F-measure 常用作类别分布不平衡的客户信用评估模型的评估指标（He et al.，2018b）。

5. G-mean

G-mean 也是一个综合指标，可以看作是 Sensitivity 和 Specificity 的几何平均，其计算公式如下：

$$\text{G-mean}=\sqrt{\text{Sensitivity}\times\text{Specificity}} \tag{9-67}$$

若正类样本的分类准确率较高但负类样本的分类准确率较低，则 G-mean 较低。当 G-mean 比较高时，意味着 Sensitivity 和 Specificity 都比较高，两类样本之间的平衡是合理的，模型在二分类问题中性能较好（Sun et al.，2018）。

四、实证分析

（一）基于不同过采样方法模型的结果比较

1. 均值比较

表 9-19 列出了不同过采样方法与 DF 相结合构建的互联网金融客户信用评估模型在 3 个数据集上的分类性能，其中最后一行显示了每个模型在所有指标上的总体平均值和平均排序。从表 9-19 最后一行可以看出：①在所有指标上，VAE-DF 模型的总体平均值和平均排序都最高，分别为 65.97%和 1.53。BLSMOTE-DF 的总体平均值稍高于 ADASYN-DF，但两个模型的平均排序均为 3.13，并列第 2。②SMOTE-DF、BLSMOTE-DF 和 ADASYN-DF 这 3 个模型的总体平均值和平均

排序均优于 Pure-DF 和 ROS-DF 模型。③ROS-DF 模型的总体平均值和平均排序是所有模型中最低的，分别为 59.75%和 5.13。分析发现 ROS-DF 模型在 Prosper 数据集上的分类性能较差，造成了该模型在 3 个数据集上的总体性能低于基准模型 Pure-DF。

表 9-19　基于不同过采样方法模型的均值比较（单位：%）

指标	数据集	Pure-DF	ROS-DF	SMOTE-DF	BLSMOTE-DF	ADASYN-DF	VAE-DF
Accuracy	Lending	98.15 (2)	98.01 (4)	97.98 (5)	98.04 (3)	97.96 (6)	**98.37** (1)
	Prosper	71.44 (3)	70.72 (6)	71.25 (4)	71.23 (5)	71.53 (2)	**71.63** (1)
	Home	**91.76** (1)	91.75 (2)	88.46 (6)	90.19 (3)	89.42 (4)	88.47 (5)
Recall	Lending	92.20 (6)	93.73 (4)	93.71 (5)	94.21 (3)	94.26 (2)	**94.29** (1)
	Prosper	35.96 (5)	24.81 (6)	39.20 (4)	40.04 (2)	40.00 (3)	**41.03** (1)
	Home	0.55 (5)	0.50 (6)	**9.92** (1)	6.92 (4)	9.29 (3)	9.70 (2)
AUC	Lending	95.82 (6)	96.37 (5)	96.37 (4)	96.60 (3)	96.68 (2)	**96.93** (1)
	Prosper	73.90 (3)	73.45 (5)	73.68 (4)	74.10 (2)	63.69 (6)	**74.26** (1)
	Home	62.94 (6)	64.66 (5)	69.38 (2)	68.35 (4)	**69.52** (1)	69.37 (3)
F-measure	Lending	94.83 (5)	94.79 (6)	94.84 (4)	95.00 (3)	95.26 (2)	**96.16** (1)
	Prosper	45.06 (5)	35.56 (6)	47.03 (3)	47.71 (2)	45.94 (4)	**48.50** (1)
	Home	1.07 (5)	0.98 (6)	13.22 (2)	10.39 (4)	12.63 (3)	**13.50** (1)
G-mean	Lending	95.75 (6)	96.33 (5)	96.34 (4)	96.57 (3)	96.65 (2)	**96.91** (1)
	Prosper	56.31 (5)	47.99 (6)	58.29 (3)	58.88 (2)	57.21 (4)	**59.53** (1)
	Home	6.47 (6)	6.64 (5)	**30.91** (1)	25.94 (4)	29.94 (3)	30.85 (2)
均值		61.48 (4.60)	59.75 (5.13)	65.37 (3.47)	64.94 (3.13)	64.67 (3.13)	**65.97** (1.53)

注：本表列出了不同的过采样技术与 DF 相结合构建的互联网金融客户信用评估模型在 3 个数据集上的 Accuracy、Recall、AUC、F-measure 和 G-mean 指标的平均值。每行的最优值以粗体显示，括号内的数字表示该模型的平均值在该行中所有模型中的排序（从高到低）。Pure-DF 模型为基准模型，表示未进行类别分布平衡处理的 DF 模型。BLSMOTE-DF 表示 borderline-SMOTE 与 DF 结合构成的模型的简称

为了更直观地分析比较，我们把每个模型的分类性能在每个评估指标上取平均值，并绘制成直方图（图 9-19）。从图 9-19 可以看到：①除了 Accuracy 指标，VAE-DF 模型在其余 4 个指标上的平均值是所有 6 个模型中最高的，特别是在 Recall 指标上具有明显的优势（平均 Recall 值为 48.34%，比基准模型 Pure-DF 高了 5.44 个百分点）。VAE-DF 模型的平均 Accuracy 值为 86.16%，在所有模型中排名第 5。以上结果表明，VAE 很好地学习了少数类样本（即信用差客户）的分布特征，从而使分类模型更多地关注少数类样本，并在一定程度上增加 Recall、

F-measure 和 G-mean。但是，以上指标均值的提高牺牲了 VAE-DF 模型对多数类样本（即信用好客户）的识别能力，从而导致了 Accuracy 的下降。②SMOTE-DF 模型在 AUC、F-measure 和 G-mean 指标上的平均值在所有模型中排名第 2，但在 Accuracy 指标上的平均值是所有模型中最低的。SMOTE-DF、BLSMOTE-DF 和 ADASYN-DF 模型在 Recall、F-measure 和 G-mean 指标上的平均值均高于 Pure-DF 和 ROS-DF 模型。③ROS-DF 模型在 Recall、F-measure 和 G-mean 指标上的平均值是所有模型中最低的。Pure-DF 模型的平均 AUC 值是所有模型中最低的，但其平均 Accuracy 值是所有模型中最高的。

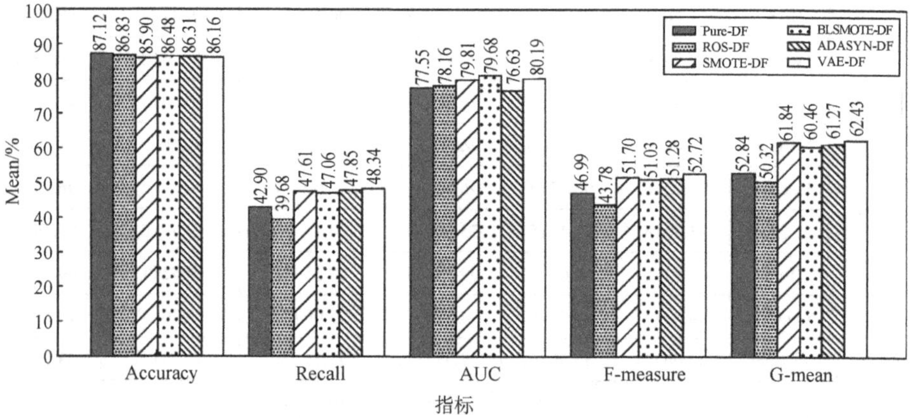

图 9-19　基于不同过采样方法的模型在每个评估指标上均值的直方图

2. 基于不同过采样方法模型的性能显著性比较

为了找出不同过采样方法之间是否存在显著差异，我们采用配对样本的非参数威尔科克森符号秩检验（Wilcoxon，1945）。威尔科克森符号秩检验的零假设是两个模型的性能没有显著性差异。在所有情况下的显著性水平设定为 0.05，当所有数据集上的评估指标个数为 15 时，对应的关键值为 25。本案例中，我们用 R^{+} 表示前一个模型优于后一个模型的排序之和，R^{-}则表示后一个模型优于前一个模型的排序之和。表 9-20 显示了威尔科克森符号秩检验结果。在每一行中，如果 $T=\min(R^{+},R^{-})$ 小于或者等于相应的关键值，则拒绝原假设并认为两个比较的模型之间存在显著性差异。此外，如果 $T=R^{-}\leqslant 25$，则表示前一个模型显著优于后一个模型；如果 $T=R^{+}\leqslant 25$，则表示后一个模型显著优于前一个模型。根据表 9-20 可以得到以下结论：①VAE-DF 模型在 0.01 显著水平上显著优于 Pure-DF、ROS-DF、SMOTE-DF、BLSMOTE-DF 和 ADASYN-DF 模型。这说明 VAE 作为过采样方法显著优于其他 4 种过采样方法。②SMOTE-DF 和 ADASYN-DF 模型在 0.05 显著水平上显著优于 Pure-DF 和 ROS-DF 模型，BLSMOTE-DF 模型在 0.01 显著水平上显著优于 Pure-DF 和 ROS-DF 模型。但是 SMOTE-DF、BLSMOTE-DF 和 ADASYN-DF 这 3 个模型两两之间不存在显著差异。③ROS-DF 模型和基准模型 Pure-DF 的分类性能不存在显著性差异，这说明在本案例的 3 个数据集上，ROS 并不能有效解决类别分布不平衡的互联网金融客户信用评估问题。

表 9-20　威尔科克森符号秩检验结果

比较模型	$T=\min(R^+,R^-)$	关键值	假设
VAE-DF vs Pure-DF	min{111,9}=9	25	拒绝
VAE-DF vs ROS-DF	min{112,8}=8	25	拒绝
VAE-DF vs SMOTE-DF	min{86,5}=5	25	拒绝
VAE-DF vs BLSMOTE-DF	min{108,12}=12	25	拒绝
VAE-DF vs ADASYN-DF	min{106,14}=14	25	拒绝

3. 类别不平衡比例对模型性能的影响

从表 9-12 可以看到，Home 的类别不平衡比例是所有 3 个数据集中最大的（其值为 11.14）。因此，我们选择该数据集来研究类别不平衡比例对模型分类性能的影响，并采用随机欠采样方法来构造不同类别分布不平衡比例的数据集。图 9-20 显示了在 Home 数据集上，6 个模型的 Accuracy、Recall、AUC、F-measure 和 G-mean 随类别不平衡比例变化的趋势，仍然以 Pure-DF 作为基准模型。从图 9-20 可以观察到，类别不平衡比例对互联网金融客户信用评估模型的分类性能造成了影响，其影响取决于选用的评估指标，并得到以下结论。

（1）从图 9-20（a）可以看出，在 Accuracy 指标上，随着类别不平衡比例的逐渐增大，6 个模型的 Accuracy 值均呈现出增加的趋势，这是由多数类样本的分类精度提高而造成的。基准模型 Pure-DF 的 Accuracy 值最高，最低的是 SMOTE-DF 模型。ROS-DF 模型的 Accuracy 值稍低于 Pure-DF 模型，VAE-DF 模型的 Accuracy 曲线始终介于 BLSMOTE-DF 和 SMOTE-DF 模型之间，并且与 ADASYN-DF 模型非常接近。

（2）从图 9-20（b）可以看到，在 Recall 指标上，随着类别不平衡比例的逐渐增大，6 个模型的 Recall 值均呈现出下降的趋势。VAE-DF 模型的 Recall 值始终高于其余 5 个模型，ROS-DF 模型的 Recall 值最低。当类别不平衡比例从 6 增大至 10 时，ROS-DF 和 Pure-DF 模型的 Recall 值逐渐减少至 0。

（3）从图 9-20（c）可以看到，在 AUC 指标上，VAE-DF 模型的 AUC 值明显高于其余 5 个模型，AUC 值最小的是 ROS-DF 模型。随着类别不平衡比例的逐

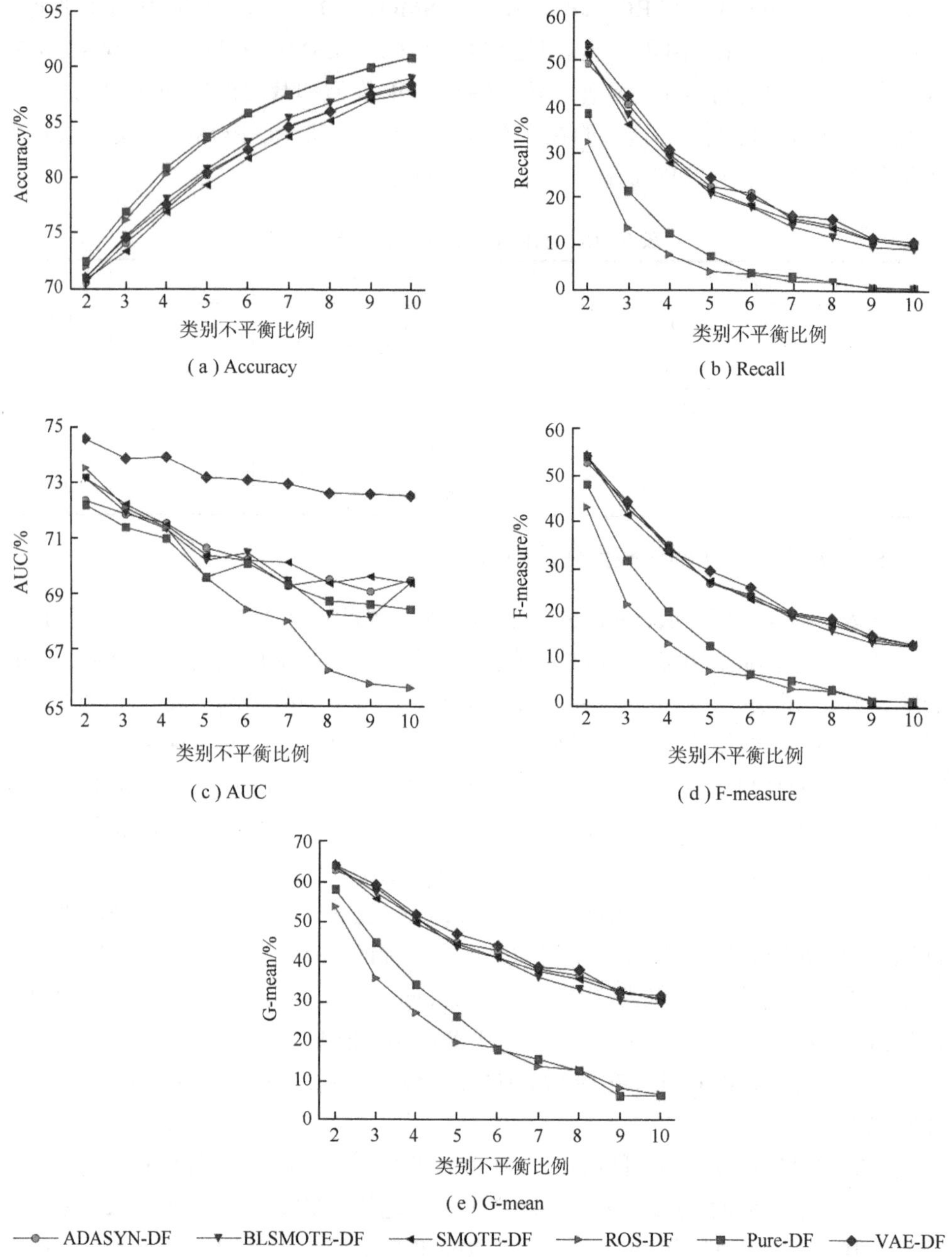

图 9-20 类别不平衡比例对模型分类性能的影响

渐增大，其余 5 个模型的 AUC 值与 VAE-DF 模型的差距越来越大。

（4）从图 9-20（d）和图 9-20（e）可以看到，VAE-DF 模型的 F-measure 值

和 G-mean 值始终高于其余 5 个模型。ADASYN-DF、BLSMOTE-DF 和 SMOTE-DF 模型在这两个指标上的曲线与 VAE-DF 模型非常接近。随着类别不平衡比例的增大，ROS-DF 和 Pure-DF 模型与 VAE-DF 模型的差距逐渐增大，当类别不平衡比例为 10 时，这两个模型的 F-measure 值和 G-mean 值均趋于 0。

（二）基于不同深度学习模型的结果比较

1. 均值比较

表 9-21 列出了 VAE 与不同的深度神经网络模型，以及 RF 相结合构建的互联网金融客户信用评估模型在 3 个数据集上的分类性能，其中最后一行显示了每个模型在所有指标上的总体平均值和平均排序。从表 9-21 可以看出：①在所有指标上，VAE-DF 模型的总体平均值和平均排序均高于其余 4 个比较模型。②VAE-LSTM 和 VAE-MLP 模型的总体平均排名分列第二和第三，其值为 2.40 和 3.00。③VAE-CNN 模型的总体平均值和平均排序最低，其值分别为 63.08%和 4.13。④VAE-RF 模型的总体平均值和平均排序稍高于 VAE-CNN 模型，其值分别为 63.73%和 4.00。

表 9-21　基于不同深度学习模型的均值比较（单位：%）

指标	数据集	VAE-MLP	VAE-CNN	VAE-LSTM	VAE-RF	VAE-DF
Accuracy	Lending	98.00 (4)	98.26 (3)	**98.75** (1)	97.84 (5)	98.37 (2)
	Prosper	70.69 (5)	71.58 (2)	71.07 (4)	71.47 (3)	**71.63** (1)
	Home	88.46 (4)	88.37 (5)	89.37 (2)	**90.50** (1)	88.47 (3)
Recall	Lending	94.24 (3)	93.20 (4)	**94.74** (1)	91.17 (5)	94.29 (2)
	Prosper	39.85 (2)	35.49 (4)	38.20 (3)	33.33 (5)	**41.03** (1)
	Home	9.20 (3)	8.18 (4)	9.55 (2)	7.16 (5)	**9.70** (1)
AUC	Lending	96.38 (2)	95.43 (4)	95.93 (3)	95.33 (5)	**96.93** (1)
	Prosper	68.79 (4)	68.77 (5)	73.68 (3)	73.74 (2)	**74.26** (1)
	Home	69.02 (3)	58.40 (5)	68.92 (4)	**70.42** (1)	69.38 (2)
F-measure	Lending	95.36 (3)	93.61 (5)	95.55 (2)	94.35 (4)	**96.16** (1)
	Prosper	45.39 (3)	2.94 (5)	48.00 (2)	43.21 (4)	**48.50** (1)
	Home	13.22 (2)	11.31 (4)	13.12 (3)	11.02 (5)	**13.50** (1)
G-mean	Lending	**97.51 (1)**	96.66 (4)	96.91 (2)	95.24 (5)	96.91 (3)
	Prosper	57.42 (3)	55.97 (4)	59.23 (2)	54.73 (5)	**59.53** (1)

续表

指标	数据集	VAE-MLP	VAE-CNN	VAE-LSTM	VAE-RF	VAE-DF
G-mean	Home	30.46 (3)	28.07 (4)	30.56 (2)	26.43 (5)	**30.85** (1)
均值		64.93 (3.00)	63.08 (4.13)	65.57 (2.40)	63.73 (4.00)	**65.97** (1.40)

注：每行的最优值以黑体显示，括号内的数字表示该模型的平均值在该行中所有模型中的排序

同样，我们也把每个模型的分类性能在每个评估指标上取平均值，并绘制成直方图(图 9-21)。从图 9-21 可以看出：①VAE-DF 模型在 Recall、AUC、F-measure 和 G-mean 指标上的均值都高于其余 4 个模型，在 Accuracy 指标上的均值稍低于 VAE-LSTM 和 VAE-RF 模型。②VAE-LSTM 模型在 Accuracy、F-measure 和 G-mean 指标上的均值在所有模型中排名第二，在 AUC 指标上的均值在所有模型中排名第三，低于 VAE-RF 和 VAE-DF 模型。③VAE-MLP 模型的平均 Accuracy 值是所有 5 个模型中最低的，平均 Recall 值仅低于 VAE-DF 模型，平均 AUC 值低于 VAE-LSTM、VAE-RF 和 VAE-DF 模型，平均 F-measue 值和 G-mean 值低于 VAE-LSTM 和 VAE-DF 模型。④VAE-RF 模型的平均 Accuracy 值在所有模型中最高，但平均 Recall 值和平均 G-mean 值是所有模型中最低的。⑤VAE-CNN 模型的平均 AUC 值和平均 F-measure 值是所有模型中最低的，其平均 Recall 值和平均 G-mean 值在所有模型中排名倒数第二。

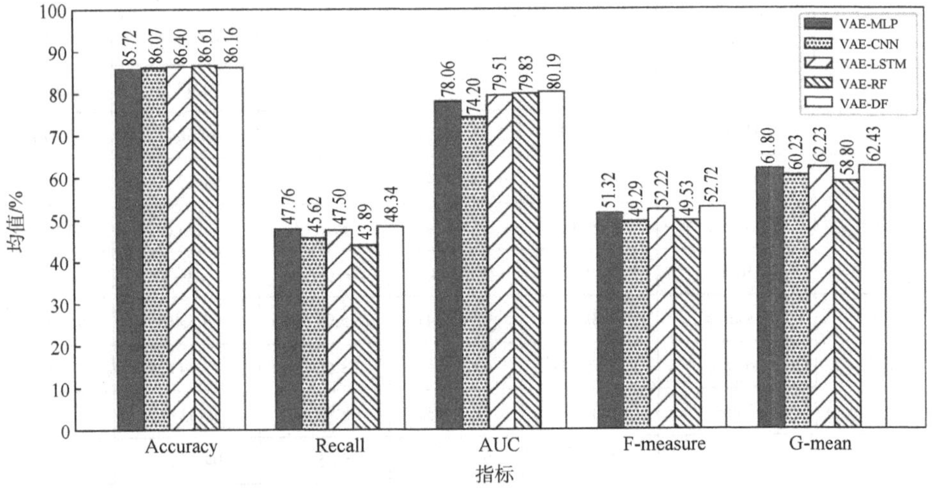

图 9-21　基于不同深度学习模型在每个评估指标上的均值直方图

2. 基于不同深度学习模型的性能显著性比较

我们采用 Demišar（2006）推荐的非参数检验方法来确定上述 5 个模型之间

是否存在显著性差异。每个模型在 3 个数据集上的所有 15 个评估指标均值的平均排序见表 9-21 的最后一行。首先，我们使用弗里德曼检验（Friedman，1937）和伊曼–达文波特检验（Iman and Davenport，1980），在显著性水平为 0.05 条件下检测 5 个模型之间是否存在显著性差异。弗里德曼检验和伊曼–达文波特检验分别服从自由度为 4 的 χ^2 分布和自由度为 4×56 的 F 分布，并且零假设均为所有 5 个模型具有相同的分类性能。表 9-22 给出了检验结果，可以看出检验值均大于相应的分布值。因此，我们拒绝零假设，并认为 5 个模型的分类性能之间确实存在显著差异。

表 9-22　弗里德曼和伊曼–达文波特检验结果

方法	检验值	临界值	假设
弗里德曼	28.66	9.49	拒绝
伊曼–达文波特	12.80	2.54	拒绝

其次，我们使用莱蒙伊后验检验（Nemenyi，1963）对 5 个模型的分类性能进行两两比较。当模型个数为 5，显著性水平为 0.05 时，其关键值为 2.57，从而相应的关键距离 $CD = 2.73\sqrt{5\times 6/(6\times 15)} \approx 1.58$。如果两个模型平均排序的差值超过 CD 的值，我们就拒绝两个模型存在显著性差异的零假设。图 9-22 显示了莱蒙伊后验检验的检验结果。如果两个模型之间没有线段连接，则表示这两个模型之间不存在显著性差异。从图 9-22 我们可以得出以下结论：①VAE-DF 模型显著优于 VAE-MLP、VAE-RF 和 VAE-CNN 模型，但是与 VAE-LSTM 模型不存在显著性差异。②VAE-LSTM 模型显著优于 VAE-RF 和 VAE-CNN 模型，但是与 VAE-MLP 模型不存在显著性差异。③VAE-MLP、VAE-RF 和 VAE-CNN 三个模型两两之间不存在显著性差异。

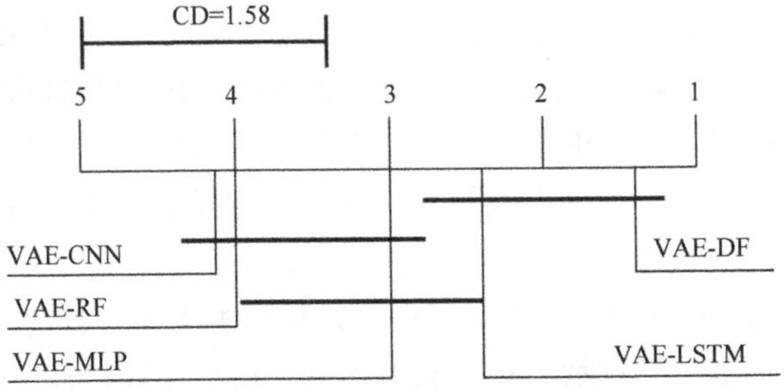

图 9-22　莱蒙伊后验检验结果

3. 模型层数比较

本节将 VAE-DF 模型的层数与 VAE-MLP、VAE-CNN 和 VAE-LSTM 三种深度神经网络模型的层数进行比较。由于 VAE-DF 模型的层数是自动确定的，每一次训练后生成的 DF 的层数不可能完全相同，所以我们取 10 次实验的 DF 层数的平均值作为 VAE-DF 模型在该数据集上的最后层数。对 VAE-MLP、VAE-CNN 和 VAE-LSTM 三个模型，在每个数据集上的网络层数是固定不变的（表 9-14~表 9-16）。图 9-23 显示了上述 4 个模型分别在 3 个互联网金融客户信用评估数据集上的层数。从图 9-23 可以看出：①VAE-DF 模型在 Lending、Prosper 和 Home 数据集上的层数分别为 5.1、6.3 和 2.8；②在所有数据集上，VAE-DF 模型的层数都明显少于其余 3 个基于深度神经网络的模型。

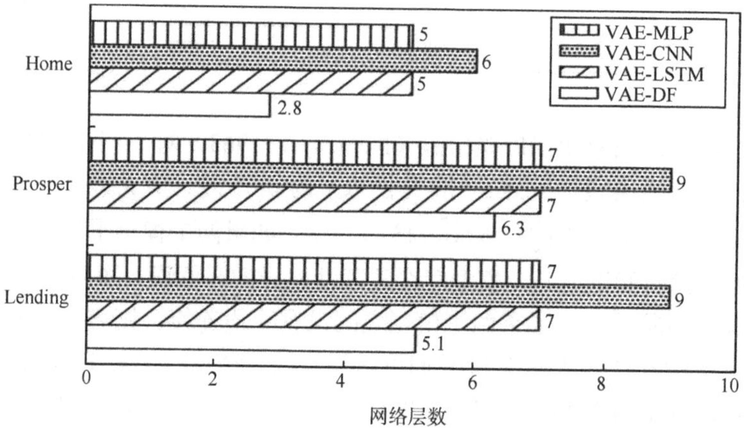

图 9-23　不同模型在 3 个数据集上的层数比较

4. 模型可解释性比较

本案例提出的 VAE-DF 模型是基于 RF 的深度集成模型，而 RF 模型可以对特征重要度进行评估（Strobl et al.，2007）。因此 VAE-DF 模型具有了可解释性。我们按照以下方法获得 VAE-DF 模型的特征重要度。首先，计算出 DF 中每个森林的特征重要度；其次，将训练得到的所有森林的特征重要度相加；最后，取平均值得到 VAE-DF 模型的特征重要度。具体步骤如下。

我们首先使用 RF 进行特征重要度评分，其基本思想为：判断每个特征在 RF 中的每棵树上做了多大的贡献，其次取平均值，最后比较特征之间的贡献大小。我们采用基尼指数来计算贡献度。假设将特征重要度评分用 FIM 来表示，将基尼指数用 GI 来表示，GI 的计算公式为

$$\mathrm{GI}_r=\sum_{c=1}^{|C|}\sum_{c^{'}\neq c}p_{rc}p_{rc^{'}}=1-\sum_{c=1}^{|C|}p_{rc}^2 \tag{9-68}$$

其中，C 表示有 C 个类别；p_{rc} 表示节点 r 中类别 c 的样本比例。第 i 个特征在节点 r 分枝前后的基尼指数变化量为

$$\mathrm{FIM}_{\mathrm{ir}}^{(\mathrm{Gini})}=\mathrm{GI}_r-\mathrm{GI}_q-\mathrm{GI}_s \tag{9-69}$$

其中，GI_q 和 GI_s 分别表示分枝后两个新节点的基尼指数。如果第 i 个特征在第 t 棵数中出现的节点在节点集合 R 中，那么第 i 个特征在第 t 棵数的重要度评分为

$$\mathrm{FIM}_{\mathrm{ti}}^{(\mathrm{Gini})}=\sum_{r\in R}\mathrm{FIM}_{\mathrm{ir}}^{(\mathrm{Gini})} \tag{9-70}$$

RF 中共有 T 棵数，那么：

$$\mathrm{FIM}_i^{(\mathrm{Gini})}=\sum_{t=1}^{T}\mathrm{FIM}_{\mathrm{ti}}^{(\mathrm{Gini})} \tag{9-71}$$

最后把所有求得的重要度评分做归一化处理，即得该特征的重要度评分：

$$\mathrm{FIM}_i=\frac{\mathrm{FIM}_i}{\sum_{j=1}^{N}\mathrm{FIM}_j} \tag{9-72}$$

图 9-24 显示了 VAE-DF 模型在 3 个数据集上的重要度排名前 10 的特征，其中横坐标表示具体的特征名称，纵坐标表示特征重要度评分。根据该图，我们可以对影响 VAE-DF 模型分类性能的关键特征进行分析，特征重要度分数越高说明特征越重要。因此，相比其他三个基于深度神经网络的比较模型，我们提出的 VAE-DF 模型具有更好的可解释性，在进行互联网金融客户信用评估时，能够方便决策者更好地理解模型，从而进行决策。

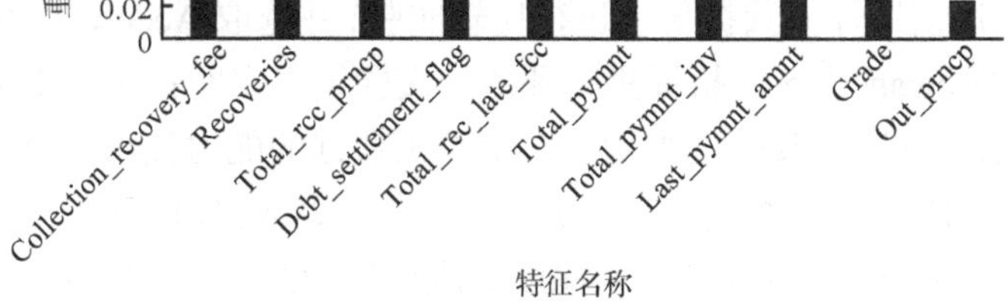

（a）Lending 数据集

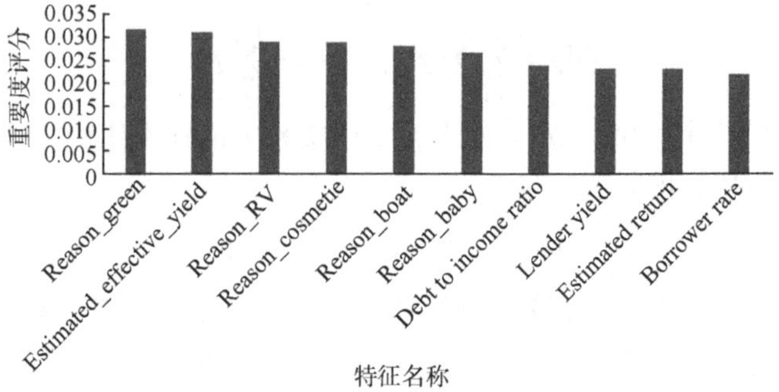

（b）Prosper 数据集

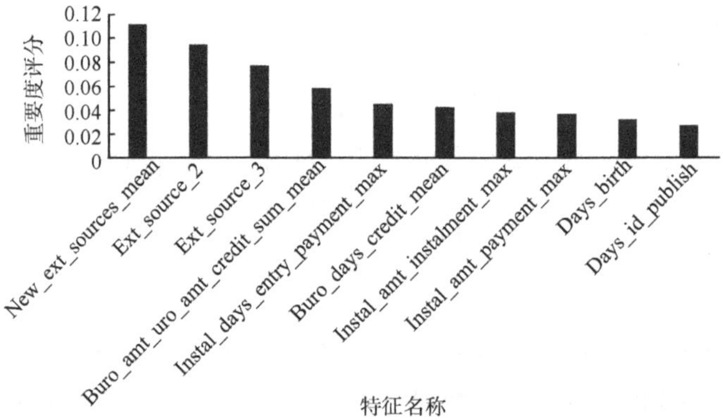

（c）Home 数据集

图 9-24　不同数据集的 10 个最重要特征

五、结论

本案例将 VAE 和 DF 相结合，提出了一个新的基于深度集成学习的互联网金融客户信用评估模型 VAE-DF。为了评估 VAE-DF 模型的分类性能，我们在 3 个互联网金融客户信用评估数据集上进行比较实验，并选取 Accuracy、Recall、AUC、F-measure 和 G-mean 这 5 个指标进行评估。实验结果表明：①VAE-DF 模型使用 VAE 作为过采样方法，其处理类别分布不平衡数据的能力优于 ROS、SMOTE、BLSMOTE 和 ADASYN 这些传统的过采样方法；②与 MLP、CNN 和 LSTM 这 3 种深度神经网络相比，VAE-DF 使用深度集成模型 DF 作为分类器，因此具有超参数少、自动确定级联层数和可解释性强的优势；③在所有比较的模型中，VAE-DF 模型具有最优的分类性能，为互联网金融客户信用评估提供了一种可行的思路。值得注意的是，尽管 VAE-DF 模型与 VAE-LSTM 模型的分类性能不存在显著性差异，但是 VAE-LSTM 的训练参数是所有模型中最多的，远远多于 VAE-DF 模型（表

9-17)，因此我们认为 VAE-DF 模型的表现优于 VAE-LSTM 模型。VAE-DF 模型是基于深度集成学习的模型，因此非常适用于维度高、数量大和多源异构的互联网金融客户信用评估数据。此外，VAE-DF 模型可以评估特征重要度，有助于决策者理解互联网金融客户信用评估模型，帮助决策者识别出与违约相关的关键特征，从而进行决策。因此，本案例有助于金融风险管理部门构建基于深度集成的互联网金融信用评估智能决策系统。

第五节　案例 3　考虑最优成本和技术选择的中国电力部门脱碳智能决策系统构建

长久以来，碳排放是影响气候变化的重要因素之一，解决碳排放日益增加的问题，是各国政府履行减排合约，构建可持续性发展能源体系的关键。而电力部门作为碳排放的主要来源，实现其脱碳是政府治理的一个重大挑战，下面具体介绍考虑最优成本和技术选择的中国电力部门脱碳智能决策系统构建。

一、背景介绍

从全球视角看，电力部门是二氧化碳的最主要来源之一（姜曼等，2020），而中国以火电为主的发电结构决定了电力部门中碳排放比重更高。此外，电力部门在脱碳方面具有更高的技术潜力，而其他部门的减排难度更大，成本也更高（肖勇等，2020）。因此，实现中国电力部门脱碳无论对于中国还是全球的排放计划都至关重要。

由于不同发电技术在碳排放上差异较大，因此理论上可以通过各发电技术组合实现电力部门脱碳，甚至实现零排放（Pye et al.，2017）或者负排放（Rau et al.，2018）。然而在现实中，完全由非排放发电技术构成的发电组合在短期内无法实现，尤其是在中国。一个原因是技术的限制。目前发电技术主要包括煤电、天然气发电、水电、核电、风电、光伏发电和生物质能发电，它们构成了本案例的发电技术组合，而其他发电技术，如地热和海洋能，由于比例太低（Flavin and Lenssen，1994），不在本案例考虑之内。虽然非排放发电对于电力部门的脱碳至关重要，但其技术还没有达到与化石能源发电媲美的程度。另一个原因是成本上的劣势。目前可再生能源发电成本普遍远高于煤电。完全抛弃煤炭发电，对于煤炭资源丰富的中国来说是一种极大的浪费。需特别关注，新兴的可再生能源发电技术具有巨大的边际成本快速下降的潜力，这使得它们拥有极具竞争力的前景（Mercure et al.，

2014），也为本案例提供了突破口。

此外，随着互联网和移动互联网的发展，在人工智能的浪潮下，政府治理迎来了一系列发展机遇。政府治理应该顺应当今科技发展趋势。研究人工智能对我国政府治理的挑战，以期寻找从理念变革到挑战应对，再到对人工智能的系统监管的理论链条，实现宏观理念可落地，微观操作有方向的目的。

因此，本案例考虑最优成本和技术选择，探索中国电力部门的脱碳潜力及可能的脱碳路径，识别影响脱碳效果的关键因素，同时创新政府智能决策理论，解决人工智能背景下政府治理的顶层设计、风险应对和监管体系问题。

电力部门脱碳研究的首要任务是建立相关模型，这些模型通常来源于传统的能源系统模型。由于电力部门是任何尺度的能源系统都不可或缺的子系统，各种传统的能源系统模型都对电力部门进行了相对详细的描述（Pfenninger et al.，2014）。随着全球对气候变化问题的广泛关注，能源系统模型必须增加碳排放核算模块以满足能源系统脱碳的需要（Meinshausen et al.，2009）。

Woods 等（2019）首次将气候变化引入到宏观经济分析中，并提出了一个动态的综合气候经济模型，来评价气候政策及探索有效的碳减排方案，成为当前研究气候变化与碳排放的主流工具——气候变化综合评估模型的起源（魏一鸣等，2013）。该模型也被后继研究者用来研究电力系统脱碳（Pehl et al.，2017；Rogelj et al.，2015；van Vuuren et al.，2018）。另一种常见的能源系统模型，由国际能源署开发，也被一些学者用于电力部门脱碳的研究中（Vaillancourt et al.，2017；Victor et al.，2018；Zeyringer et al.，2018）。

这些模型为本案例提供了重要的视角和思路，但这两类模型均由发达国家开发，这对于正处于发展中的中国可能并不十分适合。Yu 等（2018b）评估和比较了 12 种能源模型以检验它们对于发展中国家尤其是亚洲发展中国家的适用性，发现这些模型忽视了发展中国家的主要特征，为充分解决发展中国家的能源问题，必须建立新的模型。Debnath 和 Mourshed（2018）回顾了 34 个广泛使用的能源规划模型以调查它们对发展中国家的适用性，发现这些模型缺乏对发展中国家的目标、挑战和细微差别的考虑。

国内学者对于中国电力部门脱碳的探索除了沿用上述两类能源系统模型外，还建立了一些适用性更高的模型。例如，Cai 等（2007）模拟了中国电力行业的不同发展路径，并对二氧化碳减排的潜力进行了情景分析；Zhang 等（2012）基于多周期上层建筑优化规划模型，分析了不同碳减排政策对中国电力规划的影响；Cong（2013）结合技术扩散模型和对中国未来经济发展的预期，建立了再生能源优化模型；Li 等（2015）采用一个发电扩展规划模型确定中国电力部门成本最优的脱碳路径。

上述研究对于全球范围内的脱碳做出了重大贡献，然而仔细分析有关中国电力部门的脱碳研究可以发现，它们已经考虑了中国能源和经济社会系统发展的一部分因素，得到了一些有价值的结论，但还存在一些不足。

首先是对于技术的假设。目前在电力系统脱碳研究中，习惯于将发电成本设置为模型的输入参数，其值由研究者主观设定，即认为发电的技术进步是外生的。这对于成熟的发电技术也许不会有明显的影响，但对于正在快速发展的可再生能源发电技术则会产生较大的误差。技术学习曲线较好地解释了技术进步的原因，它将技术进步归结于在经验或者研发中学习，即技术进步是内生的。已经有许多关于特定发电技术的学习曲线的研究，主要涉及风电（Hayashi et al.，2018；Yu et al.，2017）、光伏发电（Elshurafa et al.，2018；van der Zwaan and Rabl，2003）、核电（Kahouli，2011）和生物质能发电（Lin and He，2016），早期还包括煤电（McNerney et al.，2011）等传统发电技术，但遗憾的是技术学习曲线模型却没有被集成到脱碳模型之中。

其次是未考虑过剩电力跨区域传输成本。中国能源资源与电力需求存在地理上的不平衡，从而产生了过剩电力跨区域传输。而以往的电力系统脱碳模型中，传输成本往往未被考虑在内，这将导致未来发电结构中新能源发电增长潜力被高估。目前已经有研究者，如 Cheng 等（2015）、Nakov 等（2016）关注跨区域电力扩张对中国电力部门碳排放的影响。他们采用了一种多区域电力调度模型，将中国划分为多个地理区域，但却没有区分不同电力类型的传输之间的差异。

综上所述，以往有关电力部门脱碳的模型主要由传统的能源系统模型（由发达国家建立）演化而来，对于目前还处在发展中阶段的中国而言具有较低的适用性。此外，这些模型常常忽略了发电的内生技术进步及过剩电力跨区域传输成本。

本案例通过以下贡献来弥补这些不足：①建立一个更具普适性的电力系统脱碳模型使之符合中国电力部门的实际情况；②将技术学习曲线模型集成到脱碳模型中，用以描述新兴发电技术的成本变化趋势；③增加对电力过剩而产生的跨区域传输成本的核算。

二、模型和方法

（一）电力系统脱碳模型

在满足充足的电力供应以支撑经济增长和实现国家既定的碳减排目标的前提下，以年度总成本最小为目标，利用一个新的动态线性规划模型对中国电力系统进行仿真。该模型的最终输出是各种发电方式的年度份额，可直接反映出电力供给结构的转换路径，也间接反映了电力系统可能的脱碳路径。

1. 目标函数

模型的目标为最小化电力系统在规划期内的年度总成本。Dolter 和 Rivers（2018）提供了电力部门总成本的核算方法，包括资金、运营和维护成本，燃料成本和碳排放成本，其中资金、运营和维护成本及燃料成本被合称为发电成本。在此基础上增加过剩电力的传输成本的核算。本案例所建立的电力系统模型在第 t 年的目标函数为

$$\min \text{Totalcost}_t = \sum_{i=1}^{I} \text{GC}_{i,t} + \text{CEC}_{i,t} + \text{TC}_{i,t} \tag{9-73}$$

其中，$\text{GC}_{i,t}$ 表示第 t 年发电技术 i 的发电成本；$\text{CEC}_{i,t}$ 表示第 t 年发电技术 i 的碳排放成本；$\text{TC}_{i,t}$ 表示第 t 年发电技术 i 的传输成本。

2. 发电成本

化石能源发电的燃料成本在其发电成本结构中占了很高的比例，且燃料价格变化较大，需单独核算。燃料成本由燃料价格和发电燃料消耗率共同决定。核电和生物质发电的燃料成本相对稳定，其他可再生能源发电无燃料成本，故可直接计算发电成本。发电成本的详细计算公式如下：

$$\text{GC}_{i,t} = \begin{cases} \text{TED}_t \times \theta_{i,t} \times \left(\text{UCOMC}_{i,t} + \dfrac{\text{FP}_{i,t}}{\text{FCR}_{i,t}} \right), i = 1, 2 \\ \text{TED}_t \times \theta_{i,t} \times \text{UGC}_{i,t}, \qquad i = 3, 4, 5, 6, 7 \end{cases} \tag{9-74}$$

其中，TED_t 表示第 t 年的电力需求总量；$\theta_{i,t}$ 表示第 t 年发电技术 i 的比例；$\text{UCOMC}_{i,t}$ 表示第 t 年发电技术 i 的单位资金、运营和维护成本；$\text{FP}_{i,t}$ 表示第 t 年发电技术 i 的燃料价格；$\text{FCR}_{i,t}$ 表示第 t 年发电技术 i 的发电燃料消耗率。

3. 碳排放成本

由于非化石能源发电不直接排放二氧化碳，因此碳排放成本仅针对化石能源发电，其计算公式为

$$\text{CEC}_{i,t} = \frac{\text{TED}_{i,t} \times \theta_{i,t} \times \text{EF}_{i,t} \times \text{CP}_t}{\text{FCR}_{i,t}} \qquad i = 1, 2 \tag{9-75}$$

其中，$\text{EF}_{i,t}$ 表示第 t 年第 i 种发电技术的能源碳排放因子；CP_t 表示第 t 年的二氧化碳价格。

4. 传输成本

理论上，所有电力的传输都具有传输成本，但本案例更关注新能源电力的跨区域传输。新能源在地理分布上极度不平衡，且资源几乎无法被运输，发电厂只能建于本地。而火力发电厂（生物质能发电本质上也是燃烧发电）可以灵活地修建于任何地方。因此在计算传输成本时只考虑非燃烧发电，即水电、核电、风电和光伏发电。此外，假设电力在满足本地需求之后，由近及远地分阶段传输，不同阶段的传输成本不同，具体计算公式为

$$\mathrm{TC}_{i,t}=\mathrm{TED}_{i,t}\times\left[\sum_{j=1}^{K(\theta_{i,t})}\left(\theta_i^j-\theta_i^{j-1}\right)\times p_i^{j-1}/\left(1-\mathrm{trl}_i^{j-1}\right)+\left(\theta_{i,t}-\theta_i^{K(\theta_{i,t})}\right)\times p_i^{K(\theta_{i,t})}/\left(1-\mathrm{trl}_i^{K(\theta_{i,t})}\right)\right] \tag{9-76}$$

其中，$K(\theta_{i,t})$表示发电技术 i 第 t 年传输的阶段数；$K(\theta_{i,t})=0$ 表示发电技术 i 的发电量由本地消费，未发生跨区域传输；θ_i^j 表示第 i 种发电技术达到第 j 阶段传输条件的比例；p_i^j 表示第 i 种发电技术在第 j 阶段的传输价格；trl_i^j 表示第 i 种发电技术在第 j 阶段的传输损失率。

（二）约束条件

1. 恒等约束

在每一年各发电技术的比例之和为 1：

$$\sum_{i=1}^{I}\theta_{i,t}=1 \tag{9-77}$$

2. 发电量变化率约束

考虑到电力生产、供应和消费习惯的制约，发电结构的变化应该是渐进的，剧烈的变化会导致社会经济系统紊乱，故而每一种发电技术的发电量变化率应在一定范围内波动：

$$l\varphi_i\leqslant\frac{\mathrm{TED}_t\theta_{i,t}-\mathrm{TED}_{t-1}\theta_{i,t-1}}{\mathrm{TED}_t\theta_{i,t}}\leqslant u\varphi_i \tag{9-78}$$

其中，$l\varphi_i$ 和 $u\varphi_i$ 分别表示相应的发电量变化率的下限和上限。

3. 发电碳排放强度约束

$$\frac{\sum_{i=1}^{2}\frac{\mathrm{TED}_t \times \theta_{i,t} \times \mathrm{EF}_{i,t}}{\mathrm{FCR}_{i,t}}}{\mathrm{TED}_t} \leqslant uI_t \tag{9-79}$$

其中，uI_t表示第 t 年发电的碳排放强度上限。

4. 非化石能源发电比例约束

$$\sum_{i=3}^{I}\theta_{i,t} \geqslant l\theta_{\text{non-fuel},\ t} \tag{9-80}$$

其中，t=3 和 t=13 分别表示 2020 年和 2030 年，$l\theta_{\text{non-fuel},\ t}$表示第 t 年非化石能源发电比例的下限。

5. 非负约束

非负约束确定了决策变量的边界。在本模型中决策变量$\theta_{i,t}$，即第 t 年发电技术 i 的比例，必须为非负数：

$$\theta_{i,t} > 0 \tag{9-81}$$

（三）技术学习曲线模型

各发电技术的发电成本是本案例所建电力部门脱碳模型中的核心变量之一。技术学习曲线模型依靠历史成本数据求得技术的学习率，从而对未来的成本进行预测，已经被广泛应用于发电技术成本的预测中（Hayashi et al.，2018；Yu et al.，2017）。

经典的技术学习曲线模型为

$$C_x = C_1 \times X^{-b} \tag{9-82}$$

其中，C_x表示生产第 x 个产品的成本；C_1表示初始成本；X表示累积生产产品数量；b 表示学习率指数。对式（9-82）两边取对数，可得

$$\log C_x = \log C_1 - b\log X \tag{9-83}$$

基于历史数据，对$\log C_x$和$\log X$进行线性回归，则可以确定出该技术的初始成本和学习率指数。

将技术学习曲线模型应用于发电技术成本估计上，设发电技术 i 第 t 年底的累积发电量为$\theta_{i,t}$，第 t 年的发电量为$q_{i,t}$，则有

$$q_{i,t} = \mathrm{TED}_{i,t} \times \theta_{i,t} \tag{9-84}$$

$$Q_{i,t}=\sum_{t=1}^{t}q_{i,t}=Q_{i,t-1}+q_{i,t} \tag{9-85}$$

假设第 t 年的发电成本为当年发电量一半时的发电成本，则第 t 年发电技术 i 的成本 $C_{i,t}$ 可由下式求得

$$C_{i,t}=C_{(Q_{i,t-1}+Q_{i,t})/2} \tag{9-86}$$

结合式（9-82）进而求得：

$$C_{i,t}=C_1\times\left(\frac{Q_{i,t-1}+Q_{i,t}}{2}\right)^{-b}=C_1\times\left(Q_{i,t-1}+\frac{q_{i,t}}{2}\right)^{-b} \tag{9-87}$$

三、变量和实验设计

（一）变量确定

1. 发电成本

（1）煤电和天然气发电成本。由式（9-74），煤电和天然气发电成本由资金、运营和维护成本及燃料成本组成，而燃料成本由发电燃料消耗率和燃料价格共同决定。由于技术较为成熟，煤电和天然气发电的资金、运营和维护成本在短期内可被认为是固定的，因此本案例设定 $UCOMC_{1,t}$ 为 0.011 美元/（千瓦·时），$UCOMC_{2,t}$ 为 0.009 美元/（千瓦·时）。中国煤炭发电的标准煤耗从 2010 年的 329.8 克/（千瓦·时）下降至 2017 年的 306.0 克/（千瓦·时），平均每年下降 3.4 克/（千瓦·时）。假设该趋势延续下去，则可得出 2018~2030 年煤炭发电的标准煤耗（表 9-23）。发电的天然气消耗率取决于发电机组的能量转换效率，2015 年其值为 55%（Khatib，2010），假设此后每年增加 0.5%，结合中国天然气平均低位发热量 38 931 千焦/米^3，可得出 2018~2030 年发电的天然气消耗率（表 9-23）。

表 9-23　煤炭和天然气发电效率

燃料类型	2018 年	2021 年	2024 年	2027 年	2030 年
煤炭/［克/（千瓦·时）］	302.6	292.4	282.2	272.0	261.8
天然气/（千焦·米^3）	0.164	0.160	0.156	0.152	0.148

煤炭价格随宏观经济周期呈现出较强的波动性，这对于中国电力部门脱碳的探究是一种干扰。对 2000~2017 年秦皇岛 5500 大卡煤炭现货价格指数进行线性回归，得到去除市场波动的趋势序列，并以此估计 2018~2030 年煤炭价格。中国天然气资源禀赋相对较低，开采成本较高，而需求日益旺盛，导致价格呈现出上升

趋势。因此我们在 2017 年中国工业管道天然气平均价格 0.46 千焦/米 ^{3} 的基础上，假设此后每年上涨 3%，以此估算 2018~2030 年天然气价格。

（2）水电和核电的发电成本。水电是当前最成熟的可再生能源发电技术，其发电成本已经降到很低水平，因此预计水电成本将在未来保持稳定。以 2016 年中国水电平均度电成本 0.383 美元/（千瓦·时）作为本案例中水电的发电成本。由于政府对核电的重视和密集的修建计划，中国的核电技术有望进一步成熟，其发电成本也将继续降低。2015 年核电成本为 0.0553 美元/（千瓦·时），预计到 2025 年下降至 0.0476 美元/（千瓦·时），此后保持不变。

（3）风电和光伏发电的发电成本。风电和光伏发电是中国政府大力支持的新能源发电技术，最近几年发展极为迅猛。技术的持续进步对这两种发电技术的影响十分明显，表现为成本的快速下降和产量爆发式增长，这完全符合技术学习曲线的轨迹，为此我们使用技术学习曲线模型预测风电和光伏发电的未来发电成本。中国风电和光伏发电的发电成本的历史数据来源于国际可再生能源机构的 2017 年可再生能源发电成本数据，年度发电量数据来源于中国电力企业联合会官网。最终得到风电和光伏发电的学习率分别为 0.054 和 0.089。

（4）生物质能源的发电成本。中国生物质能发电本质上属于燃烧发电，在技术上已经很成熟，而零散分布的生物质能源的规模化问题仍未得到有效解决，导致其成本下降潜力很小，因此我们以 2016 年中国生物质能发电的度电成本 0.068 美元/（千瓦·时）作为规划期内的生物质能发电成本。

2. 中国年度电力需求量

电力需求与经济增长之间具有强相关性（Bildirici and Kayıkçı，2012）。因而估计中国未来电力需求首先需要对中国 GDP 增速进行判断。基于对当前中国 GDP 将持续下降的判断，设定 2016~2030 年中国 GDP 增速在高、中、低三种情景下分别为每年下降 0.1%、0.2%、0.3%，如表 9-24 所示。

表 9-24　三种不同情景假设下的 GDP 增长率（单位：%）

年份	高	中	低
2016	6.7	6.7	6.7
2017	6.9	6.9	6.9
2018	6.6	6.6	6.6
2019	6.5	6.4	6.3
2020	6.4	6.2	6.0
2021	6.3	6.0	5.7

续表

年份	高	中	低
2022	6.2	5.8	5.4
2023	6.1	5.6	5.1
2024	6.0	5.4	4.8
2025	5.9	5.2	4.5
2026	5.8	5.0	4.2
2027	5.7	4.8	3.9
2028	5.6	4.6	3.6
2029	5.5	4.4	3.3
2030	5.4	4.2	3.0

接下来确定未来中国电力需求。对 1993~2017 年中国电力消费量和实际 GDP 进行线性回归，发现二者呈现出线性关系（图 9-25），模型系数为 0.2213，其拟合优度达到 99.48%。

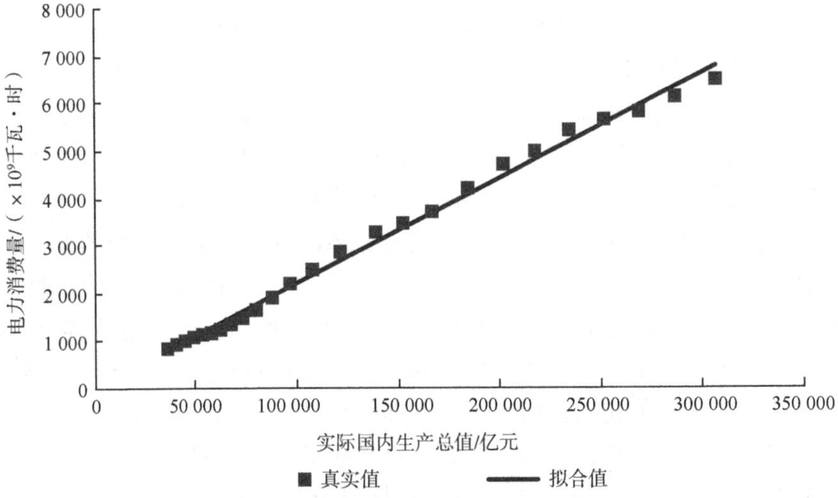

图 9-25　中国电力消费量与实际 GDP 的回归分析

因此得到中国电力消费量与实际 GDP 之间的关系为

$$\mathrm{TED}_t = 0.2213 \times \mathrm{GDP}_{\mathrm{real}} \quad (9\text{-}88)$$

结合表 9-24 中对实际 GDP 增长率的预测，我们得到在高、中、低三种情景下 2016~2030 年中国电力需求量（图 9-26）。

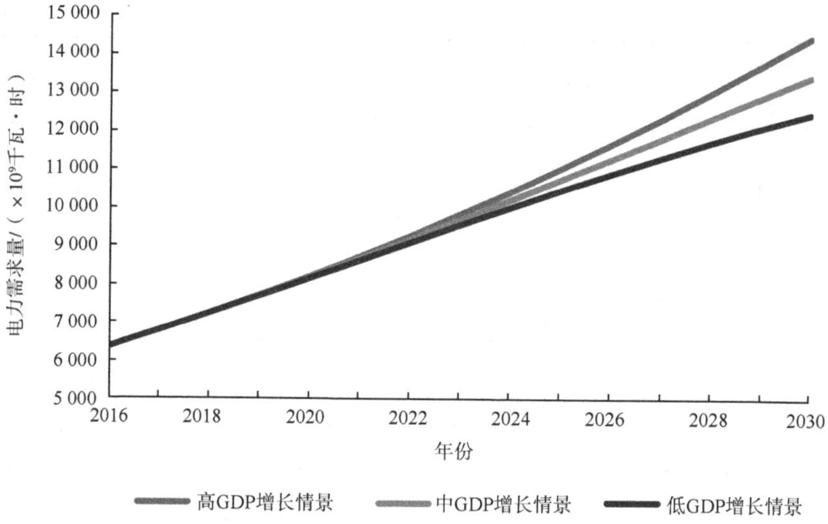

图 9-26　三种经济增长情景下的电力需求预测结果

3. 碳排放成本

由式（9-75）可知，碳排放成本主要由碳排放因子和碳价格决定。Mosier 等（1999）、Li 等（2007）都提供了默认的煤炭和天然气碳排放因子。但 Liu 等（2015）研究发现，中国的实际碳排放因子比联合国政府间气候变化专门委员会、国家发展和改革委员会提供的数据要少，这一结论也被 Shan 等（2016）应用。本案例使用更新后的碳排放因子。根据二氧化碳分子与碳原子摩尔质量之比（44∶12），求得煤炭和天然气的二氧化碳排放因子分别为 2.561（吨二氧化碳/吨标准煤）和 1.627（吨二氧化碳/千米^3），这一数据也被 Yu 等（2018b）采用。此外，全国性的碳排放交易市场还未在中国建立起来，目前只有少数几个城市已经试运营碳交易市场。作为新兴的政策性人工市场，碳市场同时受到内部市场机制和外部环境异质性的影响，从而导致了二氧化碳价格非平稳和非线性特征。我们认为二氧化碳价格的这种不确定性无须被量化，它可以作为一种理想的控制碳排放和引导能源结构转型的政策工具。因此，本案例将二氧化碳价格设定为一个在特定区间内变动的值，以便观察不同二氧化碳价格对脱碳路径的影响。二氧化碳价格被设定为从 1 到 50 美元/吨，步长为 1。

4. 传输成本

对全国各省份的发电结构和电力消费进行分析，若某区域某种电力发电量超过该区域电力需求的一定比例，则该区域被视为这种电力的出口区域；反之，若某区域电力需求超过该区域所有发电量，则该区域被视为电力进口区域。此外，电力传输路径采取就近原则，在满足本区域电力消费之后，就近输送至相邻电力进口区域，当相邻区域电力需求得到满足之后，进一步传输至更远区域。Cheng 等（2015）的研究提供了中国各地理区域之间电力传输的损失率和传输价格。利用这些数据计算得到 4 种非燃烧发电类型在各阶段的传输路径和成本（表 9-25 至表 9-28）。

表 9-25 水电的传输成本和传输损失率

传输阶段	比例范围	输电价格	传输损失率	传输路径
0	(0,14.5%]	0	0	自给自足
1	(14.5%,25.0%]	0.0036	3.0	川渝至华中（华南）
2	(25.0%,30.4%]	0.0063	5.1	华中至华东
3	>30.4%	0.0080	6.6	华中至华北

表 9-26 核电的传输成本和传输损失率

传输阶段	比例范围	输电价格	传输损失率	传输路径
0	(0,24.3%]	0	0	自给自足
1	(24.3%,27.9%]	0.0032	3.3	华南（华东）至华中
2	>27.9%	0.0075	6.9	华中至华北

表 9-27 风力发电的传输成本和传输损失率

传输阶段	比例范围	输电价格	传输损失率	传输路径
0	(0,6.2%]	0	0	自给自足
1	(6.2%,9.5%]	0.0032	3.5	西北至华北
2	(9.5%,12.1%]	0.0037	3.6	华北至华中（华东）
3	>12.1%	0.0077	6.9	华中至华南

表 9-28 光伏发电的传输成本和传输损失率

传输阶段	比例范围	输电价格	传输损失率	传输路径
0	(0,10%]	0	0	自给自足
1	>10%	0.0040	3.3	华中至华南

5. 其他变量确定

（1）发电量变化率上限和下限。首先根据 2012~2017 年各类型发电量变化率的历史数据，将上涨年份的平均变化率设为上限，将下降年份的平均变化率设为下限。其次基于中国目前能源结构转型方向和发电技术成本竞争力，对各类型发电量变化率下限进行了修正。另外，光伏发电的平均变化率为 92.3%，这显然无法持续，故将光伏发电变化率上限调整至比风电高 10%。调整后的 $u\varphi_i$ 和 $l\varphi_i$ 如表 9-29 所示。

表 9-29　调整后的发电年度变化率上下限（单位：%）

类型	煤	天然气	水电	核能	风能	光伏	生物质能
上限（$u\varphi_i$）	5	30	10	20	30	40	20
下限（$l\varphi_i$）	−10	10	−10	−5	−5	10	10

（2）发电碳排放强度上限。2015 年中国电力部门的碳排放强度为 600.5 克/（千瓦 · 时）。根据"十三五"控制温室气体排放目标，2020 年大型发电集团单位供电二氧化碳排放控制在 550 克/（千瓦 · 时）以内，而这一目标对于中小火电厂难以实现。故而我们设定 2020 年的 uI_t 为 575 克/（千瓦 ·时），相应地设定 2030 年的 uI_t 为 550 克/（千瓦 · 时）。

（3）非化石能源发电比例下限。2015 年，非化石能源发电比例为 27%，根据能源生产和消费革命战略中对非化石能源发电比例的目标，设定 2020 年和 2030 年 $l\theta_{\text{non-fuel},t}$ 分别为 31%和 50%。

（二）实验设计

基于高、基准和低三种经济增长情景，以二氧化碳价格作为控制变量，运行我们的模型。以基准经济增长情景为实验组，其他两种情景为对比组，来分析经济增长对中国电力部门脱碳路径的影响。在每一种情景下，令二氧化碳价格在区间 1~50 美元/吨变动，以观测二氧化碳价格对于中国电力部门脱碳的影响。

四、结果与分析

本节后续分析结构如下：第一部分基于基准经济增长情景运行本案例所建模型，分别从发电结构、二氧化碳排放、成本分析等方面概述了中国电力部门的脱碳路径，并确定出最优二氧化碳价格；第二部分比较三种情景下电力部门脱碳效果，分析 GDP 增速对电力部门脱碳的影响，以探索不同情景下电力部门脱碳策略。

（一）发电结构

图 9-27 展示了不同二氧化碳价格下煤炭发电量的变化趋势。首先可以看出，

在规划期内的任何时间，二氧化碳价格越高，则煤炭发电量往往越低，这反映出二氧化碳价格对煤炭发电具有明显的抑制作用。其次，对于每一种二氧化碳价格下的煤炭发电量，都经历了先升高后降低的变化过程，即在当前（基准）情景下，煤炭发电在2030年前均可达到峰值。再次，在7种典型的二氧化碳价格水平（分别为1、5、10、15、20、30和50美元/吨）下，煤炭发电达到峰值的时间分别为2028年、2025年、2023年、2020年、2019年、2019年和2019年，这表明较高的二氧化碳价格能够缩短煤炭发电达到峰值的时间。最后，煤炭发电量的峰值介于45 010.4亿千瓦·时（当二氧化碳价格为50美元/吨时）到69 198.3亿千瓦·时（当二氧化碳价格为1美元/吨时）之间，其差值高达24 187.9亿千瓦·时，这足以对碳排放目标的实现产生重大影响。

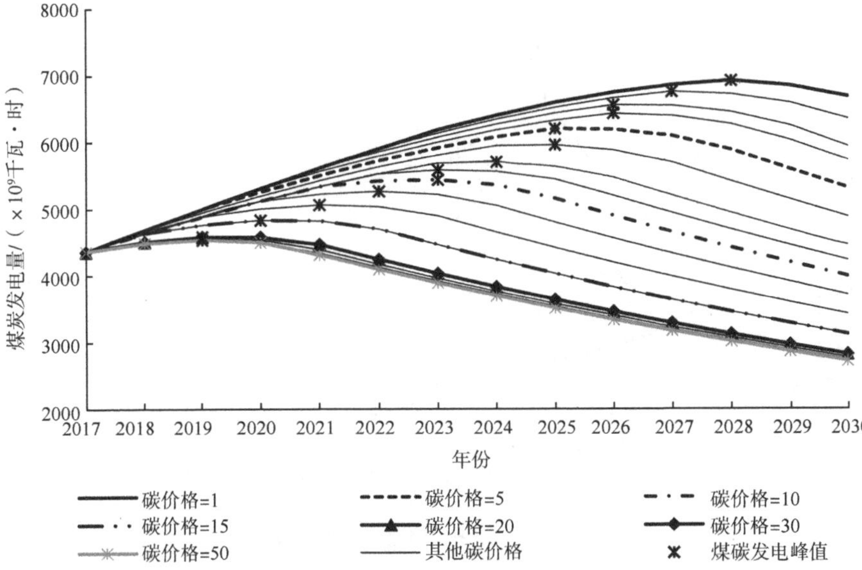

图9-27　不同二氧化碳价格下的煤炭发电量

（二）二氧化碳排放

1. 二氧化碳排放峰值

电力部门中二氧化碳绝大部分来源于煤炭发电，仅很少部分来源于天然气发电，因此在固定的排放因子条件下二氧化碳排放趋势与煤炭发电量趋势大致相同。同时，二氧化碳价格对二氧化碳排放的影响也与其对煤炭发电量的影响相似。

图9-28显示了二氧化碳排放量峰值随二氧化碳价格的变化。可以看出，二氧

化碳排放量峰值和达到峰值的时间随二氧化碳价格的变化是非线性和分阶段的。此外，二氧化碳排放量峰值随二氧化碳价格变化的轨迹从整体上可被明显地分为两个部分，两个部分的结合点为当二氧化碳价格为 16 美元/吨时：当二氧化碳价格小于 16 美元/吨时，二氧化碳排放量峰值对二氧化碳价格较为敏感，即提高二氧化碳价格可有效降低二氧化碳排放量峰值及缩短二氧化碳排放量达到峰值的时间；当二氧化碳价格大于 16 美元/吨时，二氧化碳排放量达到峰值的时间均为 2019 年，且提高二氧化碳价格对二氧化碳排放量峰值影响甚微，将二氧化碳价格从 16 美元/吨提高到 50 美元/吨，仅能使二氧化碳排放量峰值从 3.4089 亿吨下降到 3.3757 亿吨，下降幅度仅为 0.97%。

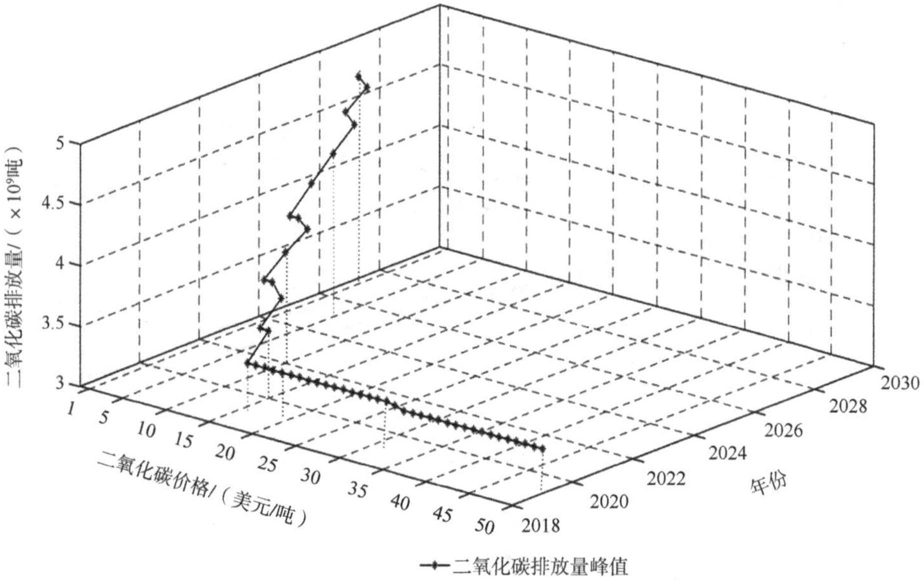

图 9-28　不同二氧化碳价格下的二氧化碳排放量峰值

2. 二氧化碳累积排放量

二氧化碳对于全球气候变化的影响是一种累积效应，因此相比于年度二氧化碳排放量，一段时期内累积二氧化碳排放量更加值得关注。

图 9-29 显示了当前情景下 2017~2030 年中国电力部门累积二氧化碳排放量随二氧化碳价格的变化趋势。由图可知，累积二氧化碳排放量随二氧化碳价格增加呈现出阶段性下降趋势：当二氧化碳价格从 1 增加到 16 美元/吨时，下降趋势十分明显，累积二氧化碳排放量从 59.5 亿吨下降至 39.1 亿吨；当二氧化碳价格从 16 增加到 50 美元/吨时，下降趋势较为平缓，仅从 39.1 亿吨下降至 38.3 亿吨，仅

下降了 0.9 亿吨。因此，可以认为 16 美元/吨是二氧化碳价格对累积二氧化碳减排效果由强转弱的临界价格。

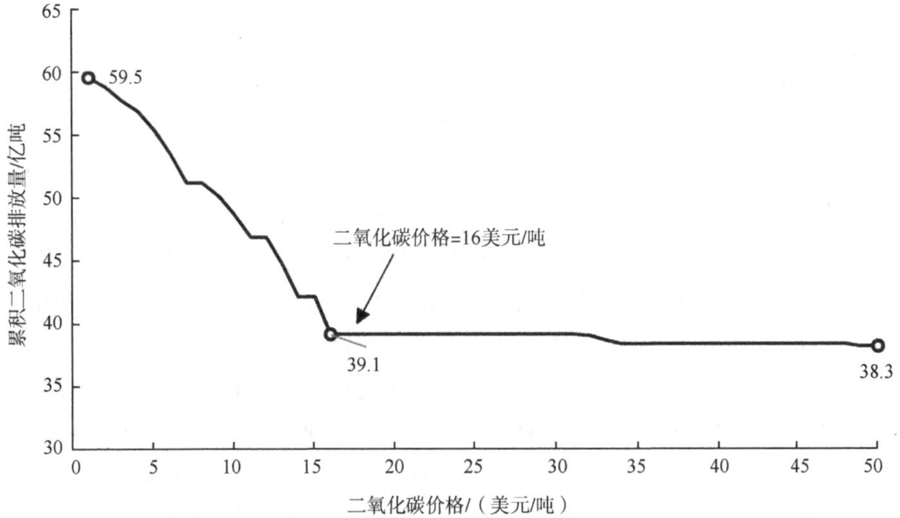

图 9-29　不同二氧化碳价格下的二氧化碳累积排放量

（三）成本分析

图 9-30 显示了电力部门平均成本在不同二氧化碳价格水平下的变化情况。此处我们对平均成本进行分析，是因为它能更加直观地反映出发电组合的实际成本。

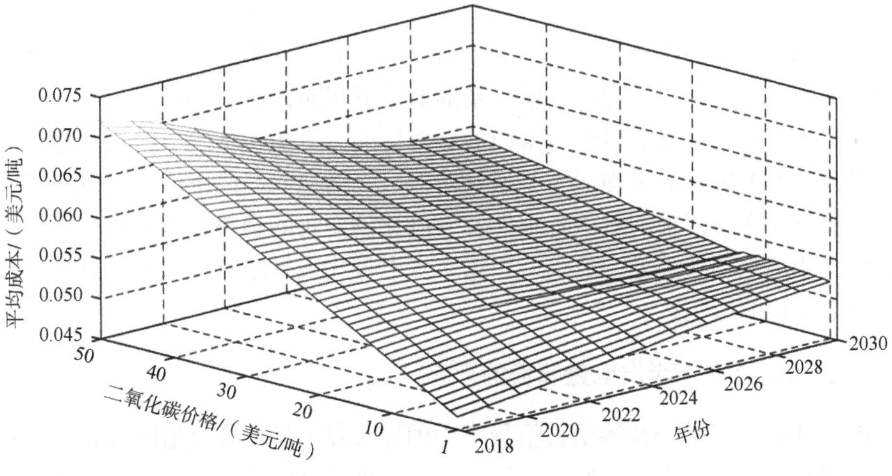

图 9-30　在不同的二氧化碳价格下发电组合的平均成本

当二氧化碳价格处于较低水平时，发电组合的平均成本逐年上升，而当二氧化碳价格较高时，发电组合的平均成本逐年下降。这是由于当二氧化碳价格处于较低水平时煤炭发电具有成本上的优势，其他类型的发电（除水电外）受到抑制，导致其内生技术进步缓慢，成本下降幅度较小，但这些能源发电比例在不断上升，所以整个发电组合的平均成本逐年上升；而当二氧化碳价格较高时，煤炭发电变得昂贵，这给其他能源发电（尤其是风电和光伏发电）创造了良好的发展空间，使其在短时间内获得快速的内生技术进步，其成本快速下降，而这些能源发电比例也大幅度提高，因而整个发电组合中的平均成本逐年下降。

此外，到 2030 年，二氧化碳价格为 50 美元/吨时的平均成本仍高于 1 美元/吨时的平均成本。这表明在 1~50 美元/吨之间存在一个或者多个二氧化碳价格使发电组合平均成本维持在相对平稳的水平。故而我们对所有二氧化碳价格水平下发电组合平均成本从 2018 年到 2030 年的变化幅度进行排序，变化幅度的绝对值低于 2%的二氧化碳价格有 14、15、13 和 16 美元/吨，变化幅度分别为 0.1%、1.2%、–0.5%、–1.8%。进一步我们发现，到 2030 年，在这 4 种二氧化碳价格下，发电组合的平均成本分别为 0.0527、0.0528、0.0528 和 0.0526 美元/（千瓦 · 时）。可见，在保持发电系统平稳演化的情况下，最终在二氧化碳价格为 16 美元/吨时可获得最低的发电组合平均成本。

结合对二氧化碳排放的分析可以得出，16 美元/吨是当前情景下同时满足较大二氧化碳减排和较小成本的最优二氧化碳价格。

（四）经济发展对电力部门脱碳的影响

我们对高和低经济增长情景下的二氧化碳排放及成本进行分析，最终确定出这两种情景下的最优二氧化碳价格与基准情景下相同，均为 16 美元/吨。本节的主要任务为分析经济发展对电力部门脱碳的影响，主要包括发电结构、累积二氧化碳排放及发电组合的平均成本。通过对低经济增速和高经济增速情景下发电结构的分析，发现这两种情景下各种能源发电比例变化的趋势与基准情景下保持一致，仅变化幅度稍有差异，故本节以煤炭发电量代表发电结构，用以分析经济发展对发电结构的影响。

1. 经济发展对煤炭发电量峰值的影响

图 9-31 展示了三种经济增长情景下中国煤炭发电量的变化情况。由图可看出，三种经济增长情景下均存在如下规律：当二氧化碳价格低于 16 美元/吨时，煤炭发电量随二氧化碳价格升高下降明显，即二氧化碳价格对煤电具有强烈的抑制作用，而当二氧化碳价格超过 16 美元/吨时，其对煤电的抑制作用急剧减弱。

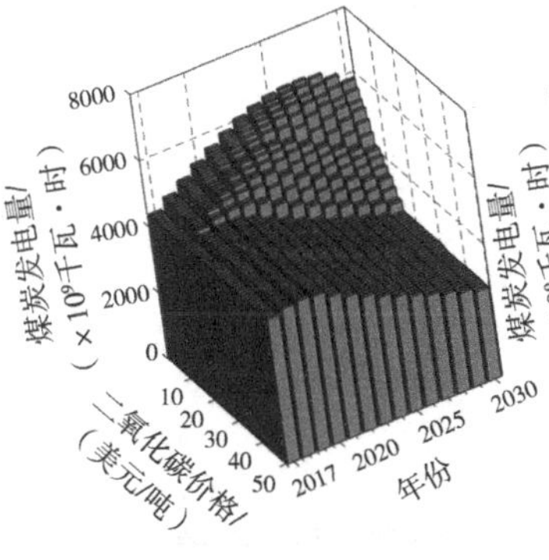

（a）

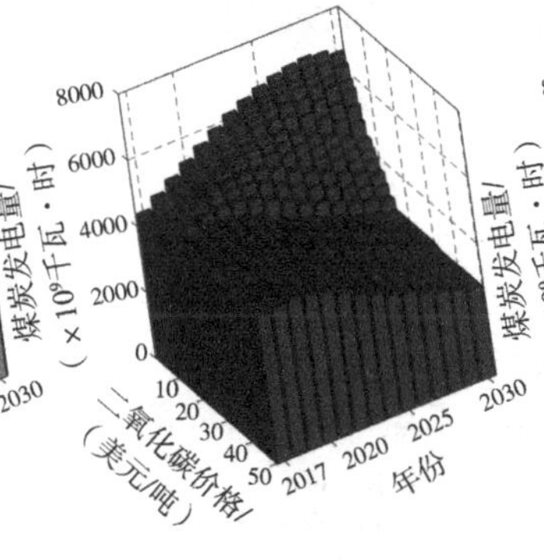

（b）

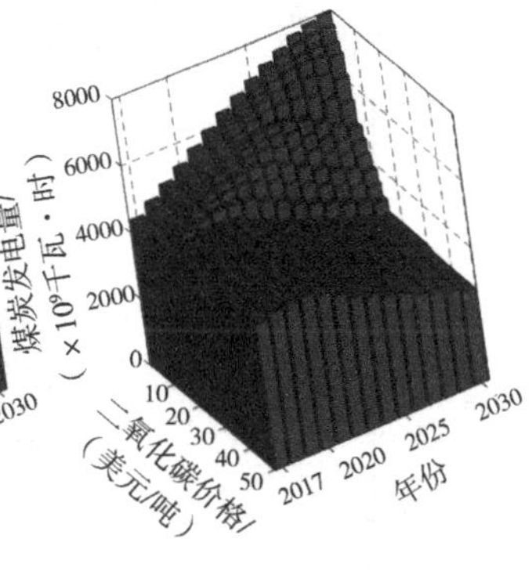

（c）

图 9-31　三种 GDP 增长情景下的煤炭发电量

比较三种 GDP 增长情景下煤炭发电量可以发现，GDP 增速越高，相应的煤炭发电量也越高，因此同一二氧化碳价格水平下煤炭发电量的峰值也越高。这主要是由于在经济高速发展时，电力需求旺盛，而可再生能源发电产能无法在短期内快速提升，不足以完全填补增加的电力需求，使煤炭发电必须提供足够的份额以支持经济的高速发展。

同时，二氧化碳增速越高，煤电达到峰值的时间越晚。当二氧化碳价格为 1 和 2 美元/吨时，高经济增速情景下煤炭发电甚至无法在规划期内达到峰值，而在低和基准经济增速下，煤炭发电达到峰值的时间分别为 2027 年（低经济增速、二氧化碳价格为 1 美元/吨）、2026 年（低经济增速、二氧化碳价格为 2 美元/吨）和 2028 年（基准经济增速、二氧化碳价格为 1 美元/吨）、2027 年（基准经济增速、二氧化碳价格为 2 美元/吨）。

2. 经济发展对累积二氧化碳排放的影响

图 9-32 展示了三种经济增长情景下累积二氧化碳排放量随二氧化碳价格的变化。与基准经济增长情景下一样，高和低经济增速下的累积二氧化碳排放量随二氧化碳价格增加也呈现出阶段性下降趋势，且累积二氧化碳减排效果由强转弱的临界价格均为 16 美元/吨。

此外，在同一二氧化碳价格水平下，GDP 增速越高，二氧化碳累积排放量越高。然而，不同二氧化碳价格下，GDP 增速对二氧化碳累积排放量的影响却不是同步变化的。当二氧化碳价格为 1 美元/吨时，三种情景下累积二氧化碳排放量分别为 63.2、59.5 和 57.2 亿吨，差异较为明显。而随着二氧化碳价格的升高，三种经济增长情景下二氧化碳累积排放的差异逐步缩小。当二氧化碳价格达到 16 美元/吨后，三种情境下累积二氧化碳排放量仅有微弱差异，且保持相对稳定。这表明经济发展越好，电力部门可实现的最大减排幅度越大。

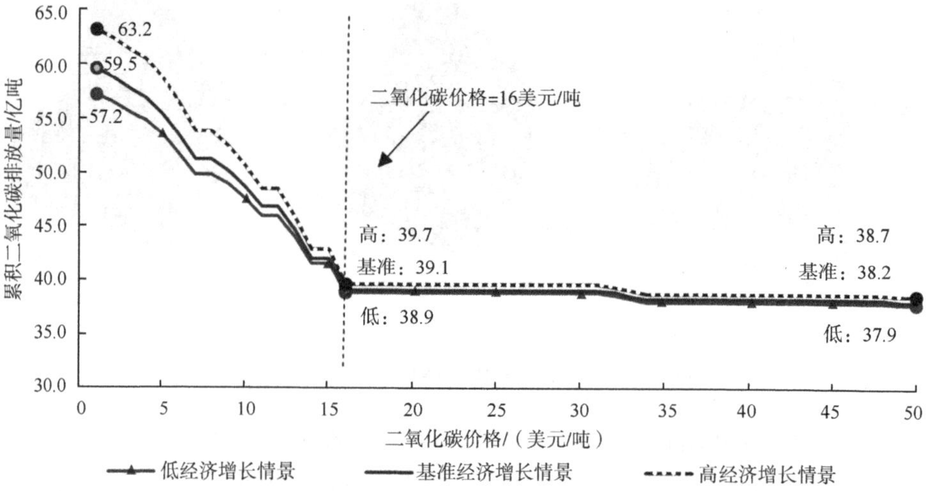

图 9-32　三种 GDP 增长情景下的二氧化碳累积排放量

3. 经济发展对发电组合平均成本的影响

图 9-33 展示了三种经济增长情景下，各种二氧化碳价格下 2030 年发电组合平均成本。由图可知，当二氧化碳价格低于 16 美元/吨时，三种情景下发电组合的平均成本随二氧化碳价格呈现出小幅波动式上升趋势，而当二氧化碳价格高于 16 美元/吨时，三种情景下发电组合的平均成本随二氧化碳价格快速上升。

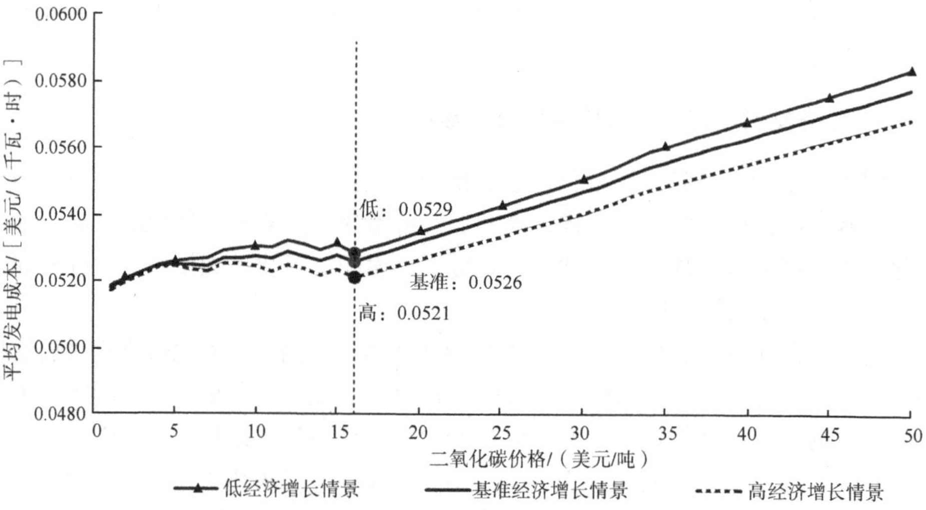

图 9-33　三种 GDP 增长情景下平均发电成本

比较三种经济增长情景可以发现，到 2030 年，经济增速越高，发电组合的平均成本反而越低。这是因为：在二氧化碳价格较高时，经济发展越好，发电组合的结构转换越充分，即煤炭发电比例越低，而此时被替代能源发电的成本更低，因而发电组合平均成本越低；而当二氧化碳价格较低时，发电组合的结构转换较为缓慢，此时经济发展越好，电力需求越旺盛，使得煤炭发电必须提供更多的份额，即煤炭比例越高，而此时煤炭发电的成本更低，因而发电组合的平均成本也越低。

五、讨论

电力部门的脱碳是中国能源结构调整的重要方向。研究结果明确表明，在 2030 年前电力部门的煤炭发电量和碳排放量都可以达峰，这与最近的研究一致（Tang，2018；Tao and Veldhuis，2009）。然而，与之不同的是，我们还发现峰值水平与达峰时间由经济发展和碳价格共同决定。具体来说，经济发展越快、二氧化碳价格越低时煤电发电量和二氧化碳的峰值越高，达到峰值的时间越晚。这一发现对于政府制定相关的二氧化碳减排或能源结构优化的政策具有指导意义。然而，考虑到脱碳的成本效益，过高的碳税无法再对政策目标产生明显效果，只能额外增加火电厂的负担。因此，合理的碳税能够尽早实现煤炭发电量和碳排放量达峰，为可再生能源的发展创造更加宽松的环境。值得一提的是，我们还发现，经济发展越好的时候，碳价格为 16 美元/吨，发电组合的平均成本反而越低，这一结论在迄今为止的文献中均未见报道。因此，在经济发展较好时实施控制温室气体排放的政策看起来更加经济且富有成效。

发电部门脱碳的本质是其他能源发电对煤炭发电的替代过程。这个替代过程主要由水电、风电和核电承担，光伏发电、天然气发电、生物质能发电为补充。事实上，这些发电技术均足以促成深度脱碳。然而，根本问题不是技术的可行性，而是成本。这一结论已经被 Victor 等（2018）证实。但他们忽略了另一个关键因素——装机容量（在我们的脱碳模型中，以发电量增速上下限来代表装机容量）。根据我们对模型运行过程的监测，水电始终是最便宜的发电技术。而在基准经济增长情景下二氧化碳价格为 16 美元/吨时，风力发电成本从 2017 年的 0.055 美元/（千瓦·时）下降至 2030 年的 0.047 美元/（千瓦·时），相继低于煤电和核电，成为第二便宜的发电技术。而其他三种补充发电形式，成本上始终无法取得竞争优势，在规划期内其发电量增速始终位于发电量增速的下限上，说明它们的发展只能依靠政策的扶持。特别地，光伏发电虽然在规划期内无法形成竞争优势，但是其发电成本却呈持续下降趋势，从 2017 年的 0.0893 美元/（千瓦·时）下降至

2030年的0.0658美元/（千瓦·时）。据此，我们可以推断出在一个更长的规划期内，光伏发电在发电系统中所占的比例有待进一步提高。同时，由于风电和光伏发电依然具有内生技术进步的潜力，因而早期的政策支持能够使其快速取得成本竞争优势，从而在以脱碳为目标的能源结构转换中发挥关键的作用。

虽然越来越多的研究者认识到跨区域电力传输对于电力部门脱碳的重要性（Cheng et al.，2015），但我们认为问题并不是是否考虑跨区域电力传输，而是应该考虑哪些类型的电力被跨区域传输。最近的相关文献在计算电力跨区域传输成本时，将不同发电技术产生的电力视为同质化产品，如 Nakov 等（2016）。然而对于以脱碳为目标的电网规划，应该将不同来源的电力区别对待，以使各地理区域充分利用其资源禀赋，因地制宜地建设本地电力供应系统。因此，我们假设只有水电、核电、风电和光伏在其发电量超过相应区域的电力消纳能力后，才产生跨区域电力传输成本，而其他三种基于燃烧的电力，由于其灵活性，无须承担跨区域传输成本。本案例的仿真分析表明，非燃烧电力的跨区域传输成本的考虑对于供电结构中的煤炭发电量影响不大。此外，由于我国的光伏发电设备分布较为分散，所以本案例中假设光伏发电的比例 θ_6 超过10%时，将产生跨区域传输成本，而在整个模型运行过程中，光伏发电的比例均低于该比例，即光伏电力可以在当地被消纳。同样地，对于风电，其在基准经济增长情景下，最终在发电结构中的份额可达到 23.3%，说明风电已经从三北（西北、东北和华北）地区，传输至中部和山东，即可以在一定程度上解决风电的消纳问题。然而，在现实中，尽管光伏发电和风电在电力供应结构中的比例在 2017 年分别只有 1.67%和 4.4%，但弃光、弃风现象仍旧存在。这是因为本案例中跨区域传输成本的计算是基于电力传输基础设施已经完善这一假设，可现实中跨省跨区域输电通道不足，难以实现在更大范围内可再生能源电力消纳。因此，我国政府在鼓励发展新能源的同时，还应逐步完善跨省跨区域输电设施的建设。

此外，我们还发现，二氧化碳价格对于煤炭发电向天然气发电转换的影响甚微，这看起来与 Wilson 和 Staffell（2018）的研究结论（即通过稳定而强劲的二氧化碳价格可以实现煤炭发电向天然气发电的快速转换）相冲突。为此，我们将两项研究进行了对比，发现在他们的研究中，对天然气价格的估算比本案例低得多。该研究的背景为英国和德国，其天然气价格为 0.17~0.2 美元/米^3，而中国的天然气产能严重不足，供需缺口越来越大，对外依存度逐年攀升，因此天然气价格始终高企，在本案例中为 0.46 美元/米^3，且呈现逐年上升趋势。因而在中国，天然气生产端若无突破性进展（如非常规天然气爆发式增长），天然气发电很难对煤炭发电构成竞争优势。

六、结论

本案例基于中国实际情况，建立了一个电力系统脱碳模型，旨在探索在最优成本下的发电技术选择，即可能的脱碳路径。模型中将技术学习曲线模型集成到脱碳模型中，描述新兴发电技术的成本变化趋势，此外还考虑了电力的跨区域传输。我们在三种经济增长情景下运行该模型，得到如下结论。

（1）在当前技术条件下，以脱碳为目标的电力部门的发电结构主要从煤电向水电、核电和风电转换。其中，煤电向水电的转换过程是必然发生的，且不受二氧化碳价格影响，而煤电向核电和风电的转换可在适当的二氧化碳价格水平下得到加快。光伏发电、生物质能发电和天然气发电在规划期内可能无法取得成本上的优势，因此需要依靠政策支持以获得持续的发展。

（2）本案例所设置的三种经济增长情景下，在 2030 年前煤炭发电量和二氧化碳排放达到峰值这一目标可以被实现。在低经济增速和基准经济增速情景下，无须对二氧化碳排放征税即可实现。而在高经济增速情景下，3 美元/吨以上的二氧化碳价格才能实现该目标。此外，二氧化碳价格可以缩短煤炭发电量和二氧化碳排放达到峰值的时间。

（3）二氧化碳价格对于电力部门的脱碳具有显著的促进作用，但这种促进作用具有阶段性，即当二氧化碳价格达到一定的水平后，该促进作用急剧减弱。结合对二氧化碳减排效果和成本的分析，可得出结论，最优的二氧化碳价格应被定为 16 美元/吨，该结论在三种经济增长情景下均成立。

（4）当二氧化碳价格为 16 美元/吨时，发电组合的平均成本在整个规划期内较为平稳。此外，经济发展越好，发电组合的最终成本反而越低，减排幅度越大。这意味着在经济高速发展时，对电力部门实施脱碳更加经济且富有成效。

根据研究结论及相关讨论，我们提出如下建议：第一，在中国通过使用对煤电企业征收二氧化碳税的政策工具来促进电力部门的脱碳，从而推进能源结构转型行之有效，但合理的二氧化碳税率十分关键，且当经济发展形势较好时，碳税政策效果更好；第二，为加快中国电力部门脱碳的进程，实现碳排放尽早达到峰值，可在前期对新兴发电技术给予一定的支持，这些技术具有较高的学习率，可快速取得竞争优势；第三，中国政府在鼓励发展新能源的同时，还应逐步完善跨省跨区域输电设施的建设；第四，若天然气生产端无革命性技术突破，不宜将其作为未来发电结构中主要的发电能源。

第二篇 参考文献

顾颖. 2018. 大数据时代背景下政府管理创新研究：以南京市为例[D]. 南京：东南大学.

何洁. 2011. 面向大型工程的群体决策机制与方法研究[D]. 南京：南京大学.

胡志强，李陆祥，常征. 2018. 科学决策与专家咨询：基于省级地方政府制度建构的分析[J]. 自然辩证法研究, 34(8): 45-50.

黄如花. 2020. 我国政府数据开放共享标准体系构建[J]. 图书与情报, (3): 17-19.

姜曼，杨司玥，刘定宜，等. 2020. 中国各省可再生能源电力消纳量对碳排放的影响[J]. 电网与清洁能源, 36(7): 87-95.

姜晓萍，范逢春. 2005. 地方政府建立行政决策专家咨询制度的探索与创新[J]. 中国行政管理, (2): 86-90.

李灿强，夏志方，丁邡. 2019. 基于人工智能技术的"数字政府"研究[J]. 中国经贸导刊(中), (5): 138-139.

李憋劼，吴花平. 2018. 云共享平台下智能决策支持系统的构建：基于管理会计的视角[J]. 中国管理会计, (3): 22-32.

刘岩. 2020. 大数据背景下政府信息资源共享问题研究[J]. 中国市场, (18): 196-197.

马亮. 2012. 政府创新扩散视角下的电子政务发展：基于中国省级政府的实证研究[J]. 图书情报工作, 56(7): 117-124.

帕顿 C V, 沙维奇 D S. 2001. 政策分析和规划的初步方法[M]. 孙兰芝，等译. 北京：华夏出版社.

琼斯 B D, 刘新胜，张国庆，等. 2010. 再思民主政治中的决策制定：注意力、选择和公共政策[M]. 李丹阳,译. 北京：北京大学出版社.

赛明明. 2011. 政府决策中的知识应用[M]. 北京：中国人口出版社.

师容. 2015. 注意力、时间和知识：我国政府决策的核心影响因素研究[D]. 沈阳：东北大学.

魏一鸣，米志付，张皓. 2013. 气候变化综合评估模型研究新进展[J]. 系统工程理论与实践, 33(8): 1905-1915.

夏金莱. 2015. 重大行政决策终身责任追究制度研究：基于行政法学的视角[J]. 法学评论, 33(4): 19-29.

肖引. 2010. 建立政府和部门统计数据的共享机制[J]. 统计与决策, (14): 71-72.

肖勇，王岩，何恒靖，等. 2020. 电力需求侧管理可避免成本模型研究[J]. 电力需求侧管理,

22(4): 56-61.
徐继华, 冯启娜, 陈贞汝. 2014. 智慧政府: 大数据治国时代的来临[M]. 北京: 中信出版社.
徐婧, 刘伊生, 李欣桐. 2019. 基于大数据的重大工程智能群体决策支持系统研究[J]. 河南科学, 37(6): 1014-1019.
许春聪, 黄小猛, 吴诺, 等. 2010. 分布式文件系统存储介质评测与分析[J]. 计算机学报, 33(10): 1873-1880.
闫利平, 申灿. 2016. 创新大数据时代地方政府决策模式研究[J]. 中共天津市委党校学报, 18(3): 60-66.
杨润美, 邓崧. 2015. 大数据时代行政决策评估进展研究[J]. 电子政务, (11): 115-121.
杨晓锋. 2019. 基于人工智能技术的政府决策支持系统的设计[J]. 电子技术与软件工程, (6): 235.
袁都, 高晓娟, 曹政委. 2020. 网络舆论对我国政府决策的影响及对策[J]. 法制与社会, (2): 118-119.
张紧跟. 2017. 公民参与地方治理的制度优化[J]. 政治学研究, (6): 91-102, 128.
张康之. 2015. 走向合作的社会[M]. 北京: 中国人民大学出版社.
张玉强. 2017. 政府决策的现实规则: 内涵、构成与影响因素[J]. 广东行政学院学报, 29(1): 29-34.
赵晓娟, 贾焰, 李爱平, 等. 2020. 多源知识融合技术研究综述[J]. 云南大学学报(自然科学版), 42(3): 459-473.
朱伟. 2014. 民意、知识与权力: 政策制定过程中公众、专家与政府的互动模式研究[M]. 南京: 南京大学出版社.
Abbasi A, Albrecht C, Vance A, et al. 2012. Metafraud: a meta-learning framework for detecting financial fraud[J]. MIS Quarterly, 36(4): 1293-1327.
Abdallah A, Maarof M A, Zainal A. 2016. Fraud detection system: a survey[J]. Journal of Network and Computer Applications, 68: 90-113.
Abdallah I, Dertimanis V, Mylonas H, et al. 2018. Fault diagnosis of wind turbine structures using decision tree learning algorithms with big data[C]. Trondheim: 2018 European Safety and Reliability Conference: 3053-3061.
Altman E I. 1968. Financial ratios, discriminant analysis and the prediction of corporate bankruptcy[J]. The Journal of Finance, 23(4): 589-609.
Ando S, Huang C Y. 2017. Deep over-sampling framework for classifying imbalanced data[C]. Skopje: Joint European Conference on Machine Learning and Knowledge Discovery in Databases: 770-785.
Arevalillo-Herráez M, Domingo J, Ferri F J. 2008. Combining similarity measures in content-based image retrieval[J]. Pattern Recognition Letters, 29(16): 2174-2181.
Bauer J, Agarwal V. 2014. Are hazard models superior to traditional bankruptcy prediction approaches? A comprehensive test[J]. Journal of Banking & Finance, 40: 432-442.

Baumgartner F R, Jones B D. 1993. Agendas and Instability in American Politics[M]. Chicago: University of Chicago Press.

Bedworth M, O'Brien J. 2000. The omnibus model: a new model of data fusion?[J]. IEEE Aerospace and Electronic Systems Magazine, 15(4): 30-36.

Belloni A, Chernozhukov V, Fernández-Val I, et al. 2017. Program evaluation and causal inference with high-dimensional data[J]. Econometrica, 85(1): 233-298.

Benaroch M, Chernobai A. 2017. Operational IT failures, IT value-destruction, and board-level IT governance changes[J]. MIS Quarterly, 41(3): 729-762.

Bergstra J, Bardenet R, Bengio Y, et al. 2011. Algorithms for hyper-parameter optimization[C]. Granada: The 24th International Conference on Neural Information Processing Systems：2546-2554.

Bhattacharyya S, Jha S, Tharakunnel K, et al. 2011. Data mining for credit card fraud: a comparative study[J]. Decision Support Systems, 50(3): 602-613.

Biggio B, Corona I, Maiorca D, et al. 2013. Evasion attacks against machine learning at test time[C]. Berlin: Joint European Conference on Machine Learning and Knowledge Discovery in Databases：387-402.

Biggio B, Roli F. 2018. Wild patterns: ten years after the rise of adversarial machine learning[J]. Pattern Recognition, 84: 317-331.

Bildirici M E, Kayıkçı F. 2012. Economic growth and electricity consumption in former Soviet Republics[J]. Energy Economics, 34(3): 747-753.

Blagus R, Lusa L. 2012. Evaluation of SMOTE for high-dimensional class-imbalanced microarray data[C]. Boca Raton: 2012 11th International Conference on Machine Learning and Applications：89-94.

Blum A, Mitchell T. 1998. Combining labeled and unlabeled data with co-training[C]. Madison: The 11th Annual Conference on Computational Learning Theory, 92-100.

Breiman L. 2001. Random forests[J]. Machine Learning, 45: 5-32.

Breiman L. 2017. Classification and Regression Trees[M]. London: Routledge.

Brendel W, Rauber J, Bethge M. 2017. Decision-based adversarial attacks: reliable attacks against black-box machine learning models[EB/OL]. https://arxiv.org/abs/1712.04248.pdf[2023-12-29].

Buda M, Maki A, Mazurowski M A. 2018. A systematic study of the class imbalance problem in convolutional neural networks[J]. Neural Networks, 106: 249-259.

Cai W J, Wang C, Wang K, et al. 2007. Scenario analysis on CO_2 emissions reduction potential in China's electricity sector[J]. Energy Policy, 35(12): 6445-6456.

Canizo M, Triguero I, Conde A, et al. 2019. Multi-head CNN-RNN for multi-time series anomaly detection: an industrial case study[J]. Neurocomputing, 363: 246-260.

Carlini N, Wagner D. 2017. Towards evaluating the robustness of neural networks[C]. San Jose: 2017 IEEE Symposium on Security and Privacy: 39-57.

Chang F, Dean J, Ghemawat S, et al. 2008. Bigtable: a distributed storage system for structured data[J]. ACM Transactions on Computer Systems, 26(2): 1-26.

Chang N, Liu Sheng O R. 2008. Decision-tree-based knowledge discovery: single-vs. multi-decision-tree induction[J]. INFORMS Journal on Computing, 20(1): 46-54.

Chawla N V, Bowyer K W, Hall L O, et al. 2002. SMOTE: synthetic minority over-sampling technique[J]. Journal of Artificial Intelligence Research, 16: 321-357.

Chen L T, Xu G H, Liang L, et al. 2018. Learning deep representation for blades icing fault detection of wind turbines[C]. Seattle: 2018 IEEE International Conference on Prognostics and Health Management: 1-8.

Chen L T, Xu G H, Zhang Q, et al. 2019a. Learning deep representation of imbalanced SCADA data for fault detection of wind turbines[J]. Measurement, 139: 370-379.

Chen N, Ribeiro B, Chen A, et al. 2019b. Optimization of selective ensemble for cost-sensitive classification: an empirical study[J]. Intelligent Decision Technologies, 12(4): 399-410.

Chen P Y, Zhang H, Sharma Y, et al. 2017. ZOO: zeroth order optimization based black-box attacks to deep neural networks without training substitute models[C]. Dallas: The 10th ACM Workshop on Artificial Intelligence and Security: 15-26.

Chen X W, Wasikowski M. 2008. FAST: a roc-based feature selection metric for small samples and imbalanced data classification problems[C]. Las Vegas: The 14th ACM SIGKDD International Conference on Knowledge Discovery and Data Mining: 124-132.

Cheng R, Xu Z F, Liu P, et al. 2015. A multi-region optimization planning model for China's power sector[J]. Applied Energy, 137: 413-426.

Chong E, Han C, Park F C. 2017. Deep learning networks for stock market analysis and prediction: methodology, data representations, and case studies[J]. Expert Systems with Applications, 83: 187-205.

Cong R G. 2013. An optimization model for renewable energy generation and its application in China: a perspective of maximum utilization[J]. Renewable and Sustainable Energy Reviews, 17: 94-103.

Dai J C, Yang X, Wen L. 2018. Development of wind power industry in China: a comprehensive assessment[J]. Renewable and Sustainable Energy Reviews, 97: 156-164.

Davis N N, Byrkjedal Ø, Hahmann A N, et al. 2016. Ice detection on wind turbines using the observed power curve[J]. Wind Energy, 19(6): 999-1010.

Dean J, Ghemawat S. 2008. MapReduce: simplified data processing on large clusters[J]. Communications of the ACM, 51(1): 107-113.

Debnath K B, Mourshed M. 2018. Challenges and gaps for energy planning models in the developing-world context[J]. Nature Energy, 3(3): 172-184.

Deleon P. 1999. The Stages Approach to the Policy Process: What Has It Done? Where Is It Going?[M]//Sabatier P A. Theories of the Policy Process. Boulder: Westview Press: 19-34.

Demišar J. 2006. Statistical comparisons of classifiers over multiple data sets[J]. Journal of Machine Learning Research, 7(1): 1-30.

Dolter B, Rivers N. 2018. The cost of decarbonizing the Canadian electricity system[J]. Energy Policy, 113: 135-148.

Domingos P. 2012. A few useful things to know about machine learning[J]. Communications of the ACM, 55(10): 78-87.

Duffie D, Saita L, Wang K. 2007. Multi-period corporate default prediction with stochastic covariates[J]. Journal of Financial Economics, 83(3): 635-665.

Dunn W N. 2017. Public Policy Analysis[M]. 6th ed. New York: Routledge.

Durand D. 1941. Risk Elements in Consumer Instalment Financing[M]. New York: National Bureau of Economic Research.

Elshurafa A M, Albardi S R, Bigerna S, et al. 2018. Estimating the learning curve of solar PV balance-of-system for over 20 countries: implications and policy recommendations[J]. Journal of Cleaner Production, 196: 122-134.

Fajardo V A, Findlay D, Houmanfar R, et al. 2018. VOS: a method for variational oversampling of imbalanced data[EB/OL]. http://arxiv.org/abs/1809.02596.pdf[2023-10-21].

Finlayson S G, Bowers J D, Ito J, et al. 2019. Adversarial attacks on medical machine learning[J]. Science, 363(6433): 1287-1289.

Flavin C, Lenssen N. 1994. Reshaping the electric power industry[J]. Energy Policy, 22(12): 1029-1044.

Friedman M. 1937. The use of ranks to avoid the assumption of normality implicit in the analysis of variance[J]. Journal of the American Statistical Association, 32: 675-701.

Friedman M. 1940. A comparison of alternative tests of significance for the problem of m rankings[J]. The Annals of Mathematical Statistics, 11(1): 86-92.

Gao J, Lanchantin J, Soffa M L, et al. 2018a. Black-box generation of adversarial text sequences to evade deep learning classifiers[C]. San Francisco: 2018 IEEE Symposium on Security and Privacy Workshops: 50-56.

Gao Y, Gong P, Li L X. 2018b. An end-to-end model based on CNN-LSTM for industrial fault diagnosis and prognosis[C]. Guiyang: International Conference on Network Infrastructure and Digital Content (IC-NIDC): 274-278.

Ghani R, Muhammad S V. 2013. Experimental study of atmospheric ice detection on wind turbine blade using thermal infrared technique[J]. Wind Engineering, 37(1): 71-77.

Goodfellow I, Pouget-Abadie J, Mirza M, et al. 2014. Generative adversarial nets[C]. Montreal: The 27th International Conference on Neural Information Processing Systems: 2672-2680.

Goodfellow I, Shlens J, Szegedy C. 2015. Explaining and harnessing adversarial examples[C]. Lille: International Conference on Machine Learning: 1-11.

Govindan R, Tangmunarunkit H. 2000. Heuristics for internet map discovery[C]. Tel Aviv: Nineteenth

Annual Joint Conference of the IEEE Computer and Communications Societies 2000: 1371-1380.

Guo H X, Li Y J, Shang J, et al. 2017a. Learning from class-imbalanced data: review of methods and applications[J]. Expert Systems with Applications, 73: 220-239.

Guo H, Zhang K, Waldman R M, et al. 2017b. An experimental study on icing physics for wind turbine icing mitigation[C]. Grapevine: 35th Wind Energy Symposium: 1-16.

Guo Y H, Zhou W J, Luo C Y, et al. 2016. Instance-based credit risk assessment for investment decisions in P2P lending[J]. European Journal of Operational Research, 249(2): 417-426.

Guyon I, Weston J, Barnhill S, et al. 2002. Gene selection for cancer classification using support vector machines[J]. Machine Learning, 46: 389-422.

Han H, Wang W Y, Mao B H. 2005. Borderline-SMOTE: a new over-sampling method in imbalanced data sets learning[C]. Hefei: International Conference on Intelligent Computing: 878-887.

Han X T, Hu Y X, Foschini L, et al. 2020. Deep learning models for electrocardiograms are susceptible to adversarial attack[J]. Nature Medicine, 26: 360-363.

Hayashi D, Huenteler J, Lewis J I. 2018. Gone with the wind: a learning curve analysis of China's wind power industry[J]. Energy Policy, 120: 38-51.

He H B, Bai Y, Garcia E A, et al. 2008. ADASYN: adaptive synthetic sampling approach for imbalanced learning[C]. Hong Kong: 2008 IEEE International Joint Conference on Neural Networks: 1322-1328.

He H B, Garcia E A. 2009. Learning from imbalanced data[J]. IEEE Transactions on Knowledge and Data Engineering, 21(9): 1263-1284.

He H L, Zhang W Y, Zhang S. 2018a. A novel ensemble method for credit scoring: adaption of different imbalance ratios[J]. Expert Systems with Applications, 98: 105-117.

He Z H, Liu L X, Wang K, et al. 2018b. A semi-supervised approach for predicting cell-type specific functional consequences of non-coding variation using MPRAs[J]. Nature Communications, 9(1): 1-12.

Hearst M A, Dumais S T, Osuna E, et al. 1998. Support vector machines[J]. IEEE Intelligent Systems and Their Applications, 13(4): 18-28.

Heaven D. 2019. Why deep-learning AIs are so easy to fool[J]. Nature, 574: 163-166.

Helbing G, Ritter M. 2018. Deep Learning for fault detection in wind turbines[J]. Renewable and Sustainable Energy Reviews, 98: 189-198.

Ho T K, Hull J J, Srihari S N. 1994. Decision combination in multiple classifier systems[J]. IEEE Transactions on Pattern Analysis and Machine Intelligence, 16(1): 66-75.

Homola M C, Nicklasson P J, Sundsbo P A. 2006. Ice sensors for wind turbines[J]. Cold Regions Science and Technology, 46(2): 125-131.

Hu G Z, Li H F, Xia Y Q, et al. 2018. A deep Boltzmann machine and multi-grained scanning forest ensemble collaborative method and its application to industrial fault diagnosis[J]. Computers in

Industry, 100: 287-296.

Hu L Q, Zhu X C, Hu C X, et al. 2017. Wind turbines ice distribution and load response under icing conditions[J]. Renewable Energy, 113: 608-619.

Hu L, Wu S H, Cai W Z, et al. 2019. Quantum generative adversarial learning in a superconducting quantum circuit[J]. Science Advances, 5(1): eaav2761.

Huang C L, Chen M C, Wang C J. 2007. Credit scoring with a data mining approach based on support vector machines[J]. Expert Systems with Applications, 33(4): 847-856.

Huang L, Wu C, Wang B, et al. 2018. Big-data-driven safety decision-making: a conceptual framework and its influencing factors[J]. Safety Science, 109: 46-56.

Iman R L, Davenport J M. 1980. Approximations of the critical region of the Friedman statistic[J]. Communications in Statistics-Theory and Methods, 9(6): 571-595.

Janssen M, van der Voort H, Wahyudi A. 2017. Factors influencing big data decision-making quality[J]. Journal of Business Research, 70: 338-345.

Jiao Z Q, Ji Y X, Gao P, et al. 2020. Extraction and analysis of brain functional statuses for early mild cognitive impairment using variational auto-encoder[J]. Journal of Ambient Intelligence and Humanized Computing, 14: 5439-5450.

Jiménez A A, Márquez F P G, Moraleda V B, et al. 2019. Linear and nonlinear features and machine learning for wind turbine blade ice detection and diagnosis[J]. Renewable Energy, 132: 1034-1048.

Jin J Y, Virk M S. 2019. Study of ice accretion and icing effects on aerodynamic characteristics of DU96 wind turbine blade profile[J]. Cold Regions Science and Technology, 160: 119-127.

Jochim A E, May P J. 2010. Beyond subsystems: policy regimes and governance[J]. Policy Studies Journal, 38(2): 303-327.

Jones M D, Jenkins-Smith H C. 2009. Trans-subsystem dynamics: policy topography, mass opinion, and policy change[J]. Policy Studies Journal, 37(1): 37-58.

Jones S, Johnstone D, Wilson R. 2015. An empirical evaluation of the performance of binary classifiers in the prediction of credit ratings changes[J]. Journal of Banking & Finance, 56: 72-85.

Kahouli S. 2011. Effects of technological learning and uranium price on nuclear cost: preliminary insights from a multiple factors learning curve and uranium market modeling[J]. Energy Economics, 33(5): 840-852.

Kantchelian A, Tygar J D, Joseph A D. 2016. Evasion and hardening of tree ensemble classifiers[C]. New York: The 33rd International Conference on International Conference on Machine Learning: 2387-2396.

Kaser O, Lemire D. 2007. Tag-cloud drawing: algorithms for cloud visualization[EB/OL]. https://arxiv.org/abs/cs/0703109[2023-11-11].

Khatib H. 2010. Review of OECD study into “projected costs of generating electricity: 2010 edition"[J]. Energy Policy, 38(10): 5403-5408.

Khosrojerdi S, Vakili M, Yahyaei M, et al. 2016. Thermal conductivity modeling of graphene nanoplatelets/deionized water nanofluid by MLP neural network and theoretical modeling using experimental results[J]. International Communications in Heat and Mass Transfer, 74: 11-17.

Kim S, Kim S. 2020. Index tracking through deep latent representation learning[J]. Quantitative Finance, 20(4): 639-652.

Kingdon J W. 2010. Agendas, Alternatives, and Public Policies[M]. London: Longman.

Kingma D P, Ba J. 2014. Adam: a method for stochastic optimization[EB/OL]. https://arxiv.org/abs/1412.6980.pdf[2014-12-22].

Kingma D P, Welling M. 2013. Auto-encoding variational bayes[EB/OL]. https://arxiv.org/abs/1312.6114.pdf[2013-12-20].

Kudo M, Sklansky J. 2000. Comparison of algorithms that select features for pattern classifiers[J]. Pattern Recognition, 33(1): 25-41.

Kulkarni T D, Whitney W F, Kohli P, et al. 2015. Deep convolutional inverse graphics network[C]. Montreal: The 28th International Conference on Neural Information Processing Systems: 2539-2547.

Lamraoui F, Fortin G, Benoit R, et al. 2014. Atmospheric icing impact on wind turbine production[J]. Cold Regions Science and Technology, 100: 36-49.

LeCun Y, Bengio Y, Hinton G. 2015. Deep learning[J]. Nature, 521: 436-444.

Levi G, Hassncer T. 2015. Age and gender classification using convolutional neural networks[C]. Boston: 2015 IEEE Conference on Computer Vision and Pattern Recognition Workshops: 34-42.

Li M, Zhou Z-H. 2007. Improve computer-aided diagnosis with machine learning techniques using undiagnosed samples[J]. IEEE Transactions on Systems, Man, and Cybernetics - Part A: Systems and Humans, 37(6): 1088-1098.

Li P C, Yi J F, Zhang L J. 2018a. Query-efficient black-box attack by active learning[C]. Singapore: 2018 IEEE International Conference on Data Mining: 1200-1205.

Li P F, Hu W H, Hu R, et al. 2020. Imbalance fault detection based on the integrated analysis strategy for variable-speed wind turbines[J]. International Journal of Electrical Power & Energy Systems, 116: 105570.

Li W, Ding S, Chen Y, et al. 2018b. Heterogeneous ensemble for default prediction of peer-to-peer lending in China[J]. IEEE Access, 6: 54396-54406.

Li Y C, Lin E D, Zhen X L. 2007. Advances in methods of agricultural greenhouse gas inventories[J]. Advances in Earth Science, 22: 1076-1080.

Li Y, Lukszo Z, Weijnen M. 2015. The implications of CO_2 price for China's power sector decarbonization[J]. Applied Energy, 146: 53-64.

Lin B Q, He J X. 2016. Learning curves for harnessing biomass power: what could explain the reduction of its cost during the expansion of China?[J]. Renewable Energy, 99: 280-288.

Lin T Y, Goyal P, Girshick R, et al. 2017. Focal loss for dense object detection[C]. Venice: 2017 IEEE International Conference on Computer Vision (ICCV): 2999-3007.

Liu H, Yu L. 2005. Toward integrating feature selection algorithms for classification and clustering[J]. IEEE Transactions on Knowledge and Data Engineering, 17(4): 491-502.

Liu Z, Guan D B, Wei W, et al. 2015. Reduced carbon emission estimates from fossil fuel combustion and cement production in China[J]. Nature, 524(7565): 335-338.

Ma C, Liu Z B, Cao Z G, et al. 2020. Cost-sensitive deep forest for price prediction[J]. Pattern Recognition, 107: 107499.

Ma J Q, Ma L X, Tian X C. 2019. Wind turbine blade icing prediction based on deep belief network[C]. Hohhot: 2019 4th International Conference on Mechanical, Control and Computer Engineering (ICMCCE): 26-263.

Mallapragada P K, Jin R, Jain A K, et al. 2009. SemiBoost: boosting for semi-supervised learning[J]. IEEE Transactions on Pattern Analysis and Machine Intelligence, 31(11): 2000-2014.

Marqués A I, García V, Sánchez J S. 2013. On the suitability of resampling techniques for the class imbalance problem in credit scoring[J]. Journal of the Operational Research Society, 64(7): 1060-1070.

Mayer-Schönberger V, Cukier K. 2013. Big Data: A Revolution That Will Transform How We Live, Work, and Think[M]. Boston: Houghton Mifflin Harcourt.

McNerney J, Farmer J D, Trancik J E. 2011. Historical costs of coal-fired electricity and implications for the future[J]. Energy Policy, 39(6): 3042-3054.

Mead A, Lewris T, Prasanth S, et al. 2018. Detecting fraud in adversarial environments: a reinforcement learning approach[C]. Charlottesville: 2018 Systems and Information Engineering Design Symposium (SIEDS): 118-122.

Meinshausen M, Meinshausen N, Hare W, et al. 2009. Greenhouse-gas emission targets for limiting global warming to 2℃[J]. Nature, 458: 1158-1162.

Menezes E J N, Araújo A M, Bouchonneau da Silva N S. 2018. A review on wind turbine control and its associated methods[J]. Journal of Cleaner Production, 174: 945-953.

Mercure J F, Pollitt H, Chewpreecha U, et al. 2014. The dynamics of technology diffusion and the impacts of climate policy instruments in the decarbonisation of the global electricity sector[J]. Energy Policy, 73: 686-700.

Mild A, Waitz M, Woodside A G. 2015. How low can you go?—Overcoming the inability of lenders to set proper interest rates on unsecured peer-to-peer lending markets[J]. Journal of Business Research, 68(6): 1291-1305.

Moosavi-Dezfooli S M, Fawzi A, Frossard P. 2016. DeepFool: a simple and accurate method to fool deep neural networks[C]. Las Vegas: The 2016 IEEE Conference on Computer Vision and Pattern Recognition: 2574-2582.

Mosier A, Kroeze C, Nevison C, et al. 1999. An overview of the revised 1996 IPCC guidelines for national greenhouse gas inventory methodology for nitrous oxide from agriculture[J]. Environmental Science & Policy, 2(3): 325-333.

Nakov P, Rosenthal S, Kiritchenko S, et al. 2016. Developing a successful SemEval task in sentiment analysis of Twitter and other social media texts[J]. Language Resources and Evaluation, 50(1): 35-65.

Nanni L, Fantozzi C, Lazzarini N. 2015. Coupling different methods for overcoming the class imbalance problem[J]. Neurocomputing, 158: 48-61.

Narodytska N, Kasiviswanathan S P. 2016. Simple black-box adversarial perturbations for deep networks[EB/OL]. https://arxiv.org/abs/1612.06299.pdf[2016-12-19].

Nemenyi P. 1962. Distribution-free multiple comparisons[J]. Biometrics, 18(2): 263.

Nemenyi P. 1963. Distribution-free multiple comparisons[D]. Princeton: Princeton University.

Ni L M, Liu Y H, Lau Y C, et al. 2003. LANDMARC: indoor location sensing using active RFID[C]. Fort Worth: The First IEEE International Conference on Pervasive Computing and Communications: 407-415.

Ordóñez F J, Roggen D. 2016. Deep convolutional and LSTM recurrent neural networks for multimodal wearable activity recognition[J]. Sensors, 16(1): 115.

Owusu K P, Kuhn D C S, Bibeau E L. 2013. Capacitive probe for ice detection and accretion rate measurement: proof of concept[J]. Renewable Energy, 50: 196-205.

Papernot N, McDaniel P, Goodfellow I. 2016. Transferability in machine learning: from phenomena to black-box attacks using adversarial samples[EB/OL]. https://arxiv.org/abs/1605.07277 [2016-05-24].

Papernot N, McDaniel P, Goodfellow I, et al. 2017. Practical black-box attacks against machine learning[C]. Abu Dhabi: The 2017 ACM on Asia Conference on Computer and Communications Security: 506-519.

Peduzzi P, Concato J, Kemper E, et al. 1996. A simulation study of the number of events per variable in logistic regression analysis[J]. Journal of Clinical Epidemiology, 49(12): 1373-1379.

Pehl M, Arvesen A, Humpenöder F, et al. 2017. Understanding future emissions from low-carbon power systems by integration of life-cycle assessment and integrated energy modelling[J]. Nature Energy, 2(12): 939-945.

Peng C, He J, Chi H, et al. 2019. Icing prediction of fan blade based on a hybrid model[J]. International Journal of Performability Engineering, 15(11): 2882.

Pereira G T, de Carvalho A C P L F. 2019. Bringing robustness against adversarial attacks[J]. Nature Machine Intelligence, 1: 499-500.

Pérez J M P, García Márquez F P, Ruiz Hernández D. 2016. Economic viability analysis for icing blades detection in wind turbines[J]. Journal of Cleaner Production, 135: 1150-1160.

Pfenninger S, Hawkes A, Keirstead J. 2014. Energy systems modeling for twenty-first century energy challenges[J]. Renewable and Sustainable Energy Reviews, 33(3): 74-86.

Phua C, Lee V, Smith-Miles K, et al. 2010. A comprehensive survey of data mining-based fraud detection research[EB/OL]. http://arxiv.org/abs/1009.6119.pdf[2010-09-30].

Phua C, Smith-Miles K, Lee V, et al. 2012. Resilient identity crime detection[J]. IEEE Transactions on Knowledge and Data Engineering, 24(3): 533-546.

Pozzolo A D, Caelen O, Le Borgne Y A, et al. 2014. Learned lessons in credit card fraud detection from a practitioner perspective[J]. Expert Systems with Applications, 41(10): 4915-4928.

Pye S, Li F G N, Price J, et al. 2017. Achieving net-zero emissions through the reframing of UK national targets in the post-Paris Agreement era[J]. Nature Energy, 2(3): 17024.

Pławiak P, Abdar M, Acharya U R. 2019. Application of new deep genetic cascade ensemble of SVM classifiers to predict the Australian credit scoring[J]. Applied Soft Computing, 84: 105740.

Randhawa K, Loo C K, Seera M, et al. 2018. Credit card fraud detection using AdaBoost and majority voting[J]. IEEE Access, 6: 14277-14284.

Rau G H, Willauer H D, Ren Z J. 2018. The global potential for converting renewable electricity to negative-CO_2-emissions hydrogen[J]. Nature Climate Change, 8(7): 621-625.

Rezende D J, Mohamed S, Wierstra D. 2014. Stochastic backpropagation and approximate inference in deep generative models[EB/OL]. http://arxiv.org/abs/1401.4082.pdf[2014-01-16].

Rodríguez J J, Kuncheva L I, Alonso C J. 2006. Rotation forest: a new classifier ensemble method[J]. IEEE Transactions on Pattern Analysis and Machine Intelligence, 28(10): 1619-1630.

Rogelj J, Luderer G, Pietzcker R C, et al. 2015. Energy system transformations for limiting end-of-century warming to below 1.5℃[J]. Nature Climate Change, 5(6): 519-527.

Sabatier P A. 1988. An advocacy coalition framework of policy change and the role of policy-oriented learning therein[J]. Policy Sciences, 21: 129-168.

Salimans T, Kingma D P, Welling M. 2015. Markov chain monte carlo and variational inference: bridging the gap[C]. Lille: The 32nd International Conference on Machine Learning: 1218-1226.

Shakirov V A, Fedyaev A A. 2020. Accounting for the impact of blade icing on wind energy production according to weather station data[C]. Vladivostok: 2020 International Multi-Conference on Industrial Engineering and Modern Technologies (FarEastCon) : 1-5.

Shan Y L, Liu J H, Liu Z, et al. 2016. New provincial CO_2 emission inventories in China based on apparent energy consumption data and updated emission factors[J]. Applied Energy, 184: 742-750.

Shen F, Zhao X C, Kou G, et al. 2021. A new deep learning ensemble credit risk evaluation model with an improved synthetic minority oversampling technique[J]. Applied Soft Computing, 98: 106852.

Shoja S, Berbyuk V, Bostrm A. 2018. Guided wave-based approach for ice detection on wind turbine blades[J]. Wind Engineering, 42(5): 483-495.

Shvachko K, Kuang H R, Radia S, et al. 2010. The hadoop distributed file system[C]. Incline Village: 2010 IEEE 26th Symposium on Mass Storage Systems and Technologies (MSST): 1-10.

Sigrist F, Hirnschall C. 2019. Grabit: gradient tree-boosted Tobit models for default prediction[J]. Journal of Banking & Finance, 102: 177-192.

Solano M A, Ekwaro-Osire S, Tanik M M. 2012. High-level fusion for intelligence applications using recombinant cognition synthesis[J]. Information Fusion, 13(1): 79-98.

Srivastava N, Hinton G, Krizhevsky A, et al. 2014. Dropout: a simple way to prevent neural networks from overfitting[J]. Journal of Machine Learning Research, 15(1): 1929-1958.

Stetco A, Dinmohammadi F, Zhao X Y, et al. 2019. Machine learning methods for wind turbine condition monitoring: a review[J]. Renewable Energy, 133: 620-635.

Strobl C, Boulesteix A L, Zeileis A, et al. 2007. Bias in random forest variable importance measures: illustrations, sources and a solution[J]. BMC Bioinformatics, 8: 25.

Sun J, Lang J, Fujita H, et al. 2018. Imbalanced enterprise credit evaluation with DTE-SBD: decision tree ensemble based on SMOTE and bagging with differentiated sampling rates[J]. Information Sciences, 425: 76-91.

Sun L, Mo Z H, Yan F H, et al. 2020. Adaptive feature selection guided deep forest for COVID-19 classification with chest CT[J]. IEEE Journal of Biomedical and Health Informatics, 24(10): 2798-2805.

Syeda M, Zhang Y Q, Pan Y. 2002. Parallel granular neural networks for fast credit card fraud detection[C]. Honolulu: 2002 IEEE International Conference on Fuzzy Systems: 572-577.

Szegedy C, Zaremba W, Sutskever I, et al. 2014. Intriguing properties of neural networks[EB/OL]. https://arxiv.org/abs/1312.6199.pdf[2014-12-12].

Tabatabaei N, Cervantes M J, Trivedi C. 2018. Time-dependent effects of glaze ice on the aerodynamic characteristics of an airfoil[J]. International Journal of Rotating Machinery, 2018: 2981739.

Tang T. 2018. Explaining technological change in the US wind industry: energy policies, technological learning, and collaboration[J]. Energy Policy, 120: 197-212.

Tao Q, Veldhuis R. 2009. Threshold-optimized decision-level fusion and its application to biometrics[J]. Pattern Recognition, 42(5): 823-836.

Tautz-Weinert J, Watson S J. 2017. Using SCADA data for wind turbine condition monitoring-a review[J]. IET Renewable Power Generation, 11(4): 382-394.

Thaseen I S, Kumar C A. 2017. Intrusion detection model using fusion of chi-square feature selection and multi class SVM[J]. Journal of King Saud University - Computer and Information Sciences, 29(4): 462-472.

Tian S N, Yu Y, Guo H. 2015. Variable selection and corporate bankruptcy forecasts[J]. Journal of Banking & Finance, 52: 89-100.

Tu C C, Ting P S, Chen P Y, et al. 2019. AutoZOOM: autoencoder-based zeroth order optimization method for attacking black-box neural networks[C]. Hawaii: The AAAI Conference on Artificial Intelligence: 742-749.

Vaillancourt K, Bahn O, Frenette E, et al. 2017. Exploring deep decarbonization pathways to 2050 for Canada using an optimization energy model framework[J]. Applied Energy, 195: 774-785.

van der Zwaan B, Rabl A. 2003. Prospects for PV: a learning curve analysis[J]. Solar Energy, 74(1): 19-31.

van Vlasselaer V, Eliassi-Rad T, Akoglu L, et al. 2017. GOTCHA! Network-based fraud detection for social security fraud[J]. Management Science, 63(9): 3090-3110.

van Vuuren D P, Stehfest E, Gernaat D E H J, et al. 2018. Alternative pathways to the 1.5℃ target reduce the need for negative emission technologies[J]. Nature Climate Change, 8(5): 391-397.

Vatsa V, Sural S, Majumdar A K. 2005. A game-theoretic approach to credit card fraud detection[C]. Kolkata: International Conference on Information Systems Security: 263-276.

Victor N, Nichols C, Zelek C. 2018. The U.S. power sector decarbonization: investigating technology options with MARKAL nine-region model[J]. Energy Economics, 73: 410-425.

Villalpando F, Reggio M, Ilinca A. 2016. Prediction of ice accretion and anti-icing heating power on wind turbine blades using standard commercial software[J]. Energy, 114: 1041-1052.

Viégas F B, Wattenberg M, Dave K. 2004. Studying cooperation and conflict between authors with history flow visualizations[C]. Vienna: The SIGCHI Conference on Human Factors in Computing Systems: 575-582.

Wallace B C, Small K, Brodley C E, et al. 2011. Class imbalance, redux[C]. Vancouver: 2011 IEEE 11th International Conference on Data Mining: 754-763.

Wang C R, Han D M, Liu Q G, et al. 2018. A deep learning approach for credit scoring of peer-to-peer lending using attention mechanism LSTM[J]. IEEE Access, 7: 2161-2168.

Wang H Z, Li G Q, Wang G B, et al. 2017a. Deep learning based ensemble approach for probabilistic wind power forecasting[J]. Applied Energy, 188: 56-70.

Wang L, Zhang Z J, Long H, et al. 2017b. Wind turbine gearbox failure identification with deep neural networks[J]. IEEE Transactions on Industrial Informatics, 13(3): 1360-1368.

Wang Q, Han M. 2019. Internet credit personal credit assessment based on hyperparameter optimization and ensemble learning(in Chinese)[J]. Statistics & Decision, 35(1): 87-91.

Wilcoxon F. 1945. Individual comparisons by ranking methods[J]. Biometrics Bulletin, 1: 80-83.

Willison R, Warkentin M. 2013. Beyond deterrence: an expanded view of employee computer abuse[J]. MIS Quarterly, 37(1): 1-20.

Wilson I A G, Staffell I. 2018. Rapid fuel switching from coal to natural gas through effective carbon pricing[J]. Nature Energy, 3: 365-372.

Woods W, Chen J, Teuscher C. 2019. Adversarial explanations for understanding image classification decisions and improved neural network robustness[J]. Nature Machine Intelligence, 1: 508-516.

Xiao J, Cao H W, Jiang X Y, et al. 2017. GMDH-based semi-supervised feature selection for customer classification[J]. Knowledge-Based Systems, 132(15): 236-248.

Xiao J, He C Z, Jiang X Y, et al. 2010. A dynamic classifier ensemble selection approach for noise data[J]. Information Sciences, 180(18): 3402-3421.

Xiao J, Jia Y L, Jiang X Y, et al. 2020a. Circular complex-valued GMDH-type neural network for real-valued classification problems[J]. IEEE Transactions on Neural Networks and Learning Systems, 31(12): 5285-5299.

Xiao J, Tian Y H, Xie L, et al. 2020b. A hybrid classification framework based on clustering[J]. IEEE Transactions on Industrial Informatics, 16(4): 2177-2188.

Xiao J, Xiao Y, Huang A Q, et al. 2015. Feature-selection-based dynamic transfer ensemble model for customer churn prediction[J]. Knowledge and Information Systems, 43(1): 29-51.

Xiao J, Zhou X, Zhong Y, et al. 2020c. Cost-sensitive semi-supervised selective ensemble model for customer credit scoring[J]. Knowledge-Based Systems, 189: 105118.

Yan H Y, Huang Y, Wang G Y, et al. 2016. Water eutrophication evaluation based on rough set and petri nets: a case study in Xiangxi-River, Three Gorges Reservoir[J]. Ecological Indicators, 69: 463-472.

Yang H M, Pan Z S, Tao Q. 2017. Robust and adaptive online time series prediction with long short-term memory[J]. Computational Intelligence and Neuroscience, 2017: 9478952.

Yin S, Ding S X, Zhou D H. 2016. Diagnosis and prognosis for complicated industrial systems: part II[J]. IEEE Transactions on Industrial Electronics, 63(5): 3201-3204.

Yu L A, Yang Z B, Tang L. 2016. A novel multistage deep belief network based extreme learning machine ensemble learning paradigm for credit risk assessment[J]. Flexible Services and Manufacturing Journal, 28(4): 576-592.

Yu L A, Zhou R T, Tang L, et al. 2018a. A DBN-based resampling SVM ensemble learning paradigm for credit classification with imbalanced data[J]. Applied Soft Computing, 69: 192-202.

Yu S W, Zheng S H, Li X. 2018b. The achievement of the carbon emissions peak in China: the role of energy consumption structure optimization[J]. Energy Economics, 74: 693-707.

Yu Y, Li H, Che Y Y, et al. 2017. The price evolution of wind turbines in China: a study based on the modified multi-factor learning curve[J]. Renewable Energy, 103: 522-536.

Yuan B H, Wang C, Jiang F, et al. 2019. WaveletFCNN: a deep time series classification model [EB/OL]. https://arxiv.org/pdf/1902.05625v1.pdf[2023-12-21].

Zeager M F, Sridhar A, Fogal N, et al. 2017. Adversarial learning in credit card fraud detection[C]. Charlottesville: 2017 Systems and Information Engineering Design Symposium: 112-116.

Zendehboudi A, Baseer M A, Saidur R. 2018. Application of support vector machine models for forecasting solar and wind energy resources: a review[J]. Journal of Cleaner Production, 199: 272-285.

Zeyringer M, Price J, Fais B, et al. 2018. Designing low-carbon power systems for great Britain in 2050 that are robust to the spatiotemporal and inter-annual variability of weather[J]. Nature Energy, 3(5): 395-403.

Zhang C K, Bin J C, Liu Z. 2018. Wind turbine ice assessment through inductive transfer learning[C].

Houston: 2018 IEEE International Instrumentation and Measurement Technology Conference (I2MTC): 1-6.

Zhang D J, Ma L W, Liu P, et al. 2012. A multi-period superstructure optimisation model for the optimal planning of China's power sector considering carbon dioxide mitigation[J]. Energy Policy, 41: 173-183.

Zhang H P, Huang L L, Wu C Q, et al. 2020. An effective convolutional neural network based on SMOTE and Gaussian mixture model for intrusion detection in imbalanced dataset[J]. Computer Networks, 177: 107315.

Zhang S, Yao L N, Sun A X, et al. 2019. Deep learning based recommender system: a survey and new perspectives[J]. ACM Computing Surveys, 52(1): 1-38.

Zhou G B, Wu J X, Zhang C L, et al. 2016. Minimal gated unit for recurrent neural networks[J]. International Journal of Automation and Computing, 13(3): 226-234.

Zhou Y L, Chang F J, Chang L C, et al. 2019. Explore a deep learning multi-output neural network for regional multi-step-ahead air quality forecasts[J]. Journal of Cleaner Production, 209: 134-145.

Zhou Z H. 2012. Ensemble Methods: Foundations and Algorithms[M]. London: Chapman and Hall/CRC.

Zhou Z H, Feng J. 2017. Deep forest: towards an alternative to deep neural networks[C]. Melbourne: The 26th International Joint Conference on Artificial Intelligence.

Zhou Z H, Li M. 2010. Semi-supervised learning by disagreement[J]. Knowledge and Information Systems, 24(3): 415-439.

Zhu B, Yang W C, Wang H X, et al. 2018. A hybrid deep learning model for consumer credit scoring[C]. Chengdu: 2018 International Conference on Artificial Intelligence and Big Data: 205-208.

第三篇

人工智能背景下政府治理大数据安全风险与防范研究

第十章　政府治理中的大数据安全风险

第一节　大数据安全分层分析

一、大数据安全概念

大数据安全一词虽由来已久，但无论是学界还是行业内部却始终未能就其概念界定达成一个统一的定论。在日常语境下，大数据安全往往是对“大数据管理和应用过程中不存在安全风险”这一目标进行的广泛而抽象的模糊描述，其内涵与外延视使用者的身份、立场、需求等条件的不同千变万化。

想要厘清大数据安全的概念，首当其冲的是对信息安全进行界定，存在狭义与广义两种界定方式。狭义的信息安全是指以不同形式存在和流动于计算机、磁带、磁盘、光盘和网络上的各种信息不受威胁和侵害；对于广义的信息安全，除了狭义信息安全相关研究内容以外，还包括信息安全产生危害的相关因素问题，其中有信息安全的维护和保障问题，以及信息载体安全问题。具体而言，广义的信息安全强调信息自身安全、信息内容安全、信息载体安全（包括网络安全）、信息程序安全，以及包括影响和危害信息安全的因素、信息安全保障维护等在内的内容广泛的信息安全问题。

大数据安全之前一直作为宏观信息安全的一个控制域而存在，而大数据安全是信息安全的一个部分，其侧重于定义的内涵，指的是大数据自身的安全。大数据浪潮推动大数据安全成为各行各业的热点问题，但要真正把握大数据安全必须强调大数据背景下的大数据安全，并不能仅局限于狭义的大数据安全。由此来看，大数据安全是一个包罗万象的大概念，不但指大数据的安全，还包括平台的安全、系统的安全等。

基于上述理解，我们将宏观大数据安全定义为包括物理安全、系统安全、大数据安全和业务安全的综合概念，相比狭义的大数据安全，这一概念更加强调大数据安全的外延，通过控制载体、内容、应用等多个角度的安全风险来实现整体的大数据安全。

二、大数据安全分析

宏观大数据安全概念包罗万象，采用分层分析的方法识别各控制域，有助于对这一复杂概念建立更加全面、清晰的认知和理解。

对于宏观信息安全的范畴定义，陈训逊和方滨兴（2005）认为系统安全、信息自身安全、信息利用安全这三个层次，与物理安全、运行安全、数据安全、内容安全、信息对抗这五个层面共同组成信息安全框架体系，实现信息安全层次模型与要素模型的结合。鉴于此框架，对于大数据背景下的宏观大数据安全范畴，也可以做类似的分层分析，依照自下而上的逻辑划分为物理安全、系统安全、大数据安全和业务安全四个层次，并对每一层再进行安全分类，构建大数据安全多层框架（图 10-1）。

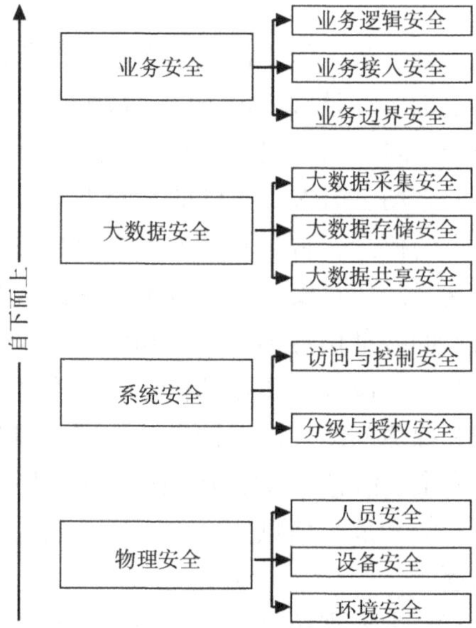

图 10-1　大数据安全层次

（一）物理安全

物理安全主要指的是内外部环境和载体介质的安全。需要保证基础设备、基础设施在遭遇环境事故如地震、水灾、火灾及人为操作失误，或者计算机犯罪行为时，能够实现计算机信息系统的设备安全。以此来确保大数据安全。

诸多危险因素影响着信息系统的物理安全，如自然、环境和技术故障等非人为因素的危险，人员失误和恶意攻击等人为因素的危险。这两方面的危险因素损害信息系统的保密性（如电磁泄漏类威胁）、完整性（如各种自然灾害类威胁）、可用性（如技术故障类威胁），进而威胁信息安全。

致使信息系统的物理安全发生问题的因素主要分为人为因素和环境因素两类，其中人为因素由恶意和非恶意两种组成，环境因素由自然界不可抗的因素和其他物理因素组成。面对多种类别的物理安全威胁，依据物理安全主要的需求问题，能够进一步解构为三个方面：环境安全、设备安全和人员安全。

1. 环境安全

一个安全的环境条件是确保信息系统安全性、可靠性的重要条件。首先机房及其他设施安全，才是信息系统安全的前提。要在基本环境正常工作，还应具备消防报警、安全照明、不间断供电、温湿度控制和防盗报警等条件。

2. 设备安全

设备安全主要包括对各类电子信息设备开展的相关防护，如电力能源的供应、输电线路的安全、电源的稳定性等。与此同时，不可忽视存储介质的安全性问题，它们的安全对信息系统的恢复、信息的保密、防病毒起着十分关键的作用。介质自身也有保证安全的注意事项，如保管、防盗、防毁、防霉等，预防电磁信息的泄露、线路截获，以及抗电磁干扰等。

3. 人员安全

如若忽视对人员的管理，即使环境和设备等外部安全做得再出色，讨论物理安全也是没有丝毫意义的。组织内部人员一般都具有对系统的一定的合法访问权限，熟悉系统内重要信息存储、信息处理的操作流程、内部规章制度等。一旦相关技术人员违规操作（如管理员泄露密码），则不可保证大数据的物理安全，就算有其余安全技术支持也难以避免损失。因此，人员安全管理首先要建立完善的内部人员管理制度和监督机制。一方面需要对内部人员的相关行为加强管理，另一方面需要防止黑客等通过非正当手段、非法手段所形成的数据侵入。

（二）系统安全

系统安全层主要反映了对大数据活动的逻辑安全需求。系统安全强调凡是与敏感、有价值信息与服务相关的进程和机制，需确保仅能被授权于信任的个人或团体。系统安全中的“安全”一词是指将服务与资源的脆弱性降到最低限度。但其与其他大多数的计算机技术存在目的上的区别，此处侧重于防止不需要的行为发生而非使得某些行为发生，故在方法上也存在一定的区别。在信息系统安全相关内容中，访问控制与权限管理是重要的内容。因此，可以将系统安全进一步分为分级与授权安全、访问与控制安全两层。

1. 分级与授权安全

一般来说，大型组织机构拥有复杂的网络结构、繁多的应用系统。这些大型组织为了应对不同的系统需求，往往采取不同安全措施与策略去防护不同应用系统。在管理诸多的应用系统过程中，需要明确：有哪些用户访问这些机构的信息？这些用户可以访问到哪些内容？哪些用户应该被授权？授权的权限如何？只有这些问题被明确之后，访问控制系统才能根据已经存在的权限设置与相关策略，实现对用户访问行为的控制，从而间接发挥对应用系统的保护作用。

实现访问与控制安全首先要求有系统分级与授权安全，它要求组织建立完善的安全保护等级和分级授权制度，管理员以此为不同类型的用户和资源指定不同的密级，系统只允许用户访问相同或更低等级的信息，以此来防止大数据越权访问，避免大数据泄露。

2. 访问与控制安全

针对计算机网络多用户、广覆盖、高共享的特点，黑客往往会采取措施攻击计算机网络设备，致使网络设备瘫痪，来达到窃取、篡改机密信息的目的，这些复杂的威胁情况需要一定的手段来控制。

访问控制机制作为安全防范和保护的重要组成部分，其主旨在于确保设备中大数据的授权访问。杜绝任何大数据与资源被未授权用户的访问情况发生，确保在合理可控的条件下，使得系统可以被合法地使用。访问控制机制限制了用户的行为，也明确了程序能够实现的内容。此处的未授权访问指的是未经授权的使用、泄露、修改、销毁大数据信息以及颁发指令等，非法用户进入系统和合法用户对系统资源的非法使用两种情况都包含在内。

尤其强调，访问控制并非唯一用来应对组织内部管理控制问题的手段，其仅是组织或者企业用来实现内部管理控制的常见手段。内部管理控制与访问控制二者存在一定的区别，二者在目的上存在本质上的差异。内部管理控制指的是在具体的机构内部进行管理控制，从而为实现既定的目标实施管理行动。访问控制更强调采取一定的保护措施来杜绝资源被恶意使用或者防止破坏的现象发生，为程序、大数据、系统或者网络的安全提供技术上的支持。由此可见，两种不同的控制在目的上的共同点是对资产的保护，但是区别也是存在的。即使都强调对资产的保护，其资产所指范围也有区别，内部管理控制涉及的资产包括有形资产和无形资产，即与计算机相关的资产和与计算机无关的资产都包括在内；访问控制涉及的无形资产包括程序、大数据、程序库、网络等，有形资产主要包括硬件和放置计算机的房产等。

（三）大数据安全

大数据安全层是指狭义的大数据安全，即大数据本身的安全，也即大数据安全的内容安全。在大数据治理过程中，大数据采集、存储和共享是其必经的三个关键阶段，在这三个阶段中普遍存在着各种各样的安全威胁和挑战。因此，将大数据安全分为大数据采集安全、大数据存储安全、大数据共享安全三个层面，实现从来源到保存再到利用的安全管理与控制。

1. 大数据采集安全

大数据采集安全主要是实现对大数据来源的安全管理。为了实现大数据中的采集安全，需要制定采集操作的相关规范，明确相关措施，确保合法、合规地对大数据进行采集，并建立健全风险评估机制。其中，在大数据采集规范中需要将大数据采集的目的、用途、方式、范围、采集源、采集渠道等内容进行明确规范，采集的对象应为经过授权的大数据，同时做好日志的内容记录。同时，还需要对数据采集过程中存在的风险项进行定义。所有的措施皆要在符合相关法律法规和监管的要求下，对大数据进行合规合法的采集。

2. 大数据存储安全

作为大数据中心安全和组织安全的一部分，大数据存储安全不仅是大数据安全重要的阶段，同时也是大数据完整性、保密性和可用性三个方面都会涉及的环节，因此存储安全是数据管理工作中非常重要的环节。其前提是构建存储介质标准、建立存储系统安全防护标准。存储介质标准的内容主要包括存储介质界定、相关质量、收发运输、使用记录、机制管理维修规范等。若要实现对存储系统的防护，涉及的内容较多，主要包括大数据备份、大数据归档、大数据恢复及存储系统缺点的识别与更新。

3. 大数据共享安全

建立大数据交换和共享审核流程的监管平台是确保大数据共享安全的重要措施。为维护大数据共享安全，需要建立大数据导入导出的流程化规范，统一权限管理和流程审批及监控审计来保证对于大数据共享的所有操作和行为进行日志记录，并对高危行为进行风险识别和管控管理。

（四）业务安全

业务安全层是对大数据应用安全的控制和管理。业务安全是指在大数据应用业务中，有效遏制和防范网络黑客利用规则漏洞和技术手段对大数据安全进行攻击与威胁的过程，常见的业务风险有信息冒用、账号盗取、盗刷信用卡、好评刷单、销量刷单等，本部分主要考虑业务逻辑安全、业务接入安全与业务边界安全。

业务逻辑安全是指攻击者通过业务设计的缺陷来取得敏感信息或损坏业务的完整性，主要通过修改密码、找回密码、非正常访问、支付等功能领域。其中，非正常访问包括水平非正常访问与垂直非正常访问。水平非正常访问是指相同权限用户，或者相同用户角色中的不同用户，通过越权的方式进行访问，达到修改、删除信息等非法操作的目的；垂直非正常访问是指不同级别用户，或不同角色的用户越权访问的操作。常见的业务逻辑安全如：订单支付时通过篡改金额降低总金额、访问他人信息或操作他人账号、运用 session 覆盖重置密码、短信验证码直接驳回等。

业务接入安全主要考虑连接限制与加密传输。连接限制主要是在大数据采集时，在网络侧配置采集源端和目标端路由，从而对连接范围进行限制。比如针对文件采集，对端 IP 地址连接文件服务器进行限制，实现访问权的最小化；再如对数据库抽取，主要是对端 IP 地址和连接数量进行限制，从而实现最小化的访问权限。加密传输主要是通过发送端对大数据进行加密从而实现大数据传输，再由接收端进行解密处理，防止信息在传播过程中出现泄露。目前大数据加密方式主要包括采用超文本传输安全协议(hypertext transfer protocol secure，HTTPS)、安全文件传输协议（SSH file transfer protocol，SFTP)对数据进行加密，使用软件对密码进行加密后，通过普通协议实现传输。

业务边界安全主要是从硬件层面考虑大数据安全。一般而言，网间采用一定的边界访问控制设备对大数据进行保护。如使用入侵监测系统、防火系统、防毒系统等硬件设备来确保大数据采集与访问过程中的安全。与此同时，通过一系列必要的安全工作，如漏洞扫描、木马核查等对网络及相关信息系统定期进行安全审查与风险评估。

第二节　大数据安全风险识别

一、大数据全生命周期

生命周期概念最早来自生命科学学科，本义是指生物体从出生到成长，再到成熟、衰退，直至死亡的全过程。20 世纪 50 年代中期，美国学者波兹(Booz)和阿伦(Allen)在《新产品管理》中首次将生命周期概念引入企业管理领域，提出“产品生命周期”概念，并分为投入、成长、成熟与衰退等不同时期。20 世纪 80 年代初，美国学者利维坦（Levitan）在 1981 年首次将“生命周期”概念引入信息管理领域，认为信息（资源）是一种特殊商品，同样具有生命周期特征，表现为信息生产、组织、维护、增长及分配的过程。美国学者泰勒（Taylor）在 1982 年指出，信息生命周期是涉及大数据、信息、告知知识、生产性知识和实际行动的过程。

大数据生命周期（data life cycle，DLC）指的是大数据从生产到消亡所有阶段的完整大数据生命框架。其未来研究大数据在其生命周期的各个阶段的状态与大数据自身存在的规律。将大数据的每个不同的存在阶段，以及各阶段之间的关联进行定义，使得大数据生命周期进入到一个不停演化与循环的过程。设计大数据生命周期模型,有助于大数据生产者和管理者有效进行大数据规划与质量控制，以应对大数据生命各个阶段存在的各种复杂性问题。

在诸多的大数据密集型科学研究和实践中，各行各业的大数据集在目标、来源、属性、所有权和传播发布限制等方面皆存在差异，因而不同版本的大数据生命周期模型在细节和大数据活动上存在多样的展现方式。

英国数字策展中心从数字资产管理角度提出了一种连续、循环的大数据全生命周期模型，包括描述与表征信息、保存规划、社区观察与参与、监管与保存四个阶段。

Sinaeepourfard 等（2016）针对大数据的 6Vs（5V+variability）特征，构建了一种与场景无关的全面大数据生命周期模型。该模型面向全部大数据集，由大数据采集、大数据处理及大数据保存三个重要的模块组成。其中，大数据采集模块包括采集、过滤、质量控制和描述四个阶段；大数据处理模块包括处理、质量管理和分析三个阶段；大数据保存模块包括分类、质量管理、存档和发布四个阶段。

冯登国等（2018）提出，大数据生命周期主要涉及大数据产生、采集、运输、储存、分析、共享及销毁等环节，各环节都面临一定的安全威胁。其中，采集、传输、存储与分析四个环节是安全问题较为突出的环节。

朱光等（2016）针对大数据采集、云端数据的存储、数据流动及分布式云服务等各阶段的特征差异，把大数据的生命周期划分为大数据采集、组织和存储、流动和传播、利用和服务、迁移和销毁五个过程。

王红心和龙文佳（2020）认为在开放网络环境中，大数据及其元数据的动态演进主要包括大数据获取与发布、大数据存储、大数据分析、大数据使用和大数据销毁等五个阶段。

通过对上述模型进行分析，可以发现，各生命周期模型普遍包括大数据采集、大数据存储、大数据处理等阶段。考虑到政府治理实务中对大数据流动、协同共享和隐私保护等方面的要求，本书提出的大数据全生命周期是指数字治理过程中大数据从产生到消亡的全过程，包括大数据采集、大数据存储、大数据传输、大数据使用、大数据共享和大数据销毁六个阶段。

（一）大数据采集阶段

大数据采集是指相关工作人员，根据数据应用场景及系统相关要求，通过对用户终端、智能设备、传感器等产生的各类大数据进行获取与预处理的过程。大数据采集是大数据生命周期的基础和起点，任何大数据都必须经历采集阶段，否则犹如无源之水。

（二）大数据存储阶段

大数据存储是将已获取的有价值的大数据根据数字治理活动需要进行长期保存的过程。大数据多源异构是大数据的重要特征之一，大数据的组织与存储工作，除了需要将采集的数据存在一定的物理区域以外，还需要运用相应的方法，将海量、多源异构数据进行数据清洗、数据筛选、数据排序及数据优化，从而形成便于用户使用的数据使用模式。

（三）大数据传输阶段

大数据传输是指大数据在组织内部从一个实体通过网络流动到另一个实体的过程，是大数据流动的核心，也是大数据使用和共享的基础。从大数据生命周期各阶段来看，大数据传输可以贯通由采集到存储和由存储到使用等阶段间跨越的全过程：通过用户端、智能设备、传感器等终端将采集到的大数据传送到大型集中式大数据中心；再借助网络信息技术，实现大数据在任务器与数据库之间的转变，也就是将数据孤立模式变为数据联通模式，从静态模式变为动态模式，从使用低效模式转变为使用高效模式。

（四）大数据使用阶段

对大数据进行采集、存储、传输的主要目的是分析与使用。从而，大数据使用是指用户根据需求运用大数据挖掘、机器学习等算法处理，运用服务商设计的服务接口与终端，有效提取并利用在异地采集与存储的海量数据。

（五）大数据共享阶段

大数据共享是使得大数据在组织内部与外部产生交互。依托于互联网和云平台的环境，大数据共享一方面能够扩大已有大数据资源的使用者，另一方面能够减少大数据采集等重复性劳动，节省时间和资金耗费。目前，大数据共享的模式主要有大数据开放、大数据交换和大数据交易三种。

（六）大数据销毁阶段

由于时过境迁、业务发展或管理需要等原因，部分大数据会因为失去时效性或使用价值而不再具有长期保存的必要，需要按照规定予以清除和销毁。大数据销毁指利用物理或者技术手段使大数据永久或临时性地不可用的过程，是大数据全生命周期中象征着大数据消亡的最终阶段。

二、每个阶段的大数据安全风险分析

由于生命周期各阶段对大数据的需求和处理方式不同，大数据可能遇到的安全风险也有所不同，给大数据的安全保护带来了极大的挑战。为全面识别和归纳大数据安全风险，本书对各类大数据从采集至销毁的全生命周期内所存在的安全威胁进行深入分析，具体内容如下。

（一）大数据采集阶段

大数据采集过程中涉及包含个人隐私及商业机密在内的海量数据，面对无孔不入的智能采集设备，需要确立用户的知情权，这些知情权包括数据在什么时间、什么地点、被用哪种方式、哪种渠道被采集。但是在实践中，由于自身技术优势及法律政策的不完善，各类主体在未经通报的情况下对各类用户大数据进行采集和分析，严重侵害了用户的大数据知情权和占有权，具体包括：在用户或其他实体不知情的情况下采集大数据，或者在获得允许的情况下过度采集大数据；在未经许可的情况下将实体间的大数据相关联，分析得出其他结果；用户或其他实体无法拒绝或停止智能设备对敏感大数据的采集等。

大数据的一切有效利用都是建立在大数据本身完整、准确的基础上，但在大数据采集阶段也常常存在着大数据被污染的风险，包括大数据的仿冒和伪造；采集到其他不被认可的或非法数据源（如机器人信息注册等）产生的大数据；在传输带宽或数据精度受限等特殊情况下，由于大数据压缩、变换甚至加噪处理等预处理的不当操作造成的数据失真。

（二）大数据存储阶段

在大数据存储阶段，需要保证大数据在物理层面和逻辑层面的双重存储安全。大数据被采集后一般汇集并存储于大数据中心，而大量集中存储的有价值大数据无疑容易成为某些个人或团体的攻击目标，这也意味着大数据存储面临着多方面的安全风险。

大数据存储需要通过介质，比如物理实体介质（磁盘、硬盘）和虚拟存储介质（容器、虚拟盘）等，但是存储过程中可能会遭遇安全威胁。主要包括以下两类：一是物理安全威胁，如自然灾害、电磁泄漏、误操作、非法接入等；二是逻辑安全威胁，如漏洞、病毒等。这些威胁容易造成大数据泄露、丢失甚至损坏的事件发生。

此外，用户还应该享有大数据存储状态的知情权，同时应享有对数据进行查看、修改、编辑及删除等方面的权利。在这一过程中蕴藏着大数据控制权的相关风险，主要包括：黑客通过恶意攻击方式获取大数据的控制权，或者对大数据进行非法复制；内部人员的大数据窃取；不同利益方对大数据的超权限使用等。

（三）大数据传输阶段

高速通信网络为大数据传输提供便利的同时，也带来了系列问题，比如大数据在传播过程中，如何保障数据的真实性、完整性及可用性，这些都成为亟须解决的关键问题。非法攻击和隐私泄露是大数据传输阶段主要的安全风险内容。例如，黑客对大数据传播路径的非法窃听，对数据的非法篡改，伪造数据，导致大数据中断等；在没有被授权的情况下，对数据进行获取，从而造成一定程度的用户隐私泄露；大数据被非法拷贝，导致数据不完整等。网络在数据传输过程中也发挥着至关重要的作用，唯有确保网络故障或者瘫痪现象不会发生，才能使大数据传输顺畅。

（四）大数据使用阶段

大数据使用就是对大数据进行操作、加工、分析等，此阶段对大数据接触得最深入，所以安全风险也较大。基于对大数据的充分利用，可以为用户提供个性化的智能服务，而实现这一服务的前提是获取具有高度关联的个人信息与数据。因此，在这一阶段存在一定的数据关联风险，具体表现为：在用户不知情的情况下，大数据被授权给第三方使用；大数据在用户不知情的情况下被售卖或转让；大数据关联导致用户的隐私被泄露。

同时，环境安全威胁也给大数据的安全使用带来了极大的风险，比如：在录入、处理、统计或打印大数据的工作过程中由硬件故障、断电、死机、人为的误操作、程序缺陷、病毒或黑客攻击等造成的数据库损坏或数据丢失现象；某些敏感或保密的大数据可能被未授权的第三方获取，从而造成数据泄露等后果。

（五）大数据共享阶段

大数据导入导出是大数据共享阶段常见的行为。在大数据批量流转的过程中，未被授权人员如若通过非法技术改变流转的大数据，如导入恶意大数据、导出未授权大数据等，从而使得大数据被篡改或者泄露。通常来说，大数据在传输过程中尤其是导入导出操作中涉及的大数据量较为庞大，相应地其安全风险危害也会被成倍放大。

在大数据共享阶段，尤其是利用开放大数据时，大数据使用者要做到权利与义务的统一，该阶段对敏感大数据的不当操作同样会引发隐私权风险。同时，在对外部组织机构进行大数据发布时，也可能对外违规披露大数据，产生组织名誉或资产受损等不良影响。

（六）大数据销毁阶段

在这一过程中，大数据的价值已经丧失，但数据本身依然具有关联性，从而运用之前的大数据，对用户未来的行为进行一定程度的预测。此时，组织对大数据的管理强度和对安全的管理措施都没有之前阶段那么严格，因此造成大数据的访问风险，具体表现为：黑客恶意攻击，致使大数据的销毁行为失败；数据访问权限不明晰，导致用户信息与隐私被泄露；由于剩磁效应等未能完全销毁大数据，存在被人刻意恢复导致大数据泄露的风险。

基于对大数据全生命周期各阶段的需求和特征的把握，对不同阶段可能存在的主要大数据安全风险进行了分析和识别。总体来看，按照大数据安全风险的来源不同，可以将其归纳为内部风险和外部风险两类。内部风险包括伪造、入侵、泄露、失真、拦截、窃取等，是发生在大数据管理组织内部的不当操作或非法行为对大数据本身的真实性、准确性、完整性、可用性等造成的安全威胁，从而导致数字资产损失甚至完全失去大数据使用价值；而外部风险包括自然灾害、基础设施、法律漏洞、行业内自律性和个人隐私意识风险等，是由于部分外部环境因素不成熟对大数据安全发起的挑战（图 10-2）。

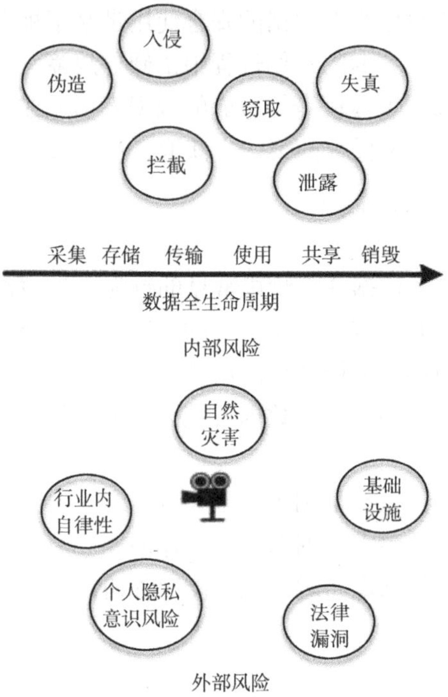

图 10-2　基于大数据全生命周期模型的安全风险识别

第三节　大数据安全风险框架构建

基于上文对大数据安全需求和风险识别的分析，以大数据安全层次、大数据全生命周期、大数据安全风险类别三个维度，搭建出三维立体动态的大数据安全风险框架，基于大数据安全各层次的控制目标，对大数据全生命周期各阶段的内外部大数据安全风险进行动态识别和预警，从而实现对大数据运行和使用的安全管理（图 10-3）。

一、大数据安全层次维度

依照自下而上的逻辑将大数据安全划分为物理安全、系统安全、大数据安全和业务安全四个层次，从环境、逻辑、内容和应用四个层面对大数据安全进行逐级控制，运用各种措施及技术实现安全管理目标。

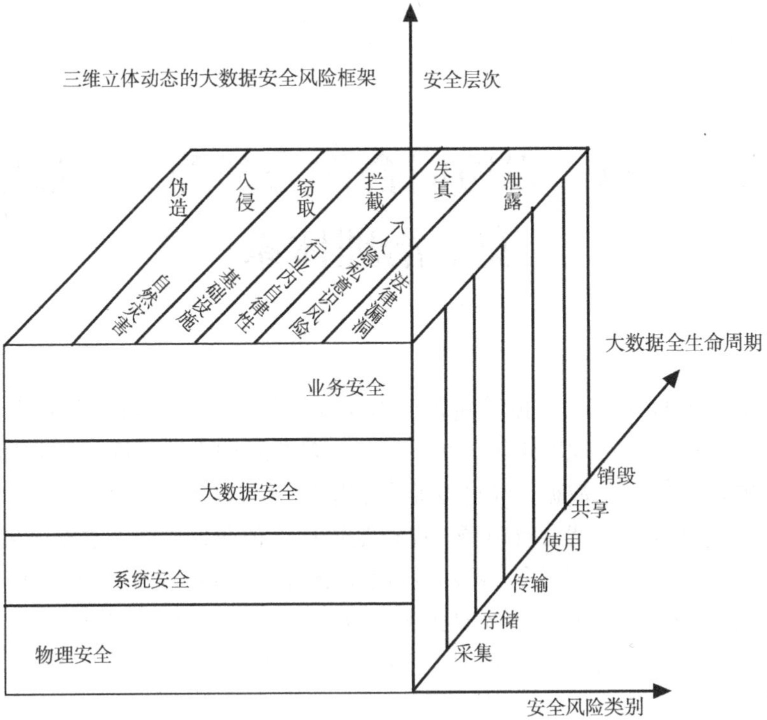

图 10-3　三维立体动态的大数据安全风险框架

二、大数据全生命周期维度

依据大数据全生命周期模型来完善大数据采集、大数据存储、大数据传输、大数据使用、大数据共享和大数据销毁共六个阶段的建设，识别每一阶段的安全风险，保障大数据从产生到消亡的全过程均不受安全风险威胁，实现大数据安全动态管理。

三、大数据安全风险类别维度

根据安全风险的来源不同，可将大数据安全风险分为内部风险和外部风险两类，其中内部风险包括伪造、入侵、窃取、拦截、失真、泄露等，外部风险包括自然灾害、基础设施、行业内自律性、个人隐私意识风险、法律漏洞等。该维度为大数据安全风险框架提供了控制对象，在大数据全生命周期中，应对每一阶段中可能存在的风险进行预警和评估，不断增强抗风险能力。

第十一章　以协同合作为基础的大数据安全治理体系

云计算、互联网、大数据等新兴技术在各行各业广泛应用，人类社会的信息时代已经开始。信息产业的迅速发展，海量、多源异构大数据爆炸式增加和积累。海量、价值密度低的大数据，经过专业大数据处理与分析后，会产生巨大的社会、经济价值。一旦有价值就会有市场。也正是这种价值驱使，在大数据发展的同时，面临越来越多的大数据泄露等诸多大数据安全问题。本章通过分析当下我国大数据安全治理存在的主要问题，选取我国大数据安全治理的有效路径，并与协同理论和治理理论结合，探索构建我国大数据安全治理的协同模型，以建立健全我国大数据安全治理体系。

第一节　我国大数据安全治理存在的主要问题

本节主要从大数据安全治理的技术发展、治理体系、部门协作机制、资源分配及法律法规建设出发，探讨我国当前大数据安全治理中面临的主要问题，并对这些问题进行多维度的分析与讨论。

一、大数据安全治理中的大数据安全问题严重

随着大数据技术的不断发展，大数据时代背景下的特征逐步凸显，且这种依托于大数据的价值正在被不断地挖掘出来。也正是由于大数据存储与分析的不断发展，大数据的价值也备受关注。与大数据技术日新月异的发展相对应，以个人隐私保护与大数据安全为主的大数据安全保护技术的发展，就显得相对滞后了。尤其是无法跟上大数据的发展速度与种类增加的速度。

除此之外，大数据技术发展的同时也给黑客提供了新的机遇，他们可以通过大数据技术盗取相关大数据。大数据呈现出量大、密度低的特征，这无疑增加了

大数据安全保护的难度。从而形成一种可怕的怪象，即大数据技术越发展，黑客攻击技术越发展，大数据安全保护技术提升越缓慢。因此，我们在充分利用大数据给我们带来利好的同时，应充分认识到，更应该深刻意识到大数据安全保护技术落后的严重程度。这一问题不解决，将直接制约着大数据的发展。

二、大数据安全治理体系不完善

大数据时代背景下，大数据已经在发挥重要作用，受到各界热议。我国于2015年印发的《促进大数据发展行动纲要》指出，“数据已成为国家基础性战略资源”，明确指出大数据在国家发展中的重要地位，但尚未对大数据安全实现有效的治理，依然缺少对大数据进行统一管理的机构，依然对大数据安全治理的重视程度有所欠缺，大数据安全治理中仍然存在很多问题，更缺少大数据安全治理的协同性。

我国的大数据安全治理处于起步阶段，目前尚未构建完善的大数据安全治理体系。目前大数据建设工作在我国虽有一定的条件，但是总体而言基础不足，缺乏完善、具体的顶层设计，相关法律法规不健全，大数据治理安全体系不够完整，大数据安全治理的整体工作呈现不协调、分散的特征。大数据是一种技术，对其治理更多是一种机制、模式、体系的探索。在大数据环境下，需要统筹兼顾治理技术与治理体系，以及两者的协调统一，从而实现有层次、有分工、全面系统的大数据安全治理。

三、政府部门协作机制不完善

传统的行政管理导致大数据治理很难实现跨层级、跨部门的治理。同时缺少大数据开放共享的意识与实现机制，导致政府部门之间缺少协作，从而制约了当前我国大数据安全治理。

第一，从宏观角度来看，大数据安全是一个系统性观念，需要各要素之间的有效协同；从微观角度来看，大数据安全涉及每一类利益主体。这就需要我们打破各级政府各自为政的局面，打破现有的“信息孤岛”现象，以开放共享为指导，实现跨层级、跨部门的协同与合作。

第二，由于地理因素、经济发展、思想观念等影响，我国在大数据资源的分配上存在不平衡的现象，如某地区大数据资源较为丰富、硬件设施较为完善、大数据治理力度也较大，大数据安全的保障工作做得较好。而部分偏远地区由于基础设施薄弱、大数据安全意识淡薄、财政无法支撑大数据安全治理等客观原因，大数据安全防护能力较弱。这种区域间的大数据治理差异，使得我国大数据安全问题较为严重。解决这一问题的根本在于统筹规划、协同处理，只有运用完善的、协作的大数据安全治理体系，才能实现不同区域大数据安全治理资源、治理经验、治理理念的共享，提升大数据安全治理的系统性，从整体上提升大数据安全防护能力。

第三，跨层级、跨部门的大数据协同治理有利于工作的整体开展。物联网、互联网、大数据等新兴信息技术的发展，缩短了人与人的空间距离，突破了空间的限制。大数据治理的理想状态是互联互通、实时、开放共享。但现实情况是，部门之间缺少沟通，“数据孤岛”现象较为明显，这阻碍了大数据治理的进程与质量。

第二节　我国大数据安全治理路径选择问题

前文讨论了大数据安全治理路径，如何进行科学的路径选择也是十分重要的。只有选择符合我国大数据安全治理实际情况的方案，才能实现对我国大数据安全问题的综合、系统、科学治理。本节主要根据治理理论，对两种主要的大数据安全治理路径进行分析，并结合我国实际情况，提出未来我国大数据安全治理路径选择的对策与建议。

一、我国大数据安全治理路径分析

（一）提高大数据安全治理技术水平

提高大数据安全治理技术水平，需要依托于大数据安全治理。在大数据开放的趋势下，大数据安全的风险也逐渐升高。提升大数据安全治理技术水平是重要环节，唯有确保大数据的安全，才能为大数据利用提供保障。

确保大数据存储安全。当前，主要采用虚拟化手段对海量数据进行存储。网络存储大数据情况纷繁复杂，为确保大数据安全需要对数据进行加密、分析及备份。大数据加密指的是与防火墙相配合使用的一种应用性较强的安全防护措施。借助特有、独特的大数据加密算法和加密密钥对大数据进行一定的转化，运用密码学原理对大数据进行加密，对大数据进行隐藏表示，从而实现大数据安全的保护作用。若大数据被非法分子窃取，但加密技术使得这些信息不能被很快破解，甚至无法破解。本节讨论的是大数据环境下的大数据备份，即运用特定大数据存储备份软件和平台对海量数据进行备份，从而实现对大数据的保护。

提升大数据安全治理水平。大数据技术的发展，在带来机遇的同时也带来了更加严峻的挑战。黑客利用大数据技术对个人和组织的系统发起攻击，从而窃取大数据。传统数据安全防护是被动的防御，大数据技术为我们提前对大数据安全风险进行预警提供了可能。大数据技术还能够对庞大的系统日志进行分析、挖掘，分析相关联的痕迹大数据，寻找黑客攻击的线索与攻击源头。

大数据技术能够通过对网络、终端、大数据传播的路径等进行分析，在海量日志中发现异常行为，通过构建安全防护模型从而对高级可持续攻击进行破解。

（二）建立健全大数据安全治理体系

大数据时代的到来，改变了传统的社会生产方式，生产关系也发生了变化，进而重组了经济结构，导致生活方式发生了巨大变化，这在一定程度上提升了人类对世界的认识能力与改造能力。以大数据、互联网等新兴信息技术为代表的系列技术的发展，不断推进大数据等新兴信息技术与经济社会的融合，提升了经济发展质量，助力产业升级。大数据、人工智能等新兴信息技术呈现出“双刃剑”效应，这一方面为我国经济社会发展注入新动力，另一方面给我国经济社会的发展带来新的不确定因素。例如，网络依然成为当下大数据安全风险的重要发源地、扩大器与传播器，保护大数据安全的责任变得更加紧迫与重大；虽然核心技术受制于国外的总体状况有所好转，但仍然存在继续努力的空间。相对于土地等传统资源，大数据表现出流动性、多源性、异构性及积累性等特征。危及大数据安全的系列因素也是动态调整的，是随着时间不断发生变化的。

大数据被入侵的环节、方法、目标等都会发生变化。这些变化要求大数据安全治理体系必须也是动态的，要有周期性的变化，从而帮助我们掌握大数据风险变化走势，厘清大数据安全治理方向，并及时动态调整大数据治理相关政策，弥补大数据治理体系中存在的弱点与不足，提高大数据治理的动态能力，实现对大数据风险的有效治理。因此，大数据治理体系需要以大数据为基础，从大数据管理的全生命周期流程入手，构建全周期、全链条的大数据治理体系。

1. 大数据识别是大数据安全治理的基础

为了在内部业务系统中明确敏感大数据的分布、明晰用户如何访问敏感大数据以及了解现有的数据访问账号和授权的情况，首先需要对大数据进行识别。关键信息基础设施网络运营者和企业需对有关大数据的安全情况进行排查和管理，对大数据的识别可以有效地协助这一工作的进行。大数据识别能够改进完善信息基础设施中主要运营者及传统数据管理工作的方式与模式。

2. 大数据采集是大数据安全治理的第一道屏障

对从用户终端等传感器设备产生的海量数据进行收集，并对这些数据进行预处理的过程被称作大数据采集，在这一过程中常常有大量的敏感大数据被生成和记录。因此应该严格规定与限制相关机构对各类数据的采集范围，明晰哪些数据类别是可以被用户授权的，并且需要确保即使用户不同意授权，但依然能够为用户提供服务。同时，相关机构应该授予用户删除自身行为与信息的权利，确保用户处理个人数据的权利受到尊重和保护。

3. 大数据传输是大数据安全治理的可见路径

利用网络链路或其他介质将采集到的大数据传输到大数据存储中心，这一过程即为大数据传输。技术措施的使用可以保持大数据的机密性和完整性，从而避免在传送的过程中大数据内容被恶意攻击者拦截、修改等。有关机构在大数据传输的同时，应被要求落实好有关大数据传输日志的审计和监控工作。尤其是对于那些具有巨大规模的大数据流量，繁杂的大数据业务系统数量和大量日志的企业或机构，给其大数据传输审计监控工作带来了巨大的技术挑战。

4. 大数据安全使用是大数据安全治理的最终目标

业务系统数据的访问安全、数据库运营管理维护安全、开发测试环境安全等数据使用的各环节，都需要运用一定的技术与方式，对安全风险进行管控，有效规避风险。这就要求务必对大数据进行分级和分类，对大数据管理人员的职责权力进行划分和剥离，要做好访问控制的策略制定和大数据的授权管理。其中，大数据的授权管理能够基于大数据的属性进行授权，也能对管理人员或者相关任务进行对应授权。

5. 大数据存储是大数据安全治理的核心环节

当前的大数据存储安全问题多发，其中既包含内部因素也包含外部因素。在内部因素方面，主要是由于组织内部管理不规范、管理存在薄弱环节，抑或是由于相关人员故意泄露、操作不当而发生的大数据泄露；外部因素则主要是由于受到外部人员恶意攻击，比如黑客恶意、非法入侵等行为造成数据与用户隐私泄露。所以，应当制订严苛的大数据存储管理方案，增强安全防范技术，从而应对各类外部非法侵犯，通过构建防火墙实现对非法攻击的处理；同时，应该为用户主体开放相关数据的修改、删除等权限，使得用户可以根据自己的意愿删除或修改自己产生的各类大数据。

6. 彻底销毁大数据是安全治理的关键问题

当前，大数据销毁存在两种主要技术，即物理消除和逻辑销毁。物理消除主要包括对存储磁盘进行磁性消除、化学处理、物理粉碎与焚化等；逻辑销毁主要包括数据消除与数据重写等方式。不管选取哪种方式对大数据进行销毁，最后都应该依靠人对大数据进行销毁，靠制度对其约束与管理。在提高数据销毁技术研发力度的同时，提高大数据销毁工作人员的安全意识，建立健全数据销毁规程规范与操作流程，实现销毁技术与相关监管机制的良性互动和有效结合。

7. 大数据共享交换，促进数据互联与价值挖掘

关键信息基础设施网络运营者或者企业在大数据出境/共享交换的过程中为了保护大数据，使用失真、匿名处理、扰动等技术与方法，但依然存在系列问题。作为大数据的主体，用户往往处于被动的状态，甚至自己的数据被共享交换时，他们对数据被使用的方式、用途等信息还是不知情的。因此，在大数据共享交换这一环节，需要增强数据各利益方的权利与责任意识，创建大数据出境/共享交换的完备、规范的机制，以此确保除了大数据内容本身在出境、共享交换的过程中受到保护之外，大数据出境/共享交换的范围、数量和有效期限能通过技术创新及时反馈给作为数据主体的用户并保持跟进。在发生新的问题时，能够确保依靠相应法律、法规等对用户的权利进行保障，并让用户清楚可以通过哪些手段与方式，对危害自身安全的相关行为进行终止。

8. 汇聚管理是数据安全治理的底线思维与原则

对来源、独立的相关数据进行汇合，通过关联分析、数理统计、机器学习等方法对大数据进行管理与挖掘，获取具有价值的相关数据，这一过程为大数据汇聚。虽然传统数据管理采用的是“谁生产、谁负责”的模式，但是对于汇聚之后产生的相关数据，往往缺少完善的制度对数据汇聚的规则、流程、技术等进行管理，这就导致汇聚后形成的大数据存在权责不清的情况。因此，需要不断建立健全数据汇集的相关规章制度，对数据汇聚的规则进行规范，明晰数据汇聚后的管理权利与责任。同时，需要绝对禁止以损害他人利益为目标的数据汇聚。

二、我国大数据安全治理路径选择

基于前文国内外治理理论的分析，结合本项目对治理理论的把握，将理论与实践相融合，结合我国实际情况选择两种大数据安全治理路径进行分析：一种路径是以政府为主体，其他组织与公众辅助治理，形成“一主多辅”的治理路径；另一种是多中心治理路径，该治理路径主体间没有主、辅之分，以治理整体效果最优为原则进行治理，政府、其他组织及公众等每一主体享有独立的治理权，形

成多元治理的局面。我国应该选择哪种治理路径，哪种路径更适合我国的实际情况，是本节需要探讨的重点问题。

（一）以政府为主体的治理路径

以政府为主体的治理路径，其中心是政府，除了政府以外的企业、非营利性组织、第三方机构及公众等，在政府的总体指导下进行辅助治理。在这一治理路径中，除了政府以外的企业、非营利性组织、第三方机构及公众并没有独立的治理权。这种主体之间的关系也决定了治理路径的特点，即治理结构相对稳定，但缺乏灵活性。由于该治理路径较为稳定，因此形成的治理体系也更加安全。高度统一、一致的治理模式，适合于那些安全性较高的国家。对于那些重要的、关系国家安全重要领域的大数据，这种以政府为主体的治理路径无疑是最稳定的，也是最适合的。

在实践中，已有部分国家与地区选择该治理路径，并取得了一定的积极效果。比如新加坡在社区治理中，就采取了这种治理路径。基于此治理体系，新加坡在社区治理工作中强调政府采取直接干预的方式，规范社区治理的组织体系与框架；坚持统一领导、以人为本。以政府为主体的治理路径下，在社区发展规划、社区治理发展中政府都发挥着重要作用，其他主体负责协同参与治理，最终构建成一套以政府为主体的、其他主体参与的社区治理体系。"政府—社会组织—公民团体"的治理模式环环相扣，政府在不同层次实现直接或间接领导，从而形成主辅协同、组织完善的社区治理机制。国内也有部分地区采用以政府为中心的治理路径，并以此来解决治理问题。例如，杭州构建的复合主体治理模式，就是以政府为主体，以企业、非营利组织及公众为辅助的多元治理体系。这种复合主体治理模式理念运用于大数据安全治理过程中，政府的主体作用应得到充分发挥。将技术、体系、法律和安全意识宣传四个维度相结合，构建完善的大数据安全治理体系。在复合主体治理模式下，政府处于主导地位，依托大数据安全防护技术、大数据安全治理体系、大数据安全治理法律框架及公众大数据安全意识，充分发挥政府主导，企业、非营利组织和公众多元参与的优势，实现大数据安全治理体系的建设。

以政府为主体的大数据安全治理路径，其特征在于政府在治理过程中，可以对大数据安全实现有效控制，并在这一过程中实现政府的主导作用。尤其是针对国家战略层面的、关乎国家安全的大数据安全治理领域，更需要以政府为主体，实现对大数据安全治理的宏观把控与整体监督。以政府为主体的治理路径，其最大优势在于治理结构严密且稳定，同时又可以使除政府以外的其他组织与公众参与到大数据安全治理中来。最终实现大数据安全治理的"主辅协同""逐层递进"，这既有国家战略层面的总体把控，也有微观层面的组织及公众的广泛参与，从而实现国家、社会、企业与个人各层面的大数据安全。

（二）多元化治理路径

多元化治理路径，其主体不一定是政府，也不完全需要依托国家强制的行政权力来实现，而是在实践中有多元化的主体共同参与。他们围绕着共同的治理目标实施治理活动。在治理活动中的主体是多元的，形式不限，这种路径有利于治理目标的实现，各种机构与个人都可以参与到治理当中。多元化治理路径的最大特征在于参与治理的机构与个体之间不存在主要角色与辅助角色的划分，更不存在机构或个人领导另外的机构或个人的情况。多元化治理路径追求的最终目标是治理效能最优，该治理路径可以改变全能政府的角色定位，释放并激活政府的权力，让不同利益相关者参与到大数据安全治理中去。

多元治理的典型应用是美国社区治理。在美国的社区治理中，充分发挥了多元治理的理念。从社区划分开始，就不依赖于政府。政府仅确定社区规划的总体方向，并提供基础资金，社区的其他甚至全部治理过程由企业、非营利机构及公众共同进行，上述机构与个人构成多元治理主体。正是由于不同治理主体的存在，美国不同州之间的社区治理模式存在较大差异，治理效果也不尽相同。多元治理吸收、借鉴了市场经济的基本规律，通过优胜劣汰提高治理效能。基层公众的参与使得多元治理更人性化，也更能满足公众的实际需求。

多元治理理念与路径映射在大数据安全治理中，则体现为大数据安全治理以实现大数据安全治理效能最优为主要目标。显然，由于这种治理路径中政府无法起到主导作用，因此在那些关系国家战略发展、国家秘密的领域是不适合的。因为国家战略与国家安全必须要由政府在宏观上掌控和监督，国家安全必须依托强大的国家强制力得以实现。基于此，关乎国家战略发展与国家安全的大数据安全治理，并不适用于此种治理路径。即使这种治理路径可以实现治理效能最大，但因为大数据安全自身的特殊性，依然不能选择此种治理路径。

综上所述，多元化大数据安全治理路径相对于以政府为主体的治理路径而言，具有明显的不足，即出于国家战略发展与安全考虑，政府不能将大数据安全治理领域的策略与节奏交由市场来执行。显而易见，这种多元治理路径缺少安全，无法被大数据治理的实际所接受。而在实践中，以政府为主体、以其他组织和公众为辅的大数据安全治理路径，虽然在效率方面呈现出一定的不足，但是综合国家战略发展、安全等诸多因素考虑，这依然是目前最佳的大数据安全治理方案与路径。这是因为凡是涉及国家战略与国家安全的领域，以政府为主体的治理理念与路径就是不可替代的，这也是国家安全的应有之义。基于上述分析的大数据安全治理路径选择，同现有学界的研究达成了共识，即认为以政府为主体的治理路径更符合当前大数据安全治理。

第三节　我国大数据安全治理路径协同模型

如前所述，以政府为主体的大数据安全治理路径适合当前我国的实际情况，也符合我国大数据治理的战略目标。但仍需强调，大数据安全治理除了治理机构自身的独立分责治理，还包括交叉的、相互协同的治理模式。在大数据安全治理过程中，除了要安排治理过程中每一环节的组织，更要结合协同理念出发考虑实现多节点的整合。本节基于之前讨论的以政府为主体的大数据安全治理路径，探索我国大数据安全治理路径的协同模式，并以此寻求大数据安全治理路径。

一、我国大数据安全协同治理理念

俞可平在讨论治理目的时提出，治理指的是在多种制度关系中进行指导、控制，并对各项活动进行规范，从而实现高效与公众利益的最大化。随着治理理论研究的不断深入，越来越多的学者关注协同治理的相关问题。在我国大数据安全治理过程中，应充分考虑协同治理这一概念，并以此为原则对大数据安全治理中的多样治理方案进行协调，从而实现大数据安全治理效能的最优，而避免将治理力量消耗在治理路径的不协调中。

以政府为主体的大数据安全治理路径，形成了政府宏观指导的顶层模型，但是在实际运行过程中，仍然需要对基层的大数据安全治理流程、环节等进行协同。将协同治理的理念与方法融入大数据安全治理中，有助于克服传统数据安全治理的弊端，实现技术层、体系层、法律层和安全意识层四维度的共同治理，实现环节内、环节间的协同统一，最终形成多层次协同互动、多方制衡、统筹兼顾、科学完善的大数据安全治理体系。

在我国当前的治理体制下，政府无疑是治理的重要组成部分，在协同治理中，更应该充分强调政府的主体作用，形成以政府为主体的大数据安全协同治理理念。

第一，宏观调控职能是政府特有的，更是治理结构所必需的。协同治理强调治理主体的平等地位，但我们必须认识到政府在法律制定与社会安全稳定方面发挥的重要作用，因此在治理中依然需要保证政府的主体地位。

第二，不同层级、不同部门间的政府可以视作不同治理主体，彼此构成完善的治理体系，这一方面可以解决地域差异大的治理难题，另一方面可以构建具有地域特色的大数据安全治理体系。

第三，政府一方面作为协同治理的参与主体，另一方面需要在协同治理中扮演指挥者的角色，从而实现多元主体协同治理的效果。

第四，确保公众在协同治理中的重要地位，是政府在治理中的重要职责之一。从治理层级来看，公众处于治理的基层，但却是治理的根基。政府的公信力是其他机构所不具备的，这也正是调动公众参与治理、引导公众治理的重要力量。

二、我国大数据安全治理的协同模型

基于大数据安全协同治理理念，在厘清政府、企业、非营利组织及公众职责的基础上，构建包括政府、行业间组织、非营利组织、群众在内的多主体大数据安全治理协同模型，如图 11-1 所示。通过机制完善、法律完善等实现大数据安全的协同治理。

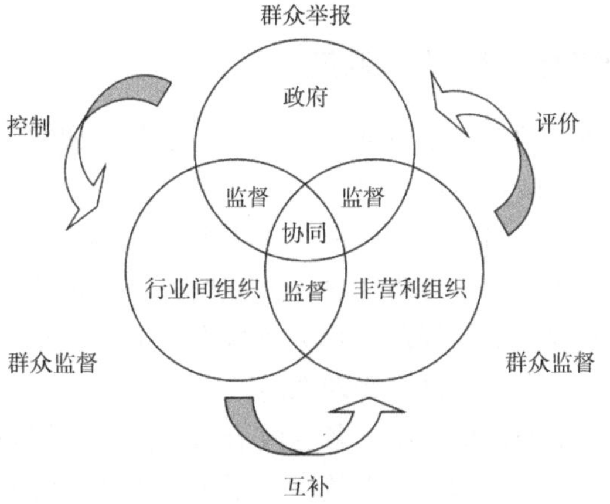

图 11-1　大数据安全治理协同模型示意图

在建立健全大数据安全治理机制体制中，充分协调不同层级、不同部门的治理任务，充分做到大数据安全治理机制体制的科学与完善，并实现大数据安全治理的制度化，做到有章可循。不同层级、不同部门之间要打破原有的界限，更要突破时间、空间、地域的界限，从资源开放共享出发，实现对大数据安全的综合治理。在建立健全大数据安全法律法规制度体系中，需要关注个人隐私、网络安全、行业大数据安全、国家大数据安全等，通过法律、法规形式将大数据安全治理落实到部门、落实到机制中。同时，做到大数据安全治理宣传教育同法律制度的有效结合，引导、指引其他组织与公众参与到大数据安全治理中来，从而构建大数据安全协同治理框架与体系。

第十二章　政府治理中的大数据安全标准体系

第一节　大数据安全标准化需求分析

一、国内外大数据安全标准化现状

（一）大数据安全法规政策现状

1. 国外大数据安全法律法规和政策

美国、欧盟、澳大利亚、俄罗斯、新加坡等已制定和发布了相关的大数据安全法规政策，这些法规政策可以分为两类，分别是以欧盟、俄罗斯、新加坡等国家和地区为代表的既有专门的数据保护法律法规，又明确了相关管理部门的一类，以及以美国、澳大利亚、日本等为代表，大数据安全的相关要求分散地包含在这些国家的各项法律法规及部门规章的相关条款中，但这些国家尚未颁布有关数据安全的专门法律法规，也没有设立管理部门。

为设立大数据安全的保护范围，各国政府通过法律法规和政策对监管的辖区范围、保护的大数据对象、监管的大数据应用场景以及监管的大数据处理行为等进行了明确的规定。在监管部门及其权力赋予方面，为确保数据安全法律法规贯彻落实，监管部门需设置和安排相应的机构与人员，并赋予执法权、处罚权等权力来使之行使监管职能。此外，国外政府相关法律法规也对大数据提供者的权利进行了规定，大数据提供者的权利主要指用户在使用信息服务过程中被收集相关信息，对自身信息所拥有的权利包括知情权、授权处理权、访问/查询/更正权、停止收集/删除权、投诉权等。对于大数据使用者的义务，美国等国均规定大数据使用者有确保大数据安全、发生异常事件时的通报等义务。最后，美国等国通过法律法规也对大数据境外流转/存储和转移协议要求进行了限定。

2. 国内大数据安全法律法规和政策

在大数据开放方面，我国政府近几年先后出台了大数据开放共享的相关政策法规。在国家层面，国家有关部门制定了大数据开放共享相关的纲要，如《促进大数据发展行动纲要》《科学数据管理办法》等。在地方层面，为响应国家规划，我国各地方政府积极推动大数据产业发展，出台了相关法规政策，如贵州省发布的《关于加快大数据产业发展应用若干政策的意见》，浙江省发布的《浙江省促进大数据发展实施计划》等。

在数据跨境相关法律法规和政策方面，《中华人民共和国网络安全法》中首次明确了关键信息基础设施有关个人信息和重要数据本地存储及向境外提供的规定。国家互联网信息办公室制定的《个人信息和重要数据出境安全评估办法（征求意见稿）》提出，网络运营者在中华人民共和国境内运营中收集和产生的个人信息和重要数据，应当在境内存储。因业务需要，确需向境外提供的，应当按照本办法进行安全评估[①]。

在个人信息保护相关法律法规与政策方面，我国正逐步加强公民个人信息保护方面的顶层立法工作，早期的个人信息保护相关规定散见于多个法律法规和规章制度中，比如《中华人民共和国网络安全法》和《中华人民共和国刑法》等基本法。而在具体行业和领域的法律法规与部门规章层面，我国各行业和领域也开始高度重视个人信息保护工作。2021 年 8 月，十三届全国人大常委会第三十次会议表决通过《中华人民共和国个人信息保护法》，并自 2021 年 11 月 1 日起施行，此为专门的个人信息保护法，将个人信息保护有关内容写入相关法律法规中，进一步完善了个人信息保护法律体系。

3. 国内大数据安全标准化相关政策

目前关于数据安全标准化的法律政策文件在国内陆续出台。

法律层面，全国人大多次修订的《中华人民共和国标准化法》对我国数据安全标准的制定、实施和监督等都做出了确切的规定和要求[②]，这加强和推进了我国数据安全标准化工作。

在顶层设计上，2015 年 8 月，国务院印发的《促进大数据发展行动纲要》中明确提出“完善法规制度和标准体系，科学规范利用大数据，切实保障数据安全”。2015 年 12 月，国务院办公厅印发《国家标准化体系建设发展规划(2016—2020 年)》，要求推动实施标准化战略，加快完善标准化体系，提升我国标准化水平[③]。2016 年 12 月，国务院印发《“十三五”国家信息化规划》，提出建立统一开放的

①《个人信息和重要数据出境安全评估办法（征求意见稿）》，http://www.cac.gov.cn/2017-04/11/c_1120785691.htm。

②《中华人民共和国标准化法》，https://www.gov.cn/xinwen/2017-11/05/content_5237328.htm。

③《国家标准化体系建设发展规划(2016—2020 年)》，https://www.gov.cn/zhengce/content/2015-12/30/content_10523.htm。

大数据体系，强化数据资源管理[①]。

政策文件上，2016 年 8 月，《关于加强国家网络安全标准化工作的若干意见》出台，该文件由中央网络安全和信息化领导小组[②]办公室联合国家质量监督检验检疫总局[③]和国家标准化管理委员会印发，该文件在加强网络安全标准体系建设中指出推进急需重点标准制定。坚持急用先行，围绕“互联网+”行动计划、“大数据发展行动纲要”等国家战略需求，加快开展关键信息基础设施保护、网络安全审查、网络空间可信身份、关键信息技术产品、网络空间保密防护监管、工业控制系统安全、大数据安全、个人信息保护、智慧城市安全、物联网安全、新一代通信网络安全、互联网电视终端产品安全、网络安全信息共享等领域的标准研究和制定工作[④]。

（二）主要标准化组织

当前，国外已经有大数据标准化研究的工作组，主要包括国际标准化组织/国际电工委员会的信息技术联合委员会（Joint Technical Committee 1 of the International Organization for Standardization and the International Electrotechnical Commission, ISO/IEC JTC1）及其下属的大数据工作组（Working Group 9，WG9）和安全技术分委员会（Subcommittee 27 of ISO/IEC JTC1, SC27）、国际电信联盟电信标准化部门（International Telecommunication Union Telecommunication Standardization Sector, ITU-T）、美国国家标准与技术研究院（National Institute of Standards and Technology, NIST）等。在国内，全国信息技术标准化技术委员会（简称信标委，委员会编号为 TC28）和全国信息安全标准化技术委员会（简称信安标委，委员会编号为 TC260）等是负责大数据安全标准化工作的主要机构。

2014 年 11 月，大数据工作组 ISO/IEC JTC1 WG9 成立，该工作组聚焦和支持 JTC1 的大数据标准计划，编制大数据基础标准等。NIST 于 2012 年 6 月启动了大数据相关基本概念、技术和标准需求的研究，2013 年 5 月成立了 NIST 大数据公共工作组（NBD-PWG），对所有感兴趣的相关方开放，无会员费，旨在通过结合行业、学术和政府等各方力量加速对大数据这一新兴产业的采纳，其成果由 NIST 评审和发布。在国内，2014 年 12 月，大数据标准工作组成立，该工作组下属信

---

①《“十三五”国家信息化规划》，https://www.gov.cn/zhengce/content/2016-12/27/content_5153411.htm。

② 2018 年 3 月，根据中共中央印发的《深化党和国家机构改革方案》，将中央网络安全和信息化领导小组改为中央网络安全和信息化委员会。

③ 2018 年 3 月，根据第十三届全国人民代表大会第一次会议批准的国务院机构改革方案，将国家质量监督检验检疫总局的职责整合，组建国家市场监督管理总局。

④《关于加强国家网络安全标准化工作的若干意见》，http://www.cac.gov.cn/2016-08/22/c_1119430337.htm。

标委，负责制定和完善我国大数据领域的标准体系等工作。2016年4月，大数据安全标准特别工作组成立，该工作组下属信安标委，同样负责制定和完善我国大数据安全领域标准体系，组织开展大数据安全相关技术和标准研究工作。

（三）大数据安全相关标准现状

目前将现有和大数据安全相关的标准分为传统数据安全标准、大数据安全标准和隐私安全类标准（叶润国等，2016）。

支付卡行业数据安全标准(payment card industry-data security standard, PCI-DSS)和美国健康保险便携性和责任法案(health insurance portability and accountability act, HIPAA)标准是传统数据安全标准。PCI-DSS由维萨(Visa International Service Association, VISA)和MasterCard联合制定，是支付卡行业大数据安全认证标准，其目的是严格控制针对持卡人大数据的处理、存储和传输，以确保用户使用支付卡支付的安全。HIPAA为美国健康保险便携性和责任法案，其主要内容包括隐私条例和安全性条例，该法案对于提供健康保健的医疗组织和其他符合健康计划的组织具有规范作用。

大数据安全标准主要包括美国NIST NBD-PWG关于大数据互操作性框架和云安全联盟的大数据安全标准。NIST NBD-PWG安全与隐私小组编写了《NIST大数据互操作框架：安全与隐私（卷4）》，该书描述并解释了大数据所特有的安全问题和隐私问题。NIST NBD-PWG认为，大数据的应用为安全需求模式带来了根本上的转变。在理解和执行安全与隐私要求上以满足大数据体量大、多样性、速度快和真实性等特征。《大数据安全与隐私十大挑战》和《大数据安全和隐私手册》由云安全联盟发布，有针对性地对列举的各个安全挑战分别举了10项最佳实践的案例；此外，为了应对白宫大数据和未来隐私审查项目需求的问题，该组织还发布了《大数据和未来隐私评论》。

隐私保护类标准则主要包括ISO/IEC发布的ISO9100系列隐私保护标准。ISO/IEC 29100《信息技术安全技术隐私框架》搭建了一个高层隐私框架以保护信息和通信技术系统内个人可识别信息，ISO/IEC 29101《信息技术安全技术隐私参考体系结构》为了在对个人可识别信息的通信技术系统内所进行的规定、获取、构建、设计、测试、维护、管理和运行过程中保护利益相关者的隐私而搭建了隐私参考体系结构框架，为了规定用于个人可识别信息保护的隐私影响评估行为准则，ISO/IEC 29134《隐私影响评估方法学》提出了一个隐私保护框架和具体的隐私影响评估方法。

二、大数据安全风险与挑战

大数据引发了生活方式的急剧改变，工作方式发生新的变革，思维模式产生重大革新。大数据在促进经济社会发展的同时也迎来了巨大的风险与挑战。本节从技术层面、个人层面与组织层面三个维度探讨大数据安全的风险与挑战。

（一）技术层面的风险与挑战

1. 大数据处理的风险

人类对事物的认识更多地来自实验，而受技术条件的限制，往往使用抽样方式来获取知识。而在抽样的过程中，人类对于全体大数据有一种迷信。随着分布式缓存、文件系统、数据库及存储技术的不断发展，计算海量数据的能力已经实现。但这种处理方式本身也存在一定的风险，除此之外大数据分析也蕴含着风险。

一方面，海量的数据体量导致大数据中异常情况增多，不正确的大数据充斥着数据库。另一方面，不同来源、不同结构的大数据增加了大数据的复杂程度。多源异构的海量数据给我们的研究增加了不确定性与难度。

除了多源异构、海量数据带来的困扰之外，错综复杂的大数据关系使得大数据关联变得越发困难。当我们的大数据样本扩大到一定程度时，更难清晰地推论出大数据之间的关系。部分缺失大数据的存在甚至导致虚假关系的发生。

大数据的发展使部分学者认为大数据分析应该是全体大数据，而不再是传统的抽样调查，这显然是对大数据与抽样调研二者的严重曲解。从方法论角度来看，通过全体大数据分析事物是比较狭隘的。甚至全体大数据的认定也尚未实现。如果仅仅通过全体大数据对变化做出预测，但是无法分析变化的影响因素，则会出现重视相关性而忽略因果关系的错误思维。谷歌流感预测、1936 年总统选举预测等一系列实践告诉我们，大数据的简单算法有时并不比大数据复杂算法具有优势，严谨抽样依然显示出独特优势。如果研究中仅仅独立使用大数据，而忽视了抽样研究，我们对事物及其规律的掌握就可能出现偏差。

2. 大数据存储的风险

大数据存储风险主要包括以下几个方面。

（1）存储的容量问题。对于 PB 级规模的大数据，大数据存储系统也应及时进行升级扩展来满足大容量的存储需求。与此同时，简化扩展功能，提高使用效率，如采取增加大数据模块的措施来解决容量问题。

（2）大数据延迟问题。大数据可以解决实时性的问题，因此大数据应用环境需要较高的计算性能，从而避免发生延迟的问题。

（3）大数据安全问题。各行都有对大数据安全性的需求，这也是基础性需求。如政府信息情报、金融等特殊行业的大数据应用，都有自己的保密性与安全标准需求，这是大数据管理人员必须遵守的。大数据的发展需要思考不同大数据的关联，在这一过程中大数据安全性问题逐步凸显出来。现有存储主要通过闪存来解决这一问题，在保证安全的同时也实现大数据的简洁、透明。

（4）成本问题。对于组织来说，如何在大数据的背景下控制成本是热点问题。成本控制一方面需要减少成本较高的部件，另一方面需要实现更高的效率。重复数据删除等技术的发展，提升了主存储市场的存储效率，增加了大数据处理的类型，这都会带来更高价值的大数据存储运用。目前大数据中心使用的传统引导驱动器，不但维修成本较高，而且故障发生率较高。如若引入独立服务器引导驱动器，能够在提升效率的同时简化系统的管理，节省使用成本。

（5）数据积累。相关法律法规规定，数据需要保存几年甚至几十年时间。要满足数据存储的期限要求，亟须相关厂商提供更高性能的设备，这些设备需要持续进行数据的一致性检测，在保证高品质的同时实现数据更新的相关需求。

（6）数据灵活性。由于大数据系统的规模大等特征，需要确保系统的可扩充性与灵活性，运用相关软件进行扩容。大数据环境下大数据的保存同时部署在不同站点，已不存在大数据迁移的相关问题。大数据存储基础设施一旦设置就难以随时调整，需要设置多种大数据应用场景和类型。

（二）个人层面的风险与挑战

1. 隐私泄露风险

大数据时代背景下人类生活越来越依赖于互联网，基于互联网的网络留痕、基于大数据的留痕计算、基于人工智能的精准推荐等增加了个人隐私泄露的风险。大数据在一定程度上助推了风险社会的发展历程。大数据时代的大数据开放与共享并没有个体的意愿，个人的隐私极易被发现。目前我们对大数据的保护能力还比较有限，仍不能完全掌控数据被恶意篡改的情况，而这一问题在未来的影响更加严重。解决大数据背景下的个人隐私问题，建立个人数据中心并不是很好的方法，对大数据的无限渴求往往会阻碍大数据中心的实现过程，但是随着大数据的爆炸式增长，当监管滞后时，不同利益相关者之间必然存在激烈的博弈。这种博弈可能涉及资源分配、权力争夺、市场份额、政策制定等方面。

由于缺少相关法律法规的约束，目前国内很多互联网公司在处理个人数据时，都默认采取同一方式：在用户不清楚的情况下获取用户的相关大数据。例如，注册的用户信息、浏览的用户行为、体现的兴趣偏好等都会被其他组织进行可产生利益的利用。这些行为逐步引发用户的不满，长期积累之后将降低用户的信任程度。

大数据的迅速发展，为个人与社会的发展提供了宝贵机遇，但同时也使得个人隐私处于危险之中。大数据时代需要关注个人的隐私问题。大数据的价值并不在于掌握了多少数据，而在于如何对这些大数据进行处理与使用。目前学界与业界在关于大数据收集与隐私保护中仍存在一定的分歧。如何确定大数据存储与大数据安全的边界，是当下我们亟须考虑的问题。大数据时代，每个人都被贴上 N 个标签，每个人都是虚拟化的“数据人”，这也导致任何组织与个人都无法全部掌握全部信息与大数据。因此，我们亟须改变关于个人隐私安全问题的思维方式，重点关注如何高效、安全地管理这些大数据。实践中，困扰较多的是如何利用大数据实现分析与预测功能。传统机构通过大数据分析做出一定的评估。但是大数据环境下完全依赖于大数据的内部算法，人的主体意志有可能被否定，从而可能导致人受到不公平的对待。因此，我们需要充分认识大数据的两面性，全面思考大数据带来的机遇与利益，更要深入思考大数据面临的挑战与风险。海量、多源、异构的大数据具有不可预测的复杂性，如何实现预测的优化与前瞻布局是重要的内容。

2. 个体安全风险

（1）大数据安全与大数据病毒。业界专家常常认为病毒与木马是黑客进行数据篡改、隐私窃取的工具。杀毒是确保大数据安全的重要一环，但是并不能确保百分之百地实现大数据安全。传统数据安全，只需要确保电脑中储存的相关信息的正常运行即可，只要确保病毒不会误删特定格式文件即可。但互联网与大数据的不断发展，使得病毒的扩散与入侵能力越来越强大。电脑中大数据价值的迁移，正在不断改善病毒的特征，病毒已经可以实现精准入侵，如针对具有高价值文件的大数据，病毒主要以破坏文件、删除文件为主；针对网游账户、网银账户等大数据，则主要窃取相关资产。

（2）个人隐私暴露的风险。可穿戴设备的发展扩展了生活的时空性，提高了生活的质量，但同时进一步暴露了个人的隐私：如智能眼镜就可以随时产生大量数据，通过内置眼镜中的摄像头进行阅读与拍摄，并引导用户行为。但这正如智能手机自动定位一样，使得用户的个人隐私暴露无遗，这必然会产生极大的大数据风险。暴露的个人隐私与信息，可以被黑客利用，轻易了解用户的基本情况、兴趣爱好、婚姻状况等，并跟踪用户的行踪轨迹，从而实现精准入侵。

（3）大数据潜移默化的安全影响。随着新兴信息技术的不断发展，计算机的存储与计算能力正在突飞猛进地发展，这就导致大数据的体量不断增大。这背后的原因之一是大部分硬件产品在产生大数据中是主动的、自发的，甚至在用户行为没有发生较大变化时，较大的大数据价值也会主动产生相应的大数据。在以千万级为计量单位的用户搜索行为中，通过大数据挖掘可以判断用户的年龄、性别、偏好与消费水平等，是否登录的行为已经不能产生实质性的影响。同样的，黑客也可以使用类似的技术进行用户的精准锁定，甚至在用户没有发生相关行为时个人隐私就被暴露出来。

（4）个人数据安全的系统性风险。大数据技术的发展，使得个人信息采集日益方便，收集的大数据范围也越发广泛，比如居民身份信息、消费信息、舆情信息、日常行踪轨迹等，这类大数据的整合与关联分析，可以精准还原现实中人的生活状态，并以此为基础预测社会发展的全貌，最终实现巨大的经济效益与社会效益。受经济利益的驱动，已经形成了以个人信息为主的大数据产业链，这一产业链从大数据采集开始到精准推荐，全链条全流程贯穿。虽然通信运营商、银行、各大互联网企业都能根据相关法律规定进行个人数据搜集，但是并不能实现大数据的充分保障，仍然存在系统性的风险，难以避免信息泄露。基于大数据技术的信息整合，可以通过大数据挖掘、大数据分析实现用户的精准营销，从而实现用户的精准管理，但难免遇到非法的信息窃取等。已有报告指出，当前我国互联网涉及个人信息安全的产业链规模较大，有不法组织从中牟取暴利。

（5）个人数据安全保护的边界模糊。大数据时代强调开放共享，为最大程度地挖掘大数据价值，应重新思考和界定国家、社会、个人之间的大数据管理权限边界，并根据大数据安全的实际情况进行动态调整，对不涉及国家安全、个人隐私的大数据进行大数据开放共享。作为社会经济的重要来源，个人数据具有人格利益与社会利益双重价值特征，因此需要对信息边界进行不断的动态调整。

3. 信息安全保障体系

（1）大数据背景下个人隐私保护的严峻挑战。信息技术的发展推动了大数据进程，用户在消费过程中产生的信息被企业“无声”地记录并使用。物联网、大数据、人工智能、5G等技术迅速发展，个人的数据已呈现网络化特征，信息透明已成为难以改变的大趋势。在工业社会时代，政府是社会信息的主要拥有者与管理者。但是在大数据时代，企业正在越来越多地拥有各种海量的数据，进而对个人的隐私构成了巨大的挑战。在大数据时代，大数据分析技术的发展使得大数据价值越来越大，大数据逐渐成为一种战略资源，在经济社会发展过程中起到越来越重要的作用。互联网改变了生产生活方式，网络购物、社交平台等让公众的属性信息、行为信息、偏好信息等被记录在商家的数据库中。商家利用这些大数据实现各项服务的精准推送。例如，手机定位系统可以用于天气预报、地图导航等服务，同时也锁定了用户的地理位置、行踪轨迹等多种信息。即使使用普通手机或者关闭手机的定位功能，电信服务商依然可以通过基站确定用户的位置、通话时间等基本信息。尤其是微博等各类自媒体平台，基本可以实现基于用户基本属性、用户行为的精准信息推送与广告定向投放。可见，大数据所带来的一系列变革，使得当前社会中的个人近乎“裸体”。

（2）个人数据权力边界逐渐模糊。在传统社会中，个人的隐私需要经过授权的方式被使用。但是大数据时代，传统的大数据保护模式已经逐渐失效，个人隐私往往在不经意的网络行为中被暴露。伴随交易的多重性，多个第三方交易机构的逐步增多，使得个人数据权力的边界逐步模糊甚至不复存在。

（3）亟须创新个人隐私保护模式。大数据的迅速发展，带来的是个人数据流动性的不断提升以及个人隐私暴露风险的不断增大。面对前所未有的大数据风险与挑战，亟须从法律层面对个人数据进行保护，并配套操作性强的司法解释。同时需要对法学基础等领域进行研究，为相关法律法规构建提供理论基础。

（三）组织层面的风险与挑战

1. 归属风险

大数据的收集、存储、处理、分析等需要一定的资源消耗，从这个角度来看，只要产生大数据，那么该大数据就具有价值属性。在传统社会中，大数据主要存储于一定的软件系统中，且需要依托一定的商业机构，通过软件的使用发掘大数据的价值。在大数据时代，大数据以独立的价值形式出现，并越来越受到重视。作为客观存在的大数据，主要反映物理空间中的事物状态与属性，具备特定的表达形式。在大数据时代，大数据的收集跨越了固有的模式，个体、企业、政府等都可以合法进行大数据收集并拥有相关大数据。个体、企业与政府都是数据的产生者，同时也都可以是大数据的所有者。比如在手机定位系统中，个人是电信运营商重要的大数据来源；政府则拥有人口普查、城市规划等信息；企业则拥有用户基本属性、用户行为及偏好等大数据。这更加需要我们思考：如何对大数据使用范围、收集渠道、管理责任等进行管理与限制。大数据的不断发展，甚至改变了人们对大数据隐私的传统看法，比如当前几乎没有人会拒绝智能手机的自动定位服务，而在以前人们非常不愿意透露自己的行踪信息。国外部分国家与地区已经开始对个人信息公开进行立法，如欧盟的积极立法；荷兰已在大部分政府实现信息全面公开，当然涉及个人隐私与国家安全的信息除外。目前我国还比较欠缺专门对大数据资源财产保护的法律。

因此，我们需要继续探索大数据的实际权益归属与保护问题。在该领域目前亟须解决的两个主要问题是：如何界定多生产者的数据；如何定义隐私数据。

2. 控制风险

大数据的最终控制权属于机构还是个人，需要依据具体情况来看，综合考虑大数据类型、行动目的等。在大数据时代，由谁使用大数据，由谁控制大数据，大数据的存储规范等系列问题仍处于不确定状态。学界与业界已在多个领域进行尝试和创新，但依然无法给出准确答案。相对来说，大数据的存储较为简单也比较清晰，如何使用个人信息才是今后一段时间大数据规范管理需要重点讨论的问题。但由于大数据驱动的价值越发明显，有可能在未来出现严重的数据滥用等问题。

目前，多数互联网公司可以查询用户的信息，但必须遵从严格的检验规则与条件，必须遵守一定的职业道德。法律会严肃处理私自查看、泄露他人网络隐私的行为。政府是公共大数据的管理者，但同样需要遵守相关法律法规。比如在欧洲，个体与公司都有权利拒绝向政府提供大数据，但涉及国家安全的情况除外。大数据时代，大数据收集有一定的局限，一般来说大数据收集往往是被动的，甚至当技术发展到一定程度时，完全可以低成本地进行大数据收集。大数据成本在过去 50 年时间里，大约两年就会降低一半，但存储密度却提高了 5000 万倍。同时，部分大数据价值会随着时间而流失。但是并不是所有大数据都会受到这种影响。虽然部分监管部门要求组织在一定时间内删除、隐藏用户信息，但相关组织依然想尽办法长久保存大数据。

Web 3.0 已经实现了大数据的海量筛选，但依然无法取代人的作用。对于政府而言，一方面需要大数据，另一方面海量数据也给政府治理构成了重大挑战。以警察确定罪犯为例，往往可以根据手机服务与互联网服务摸排罪犯的全部信息，通过分析这些信息对罪犯活动区域进行锁定跟踪。从大数据安全角度来讲，不应该由某一个国家或地区对互联网实现控制，全球各个国家与地区都应该共享网络资源，提高互联网资源的透明度。大数据管理组织应该明确大数据存储的地点、时间及方式等。除了企业、个体层面的安全，国家层面的大数据安全更应该是我们考虑的重点。部分学者提出“信息疆域”的概念，也就是说大数据同土地、海洋等一样具有主权属性。国家对跨国企业的大数据存储、管理与使用都应有所限制，并实现一定程度的监控，并通过法律对其进行保护。

3. 发展风险

大数据在各行各业得到了重视与应用，在与信息技术、信息技术产业等领域结合的过程中，大数据展现出广阔的前景与应用需求。面对大数据带来的机遇，唯有及时跟进学习大数据科学等知识，了解大数据、应用大数据，并主动将技术与创新结合，来促进大数据对国家各领域推动作用的发挥。大数据促进管理效率与管理水平的提高，这是企业使用大数据技术的原始动力。

大数据对传统组织的影响主要包括：①对原有信息系统的冲击，海量、多源、异构大数据使得传统信息系统无法应对新的挑战，对于大数据存储、大数据关联、大数据分析等都提出了挑战，因此需要对现有信息体系进行升级。②大数据思维需要组织架构重塑。传统金字塔式的组织结构需要向以客户为中心的组织结构转化，以此给公司战略、企业文化、组织结构、运行流程和体制机制等都带来巨大的转变机会。

4. 规范风险

大数据时代的发展与演进，改变了社会生产生活的思维与实现方式，迫使人类重新思考基本准则。可以发现，原有标准已无法满足人类的实际需要，我们需要全新的制度规范来降低大数据带来的风险。因此，需要构建多模式隐私保护路径，重点关注大数据责任的承担者，而实现这一内容的重点是从技术角度进行规范。首先，需要对大数据使用进行监管，而这不应该仅对大数据采集进行监控。其次，需要建立健全的问责制度，将大数据的黑盒子暴露于阳光之下，实现大数据治理的透明。当前，算法工作者通过学习统计学、计算机、大数据处理等确保大数据系统的安全，并做好个人隐私与国家安全之间的权衡。大数据技术的发展使得原本碎片化的信息呈现出系统性，并辅助决策，这是时代赋予的宝贵机遇，在此背景下获取大数据价值是大数据时代的最大挑战。

大数据时代，需要进行国家与国家间的交流，并形成彼此之间关于数据安全的公约。企业运用大数据进行精准推荐同样涉及个人隐私。实际中，企业运用用户的信息实现精准投放等，是对个体隐私的侵犯。大数据时代背景下，应从国家层面的战略高度关注个体数据安全。从广义视角来看，公共大数据应归属于公众，每一个个体都有权无偿获取大数据并免费使用大数据。这可以充分发挥大数据资源的重要作用，使其在提升人们生活质量的同时推进社会向前发展。

三、大数据安全标准化需求

（一）平台安全建设需求

大数据平台安全需求分析，主要包括大数据传输安全、分级保护、个体隐私保护与审计安全四个方面。

1. 大数据传输安全

当前大数据计算多采用的是分布式的计算方法。分布式计算方法的特性，使得大数据在传输、信息交互等过程中存在着信息被窃取以及大数据被篡改的风险与挑战。如何在分布式计算存储过程中，确保大数据不被篡改、个人隐私不被泄露、大数据不被丢失，并对所有站点的安全进行保护是当前面临的重要挑战，也是当前的重要需求之一。

2. 分级保护

大数据对数据的存储、传输与分析，一般是根据风险的不同程度进行分级、分类，同时按照剩余风险可接受以及适当保护原则，对上述信息进行分类，并根据不同等级的大数据采取相应保护措施。这一方面可以处理复杂系统难以实现系统性保护的问题，另一方面可以实现资源的重点投入，确保重点大数据优先得到保护。

3. 个体隐私保护

根据大数据的生命周期理论，大数据管理包括大数据采集、存储、共享、价值挖掘、发布和删除等不同阶段，每一个环节与过程都存在个体隐私泄露风险。大数据时代背景下，对于个体隐私性的要求更高，即在不暴露个体敏感信息的条件下，进行大数据关联与大数据挖掘。在传统的大数据领域，主要聚焦于文件的私密性等属性。现有大数据安全保护技术是大数据的静态集合，针对大数据实时等特征，必须考虑在大数据的复杂系统环境中，实现对大数据隐私保护的动态性与实时性。

4. 审计安全

在对各类大数据平台的访问记录、用户行为进行监控时，对这些行为进行审计，从而分析出是否在访问中存在违规操作行为。最后通过数据溯源等技术，对违规操作进行追溯，实现对大数据的后台保护，进而实现对大数据的安全审计与溯源。

（二）分布式计算安全的需求

大数据的基本特征之一就是数据量巨大，通常采用分布式方式来进行大数据处理。MapReduce 是当前较为普遍的分布式计算框架，由于其处理大数据的优越性被广泛应用于诸多行业与科研领域。但是在实际运营中，分布式计算方式依然存在一些不安全因素，这也对大数据安全标准提出了新的需求。

黑客可以篡改或伪造分布式处理函数的参数值，如对大数据中的架构进行攻击、篡改大数据计算结果、对大数据进行监视、改变相关流程、提供虚假大数据等，这会导致最终依据大数据做出的结论不符合事实，或使得用户的隐私泄露。这种问题往往出现在大量数据中，更是增加了发现问题的难度。

由于缺少完善的安全认证机制与访问控制机制，黑客较为容易进入分布式处理工作集群，从而发生黑客冒充他人非法访问、恶意提交、随意篡改等现象，进而造成严重的大数据安全隐患。

（三）大数据挖掘的安全需求

大数据本身不会产生价值，只有对大数据进行挖掘，才能充分实现大数据的价值。然而大数据挖掘技术在发现、创造大数据价值的同时，极易产生个人隐私泄露等大数据安全问题。

大数据挖掘技术可以帮助我们从海量、多源异构的大数据中挖掘大数据的价值与规则。但是这些价值与规则，往往隐藏着敏感的用户个人信息，大数据分析人员则可以通过分析大数据挖掘算法，寻找出隐私信息与非隐私信息之间的关联，进而根据用户的开放信息推算出隐私信息。虽然在实际中可以通过大数据加密、大数据匿名等方法实现个人隐私的保护，但却影响了大数据的加密情况，降低了大数据挖掘的功能。甚至仅仅通过匿名技术尚不能实现隐私保护的目的。

第二节　大数据安全标准体系框架研究

为了更好地实现大数据开放共享，需要以大数据安全为核心内容，围绕大数据安全这一目标，制定基础类标准、平台与技术类标准、大数据安全类标准及服务安全类标准。

一、基础类标准

基础类标准对大数据共享安全标准体系中的概念界定、角色分配、模型构建、框架设计等基础概念进行阐述，对大数据共享过程中各类安全角色进行明确界定，厘清了大数据共享过程中各类安全活动与功能的定义，这为其他类别标准的制定提供了基础依据。

二、平台与技术类标准

通过对大数据共享的平台及其防护技术、运营技术等进行标准制定，能够有效规范大数据共享安全环节。主要对大数据共享安全的技术与相关机制、平台建设及安全运营等方面进行标准的制定。技术与相关机制主要包括安全监测、安全储存、安全溯源、密钥等服务；平台建设则主要包括基础设施、网络设备、大数据采集、大数据处理、大数据存储等；安全运营则主要包括风险管理、应急服务及安全测评等内容。

三、大数据安全类标准

大数据安全类标准主要包括重要数据、个人信息、跨境数据安全等大数据安全管理与相关技术标准。该标准涵盖大数据安全的全生命周期，包括分级分类、去标识、风险评估及数据跨境等内容。通过建立完善的个人信息安全标准体系，来确保对重要数据的管理与保护，对跨境数据进行共享目标的实现。

四、服务安全类标准

服务安全类标准主要是基于大数据开放、大数据交换、大数据交易等场景提出的共享服务安全标准，主要涵盖大数据共享服务安全需求与要求、实施智能与评估方法等；对大数据交换共享过程中的安全性与规范性进行规范，从而达到对个人信息安全、企业利益保护的目的；实现对大数据交易服务产业的规范化管理，实现政府、企业等多方资源的融合，支持行业应用与服务创新，提高经济社会运行效率与质量。

第三节　大数据安全标准化重点工作分析

一、核心：大数据共享安全标准

（一）网络安全标准

大数据共享要求服务网络需具备高度的安全性、可靠性与适用性，同时要求网络具备一定的容错纠错能力。因此，大数据共享安全标准的网络安全标准，需要从技术维度和管理维度考虑制定相应的大数据共享的网络安全标准。

技术维度的安全标准主要包括收集、处理、关联及管理的相关标准。信息收集安全标准主要涉及信息采集方式的安全标准、信息格式等。信息处理安全标准主要涉及对原始安全信息进行过滤和整合处理过程中的系列标准问题，从而实现对信息中错误与冗余信息的清洗，减少信息数量并提高信息质量，为后续数据处理提供规范、正确的安全事件集。信息关联相关标准主要是对各安全节点的安全事件进行关联时设定的系列标准。信息管理相关标准是对信息进行有序存放过程中设定的系列安全标准。

管理维度的大数据安全标准是指在制定大数据安全管理相关制度和措施时，除考虑等级保护制度、云平台风险和数据源风险外，还需针对新发现的安全问题，重点完善大数据管控、用户身份识别、用户行为追溯等管理措施，防止大数据被篡改、泄露、攻击等。在进行设计时，需要设计系列、完整的大数据安全态势感知体系，并采取配套的内部管理制度和落实措施，实现大数据安全的闭环管理，从大数据安全的事前预警、事中防御及事后追溯，构建大数据安全的态势感知能力，保证大数据的完整性、可用性、可溯源。建立的管理制度与措施包括但不限于：明确大数据中心安全管理责任制度，确定人员职责与工作规范；建立健全大数据安全防护、脱敏和加密管理手段，保证关键信息安全；构建统一认证标准，健全大数据安全审计系统；建立健全大数据安全检查制度，对落实的大数据安全情况进行定期检查，确保安全体系安全、高效运行，评估这一体系是否满足总体安全形势需求。

（二）系统安全标准

大数据安全的系统安全标准主要包括大数据日志的规范、备份与恢复数据库的规范及标准、处理各类故障的规范等内容，从而实现对系统日志的监督，对系统操作权限的管理与控制，对密码策略与设备钥匙的管理，防止相关数据被窃取或篡改。

大数据日志的规范：大数据是对海量数据进行处理、分析及扩展特性的极大数据集合，大数据日志是一种以.log 结尾的文件，可以筛选出访问网络大数据的相关日志记录。规范的大数据日志，可以在发生异常时第一时间弄清楚用户的操作行为、环境影响情况、大数据变化情况等，从而帮助开发人员去重现、研究并提出大数据安全的解决方案。

备份与恢复数据库的规范及标准：为规范、统一关键系统的数据备份与管理，明确数据备份与恢复的角色定位和职责分工，保障备份介质的安全，确保能够顺利、安全地恢复各类数据，提高相关工作人员熟练掌握数据备份、归档及恢复的相关流程与工作规范。数据备份与恢复主要包括：确定数据备份与恢复的方针及原则，尤其是针对关键数据；备份介质存放、归档管理；数据恢复；对数据备份与恢复流程的评估及运营维护；对归档大数据的相关查询；对硬件工具/设备进行监控与管理的备份及恢复。

处理各类故障的规范：大数据共享过程中出现各类故障是较为常见的情况，在出现故障时进行及时维护，是以最快速度确保大数据安全的重要途径，因此建立健全处理各类故障的规范，对于共享大数据安全具有重要意义。建立健全各类故障规范过程中，需要关注如下三方面：①建立完整的大数据文档，以供大数据维护时进行查询，如大数据需求分析报告、大数据安全设计总体思路与方案、网络拓扑结构规划、网络设备选择等；②养成维护大数据日志的良好习惯，尤其对于一些发生概率低但是实际危害大的大数据安全、故障，以及那些发生概率高的故障，完备的大数据维护文档有利于后期故障的排查；③提高大数据安全防范意识，提高大数据加密的可靠性等。

二、主要内容：基于生命周期的大数据治理框架构建

伴随着大数据时代的到来，数字化、数据化程度不断加深，政府大数据治理是在大数据开放背景下完成的。大数据开放是目前多学科领域的研究焦点，2015年8月31日国务院发布的《促进大数据发展行动纲要》，明确提出我国将在2018年底前建成国家政府数据统一开放平台，截至2023年8月，我国已有226个省级和城市的地方政府建立了大数据开放平台。大数据开放的核心在于将独自掌握的原始大数据资源提供给公众获取和使用（余奕昊和李卫，2018）。随着政府大数据的大量积累，面对巨大体量、多元、异构、分散的政府大数据，政府大数据治理过程中存在着诸多风险与挑战。由于政府大数据价值越来越大，政府大数据开放获取需求不断增加，使得有效的政府大数据治理成为亟须解决的重要问题。而大数据治理框架的构建，正是实现大数据安全标准化的重要内容。

（一）信息生命周期管理理论与模型

1. 政府大数据生命周期治理的内涵与目标

信息生命周期是指信息从发生到使用，直到消亡的动态、循环反复过程，该过程往往伴随价值增值过程。信息生命周期治理是依托生命周期理论，对政府信息进行收集、处理、转换与运用的全过程、全方位治理，其依据是政府信息依然具有生命周期特征，且不同阶段所具有的价值有所不同（赖茂生等，2014）。

政府大数据生命周期治理的目标：针对政府大数据治理不同阶段，开展不同

的活动，运用信息技术，实现对政府大数据的管理，最终实现运用合适的方法找到可以解决问题的最合适的信息资源与知识资源的目的（朱晓峰，2006）。

信息生命周期规律的研究有助于促进政府大数据资源的科学配置，最大程度地挖掘大数据价值。因此，将信息生命周期管理理论引入政府大数据治理框架构建中，也是政府治理理论与实践的需要。

2. 国外信息生命周期管理模型

信息生命周期管理模型最早由霍顿提出，由 EMC 公司补充和完善并首次将其推广至实践，且后续研究主要围绕 EMC 信息生命周期管理展开（万里鹏，2009）。国外主要的信息生命周期管理模型如表 12-1 所示。

表 12-1 国外信息生命周期管理模型研究情况

提出者	内容	评述
Oracle 公司	包括信息创造、获取、存储、转换、索引、管理、清理、分布、发布、检索与维护 11 个步骤	提出信息管理的完整生命周期；内容细致；更多运用于企业，较少考虑政府层面
惠普公司	包括信息捕获、归档、保护与处理	更多运用于企业
JISC info Net 公司	三阶段模型：信息获取、分类存储、审核处理	流程复杂，适合时效性较强的组织
美国国家医学图书馆	包括信息处理、转换、提供入口、使用、更新与保存	以医学信息为对象
IBM 公司	包括识别、获取、组织、管理、利用与保存	更多适用于企业
加拿大政府	文档与信息生命周期管理模型，包括信息管理规划、信息收集制造、信息组织、信息利用与传递、信息维护与保护、信息部署、信息评价	对政府的运用具有局限性，更多考虑单独一个部门的情况，尚未涉及信息更新等问题
澳大利亚政府	引入信息互操作框架，提出阶段信息生命周期模型，包括计划、创造与收集、组织与存储、接入、使用和维护	指明每个阶段的基本原则

3. 国内信息生命周期管理模型

国内学者就信息生命周期管理模型进行研究，主要有如下作者及其代表性观点，如表 12-2 所示。

表 12-2　国内学者信息生命周期管理模型研究情况

作者	时间	主要观点	评述
朱晓峰等	2005 年	基于生命周期方法，提出政府信息资源生命周期管理思想，构建了链状、环状及矩阵型三类模型	适用于政府大数据资源管理
栗湘等	2006 年	基于技术基础维和软硬件层级，构建生命周期管理层次模型，其中纵向包括存储层、管理层和应用层，横向按照时间顺序包括创建、采集、组织、存储、利用与清理六个部分	将生命周期管理运用层和各阶段相结合，但未涉及技术层面，为我国后续研究提供借鉴
何俊等	2007 年	根据信息应用层级进行划分，构建信息生命周期管理分层模型	尚未考虑信息各生命周期特征
常培等	2007 年	基于技术角度构建信息生命周期管理立方体模型 C-ILM，主要包括技术基础维、软硬件层次结构维与信息生命周期维	实用性较强
白中英等	2008 年	基于信息生命周期管理理论构建 TD-ILM 三维模型，实现了技术、信息周期与信息运用的有机结合	确保各阶段大数据价值的发挥，是一种较为全面的理论与方法

4. 国内外信息生命周期管理模型小结

关于信息生命周期管理模型的研究，国外的研究较早且比较成熟，多数运用于实践，而国内更多以理论研究为主，对于政府信息的研究更是刚刚起步，具有一定的研究基础，但仍有提升与优化的空间。通过分析上述国内外信息生命周期管理模型研究现状，可以发现虽然不同类型组织（企业与政府）对于信息生命周期管理阶段的分析有所不同，但其内在的基本逻辑较为一致，如大部分包括信息收集、存储、利用、销毁等阶段。国内学者的研究较多关注于技术与存储的重要作用，在一定程度上表明目前大数据、云计算、人工智能的研究现状与热点。

（二）政府大数据治理的特征

大数据及其分析在构建竞争优势方面具有重要作用，大数据已成为驱动创新的重要资产①。随着大数据信息技术的迅速发展，掌握大量公共大数据的政府开始从信息公开走向大数据开放，更加强调政府对信息技术与服务平台的利用，从而向公众提供无须特殊授权就可再次开发利用的原始大数据（张毅菁，2014）。作为一种新的理念，大数据开放对政府大数据的收集、开放与运用提出了更新与更高的要求，对政府大数据治理能力提出了新的考验。

① Exploring Data-Driven Innovation as a New Source of Growth: Mapping the Policy Issues Raised by "Big Data" [EB/OL]. https://doi.org/10.1787/5k47zw3fcp43-en[2023-10-20].

第一，空间重构、虚实同体。人类发展过程中，作为社会变革的一部分，科技进步推动着人类社会的前进。第一次工业革命中蒸汽机的发明与使用、第二次工业革命中电力的发现与使用，都在不同程度地推动人类发展，但人类赖以生存的物理空间并未发生改变（马长山，2018）。以互联网、大数据、人工智能为特征的信息技术革命，不仅扩展了人类社会在物理空间中的活动范围与能力，而且创造出一个边界不受限制、内容极其丰富、能量超乎想象的虚拟空间。在这个虚拟空间中，资源不再是土地与劳动，而是以各种形式存在的各类大数据；政治权力与大数据融合出“网络国家”的概念，“后人类时代”改变着既有的观念与治理模式；商业与大数据融合出“新零售”模式，创新性思考新模式与新运营。因此，物理空间与数字空间实现新融合，现实生活与虚拟生活实现新交界，物理空间与电子空间得以重构、相互嵌入与影响，使得人类社会的生活、工作在虚拟与现实的双重空间中，改变了人类的生产生活方式，重塑了生产力与生产关系，在给社会发展、政府治理与社会秩序带来新机遇的同时，也提出了新挑战。

第二，大数据生态中大数据为王。大数据开放背景下，大数据由样本变为全体，如何对海量数据进行系统分析，从而对个体和群体行为进行深入分析与预测变得尤为重要。这必将形成以大数据为资源、为基础的扁平化、网络化、平台化、大数据化的新型生态。面对这种新型生态，个人必须进行数据共享与使用，从而适应新的大数据生态模式。对于组织而言，信息技术带来最大的转变是资源禀赋的创新，使得大数据成为新型且最重要的资源。这最终构成以大数据生态为基础，以大数据为资源的新型社会关系，实现对人类社会秩序的重构与变革。

第三，主体协同、智能精准。大数据技术包括云计算、移动互联网等，这些技术提升了非政府组织、社会团体及公民个体参与社会治理的话语权，提供了多元共治社会的可能。大数据背景下的社会治理主体间共享资源，以云平台为基础，实现信息的获取、交换、分析与使用，解决了多元主体沟通障碍问题，从而形成以政府为主导、多元主体协同共治的模式（石火学和潘晨，2018）。大数据背景下政府治理的核心是治理方式智能，一方面表现为通过对大数据资源的感知与智能分析，快速、准确确定决策的关键点、流程、效果等（顾立平，2016），另一方面表现为政府通过大数据加强对工作人员的智能化管理，从而提升政府运作效率。政府治理过程的精准，主要表现为大数据技术与生态保护、公共安全、城乡统筹等领域的结合，通过数据库的构建，实现基于海量数据的大数据识别、分析与匹配，实现精准治理。

上述基于大数据的社会治理变革，呈现出新型的社会秩序与政府治理关系，替代甚至颠覆了现有政府治理观念与方式，这给政府治理理论带来了巨大的破窗性挑战。

1. 政府大数据治理的环境异常复杂

传统视角下，政府拥有经济社会发展的大部分大数据，而这些大数据往往以不同的标准存在于不同的领域与部门，各领域或部门间并未建立协调统一的大数据共享平台。在政府大数据治理中，哪些数据可以开放，哪些数据不能开放，如何开放，开放的风险，等等，这些问题模糊了政府信息管理边界，使得整体大数据生态系统变得多元、杂乱。

2. 政府大数据治理的边界不断扩展

政府大数据治理边界不断扩展主要表现为：治理问题的多样性，即强调社会的结构分化和利益分化；治理问题的内部关联性，即不同大数据分管部门之间的关系；治理问题的大数据安全隐私保护，即谁该对大数据安全负责；治理问题的价值与公平，即政府大数据治理的导向问题。这些都增加了政府大数据治理的难度（Thatcher et al.，2016；Khatri and Brown，2010）。

3. 政府大数据治理的主体分工改变

随着人类社会的现代化进程不断加速，社会利益主体呈现分化趋势，社会治理的难度与复杂程度逐渐加剧，因此除政府机构以外的利益相关者参与到社会治理中，将传统的集中于政府的权力合理、科学地分散于不同主体，形成政府与利益相关主体对社会的共同治理，这对政府部门传统信息垄断地位形成挑战（Begg and Caira，2012）。

总而言之，大数据技术变革给人类社会带来了超越以往任何阶段的想象空间，使得政府治理必须依靠大数据而行。对于政府治理而言，大数据的出现创新了政府与公民沟通的渠道，再造了公共服务的提供流程，更重塑了政府的治理结构与逻辑。

（三）政府大数据治理需求分析

大数据开放背景下，政府大数据治理工具的缺失，在一定程度上制约了政府大数据治理价值的发挥。根据当前研究现状，明确政府大数据治理各阶段需求，对于解决政府大数据治理存在的问题具有重要意义。

大数据治理最早出现在企业中，Coleman（2008）认为企业的大数据治理是对大数据的数量、一致性、适用性、安全性与控制性的管理，大数据由于自身的“无意志性”，需要我们对其进行管理，因此早期的研究将大数据治理视为人对技术的治理。伴随研究与实践的深入，大数据治理被理解为一种设计任务（Otto，

2011），大数据治理不仅仅是对大数据本身的治理，更应该是“依据大数据的治理”（张康之，2018），这个阶段的大数据治理主要被引入政府领域，强调政府运用信息技术构建大数据平台，实现基于大数据的政府科学决策与科学管理（梁木生，2001）。

不同学者基于不同视角对政府大数据治理的概念进行界定。夏义堃（2018）认为政府大数据治理是以治理的思维方式对传统政府信息管理进行改变，运用大数据管理制度、组织、技术及流程等手段，对政府大数据进行全面管理，推动政府大数据从公共资产向经济社会价值转变；丁辉侠（2018）认为大数据时代的政府治理在新公共管理、新公共服务、整体治理、数字化治理、网络化治理等多种治理基础上，以智能化重塑政府治理；戴长征和鲍静（2017）强调大数据融通和以公民为中心的智慧服务，是网络化、数字化动摇了以固定空间、相对集权为基础的国家或组织的根基，进而使政府形态和社会治理模式发生转变。政府大数据治理更注重政府分权、参与主体的多元性与互动性，促进大数据资源的开放与共享，提高政府透明度，提升政府公信力。

政府大数据治理过程具有明显的周期性，基于不同阶段的大数据处理活动，形成政府大数据治理的生命周期理论。鲍静等（2017）将政府大数据治理生命周期管理分为大数据生成与发布、权限配置管理、网上流转、大数据呈现、利用管理和更新管理六个阶段；Attard 等（2015）从大数据预处理、开放与维护三个方面，将政府大数据治理生命周期分为大数据创建、筛选、协调、分布、关联、发现、探索、开放与监护九个阶段；van Veenstra 和 van den Broek（2015）将政府大数据治理分为大数据识别、准备、发布、重用与评估五个阶段。生命周期理论能够清晰梳理政府大数据治理各阶段的任务，对于探索政府大数据治理规律，有针对性地提出促进我国政府大数据开放应对策略具有重要作用（黄如花和赖彤，2018）。

本节从支撑政府大数据治理工具开发视角出发，从大数据采集、整合、评估、存储及共享五个阶段对政府大数据治理生命周期进行研究。

1. 政府大数据治理理论演变历程与焦点

对大数据与政府治理关系的研究可追溯至西蒙的思想，西蒙认为智能技术能够补充有限人类理性。随着研究的不断深入，学者更加认同技术本身并不能够形成治理的核心资源与实际对象。20 世纪 90 年代卡斯特尔教授重新界定“空间”的概念，敏锐地发现现代通信技术推动了资本、信息等流动；吉登斯将结构看作影响社会模式转换的资源，揭示了大数据流动才能产生价值，因此将政府治理视为对全球社会大数据资源进行权威分配的活动，即大数据流动治理。大数据流动治理的出现更加明确了大数据治理的本质问题，即主体、时间、地点、方式、内容，这也反映了大数据作为当下战略资源的核心，其本质是权力归属问题。

从“技术驱动”向“大数据驱动”的政府大数据治理思维转变，对于政府本身各信息系统大数据管理、政府与社会公共事务相关大数据治理，以及政府对大数据产业经济治理，需要我们更加关注：政府大数据治理过程中相关大数据、大数据治理效率、治理本身价值的回归（黄璜，2018）。

2. 政府大数据治理的多样化需求

根据现有研究情况及面临的挑战，政府大数据治理需要满足多方面需求。

（1）大数据形式纷繁复杂，需要进行规范管理。目前，政府各部门上传数据的要求、标准、格式等均不统一，各政府开放门户网站上仍欠缺较为系统、完善的元数据。因此，为满足政府大数据的精准性、可用性、完整性、时效性等基本要求，需要制定统一的格式标准、元数据标准、组织标准等，对政府大数据进行规范管理，从而整合政府各部门的大数据资源，破除政府大数据开放壁垒。

（2）大数据规模爆炸式增长，需要进行安全存储。在大数据背景下，伴随智能互联网时代的到来，社会中各类大数据正在以几何级的数量爆炸式增长。面对政府大数据规模的日益增大，如何满足既有历史大数据的存储需求，又能实现政府大数据的动态增长，是当下政府大数据治理面临的最基本也是最重要的问题。同时，这对政府大数据的存储能力、存储空间及大数据安全性提出了更高的要求。

（3）更新周期短暂，需要进行动态管理。政府大数据的规模大且密度高，同时出现了复杂多样的各种大数据类型，对大数据的处理与更新速度提出了新的更高的需求。由于现代化信息技术工具的多样化与丰富化，各类新型政府大数据的生命周期呈现更新快的特征，这些对大数据的存储、动态管理能力提出了更高的要求。

（4）大数据形态非结构化，需要进行系统管理。伴随互联网信息技术的普及与发展，公共系统与个人不停地产生各种大数据。相对于传统结构化大数据而言，大数据呈现出容量大、类型多、时效高等特点，即表现为非结构化大数据，这对大数据的准确性、系统性提出新要求，从而需要提高管理质量。

（5）大数据来源形式多样，需要进行整合管理。大数据最根本的特征表现为多源异构（石宇等，2015），这些多源异构的大数据来源不同、采集标准不同、存储标准不同、结构不同等，这对大数据存储的灵活性提出了更高的要求，同时需要构建大数据管理与共享平台，实现多渠道的大数据整合。

（四）基于信息生命周期管理的政府大数据治理框架构建

1. 政府大数据治理框架

大数据治理框架主要包括：基本概念、相关概念逻辑关系的分析，其目的在于为实现大数据治理提供理论基础。国内现有关于大数据治理框架的研究主要包括以下三个方面：①通过对国际上主流大数据治理框架的分析研究，构建契合某一视角和某一行业特征的大数据治理框架，如严昕等（2017）对国际数据管理协会提出的框架与国际数据治理研究所提出的框架进行对比分析，探讨了城镇化信息视角下大数据治理框架的构建与实施；②基于大数据特征，研究大数据背景下的大数据治理框架，如李广建和杨林（2012）首先分析大数据治理的基本理论、主要方法、需求等，基于此从目标、保障、范围与方法四个方面构建大数据背景下的大数据治理框架；③研究具体某一领域内如何进行大数据治理框架构建，如包冬梅等（2015）从高校图书馆出发，结合图书馆行业特征，构建包括促成因素、范围和实施评估三个子框架的高校图书馆大数据治理框架。

现有研究从不同侧面为本书的研究提供了理论支持与引导，但并未能解决政府大数据治理过程中面临的主要问题，也并不能很好地满足政府大数据治理的实际需求。而作为一项系统工程，政府大数据治理面临不同的任务与要求。因此，本书的研究从政府大数据组织融合视角出发，结合政府大数据治理过程中面临的主要问题与需求分析，基于生命周期理论梳理政府大数据治理各阶段的任务与流程，构建如图 12-1 所示的政府大数据治理总体框架。

（1）大数据采集：大数据治理集成化。大数据采集是利用相关装置，从系统外部获取大数据并输入系统中的接口，随着现代化信息技术的快速发展，大数据采集已被普遍运用于互联网及分布领域。大数据采集具备以下三方面特征：大数据全面性，即数据量足够具有价值，且足以支撑起相关的分析需求；大数据多维性，即大数据是灵活的，且能够迅速自定义，具备多种不同类型，满足不同需求，实现不同目标；大数据高效性，即大数据需求分析与需求满足的高效与及时。

一般而言，不同来源的政府大数据，影响了政府大数据采集方式：①各委办局大数据。我国政府大数据主要来自各委办局数据库，这也是最传统的政府大数据来源渠道。各委办局大数据中，以国家统计部门进行统一大数据收集生产为主（邸弘阳和任思琪，2017），主要表现为各类业务大数据，该大数据收集方式能够确保大数据的真实可靠，但是采集周期较长与成本较高。②各类实时监测流大数据。随着信息技术的不断发展，物联网的出现为政府大数据的采集提供了重要支撑。物联网监控设备基于传感芯片、RFID（radio frequency identification，射频识别）读写系统等技术（薛洁和赵志飞，2016），通过工业控制系统、商业可穿

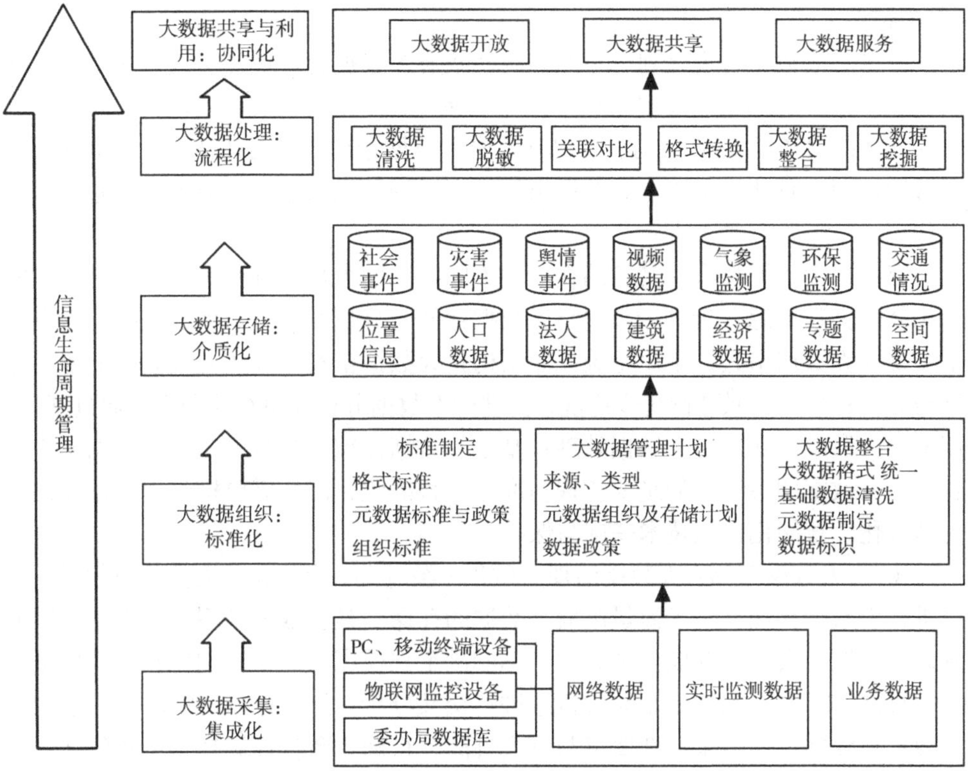

图 12-1　政府大数据治理总体框架

戴设备、温度、压力、湿度监测设备、GPS 等获得各类实时大数据，实现大数据采集的多样化，这类大数据数量庞大、采集及时，但是大数据种类繁多。③网络大数据。移动通信技术的迅速发展，使得移动智能终端得到迅速普及。基于移动端情景感知获得的大量数据，实现了大数据的实时、动态、全面的采集与挖掘（夏立新等，2017），这些数量巨大的网络大数据成为政府大数据的主要内容之一。

（2）大数据组织：大数据治理标准化。政府大数据具有跨领域、跨部门和多源异构的特征（马广惠等，2018），因此需要对政府大数据进行有序管理与组织。

第一，标准制定。因政府大数据的多源异构特征，政府大数据往往涉及不同政府部门，所以构建政府大数据标准具有重要意义。首先，明确政府大数据格式，尽量用机器可处理的和非结构化格式进行大数据发布，并将非结构化大数据转化为机器可处理的大数据（黄如花和温芳芳，2018）；其次，构建政府大数据的元数据标准与政策，具体包括构建符合需求的元数据体系，明确元数据格式，使用受控词表，发布结构指南，构建国家标准及其映射等；最后，构建大数据组织标准，从大数据采集、组织、存储、处理、共享与利用等方面对组织标准进行规范和管理。

第二，大数据管理计划。参照国内外政府大数据管理最佳实践，从政府大数据采集、组织、存储、处理、共享、利用等生命周期进行大数据管理计划构建与实施（李伟绵和崔宇红，2015），提升政府大数据管理质量与效率；实施全面大数据管理计划，具体包括制定大数据组织指南，构建大数据组织流程，实施大数据评估等。

第三，大数据整合。其目的在于把不同来源的大数据进行整理、清洗后，转化为新的大数据源，为进一步进行大数据存储与分析做准备。大数据整合主要包括：统一大数据格式，主要是统一非结构化大数据格式，以实现大数据的统一存储与分析；对大数据进行初步清洗，在进行大数据分析与可视化前期，通过迁移、压缩、打散等方式进行大数据处理；基于元数据标准与政策，实施元数据制定与管理；大数据的最终目的是要实现精准化与智能化，因此需要构建大数据标识，为精准化、智能化提供技术基础与保障。

（3）大数据存储：大数据治理介质化。经过大数据采集、大数据组织后，需要进行大数据存储，基于海量政府大数据的存储，是大数据处理、共享与利用的基础。传统的大数据存储处理方式，不能满足规模庞大的半结构化和非结构化数据的存储需求，更无法满足对大数据进行交叉分析、深度挖掘的需求。为了应对大数据对数据存储带来的新要求与巨大挑战，目前大数据存储技术主要包括大规模并行处理（massively parallel processing，MPP）数据库架构、Hadoop 技术扩展和封装、一体机技术三种。

根据大数据类型及其应用的有所不同，大数据被分别存储至基础库、关联库、专题库、管理库等，不同数据库采用的管理标准则有所不同。同时，由于大数据来源不同，政府大数据存储往往表现为不同的子数据库。

来自个人计算机（personal computer，PC）等移动设备终端的大数据，一般以网络大数据形式采集，以社会事件、灾害事件、舆情事件、位置信息、空间数据等子库形式进行存储，相比于传统数据，这类大数据主要以非结构化大数据、三维立体空间大数据为主。

来自物联网监控设备获得的各类实时监测大数据，一般以实时监测流大数据为主，以视频大数据、环保监测大数据等子库形式存储。

来自各政府委办局各项业务的大数据，一般以专题大数据、经济大数据等子库形式存储（唐长乐和王春迎，2017），这类大数据是比较传统的政府大数据。

（4）大数据处理：大数据治理流程化。大数据处理的目的在于从规模庞大的、杂乱无章的大数据中，选取出符合特定需求与价值的大数据，主要包括大数据清洗、大数据脱敏、关联对比、格式转换、大数据整合以及大数据挖掘。

大数据清洗。大数据开放背景下，政府大数据共享与利用的基础工作是大数据清洗。大数据的特征包含了数量、多样性、速度、准确性等（蒋勋和刘喜文，2013）。多维度的大数据中难以避免出现不合适的、较为粗糙的大数据，如何实现粗糙大数据的“净化”，这就是大数据清洗需要做的。只有高质量的大数据才能发挥巨大的价值，更是大数据治理水平的基本保障。可见，大数据清洗的最终目的就是要实现大数据质量的提升。

大数据脱敏。大数据的发展，实现了用户精准定位，带来了全方位的商业价值的挖掘，同时也带来了巨大的问题，即隐私保护。政府大数据开放中更加需要保护个人隐私，此时大数据脱敏就成为关键。大数据脱敏，其本质是通过构建大数据审查标准，建立健全系统大数据脱敏处理标准与规范等，进行大数据变形，实现对隐私大数据的保护，从而可以安全使用脱敏后的大数据（黄如花和刘龙，2017）。

关联对比。大数据开放背景要求政府大数据可以供各类用户使用，并获得一定的价值。但现实却是不同部门的大数据难以反映各数据之间的关系，而这种对数据之间关系的综合了解是获取价值的重要途径，因此有必要发现并构建数据间的关系，即大数据关联。大数据关联的假设是关联起来的大数据越多，大数据的价值就越大，其目的在于形成一定的大数据网络。通过大数据关联与对比，可以有效解决“数据孤岛”的问题及突破各种大数据分析挖掘的限制，实现多源大数据间相互参照及政府大数据智能化与自动化挖掘（赵龙文和罗力舒，2017）。

格式转换、大数据整合与大数据挖掘是对数量大、种类多、速度快、价值高的政府海量数据提供个性化分析，通过转化成统一的标准格式，整合多源异构大数据，实现大数据价值深度挖掘，从而实现大数据价值的高效处理（吴丹和刘子君，2018）。

（5）大数据共享与利用：大数据治理协同化。政府采集与保存的大数据与社会经济生活息息相关，政府大数据开放的积极意义在于通过向社会开放政府拥有的大数据，供社会进行大数据的增值利用与创新，实现大数据的公共价值，推动经济社会发展（郑磊，2015）。

政府大数据共享，是对多源大数据的有效整合，从不同领域整合异构大数据，降低大数据收集与验证成本，提升决策透明度，促进政府治理能力的提升（刘晓娟等，2016）。大数据共享的优势在于：可以降低大数据二次收集的成本，实现大数据驱动的政府系统与服务的整合，提高决策透明度，提升公民获得感等。

政府大数据开放不仅强调大数据的公开与获取，大数据利用才是政府大数据开放的落脚点（王芳和陈锋，2015）。大数据开放的标准化、规范化等，其目的都在于创新大数据的运用，从而实现大数据的价值创造。作为最大的大数据生产者与收集者，政府拥有社会约 80%的大数据（王欣，2002），这些大数据的有效管理，将有效促进政府政策的科学性，促进公民、企业等参与公共事务，为各利益相关者提供创新服务（汪庆怡和高洁，2016）。

2. 政府大数据治理框架重点内容

以大量数据实时、动态监测与分析为特征，大数据开放背景下的政府大数据治理，更加强调大数据的标准化、真实性及准确性。因此，政府大数据治理框架需要重点考虑多源异构大数据等多种因素。结合政府大数据特征，识别出政府大数据治理框架的重点内容，对于促进政府大数据治理框架的普适性具有重要意义。

（1）元数据管理。元数据是对具体大数据对象的描述，可以识别、管理大数据对象，实现大数据的发现与获取（陈氢，2014）。大数据时代的政府治理，元数据对政府信息描述与管理具有重要作用（赵荣荣等，2013）。目前，国外主要有政府信息定位服务和都柏林核心政府元数据两大主流政府元数据标准，各国建立的政府元数据标准规范基本基于上述两种标准进行调整，如澳大利亚的政府资源定位元数据标准、英国的电子政务元数据标准等。我国已于 2007 年出台了政府信息管理元数据标准文件《政务信息资源目录体系　第 3 部分：核心元数据（GB/T 2106.3—2007）》，各地方政府也先后出台相关元数据描述规范等，如贵州省发布的《政府大数据资源目录 第 1 部分：元数据描述规范（DB52/T 1124—2016）》。

在学术研究方面，我国现有关于政府大数据的研究，主要包括标准规范的建立、应用现状情况及各类政府大数据资源的元数据构建研究。总的来看，现有研究已关注政府元数据标准构建，但在构建过程中尚未充分融合政府大数据多维特征，导致难以适应政府大数据治理的共享、开放的整体趋势。在具体实践方面，同国际政府元数据发展趋势相比，我国政府大数据管理中，主要存在描述不全面、缺乏统一标准、程序自处理与互操作性低等问题。根据我国实际情况，应从大数据目录词表、受控词表及关联大数据对元数据要素进行设计，从大数据目录与范围、使用格式等方面进行行为规范，加强元数据标准建设，从源头严控大数据质量（黄如花和赖彤，2018）。

（2）大数据集成。政府开放大数据涉及诸多部门和各项业务的大数据，如何保证语义一致的前提下实现大数据集成是智慧政府的基础（叶鑫等，2018）。但由于缺少统一、系统的大数据治理规划与相关机制，多层次、跨部门的各政府大数据系统之间缺少有效的大数据共享与集成，形成各类“数据孤岛”，导致政府大数据存在多次重复采集、大数据之间一致性较差、大数据开发及二次利用程度较差等诸多问题，制约了政府治理的效率与水平。学界已对大数据集成理论与方法、体系架构、实现路径等进行研究，未来需要在集成效果评价和数据质量管理等方面进行深入研究。在后期研究中，一方面需要重点聚焦政府大数据“信息孤岛”等问题，实现多层次、跨部门的各政府大数据系统之间的共享与集成；另一方面需要依托大数据技术，对大量的政府大数据进行挖掘与分析，了解大数据背后的规律，创造新的大数据价值，满足个性化的大数据需求。

（3）大数据安全管理。大数据开放背景下的政府大数据治理，是政府信息公开 2.0 升级版本，不仅要求政府对相关大数据和信息进行公开、透明，而且需要提供给公民或组织使用，通过分享这些大数据创造经济与社会价值，根据大数据分析与挖掘，评判政府决策的科学性与合理性，这就将政府掌握的大数据的粒度提升到了原始大数据粒度。截止到 2020 年 7 月，全球已有近 153 个国家实施了政府大数据开放的政策，带来的经济社会价值正在逐步影响人们的生活及社会治理方式。但这些大数据往往涉及大量国家安全、商业机密、个人隐私等内容，一旦发生安全问题将对经济社会发展，乃至国家安全造成巨大危害（曹雨佳和黄伟群，2016）。安全是政府大数据治理最基本也是最重要的需求，只有保护好政府大数据，才能利用好政府大数据。因此，如何构建安全、可持续发展的政府开放大数据体系，既是当下政府大数据治理过程中面临的巨大挑战，又是亟须解决的难题。

三、主要层次：个人信息安全、企业信息安全、跨境大数据安全

（一）个人信息安全

众所周知，在大数据时代背景下，个人信息安全面临的危险与受到的威胁是最大的。对于每个个体而言，他们的大数据价值不是很大，甚至微不足道，但是在整体的大数据安全治理中，这部分价值却是巨大的，而恰恰又是最容易被忽视的。当前，随着信息技术的高速发展，个人信息安全面临更大的威胁，尤其是个人信息泄露更是较为常见的情况。我们可以观察到的个人信息泄露仅仅是很小的一部分，全世界范围内基本每小时都有大数据安全事件发生。因此，在大数据安全治理中，必须重点关注信息安全。这是大数据安全治理体系最重要的层次之一。

对于个人信息安全的保护，还要考虑对于行业的整体监督，严厉打击行业中那些不正当竞争行为。将个人信息安全与行业不正当竞争打击相关联，从根源上防止信息泄露，确保个人信息安全的同时促进行业的健康、有序发展，从长效性视角考虑个人信息安全的保护。尤其是在医疗、教育等领域，更需对个人信息进行保护。

（二）企业信息安全

企业信息安全也是构建大数据安全治理体系的重要内容之一，只有企业健康、有序发展，才能保证国家的繁荣与稳定。在大数据、物联网、互联网等新兴信息技术不断发展的今天，传统企业已逐步走上信息化道路。这对于企业来说，一旦发生信息安全问题，不仅企业用户会受到威胁，企业也将会面临信用危机，有时甚至会影响企业的生存。尤其对于科研型企业来说，大数据更是这类企业的生命，如果企业信息安全得不到保障，企业面临的风险则是巨大的。对于那些互联网企业，他们掌握大量用户的信息与大数据，需要规范其使用消费者大数据的行为，维护消费者权益。

（三）跨境大数据安全

跨境大数据安全还在起步阶段，却是不容忽视的重要问题。跨境大数据具有典型的、多边的、多变的和跨学科交织的复杂规则。这是由于跨境大数据流入、流出等，导致与其他国家或地区产生诸多联系，这也正是当前大数据安全治理体系中比较棘手的问题，还需要不断地探索与创新。

第十三章　以数据安全能力为核心的大数据安全评估体系

第一节　大数据安全风险评估指标

评估大数据安全技术是否有效，能否有效阻拦黑客攻击，需要构建大数据安全风险评估指标来验证。大数据安全涉及的内容较多、范围较广，但是根据大数据安全影响的程度来看，主要涉及大数据安全的可信性与隐私保护。从大数据安全的可信性与隐私保护出发，构建大数据安全评估的两大维度。其中，大数据的可信性主要包括相关性、准确性、及时性、一致性、完整性与有效性；大数据隐私保护主要包括差异度、方差、信息熵、匿名程度、大数据泄露风险等。

一、大数据安全风险评估可信度指标

大数据的发展与运用，使得多源异构大数据呈现爆炸式增长，这一方面使得依靠大数据进行决策变得更加可行，另一方面使得多源异构大数据的可信度差别较大，直接影响依托大数据的相关决策。因此，大数据中数据的真实、可信就显得尤为重要。

现有关于大数据可信度的研究主要集中在主观信任分析与客观信任分析两方面。主观信任分析主要研究信任主体对信任客体特定行为或特征进行主观判断的一种现象，如 Jøsang 和 O'Hara（2010）、Alhadad 等（2014）、张仕斌和许春香（2013）、李玲玲等（2012）通过概率统计、模糊模型、云模型等对主观信任进行评估；Kakol 等（2017）构建了信息可信度预测模型来发现各因素对可信度评估的影响，从而实现对自动化、半自动化系统的大数据可信度评估支持。客观信任分析主要基于证据理论来界定两者之间信任关系及随时间的变化情况，如 Almenarez 等（2006）、张琳等（2013）运用证据理论模型实现可信度计算。虽然学界普遍认为客观信任评估比主观信任评估更合理，但并未考虑恶意

推荐带来的相关影响。

目前关于大数据可信度评估的研究集中于对单一数据集的分析，科学、成熟的多源异构大数据安全风险可信度评估指标尚未建立。一般而言，实践中往往根据高质量大数据特征来分析大数据是否可信，主要通过大数据相关性、准确性、及时性、完整性、一致性与有效性等几个方面进行评估分析。

二、大数据隐私保护性

大数据的隐私保护情况可以定量地评估处理后的大数据质量与隐私情况。本节主要从差异度、方差、信息熵、匿名性程度、大数据泄露程度进行评估，具体指标内容如下。这些具体指标部分是传统统计学方法，部分是特定的隐私保护技术，有些则运用了信息相关理论，适用于不同场景下的大数据隐私保护。

（一）差异度

这一具体指标是由 Bertino 等（2005）提出的，可以反映经过隐私保护处理后的数据集与原始数据集相似程度的一种指标。主要用于衡量数据信息的损失情况与程度，适用于评估数据扰乱技术的保护情况。数据的差异度越小，则表明信息损失越少，也表明数据的质量越好，隐私保护的介入程度也就越小。这一指标普适性较高，因为该指标的测量不需要对分析的数据集做复杂的假设与处理。主要通过式（13-1）进行差异度评估：

$$\mathrm{Diss}(D,D')=\frac{\sum_{i=1}^{n}\left|f_D(i)-f_{D'}(i)\right|}{\sum_{i=1}^{n}f_D(i)} \tag{13-1}$$

其中，i 表示元数据集 D 中的某数据项；$f_D(i)$ 表示数据项 i 在数据集 D 中出现的频次；$f_{D'}(i)$ 表示 i 对应的处理后的数据在数据集 D' 中的频次。

（二）方差

方差是传统统计方法，主要用于评估那些乘性噪声扰乱技术的效果。方差的值越大，表示扰乱后的值与原始数据的差异越大，隐私保护程度也就越好，但相应的数据可用性则比较低。主要通过式（13-2）进行评估：

$$\frac{\mathrm{Var}(x-y)}{\mathrm{Var}(x)}=\frac{\frac{1}{N}\left[(x_i-x_y)-(\bar{x}-\bar{y})\right]^2}{\frac{1}{N}\sum_{i=1}^{N}[x_i-\bar{x}]^2}y \tag{13-2}$$

其中，x 表示数据原始数值；y 表示扰乱后产生的数值；N 表示数据的数量；$\bar{x}$ 与 $\bar{y}$ 分别表示 x 和 y 的平均值。

（三）信息熵

Shannon（1948）提出的信息熵理论为信息的量化和通信提供了理论基础，信息熵的基础是由香农界定的。信息熵是用来度量数据值的不确定程度的，因此可以使用信息熵来评估数据值的不可预测程度，也就是对那些经过隐私保护处理的数据原值进行预测的难易程度。熵是标识数据所承载的信息量，一般情况下经过隐私处理过的数据的熵要高于原始数据的熵。信息熵是一种较为普遍的测量数据隐私等级的常用方法，熵值越大表明隐私保护程度越高。对于不同的隐私保护方法来说，需要根据不同方法的特征对其定义进行重新计算，这主要与背后不同的隐私保护算法有关。一般而言，信息熵主要被用来评估基于关联规则的隐私保护算法。主要通过式（13-3）实现：

$$h(x) = -\sum p(x)\log_2(p(x)) \tag{13-3}$$

其中，x 表示的是一个随机变量，它根据概率分布 $p(x)$ 在一个有限范围内取值。

（四）匿名性程度

匿名性程度主要用来评估某一种匿名方法的隐私保护效果。大数据匿名保护方法主要针对大数据的准标识属性进行隐去或者泛化，其中准标识属性一般是指可唯一确定一条记录的一组属性。匿名性程度主要用来评估从匿名化的数据集中预测出原始数据集的难易情况。较好的匿名方法应该是能够使得用户较难从匿名化处理的大数据中推导出原始数据的敏感关联。主要通过式（13-4）进行匿名性程度计算：

$$1/P(r(\mathrm{QI}))\,|\,r'(\mathrm{QI}) \tag{13-4}$$

假设数据集 D 经匿名化处理后，得到数据集 D'，变量 r 是 D 中任意一条数据，变量 r' 是 D' 中 r 的被匿名化的形式，$r(\mathrm{QI})$ 代表数据 r 中的准标识数据，P 表示可能从 $r(\mathrm{QI})$ 中预测出 $r'(\mathrm{QI})$ 的概率值。

（五）大数据泄露程度

大数据泄露程度主要用于评估隐私保护数据挖掘（privacy-preserving data mining，PPDM）算法的隐私保护情况。PPDM 算法允许使用者选择隐藏处理后敏感大数据的数量，因此大数据泄露程度可以通过隐藏失效参数来进行评估。Oliveira 和 Zaïane（2002）将大数据泄露程度定义为经处理后的数据集中被发现的敏感大数据的百分比。大数据泄露程度表示某条信息和一个特定的个人相互关联的风险程度，所以大数据泄露程度越高，隐私保护效果或程度就越低。主要通过式（13-5）计算：

$$\mathrm{HF} = \frac{\#R_P(D')}{\#R_P(D)} \tag{13-5}$$

其中，$\#R_P(D)$ 表示原始数据集 D 中发现的敏感大数据的数量；$\#R_P(D')$ 表示数据库 D' 中发现的敏感大数据的数量。

第二节　大数据安全风险评估方法

一、基于漏洞的评估方法

大数据的开放与共享使得大数据运营管理过程中存在大量漏洞，基于这些漏洞进行评估是实现大数据安全的重要方法之一。漏洞评估工作的要点在于“三分技术，七分管理”（黄蕗，2016），在发现大数据安全存在的漏洞后，对漏洞进行影响分析与处置显得尤为重要。同时，将漏洞评估报告工作作为常态化工作，纳入大数据安全管理生命周期，形成高效、闭环的漏洞管理过程。

（一）主要漏洞数据库

1. 公共漏洞与暴露

公共漏洞与暴露（common vulnerabilities & exposures，CVE）是目前公认的较为权威的漏洞数据库，这一数据库对那些广泛认同的大数据安全漏洞，或者已暴露出的漏洞给出相应的名字。通过使用共同的名字，可以促使用户在各类漏洞数据库与评估工具中实现漏洞大数据共享，从而使得 CVE 成为大数据信息安全的关键。CVE 主要包括漏洞名称、概括性描述与参考。其中，漏洞名称是标准化命名，并通过该组织委员会的严格审核。CVE 定期对漏洞进行更新。

2. Bugtraq 漏洞库

Bugtraq 漏洞库是由 Symantec 公司根据收集的漏洞邮件构建的漏洞数据库，包括漏洞属性名称、漏洞编号、漏洞原因、CVE、漏洞来源、发布时间、发布可信度、攻击方法等。详细的攻击方法分析与脚本描述，是这一漏洞库的主要特征，能够有效帮助用户采用相关方法进行漏洞识别与补救。

3. 通用漏洞评分系统

通用漏洞评分系统（common vulnerability scoring system，CVSS）是行业的公开标准，主要通过评估具体漏洞的危害程度，帮助确定所需应对措施的重要性与紧急性。漏洞作为大数据安全中的重要因素，在多种大数据安全产品中都涉及对漏洞及其影响的评价，但是目前尚未形成通用的漏洞评价体系标准。CVSS 则是可以被标准使用的、可以对漏洞进行评分的一套漏洞数据库，进而对漏洞进行排序。

1）国家信息安全漏洞共享平台

国家信息安全漏洞共享平台（China National Vulnerability Database，CNVD）是由我国国家计算机网络应急技术处理协调中心，与国内部分重要信息系统单位、电信运营商、网络安全厂商、软件厂商及互联网企业共同建立的大数据安全漏洞数据库。CNVD 的建立，使得政府、信息系统用户、电信运营商、安全厂商、软件厂商、公共用户等能够共同对大数据安全漏洞进行统一验证、事前预警及应急处置，提高了我国在大数据安全漏洞方面的科研水平与预警能力，提高了我国大数据安全，推动了国内大数据安全的发展。

2）中国国家信息安全漏洞库

国家信息安全漏洞库（China national vulnerability database of information security，CNNVD）是由中国信息安全测评中心建设并运行的，以实现漏洞分析与风险评估为智能的国家大数据安全漏洞库，主要为我国大数据安全提供基础性保障服务。CNNVD 中对于漏洞的描述主要包括漏洞名称、编号、发布时间、更新时间、危害等级、类型、危险程度、主要来源等。

（二）相关漏洞属性量化方法

1. 大数据安全漏洞属性

前文介绍的 CVE、Bugtraq、CVSS 等主要从大数据安全的整体层面描述大数据安全漏洞，主要对大数据安全漏洞进行全面的分析，如漏洞攻击方法、攻击途径、漏洞来源、漏洞发生时间、漏洞影响力、漏洞标识、漏洞危害等级等。

2. 漏洞属性量化

大数据安全漏洞属性的描述以定性为主，运用这些定性属性评估大数据安全漏洞的危害情况等还比较困难，因此需要对不同属性的状态、特征等进行具体量化。在进行漏洞属性量化过程中，需要遵守如下原则，即在已有漏洞库中进行漏洞查询，并对漏洞属性的量化数值进行记录，这部分属性量化可以参考前文提到的漏洞数据库进行直接引用或适当调整，而对那些数据库中并未给出量化数值的漏洞属性，则需要通过专家意见法向大数据安全领域专家进行调查，通过专家意见进行漏洞属性的量化。

一般采用专家环比法确定大数据安全漏洞的属性权值，通过考虑大数据的固有特征与属性，该领域专家通过多年大数据安全运营管理经验来评估大数据安全漏洞的权值。设 $F_1, F_2, \cdots, F_n$ 分别对应相应的大数据安全漏洞属性，设置 F_1 为漏洞 1 对应的权重值，值为 1。然后通过相邻属性之间的比较，确定各自漏洞属性的归一化权重。

（三）漏洞评估方法

针对具体的大数据安全漏洞评估，其本质是要运用具体的数值来代表大数据安全漏洞的危险程度，这是基于大数据安全漏洞属性及其漏洞权重的综合考虑。具体而言，可以通过如下方法进行大数据安全漏洞评估。

（1）由 m 个数据安全漏洞属性构成属性集，表示为

$$f = \{f_1, f_2, \cdots, f_m\} \tag{13-6}$$

其对应属性的量化值向量为

$$\alpha = \{\alpha_1, \alpha_2, \cdots, \alpha_m\} \tag{13-7}$$

（2）属性权重向量为

$$\beta = (\beta_1, \beta_2, \cdots, \beta_m)^{\mathrm{T}} \tag{13-8}$$

属性权重向量应该满足如下条件：

$$\sum_{j=1}^{m} \beta_j = 1 \tag{13-9}$$

（3）大数据安全漏洞危险程度系数计算。主要通过式（13-10）进行漏洞危险程度系数计算：

$$K = \alpha \cdot \beta \tag{13-10}$$

当获取大数据安全漏洞属性值与权值时，就可以计算出大数据安全漏洞危险程度系数，该系数在 0.5 到 1 之间浮动。为了进一步进行分析，可以对 K 的取值进行细化。当 K 的取值范围在 0.5 到 0.65 时，表明大数据安全漏洞危险等级较低；当 K 的取值范围在 0.65 到 0.85 时，表明大数据安全漏洞危险等级中等；当 K 的取值范围在 0.85 到 1 时，表明大数据安全漏洞危险等级较高。

二、基于数据安全能力成熟度的评估方法

（一）总体思路

在数字经济发展的推动下，大数据汇聚、融合、流动与应用等场景大幅增加，大数据应用技术的复杂性、大数据海量汇聚的风险性、大数据深度挖掘的隐私安全性都对网络大数据安全保护提出新挑战。以安全与信息化为一体的核心思想下的建设已逐渐必要化和常态化。近年来，多数组织以围绕大数据建立业务、保障大数据促运营为建设思路，以技术为抓手，以解决短期目标问题（外部合规要求、内部安全需求）为基本原则，进行大数据安全建设，虽颇有成效，解决了一定的大数据安全问题，提升了组织整体防护能力，但在此过程中，逐步暴露出安全建设不具备持续性、安全规划不具备针对性、整体能力不具备量化性等问题。

为有效解决大数据安全建设过程中持续性、针对性、量化性等问题，组织应从管理、技术两个方面进行成熟度评估分析，从而可视化组织现有安全现状和风险，利用成熟度评估基线，量化内部安全能力，明确组织安全建设规划内容与目标，保障整体安全建设的可持续性。

（二）参考依据

将《信息安全技术　信息安全风险评估规范》《信息安全技术　信息系统安全管理评估要求》作为信息安全风险评估依据；将《信息安全技术　个人信息安全规范》《电信和互联网服务用户个人信息保护定义及分类》作为个人信息及敏感信息识别、分级依据；将《信息安全技术　个人信息去标识化指南》作为个人信息去标识化依据；将《电信和互联网服务　用户个人信息保护技术要求　电子商务服务》《电信和互联网服务　用户个人信息保护技术要求　移动应用商店》《电信和互联网服务用户个人信息保护技术要求　即时通信服务》作为电子商务服务、移动应用商店、即时通信服务的用户个人信息保护技术要求；将《信息安全技术　信息安全应急响应计划规范》《信息安全技术　灾难恢复服务要求》《信息安全技术　存储介质数据恢复服务要求》作为应急响应与灾难备份评估依据；将《信息安全技术　大数据服务安全能力要求》《信息安全技术　灾难恢复服务能力评估准则》作为安全能力认证依据；将《信息安全技术　移动智能终端个人信息保护技术要求》《移动智能终端上的个人信息保护技术要求》作为智能终端评估依据；将《信息安全技术　数据安全能力成熟度模型》作为数据安全能力建设评估依据。

（三）评估框架

利用“查、比、分、建”思路对组织内部大数据安全成熟度进行整体评估。

“查”，利用评估基线，调查组织内部管理和技术等多个方面建设情况，查阅不同维度下的具体内容，达到全面、深入厘清组织当前状况的目的。

“比”，通过与能力基线进行对比，量化安全能力，了解当前建设等级，明确下一步大数据安全建设方向。

“分”，依据当前现状，深入分析不同大数据生命周期下的安全风险，使其风险可视化，为下一步建设规划做准备。

“建”，综合考量外部要求、内部风险、组织发展战略等因素，规划建设大数据安全体系，提升组织针对大数据侧的保障能力。

通过对组织进行成熟度评估分析，实现内部大数据安全建设现状可视化、风险可视化和能力可视化，在评估分析基础上进行安全建设规划，使整体安全战略和落地执行更加具有持续性与针对性。

建设现状可视化。将原有不透明、不可视的安全现状，从管理、技术、人员多个维度进行呈现，让组织充分了解到信息安全技术数据安全能力成熟度模型各维度、各环节下的安全状态。

风险可视化。分析安全现状，结合外部要求，厘清安全风险，可视化具体威胁及安全建设紧迫程度。

能力可视化。度量当前安全能力，了解和认识当前安全防护等级，为下一步大数据安全发展提供清晰方向。

第三节　数据安全能力成熟度模型

大数据环境下，大数据安全呈现出五大趋势，即防护重点由系统防护向大数据内容本身防护转变；单一组织保障向跨组织联动保护转变；由大数据保密向大数据经济秩序保障转变；由技术与操作风险向技术、操作、商业与法律风险转变；由传统数据技术向大数据技术转变。在此背景下，要提升大数据安全保障能力，需要依据组织、政策、流程的实施，将大数据治理、大数据生命周期、大数据生态及大数据风险防控四大要素纳入考虑范畴。

一、数据安全能力成熟度模型概述

数据安全能力成熟度模型（data security capability maturity model，DSMM）

将大数据生命周期作为轴线，从组织建设、人员能力、制度流程与技术工具四个角度出发，对组织机构的数据安全能力实现评估与分级，可以促进组织及其利益相关者提升大数据安全评估能力，通过对现有组织大数据安全问题进行分析，对数据安全能力进行准确提升，并以此作为大数据安全风险评估的重要标准之一。

其中，根据大数据在组织内部呈现出的生命周期特征，厘清各阶段特定大数据安全过程领域以及大数据生命周期通用安全过程域。特定大数据安全过程域主要包括大数据采集、存储、传输、处理、交换及销毁六个过程。通用安全过程域指的是与大数据生命周期中各过程关联的安全过程域，主要包括合规性管理、实施策略与实施过程等。同时，对数据安全能力成熟度的等级进行评估，并基于成熟度等级划分，对数据安全能力通用实践选择分级评估的具体方法，由此对各过程特有的大数据安全基本实践、通用实践的实现成熟度进行等级评估。

（一）大数据安全生命周期

大数据环境下，根据大数据在组织中的运转情况，界定了大数据生命周期的六个阶段，具体如下。

1. 大数据采集

大数据采集是指采取相关装置，从系统外部获取大数据并输入系统中的接口。互联网背景下信息技术高速发展，大数据采集已被普遍运用于互联网及分布领域。大数据采集具备以下三方面特征：大数据全面性，即拥有高价值的数据量，能够满足相关的分析需求；大数据多维性，即大数据是灵活的，且能够快速进行自定义，具有多种类型，从而满足不同的需求目标；大数据高效性，即大数据需求分析与需求满足的高效和及时。

2. 大数据存储

经过大数据采集后，需要进行大数据存储。海量数据存储是大数据处理等环节的基础。传统的大数据存储处理方式，不能满足规模庞大的半结构化和非结构化大数据的存储需求，更无法满足对大数据进行交叉分析、深度挖掘的需求。为了应对大数据对数据存储带来的新要求与巨大挑战，目前大数据存储技术主要包括 MPP 数据库架构、Hadoop 技术扩展和封装、一体机技术三种。根据大数据类型及其应用的不同，大数据被分别存储至基础库、关联库、专题库、管理库等，不同数据库采用的管理标准则有所不同。

3. 大数据处理

大数据处理的目的在于从规模庞大的、杂乱无章的大数据中，选取出符合特定需求与价值的大数据，主要包括大数据清洗、大数据脱敏、关联对比、格式转换、大数据整合及大数据挖掘。

4. 大数据清洗

大数据开放背景下，大数据共享与利用的基础工作是大数据清洗。大数据的特征包含了数量、多样性、速度、准确性等（蒋勋和刘喜文，2013），多维度的大数据中难免出现不合适的、较为粗糙的大数据，如何实现粗糙大数据的“净化”，这就是大数据清洗需要做的。只有高质量的大数据才能发挥巨大的价值，更是大数据治理水平的基本保障。可见，大数据清洗的最终目的就是要实现大数据质量的提升。

5. 大数据脱敏

大数据的发展，实现了用户精准定位，带来了全方位的商业价值的挖掘，但同时也带来了巨大的问题，即隐私保护。政府大数据开放中更加需要保护个人隐私，此时大数据脱敏就成为关键。大数据脱敏的实质就是通过构建严格的大数据审查标准，制定统一的大数据脱敏处理标准规范等，进行大数据变形，实现对隐私大数据的保护，从而可以安全使用脱敏后的大数据（黄如花和刘龙，2017）。

6. 关联对比

大数据开放背景要求大数据可以供各类用户使用，并获得一定的价值。但现实却是不同部门的大数据难以反映各种大数据之间的关系，而这种对大数据之间关系的综合了解是获取价值的重要途径，因此有必要发现并构建大数据间的关系，即大数据关联。大数据关联的假设是关联起来的数据越多，大数据的价值就越大，其目的在于形成一定的大数据网络。通过大数据关联与对比，可以有效解决“数据孤岛”的问题及突破各种大数据分析的限制，实现多源大数据间相互参照及大数据智能化与自动化挖掘（赵龙文和罗力舒，2017）。

大数据格式转换、大数据整合与大数据挖掘，对数量大、种类多、速度快、价值密度低的海量数据提供个性化分析，通过转化统一标准格式、整合多源异构大数据、实现大数据价值深度挖掘，实现大数据价值的高效处理（吴丹和刘子君，2018）。

大数据传输主要是指大数据在组织内部从一个部门传递到另一个部门的过

程，这一过程主要通过网络方式进行。该领域的安全主要是大数据传输过程中的一系列安全问题，比如大数据的传输是否合规，是否存在大数据由高安全终端向低安全终端非法传输等行为，是否存在未经授权用户获取合法权限大数据的风险，等等。

大数据交换主要是指大数据在组织内部、外部之间进行交互，从而实现大数据交换的目的。该部分主要涉及大数据导入导出安全、大数据共享安全、大数据发布安全及大数据交换监控。

大数据销毁主要是指作用于大数据或大数据存储介质，通过相应操作手段，使得大数据消失，且不能通过其他手段使其恢复的总体过程。该过程主要包括大数据介质使用管理、大数据销毁处置及介质销毁处置。同时关注如何监控大数据销毁的合规性；如何确保剩余用户敏感信息没有被继续留在数据库、服务器与终端；如何保护隐私大数据片段不被泄露。大数据销毁环节应聚焦于大数据销毁的相关技术，确保数据库、服务器与终端上剩余信息被完全删除；消除信息后需要对相关敏感大数据进行监察，以此检验销毁结果，防止出现逻辑删除、部分删除等现象。

（二）大数据安全过程域体系

大数据安全过程域体系包括大数据生命周期的全过程，主要包括各生命周期通用安全域和具体的各生命周期阶段安全域。

1. 大数据生命周期通用安全域

大数据生命周期通用安全域主要包括策略规程、合规性管理等方面，由以下内容构成：策略与规划，主要包括大数据安全策略与规划；大数据与系统资产，主要包括大数据资产、系统资产；组织和人员管理，主要包括组织管理、人员管理、角色管理与人员培训；服务规划与管理，主要包括战略规划、需求分析与元数据安全；大数据供应链管理，包括大数据供应链与大数据服务接口；合规性管理，主要包括个人信息保护、重要信息保护、大数据跨境传输与密码支持。

2. 各生命周期阶段安全域

按照大数据生命周期发展过程，各生命周期阶段安全域如下。

大数据采集阶段安全，主要包括大数据分类分级安全，大数据采集与获取安全，大数据清洗、转换与加载安全，大数据质量监控安全。

大数据传输安全，主要是指大数据传输过程中的各项安全管理。

大数据存储安全，主要包括存储架构安全、逻辑存储安全、访问控制安全、大数据副本安全、大数据归档安全及大数据时效性。

大数据处理安全，主要包括分布式处理安全、大数据分析安全、大数据正当使用、密文大数据处理、大数据脱敏处理与数据溯源。

大数据交换安全，主要包括大数据导入导出安全、大数据共享安全、大数据发布安全、大数据交换监控。

大数据销毁安全，主要包括介质使用管理、大数据销毁处置及介质销毁处置。

二、数据安全能力维度

运用量化分析技术，对各安全过程所需的安全能力进行评估，使得组织能够评估每一项安全过程。按照安全能力建设情况，本书的研究将分组织架构、制度流程、技术方法与专业能力四个方面进行具体分析。

（一）组织架构

组织架构是指为了实现大数据安全，需要构建一定的组织机构，本部分主要涉及组织机构的建立、职责分配及这一过程中的沟通协作。具体而言，从大数据安全组织架构的建设来看，数据安全能力级别主要分为：大数据安全组织架构对组织开展相关业务的适用情况、明晰的大数据安全组织架构工作职责，以及大数据安全组织架构运作、沟通协调的有效性。

（二）制度流程

制度流程是指大数据安全领域在组织架构中涉及的制度规范与相关流程以及流程落地实施情况。从组织架构在大数据安全层面制度规范与流程建设情况来看，可以对数据安全能力做如下分级：授权生命周期关键控制点审批流程的明确性；大数据安全相关制度流程的制定、发布、实施、修订规范等；大数据要求及相关流程实施的一致性和有效性。

（三）技术方法

技术方法是指通过一定的技术手段和方法，实现大数据安全的固化或自动化。具体来说，可以从安全技术、应用系统、自动化工具等方面对数据安全能力级别进行区分：大数据安全生命周期中，针对大数据风险的预警及响应能力，了解不同阶段大数据安全技术的使用情况；借助技术方法从而为大数据安全工作提供一定的自动化支撑能力，提升大数据安全机制制度、流程固化的实施能力。

（四）专业能力

专业能力主要是指从事大数据安全工作人员所具备的专业技术与能力。根据组织中数据安全人员所具备的能力出发，专业能力需要从以下几个方面进行评定：从事大数据安全工作的人员是否具备大数据安全管理的相关能力，是否具备对大数据相关业务的理解能力与专业安全能力；从事大数据安全工作人员的大数据安全意识如何，关键大数据安全岗位中相关员工的数据安全能力的提升。

三、数据安全能力通用实践

（一）一级能力级别：非正式执行

一级能力具备执行大数据安全基本实践的基本公共特征。在这一级别的能力中，大数据安全过程域中的基本实践一般会被执行。但实际中这种基本实践执行并没有经历严格的计划与跟踪，而是较多基于个人的知识储备与努力程度。组织内的成员可以标识出大数据安全过程应该被执行，并允许这一大数据安全过程能够在需要的时候被执行。

（二）二级能力级别：计划跟踪

二级能力包括规划执行、规范化执行及验证执行的公共特征。在这一级别的能力中，会在前期针对过程域基本实践进行计划且在执行过程中进行跟踪，以达到对执行情况进行检验与验证的目的。在特定的标准与需求下进行大数据安全管理工作，通常来说，基于实际活动的具体管理实现准确测量并跟踪大数据安全基本过程域的执行情况。

（三）三级能力级别：充分定义

三级能力的过程与二级能力过程的最大区别在于，运用组织机构范围内过程标准进行大数据安全管理与规划。在这一级别的能力中，基本实践根据被充分定义的过程去执行。充分定义过程指依据对文档化的标准过程进行裁剪，并被批准的过程。

（四）四级能力级别：量化控制

在四级能力级别中，主要是对收集和分析执行能力的具体测度，从而从量化角度对过程能力、改进能力进行预测。这一过程是客观的，是量化的大数据安全管理的质量特征。四级能力级别与三级能力级别的主要区别在于量化的理解与控制。通过建立可测量的目标、量化管理执行来实现管理目标。

（五）五级能力级别：持续优化

五级能力级别主要包括改善大数据安全组织能力、改善过程的有效性。在五级能力级别，根据组织的目标，对执行过程的有效程度、效率等进行量化。通过利用那些定义过的、创建的概念和量化的技术来确保对这些目标进行持续改进。五级能力级别与四级能力级别的主要差异在于已界定的过程是对这些变化效果的量化理解，同时可以连续调整和改进。

四、等级评定方法

依据各大数据安全过程中的能力成熟度等级表现情况来判定组织架构中的数据安全能力成熟度模型中的等级。这种模型借鉴“木桶效应”进行等级评定，依据各项大数据安全过程域中，能力成熟度最低的级别来确定组织架构整体能力成熟度。

第十四章　以数据为中心的大数据安全技术体系

第一节　大数据安全技术挑战

大数据的发展，使得人们的生活与工作发生了革命性变化。同时也带来了保障大数据安全的技术挑战。主要集中于数据溯源与隐私保护之间的关系平衡问题，非关系型大数据存储安全问题，控制大数据访问机制完善问题以及全覆盖细粒度审计技术应用问题。

一、平衡数据溯源与隐私保护之间的关系

数据溯源指的是掌握大数据的原始数据与演变过程，目的是追踪大数据，重现大数据的历史状态。数据溯源作为考究大数据真实性的有效途径之一，数据溯源技术一直能够便于工作人员确定大数据的真实性，提升大数据分析结果的精确率。大数据的信息内容量巨大，大数据种类繁杂，若不进行数据溯源，很容易被虚假大数据欺骗。大数据的欺骗性主要表现在两个方面：首先，存在伪造的大数据。由于大数据的种类多样与内容庞大，伪造的大数据隐藏于大规模的大数据中，人们难以辨别，这些虚假大数据可能误导人们得出错误结论，降低决策的精确性。其次，存在失真的大数据。大范围的收集与长时间的传播，使得信息的真假更加具有迷惑性，从而影响人们对信息的判断与分析。数据溯源能够有效保护大数据的安全与隐私，能够对大数据的来源及计算方法进行标记，提高结论得出的效率，节省辨别的时间。另外，数据溯源能够实现一定程度的大数据恢复，当重要数据被删除，数据溯源能够恢复大数据，阻止严重后果的发生。因此，做好数据溯源，对保证大数据的真实性有着重要作用，是大数据安全技术面临的重要挑战之一。

隐私保护一直是大数据技术发展过程中的重要问题。主要通过对大数据的分级分类、去标识化、脱敏等手段来对大数据进行安全防护。但是从最近几年的大

数据泄露事件来看，诸多的用户隐私信息泄露事件仍旧频发，用户隐私信息泄露存在着较大的隐患。当今，保护未知隐私与不同关系网是用户隐私保护工作的主要组成部分。为了满足部分企业的业务发展需求，企业需要掌握用户的消费偏好、消费能力、日常习惯甚至是用户的生活状态等大量的详细数据，但并未对其采取有效的保护措施。较多的企业对于这一系列大数据的保护仅停留在用户个人身份信息匿名的程度，使得用户的隐私保护处于高风险的保管状态。虽然国家出台多部法律文件来保护个人数据、用户隐私，但现阶段只有一部《中华人民共和国个人信息保护法》进行统一指导和规范，导致实践中对大数据的隐私保护还存在较多困难。

因此，在大数据的安全管理中，在保证大数据真实性的同时，对大数据进行有效的隐私保护是需要我们解决的难题。如通过匿名访问大数据的形式，合法用户虽然能够通过匿名来对云服务器中的云端存储密文进行访问，但无法通过通信协议来定位用户、获取用户隐私，这样使得用户的个人数据隐私得到很好的保护；同时，在大数据异常或者密文发现问题时，工作人员能够通过群签名的方法溯源到加密用户的身份，从而保证了大数据的可溯源性。

二、寻求非关系型大数据存储安全的最佳方案

大数据产生的数据与传统数据是不同的，在数据类型与数据结构上都有其特征，称之为非关系型大数据。因此在大数据的存储中，指数级速度增长的大数据，与海量、繁杂的非关系型大数据，给大数据的存储带来了错位甚至是大数据管理过程中的混乱，形成了后期的大数据处理中的安全隐患。因此，需要对大数据存储系统进行安全机制的升级，否则后果不堪设想。

非关系型大数据是现在大数据管理中产生的主要大数据种类。为了实现大数据长久、有效的利用，需要保证非关系型大数据存储的安全。其主要目的有以下几个方面：①确保机密大数据的安全，保证其不被窃取；②保护大数据的完整性；③防止大数据破坏或者大数据丢失现象的发生。大数据一旦被丢失或者遭到破坏，将会给机构带来巨大的损失，甚至敏感的业务大数据、个人数据的丢失和泄露，会带来法律上、经济上的风险。

应对海量的非结构化大数据，目前主要通过 NoSQL 系统对非关系型大数据进行管理存储，这是一种与传统关系型数据库不同的技术。其能够有效地保证，对大规模、高时效、复杂大数据的价值挖掘过程中，系统的扩展性、可获取性及可靠性。但在 NoSQL 系统发挥着可扩展性与高吞吐率优势的同时，也存在着一定的问题，市面上的 NoSQL 系统不能够形成有效的连接，系统性能优化问题不

能得以很好地解决。所以更高效的非关系型大数据存储安全是大数据安全管理中的必要环节，通过保障大数据存储的安全来满足不断增长的数据量。

三、建立完善的控制大数据访问机制

访问控制机制的建设也是大数据安全管理需要应对的挑战之一。访问控制的含义为：依据主体是否得到访问客体的授权，从而区分主体，使得被授权的主体能够访问客体，未得到授权的主体被拒绝访问客体。主体不仅是人，也包括程序、服务等智能体。客体即受访问机制保护的大数据，授权是为了保证主体在合法范围内进行访问，保护大数据的安全。通过建立完善的控制大数据访问机制，能够有效对主体的访问权限或者能力进行限制，从而保证大数据利用群体的合法性，使得非授权用户无法访问信息系统，从而保证大数据的安全和真实性。

目前大数据安全管理中数据存储方面，存在重要数据缺乏细粒度访问控制的现象，使得大数据存储阶段面临一定的风险。作为有效实现大数据共享的同时保证大数据安全的手段，访问控制需求十分突出。在不同的场景下，针对各种大量的、复杂的用户群体，都需要这种手段。因此，有必要建立完善的大数据控制访问机制。但在机制确立过程中需要克服以下几个难题：①对于主体角色的定义问题。由于访问主体的不确定性，其来源广泛，可能为各种组织和团体中用户。由于一系列未知的访问状况、利用状况，主体分类的预先设置存在困难。②主体权限的提前设置问题。作为数据库其包含的大数据种类繁杂、大数据内容包罗万象。难以对访问主体进行精确的定位，判断其访问的大数据范围，若提前授权，可能为主体带来利用效率上的损失。如研究领域，市场研究者可能要对大量数据进行访问，从中选取自己所需要的内容，若提前进行权限设置，很有可能因为权限问题导致数据不足，分析不全面，决策准确率下降。但必须要对市场研究用户进行权限的限制，限制其对消费者或者企业的生活生产大数据的过度访问。③大数据重要性的判定问题。大数据中对于大数据价值的挖掘存在无限可能，难以根据大数据的来源、表现格式对其进行重要性的界定，越来越多看似无关紧要的大数据能够通过大数据分析、大数据挖掘、大数据关联技术得到重要的情报、隐私，因此大数据重要性的判定也越来越复杂。④访问控制对于感应式设备产生的大数据不起作用。随着高新技术的发展，不少移动式设备也能够通过各种各样的感应器进行大数据的收集，如智能手表、智能眼镜等设备，这些设备就是通过不断的大数据收集来发挥功能。但是传统的访问控制机制不能保证所有的大数据得到控制，如谷歌眼镜看到的车牌号、门牌号会存在隐私问题，这些大数据的泄露也会对用户造成巨大伤害。

建立完善、合理的数据访问控制机制，从网络访问出发就区分出安全访问区，根据不同的区域来采取各不相同的安全策略。要对交换机、防火墙及路由器等基础的网络设施通过访问控制列表进行控制访问，加强网络安全的防护，确认大数据合法转发。例如，通过防火墙软件将不同安全级别的网络进行划分，首先可以分为内网和外网。针对不同的局域网，制定对应的控制大数据访问机制。这样在保证内部人员能够通过互联网访问外网的同时，又有效地保护了内部的大数据，通过加密设施对内部大数据进行处理，保证大数据安全。总而言之，要依据用户的不同身份与归属定义组来确定用户对大数据的访问权限，从而防止用户越权使用大数据、篡改大数据产生的信息泄露风险。对访问大数据进行合规性控制，按照合同、协议中规定的输出形式来进行大数据的输出，如报表的类型、格式，加强对用户访问的控制，防止约定之外的大数据泄露，规避大数据的滥用行为。考虑新兴设备收集到的大数据的管理问题，考虑不同来源、不同种类大数据的访问控制机制的完善问题。

四、发展全覆盖细粒度审计技术

全覆盖的审计技术可实现数据溯源，责任追溯。相比传统的大数据审计，全覆盖的审计技术更加弱化边界，其用户角色更多样，流程也更复杂。通过与大数据追溯工作的结合，能够对重要数据进行登记备份，实现对大数据来源、历史、用途等方面的详细描述。全覆盖的审计技术要求对大数据生命周期各个阶段进行管理，形成详细的记录，来达到数据溯源与合规性分析的目的。同时，全覆盖的细粒度审计技术需要读取关键大数据活动形成的元数据、操作记录等形成详细的日志，来方便大数据的审计、溯源。

细粒度审计相比传统的标准审计，能够设定当满足一定条件时再进行审计，可以完成 SQL 语句的捕获，实现时间处理，对特定的时间段内的大数据操作进行审计。细粒度审计不仅拓展了标准审计的功能，而且通过 Oracle 一类的审计程序来查看审计记录，对大数据安全进行全方位的管理。

要对大数据平台产生的大数据进行全覆盖的细粒度审计，审计前提是需要形成日志。如通过记录日志的形式来对大数据安全保护系统中的异常行为进行记录与保存。主要可以通过以下几种日志进行全覆盖的细粒度审计。通过操作日志来记录管理日志；通过登录日志来记录用户的登录、退出的大数据；通过服务日志记录大数据的调用、访问，甚至是大数据的服务运用状态。将大数据的保管、利用、存取流程都进行细致的记录，能够为日后的审计提供便利。另外，需要面对大数据中不同数据库的交互，对不同数据库的 SQL 语义进行分析、提取，来获取需要审计的要素，大数据管理中要求要素的细粒度程度尽可能最低。因此将用户、表、字段、索引、函数、SQL 操作等一系列的信息提取出来，来分析监控大数据的活动，对日志中记录的异常进行审计，对违规操作进行阻断。全覆盖的审计活动，不仅是对实时的大数据操作进行检查，还包括对数据库结果的完整还原与审计，与此同时可以设定更新审计规则来管理返回结果。探索新的大数据审计技术，不仅局限于传统的大数据分析方法，除了传统的关联查询对比分析，现在更强调利用 Python、R 语言等技术平台来实现对大数据的审计工作。

第二节　大数据安全技术体系架构研究

依据大数据的技术特征，借鉴大数据生命周期阶段划分方法，本节建构了大数据安全技术体系架构。该体系一共包括四个层次，分别是设施层安全、数据层安全、接口层安全及系统层安全。

一、设施层安全

设施层的安全主要包括物理与环境安全、基础设施安全、云平台安全、终端安全等几个方面。保证物理与环境安全能够为大数据技术安全提供第一层的防御，减少设施面临地震、台风、海啸、火灾等自然灾害的安全威胁。同时要提高工作人员的管理水平，不仅需要防止信息泄露，还要针对服务器的损坏及时进行上报维修，为大数据安全提供保障。利用商用服务器集群提供存储与硬件基础设施来确保基础设施的安全，来实现低成本下的海量数据的存储与分析。云平台安全指的是针对云平台的虚拟性、多用户、远程管理等特点，采取监测监控等手段来防止云平台的大数据丢失现象的发生。云计算模式下，大数据的安全问题至关重要，云平台一旦出现问题，将会大范围影响用户的使用，对社会经济生活产生干扰。终端安全主要指用户输入与输出的设施需要得到保护，对信息窃取、大数据窃取、监听盗用等恶意行为进行检测追踪，帮助管理人员查看历史使用记录，实现终端的安全控制。

二、数据层安全

数据层安全需要从大数据生命周期来考虑各阶段的大数据安全，使得计算机处理后的大数据能够通过分析挖掘，将看似毫无关联的大数据提取出有意义的结果。GB/T 37988—2019《信息安全技术 数据安全能力成熟度模型》对大数据生命周期进行了概念阐述，总结出大数据生命周期主要包括大数据收集、传输、存储、清理。①大数据收集阶段作为大数据管理的首要环节，要确保收集到的大数据的可信度，大数据具有低信息密度的特征，为此要识别攻击者提供的虚假大数据往往非常困难。因此针对不同来源的大数据进行甄别是至关重要的，否则得到的结果将会存在不准确或者错误的现象。②大数据传输阶段要防止大数据在大范围、长时间传输中造成的失真或者破坏现象的发生。大数据失真可能有以下原因：一方面人工干预的大数据采集可能存在误差，另一方面大数据的时效性要求较高，早期的数据可能已经不能满足传播中的需要。大数据破坏可能是因为在传输过程中没有被加密处理，使得攻击者对大数据进行窃取或者进行拦截操作，这将会给用户带来严重的后果。因此要加强大数据传输过程中的加密解密技术应用，确保大数据内容不会丢失和被窃取。除此以外还要重视立法监督的问题，大数据发展的环境日趋复杂，但各国大数据管理制度的不同，需要围绕大数据的跨境传输、大数据主权及敏感大数据的情报窃取等方面进行相关详细规定。尽管《中华人民共和国网络安全法》对大数据跨境流动进行了基本规定，但仍不足以应对复杂的形势。③大数据存储阶段，大数据往往在非关系型数据库中存储，对比成熟的关系型数据库，非关系型数据库发展还不够完善。首先，非关系型数据库可能遇到来自外部或者内部的攻击，其验证与鉴权机制的不完善，会使得大数据遭到篡改、窃取。其次，各种 JS 对象简谱（JavaScript object notation，JSON）通过注入表述性状态传输（representational state transfer，REST）攻击会使得数据库中垃圾大数据的存储量上升，影响大数据的有效性、真实性。要保证大数据的存储阶段，能够通过访问控制技术等手段严格管控大数据，防止恶意侵害。④在大数据清理阶段，要对涉及用户隐私的大数据进行彻底删除，使得大数据不可还原。若有敏感信息需要留在系统内部，则严格按照大数据需求的有效期进行销毁。

数据层安全还有重要的一个方面就是隐私大数据的安全问题。随着大数据算法模型的升级优化，对单一数据的隐私保护变得更加脆弱。隐私大数据的安全需要针对多元数据融合进行保护，保证用户的敏感信息不被泄露。在大数据收集阶段，通过用户信息搜集授权，得到用户授权的信息；在大数据的使用过程中，通过大数据平台的大数据脱敏、清洗让大数据在使用阶段得到保护，具体可以通过匿名化手段、加密方法及可逆置换等；在使用者发布相关数据的分析过程中，也可以通过一系列限制措施来保证违规信息不被发布，实行访问控制机制。

三、接口层安全

接口层安全主要指不同主体之间接口的安全，包括大数据框架提供者之间接口安全，大数据应用提供者之间接口安全，大数据消费者之间接口安全。接口发挥着桥梁作用，将不同的大数据汇集，从而实现大数据的互联互通。除了通过制定接口协议来规范使用者的行为，目前多数机构会使用 HTTPS 技术来保证大数据接口的安全，但从服务器资源、租借证书的角度来说，成本较高。目前可以再结合高级加密标准（advanced encryption standard，AES）、消息摘要算法第五版（message-digest algorithm 5，MD5）等大数据加密技术和 Token 等实现的服务器数接口设计方案，达到安全、高效的接口处理。此类技术对大数据进行加密后破解难度大，实用价值较高。

四、系统层安全

系统层的安全主要包括安全实时监测、安全事件管理、安全态势感知三个维度。

大数据的安全实时监测是在信息化采集的基础上，对数据库进行全方位的存储、统计、分析，来有效提高对大数据管理的及时性和准确性。通过实时安全监测，也能够及时发现大数据异常，应对大数据攻击行为，确保第一时间对大数据安全采取保护措施。例如，在医院实行护理质量指标实时监测系统，能够对护理过程的质量进行强化，也能够对护理指标进行回顾分析，以便后期督促整改。

大数据的安全事件管理，是指要求对大数据管理过程中发生的安全事件进行应对机制的完善，并采取记录的形式为日后的应对提供经验借鉴。对大数据的安全事件形成闭环管控，首先建立大数据系统的安全属性库，从可用性、完整性、保密性的角度来完善系统漏洞，及时更新与完善记录。其次要通过防火墙、终端管理等方法建立防御墙。最后需要在安全事件发生之前进行预警，使得工作人员能够及时对大数据进行解析、事件管理，实现数据溯源，开展运维处理工作。

大数据的安全态势感知要求对非结构化大数据进行分析，对多样化、繁杂、非精确的大数据进行分析，尽可能地要求关联大数据的非断续性和典型性。掌握对各个微观主体的网络化互动来对大数据安全进行全方位的监管，微观主体的变化能够被管理者感知、预测，从而推测出宏观现象的发展趋势，因此要建立大数据安全态势感知系统。

高级持续性威胁（advanced persistent threat，APT）具有隐蔽性、持续性、多样性、针对性的特点，是大数据安全技术系统层面必须关注的问题。APT 攻击会对系统造成持续性的信息泄露，是攻击者窃取资料的侵袭行为。针对 APT 的防御过程中存在一定的困境：恶意代码定位困难；若使用 0day 漏洞攻击，则无法进行及时检测；一旦内网终端被注入恶意代码，将无法发现异常操作行为、敏感文件传输行为等恶意操作，更无法及时阻断。因此，必须采取一定的措施来应对 APT 攻击，参考国际权威机构 Gartner 先进的威胁防御框架来应对 APT 攻击，要从更新分层防御模型开始，并且将被动防御转为主动防御，加强大数据安全审计，严格管理访问权限。

第三节　大数据安全关键技术研究

一、代理重加密技术

1998 年布莱兹等在欧密会上首次提出代理重加密技术，这是密文之间的一种转换机制。代理重加密技术通过第三方对大数据发送方加密后的密文进行改变，在第三方无法了解原文的情况下，大数据接收方能够对密文进行解密，获取大数据内容。在整个过程中，第三方并不能获取任何关于用户的数据与私钥的信息，这样就使得大数据的安全得到一定程度的保证，此技术已经被广泛应用于加密电子邮件、分布式文件系统中，为缓解客户端的性能瓶颈提供了支持，减少了数据用户的大数据加密工作量，在实现大数据互联互通的同时保证了大数据的安全私密。代理重加密技术的主要目的是实现授权管理以及访问控制。

具体的操作如下：用户使用公钥加密数据，发送加密数据到云端，获取用户的公钥，生产重加密密钥，发送重加密密钥到云端，使用重加密密钥加密数据，发送重加密数据到用户，最后用户使用私钥解密数据。

二、大数据完整性验证技术

当大数据拥有者把大数据传送到平台后，其对大数据的掌握能力受到了一定的影响，运用大数据完整性验证技术能使用户在不将完整大数据全部取回的情况下，仅依据大数据标识以及服务器对于挑战码的响应对大数据进行验证，检查其完整性。大数据完整性验证技术能够解决用户对大数据存储是否被篡改或者丢失的担忧，并且保证最低程度的网络宽带消耗。

具体应用过程如下：用户对第三方管理者（third party administrator，TPA）发送验证请求，到云端验证 TPA 传输证明，TPA 再将验证结果回复给用户，使得用户与云端之间形成大数据流。

三、密文搜索技术

海量数据要求在保证密文的条件下实现快速检索。云计算为用户提供了新的大数据服务模式，也带来了新的问题：用户如何能够安全地访问自己的云端大数据？密文搜索技术目前能够有效解决这一难题，又被称作可搜索加密技术，云计算是其最佳的应用平台，能够保证用户的大数据安全与隐私，同时具备一定的查询效率。

具体应用过程如下：用户使用可搜索加密技术加密数据，然后上传密文与可搜索索引到云端，用户生产搜索关键词，云端对用户提出搜索请求，云端运行搜索算法，用户给云端返回搜索结果，用户解密搜索到的数据。从而实现了密文搜索的一般化过程。

第三篇 参考文献

包冬梅, 范颖捷, 李鸣. 2015. 高校图书馆数据治理及其框架[J]. 图书情报工作, 59(18): 134-141.

鲍静, 张勇进, 董占广. 2017. 我国政府数据开放管理若干基本问题研究[J]. 行政论坛, 24(1): 25-32.

曹雨佳, 黄伟群. 2016. 政府数据开放生态系统构建: 以数据安全为视角[J]. 图书馆理论与实践, 37(10): 20-24, 32.

陈氢. 2014. 跨部门政府信息共享协商系统研究: 基于元数据[J]. 情报杂志, 33(7): 188-193.

陈训逊, 方滨兴. 2005. 信息安全概念的新融合: 信息安全层次模型与要素模型的结合[C]. 北京: 全国网络与信息安全技术研讨会.

戴长征, 鲍静. 2017. 数字政府治理: 基于社会形态演变进程的考察[J]. 中国行政管理, (9): 21-27.

邸弘阳, 任思琪. 2017. 政府数据公开网络平台的数据管理与利用方式研究[J]. 图书馆杂志, 36(1): 88-96.

丁辉侠. 2018. 地方政府大数据治理: 行动、挑战与应对[J]. 郑州大学学报(哲学社会科学版), 51(1): 76-80.

冯登国, 等. 2018. 大数据安全与隐私保护/信息安全理论与技术系列丛书[M]. 北京: 清华大学出版社.

顾立平. 2016. 数据治理: 图书馆事业的发展机遇[J]. 中国图书馆学报, 42(5): 40-56.

黄璜. 2018. 对“数据流动”的治理: 论政府数据治理的理论嬗变与框架[J]. 南京社会科学, (2): 53-62.

黄蕗. 2016. 大数据时代的信息安全[J]. 现代电信科技, 46(1): 25-28, 32.

黄如花, 赖彤. 2018. 数据生命周期视角下我国政府数据开放的障碍研究[J]. 情报理论与实践, 41(2): 7-13.

黄如花, 刘龙. 2017. 我国政府数据开放中的个人隐私保护问题与对策[J]. 图书馆, (10): 1-5.

黄如花, 温芳芳. 2018. 在开放政府数据条件下如何规范政府数据: 从国际开放定义和开放政府数据原则谈起[J]. 情报理论与实践, 41(9): 37-44.

蒋勋, 刘喜文. 2013. 大数据环境下面向知识服务的数据清洗研究[J]. 图书与情报, (5): 16-21.

赖茂生, 李爱新, 梅培培. 2014. 信息生命周期管理理论与政府信息资源管理创新研究[J]. 图书情报工作, 58(6): 6-11, 41.

李广建, 杨林. 2012. 大数据视角下的情报研究与情报研究技术[J]. 图书与情报, (6): 1-8.
李玲玲, 朱芬芬, 姚致清, 等. 2012. 基于可信度的可靠性度量云模型[J]. 电力系统保护与控制, 40(8): 90-94.
李伟绵, 崔宇红. 2015. 研究数据管理生命周期模型及在服务评估中的应用[J]. 情报理论与实践, 38(9): 38-41.
梁木生. 2001. 略论“数字政府”运行的技术规制[J]. 中国行政管理, (6): 20-21.
刘晓娟, 黄海晶, 张晓梅, 等. 2016. 智慧城市建设中的数据开放、共享与利用[J]. 电子政务, (3): 35-42.
马长山. 2018. 智能互联网时代的法律变革[J]. 法学研究, 40(4): 20-38.
马广惠, 安小米, 宋懿. 2018. 业务驱动的政府大数据平台数据治理[J]. 情报资料工作, (1): 21-27.
石火学, 潘晨. 2018. 大数据驱动的政府治理变革[J]. 电子政务, (12): 112-120.
石宇, 詹明, 尹璐, 等. 2015. 面向对象的多源异构数据关联组织与分析[J]. 测绘通报, (1): 102-104.
唐长乐, 王春迎. 2017. 基于政务云数据中心的政府数据开放共享服务集成平台研究[J]. 情报资料工作, (5): 13-19.
万里鹏. 2009. 信息生命周期研究范式及理论缺失[J]. 中国图书馆学报, 35(5): 36-41.
汪庆怡, 高洁. 2016. 面向用户服务的美国政府开放数据研究及启示: 以美国Data. gov网站为例[J]. 情报杂志, 35(7): 145-150.
王芳, 陈锋. 2015. 国家治理进程中的政府大数据开放利用研究[J]. 中国行政管理, (11): 6-12.
王红心, 龙文佳. 2020. 面向大数据全生命周期保护模型及方法[J]. 网络空间安全, 11(2): 1-7.
王欣. 2002. 美国政府信息指引服务及其对我国的启示[J]. 情报杂志, (3): 90-92.
吴丹, 刘子君. 2018. 大数据视角下的智慧信息服务: 应用实践与未来趋势[J]. 信息资源管理学报, 8(2): 28-39, 75.
夏立新, 杨金庆, 程秀峰. 2017. 基于情境感知技术的移动数据自动采集系统设计与实现[J]. 数据分析与知识发现, 1(5): 82-93.
夏义堃. 2018. 试论数据开放环境下的政府数据治理：概念框架与主要问题[J]. 图书情报知识, (1): 95-104.
薛洁, 赵志飞. 2016. 物联网背景下统计信息化的发展趋势[J]. 统计与决策, (9): 75-78.
严昕, 孙红蕾, 郑建明. 2017. 城镇信息化中的数据治理问题研究[J]. 情报科学, 35(9): 30-35.
叶润国, 胡影, 韩晓露, 等. 2016. 大数据安全标准化研究进展[J]. 信息安全研究, 2(5): 404-411.
叶鑫, 董路安, 宋禺. 2018. 基于大数据与知识的“互联网+政务服务”云平台的构建与服务策略研究[J]. 情报杂志, 37(2): 154-160, 153.
余奕昊, 李卫东. 2018. 我国地方政府数据开放平台现状、问题及优化策略: 基于10个地方政府数据开放平台的研究[J]. 电子政务, (10): 99-114.
张康之. 2018. 数据治理: 认识与建构的向度[J]. 电子政务, (1): 2-13.

张琳, 刘婧文, 王汝传, 等. 2013. 基于改进 D-S 证据理论的信任评估模型[J]. 通信学报, 34(7): 167-173.

张仕斌, 许春香. 2013. 基于云模型的信任评估方法研究[J]. 计算机学报, 36(2): 422-431.

张毅菁. 2014. 从信息公开到数据开放的全球实践: 兼对上海建设“政府数据服务网”的启示[J]. 情报杂志, 33(10): 175-178, 183.

赵龙文, 罗力舒. 2017. 基于关联数据的政府数据开放:模式、方法与实现: 以上海市政府开放数据为例[J]. 图书情报工作, 61(19): 102-112.

赵荣荣, 梁蕙玮, 萨蕾. 2013. 公共图书馆政府公开信息元数据研究: 以中国政府公开信息整合服务平台为例[J]. 图书馆学研究, (15): 63-67, 49.

郑磊. 2015. 开放政府数据研究: 概念辨析、关键因素及其互动关系[J]. 中国行政管理, (11): 13-18.

朱光, 崔维军, 张薇薇. 2016. 信息生命周期视角下的大数据隐私风险管理框架研究[J]. 情报资料工作, (1): 99-103.

朱晓峰. 2006. 论政府信息资源生命周期管理[J]. 中国图书馆学报, (3): 69-72.

Alhadad N, Busnel Y, Serrano-Alvarado P, et al. 2014. Trust evaluation of a system for an activity with subjective logic[C]//Eckert C, Katsikas S K, Pernul G. International Conference on Trust, Privacy and Security in Digital Business. Cham: Springer: 48-59.

Almenarez F, Marin A, Díaz D, et al. 2006. Developing a model for trust management in pervasive devices[C]. Pisa: Fourth Annual IEEE International Conference on Pervasive Computing and Communications Workshops: 5-271.

Attard J, Orlandi F, Scerri S, et al. 2015. A systematic review of open government data initiatives[J]. Government Information Quarterly, 32(4): 399-418.

Begg C E, Caira T. 2012. Exploring the SME quandary: data governance in practise in the small to medium-sized enterprise sector[J]. The Electronic Journal of Information Systems Evaluation, 15: 3-13.

Bertino E, Fovino I N, Provenza L P. 2005. A framework for evaluating privacy preserving data mining algorithms[J]. Data Mining and Knowledge Discovery, 11(2): 121-154.

Coleman S. 2008. Foundations of digital government[M]//OECD. Digital Government. Boston: Springer: 3-19.

Jøsang A, O'Hara S. 2010. Multiplication of multinomial subjective opinions[C]. Berlin: International Conference on Information Processing and Management of Uncertainty in Knowledge-Based Systems.

Kakol M, Nielek R, Wierzbicki A. 2017. Understanding and predicting web content credibility using the content credibility corpus[J]. Information Processing & Management, 53(5): 1043-1061.

Khatri V, Brown C V. 2010. Designing data governance[J]. Communications of the ACM, 53(1): 148-152.

Oliveira S R M, Zaïane O R. 2002. Privacy preserving frequent itemset mining[C]. Japan: The IEEE ICDM Workshop on Privacy, Security and Data Mining.

Otto B. 2011. A morphology of the organisation of data governance[C]. Helsinki: The European Conference on Information Systems.

Shannon C E. 1948. A mathematical theory of communication[J]. The Bell System Technical Journal, 27(3): 379-423.

Sinaeepourfard A, Garcia J, Masip-Bruin X, et al. 2016. A comprehensive scenario agnostic data life cycle model for an efficient data complexity management[C]. Baltimore: 2016 IEEE 12th International Conference on e-Science.

Thatcher J, Bergmann L, Ricker B, et al. 2016. Revisiting critical GIS[J]. Environment and Planning A: Economy and Space, 48(5): 815-824.

van Veenstra A F, van den Broek T. 2015. A Community-Driven Open Data Lifecycle Model Based on Literature and Practice[M]//Boughzala I, Janssen M, Assar S. Case Studies in e-Government 2.0. Cham: Springer: 183-198.

第四篇

人工智能背景下社会伦理冲突与价值调适研究

第十五章　文献综述与理论基础

尽管人工智能技术作为治理工具在政府治理中被大规模应用，但由人工智能引发的伦理争议依然没有得到解决，因此有必要重新审视人工智能的伦理特征。首先，作为生产工具的人工智能已经得到了大规模的应用，并创造了大量的经济价值。其次，随着人工智能技术的进步及其应用范围的扩展，进入消费领域的人工智能产品面临着角色转型。一方面，对待人工智能的工具主义态度已经不能适应消费领域中的人机关系；另一方面，受技术水平等多方面因素的限制，将人工智能作为主体性角色进行建构仍然面临重重阻碍。在角色转型的背景下，未来社会的人工智能需要承担与人类主体相似的价值功能，其价值内涵已经远远超出工具身份，这将使得人工智能治理面临新的情境。因此，为了规范当下以及未来社会中的人机互动过程，需要建立适当的人工智能规范体系，为政府治理提供依据。

我国始终把人工智能发展摆在重要战略地位。2014 年政府工作报告首次提及“大数据”；2017 年，国务院印发的《新一代人工智能发展规划》提出，到 2030 年人工智能理论、技术与应用总体达到世界领先水平，成为世界主要人工智能创新中心。2018 年政府工作报告再次提及人工智能。2019 年，“人工智能”第三次出现在政府工作报告中，我国已将打造工业互联网平台，拓展“智能+”，为制造业转型升级赋能确立为人工智能发展的大方向。这表明作为国家战略的人工智能将会逐步成为基础设施，与人们的生活紧密联系起来。可见，人工智能发展已经成为全球性的关注焦点和竞争热点，必将迎来整体性、爆炸式的迅猛发展和集中应用。

近年来，在大数据发展的基础上，人工智能飞速发展。在人工智能领域，深度学习是智能发展的重要方式，即算法通过对海量数据的分析形成一定的自主决策能力，实现智能升级。任何智能的发展，都需要一个学习和成长的过程。大数据与人工智能是相辅相成的。有一个形象的比喻是，人工智能就像一个嗷嗷待哺、拥有无限潜力的婴儿，而某一领域海量的数据就是喂养这个天才的“奶粉”，只有经过海量数据的训练（喂养），其智能化程度才能不断提高；反过来，机器智能的提升，极大地提高了数据分析效率，让对海量数据的分析变成可能。在大数据技术与人工智能相互成就的过程中，人工智能的智能水平不断提升，相关领域的应用深度不断拓展，我国社会正逐步向智能化迈进。

然而，正如霍金所指出的，人工智能既是人类文明的推进者，同样也可能是人类文明的终结者。人工智能技术作为当前科技发展的前沿，仍然无法摆脱科技二重性的命运。换句话说，人工智能也是一把“双刃剑”。人工智能技术主要解决的是海量数据处理和决策问题，人工智能为政府治理提供了巨大便利，但同时也带来了诸如决策风险、数据安全风险、社会伦理冲突等一系列问题。因此，政府治理面临一系列新的重大挑战和发展机遇。

目前，政府治理理论与实践的相关研究主要集中在治理理念、治理结构和治理模式三个方面。从已有的研究成果来看，目前学术界对人工智能发展新时代背景下政府治理变革和应对的研究相对薄弱。从社会发展规律看，一定的政府治理形态必须与其所处的时代背景相适应，影响人类社会发展的重大科技进展不仅导致了人类生活方式变革，也直接带动了政府治理形态的变革。

习近平同志在党的二十大报告中指出：“转变政府职能，优化政府职责体系和组织结构，推进机构、职能、权限、程序、责任法定化，提高行政效率和公信力。”[①]由此我国政府治理背景、目标取向和实践路径等方面发生了重大变化，政府治理进入新时代，呼唤理论和策略创新。21 世纪以来，信息技术领域的科学技术发展最为瞩目。以互联网为开端，大数据、人工智能技术影响着人类社会的方方面面。政府治理作为国家的上层建筑，与技术应用的关系更加密切，换句话说，政府既将技术工具用于治理，同时又要针对技术引发的问题进行治理；既要为技术发展的趋势指引方向，同时也深受其影响。

第一节　技术应用与政府治理变革

随着信息技术的发展，政府治理理论呈现出新的发展方向，技术成为推动政府治理的主要动力。科技发展的过程中，将信息新技术运用于政府治理中成为学者关注的热点，每一轮信息新技术的兴起均会引起相关政府治理的变革。以互联网科技、大数据和人工智能为代表，不同阶段的信息技术对政府治理理论赋予了新的内涵，新技术革命已经成为当代政府治理变革的基础和推动力（陈振明，2015）。

第一阶段，互联网科技与政府治理相结合，诞生了电子政务（王元月等，2002；

① 《习近平：高举中国特色社会主义伟大旗帜 为全面建设社会主义现代化国家而团结奋斗——在中国共产党第二十次全国代表大会上的报告》，https://www.gov.cn/xinwen/2022-10/25/content_5721685.htm。

孟庆国和李晓方，2013）这一新的政府治理模式，或称“互联网+政务服务”（李春根和李志强，2016），焦点在于使政府治理变得更加便捷和公开。

第二阶段，随着大数据相关技术的发展与成熟，大数据成为国家基础性战略资源（许欢和孟庆国，2017），大数据与政府治理相结合，推动着政府治理的改革与创新，并极大地丰富了政府的治理手段，为提升政府治理能力提供了技术上的支持（陈伟忠，2016）。

第三阶段，深度学习技术的突破使得人工智能实现了质的飞跃，进入公共服务领域的人工智能，通过模拟人类智慧进行辅助决策，可以提升公共决策的科学性、便捷性、公平性及高效性等（董立人，2018）。可见，科技发展对于政府治理的理念和模式均有着深远的影响。

第四阶段，区块链技术的逐步应用形成了对人工智能技术的补充。区块链技术通过有效的信息整合、高效的信息传导、加密的信息传输等手段在信息保护方面实现对人工智能的补充。这一应用有助于有效整合社会多元主体，形成以政府为主导的治理体系（高奇琦，2020）。

第二节　技术治理与智能治理

技术治理的主旨在于，将新型技术手段应用于公共管理活动，从而提高治理效率（刘永谋，2019）。在现阶段，技术治理的最新表现形式是智能治理。智能治理就是在公共治理活动中运用智能技术，较为典型的应用手段包括物联网、大数据、人工智能及区块链等（张钦坤和曹建峰，2020）。

党的二十大报告指出：“坚持人民城市人民建、人民城市为人民，提高城市规划、建设、治理水平，加快转变超大特大城市发展方式，实施城市更新行动，加强城市基础设施建设，打造宜居、韧性、智慧城市。发展海洋经济，保护海洋生态环境，加快建设海洋强国。”[①]“智慧城市”这一概念逐渐走向前端，我国不少城市逐步掀起了打造智慧城市的热潮。不少学者开启了专业化的思考。技术手段推进了社会生产力的发展，表现为社会生产力和生产关系相互促进。在该过程中，社会管理或公共服务也越来越多地采用新技术，使整个社会的运行日趋智慧化，推动了智慧社会的形成（赵刚，2018）。

在目标导向上，智慧社会以服务全体人民为目标，以智能技术为支撑，以数字化信息为驱动，最终实现经济数字化、主体知识化、治理精细化、文化多元化

① 《习近平：高举中国特色社会主义伟大旗帜 为全面建设社会主义现代化国家而团结奋斗——在中国共产党第二十次全国代表大会上的报告》，https://www.gov.cn/xinwen/2022-10/25/content_5721685.htm。

（丁波涛，2019）。

智慧社会建设尤其需要强调智能治理的重要性（李君如，2020）。在治理方式的选择上，智慧社会中必然的治理方式是智能治理（汪玉凯，2018）。由此可见，智能治理将逐步推动智慧社会的形成，又将成为智慧社会中常态化的治理模式，这意味着政府治理也将迎来巨大的变迁，从以往的使用单项治理工具变为使用一种集成式的技术治理手段。

第三节　信息技术的应用及其风险

一、人工智能

人工智能进一步提升了人类的社会生产能力，也为深化政府治理变革提供了全新途径，在优化政府治理中有着不可忽视的积极价值。当前政府治理中的人工智能应用就是通过大数据、精算、深度学习等信息技术，设计政府组织中的各种服务系统。人工智能在政府治理的各个环节中的运用，会极大地提升政府管理效能。

非智能化时代中政府治理的一个重要弊端在于，治理主体与治理对象之间常常由于沟通不畅、决策机制不透明等客观因素限制而使公共议程无法准确地传达民意。在智能化时代的政府治理中，公民参与从被动转变为主动，从间接转变为直接，且参与过程变得更为秩序，极大地提升了公共事务的运转效率（高奇琦，2020）。

同时，借助大数据、区块链等新一轮技术应用，准确掌握相关决策信息，并根据需要智能生成相应的决策方案，供决策者选择，可以极大地提升政府的决策质量（董立人，2018）。随着社会的发展，人们对公共服务的要求愈加复杂，这不仅要求政府提高决策效率，还要求政府具有一定的预测能力，从而最大限度地优化资源配置，节省时间及人力成本。人工智能技术不仅可以有效识别行政流程中的冗余环节，形成更加科学的公文流转过程，还可以被用于建立并优化决策方案，因此能够对建设服务型政府以及提升人民群众的生活水平发挥重要作用。

智能社会是经济社会演进的必然趋势，也是新时代经济社会的新形态。杨述明（2018）从新时代国家治理现代化的背景出发提出了人工智能对于政府治理的重要作用。胡洪彬（2017）认为人工智能技术的应用在帮助控制政府规模、强化政府效率和提升政府服务水平的同时，可能引发一定的行政伦理危机及政府信息安全问题。何哲（2016）认为人工智能对传统政府治理水平的提升包含了四个方面的内容，分别为解决人力资源缺乏的问题，提高政府内部行政流程效率，提升传统政府决策质量，构建更精准的公民个性化服务体系。王礼鹏和石玉（2017）从国外人工智能运用于政府治理的实践出发提出其对中国政府治理的经验启示。

总的来说，人工智能将极大地解决传统政府的效率低下、机构臃肿、部门协调性不足和公共服务不精准等问题，从而帮助构建高度柔性、动态和为民服务的政府体系。但毫无疑问，人工智能这一治理工具的应用也对政府的技术治理能力提出了挑战，引发了与内部组织变革、行政决策和行为智能化相关的正当性与合法性问题，包括对提高政府信息处理能力的要求、优化政务流程的要求、应对行政伦理新挑战的要求。

二、大数据

大数据时代，信息流动的路径和权力运行的向度均被改变，政府治理机制正在发生深刻的变革（史军，2016）。传统时期的政府治理是以信息资源垄断为基础而建立的。在传统体制下，政府内部的信息传播路径主要为自上而下及自下而上层层传递的单线流动，因此上下级政府之间的关系是政府治理的主要抓手（张述存，2015）。

一方面，信息的单线流动塑造出权力的单向运行结构，在这种结构中政府对社会的管控十分严密，社会空间被挤压，社会活力不足。另一方面，在这种模式下，公民表达诉求的渠道和组织基本处于缺失状态，政府官员与社会个人的关系缺乏调和，当矛盾集中爆发时可能引发社会动荡。而这一问题的根源就在于信息不对称（刘叶婷和唐斯斯，2014）。大数据时代的到来使该问题得到缓和，借助信息技术，每个人都是一个信息源，每个信息源都是一个中心，政府对信息的垄断被打破，治理过程呈现出明显的去中心化趋势，政府治理开始向扁平化发展。依靠大数据技术，政府与公众、政府与企业、政府与政府之间，加强了交流。信息不仅在各级政府间垂直流动，而且政府与外部环境之间的横向沟通渠道也在增加（刘越男等，2017）。

大数据技术使政府治理中主体的组织关系由互动转向联动，这也是大数据与互联网科技对政府治理的差异。大数据体现出来的社会属性深刻地影响着政府治理模式，推动了政府治理改革与创新（何哲，2016）。首先，大数据推动着社会行为的变革，加速了政府与企业及民众之间的信息沟通、信息反馈与回应。信息技术让公众在信息的占有量不断提高，公众获取信息的速度和质量甚至超过政府，这一特点推动了民众与政府治理上互动趋势的形成，促使政府与社会逐步从封闭走向开放与合作（唐晓阳和代凯，2017）。其次，大数据在治理理念、治理模式、社会管理形态等三个方面改变着政府治理。政府治理由主观决策转向科学决策，由单一管理模式转向多元共治管理模式（楚德江和韩雪，2016）。

然而，大数据融入政府治理还存在着诸多风险。在政府决策方面，由于信息快速传播，政府组织所面临的治理环境变得极为复杂。首先，在不确性日益加剧的情形下，刚性组织无法再用程序化决策去应对数量巨大的一次性决策（舒怀，2015）。公共管理事务呈现出日益复杂的趋势，传统政府中单凭一些领导干部的主观认知来解决问题的做法已经不再适用（周琳和张永刚，2016）。其次，主观、片面的判断还会增加决策失误的概率，如何利用信息技术提高决策的科学性，减少因决策失误带来的社会风险将是公共决策要面临的重要问题（李代明，2017）。最后，在数据安全方面，如何保证数据拥有者平等地、有效地交换数据，如何在数据信息公开的同时保护好知识产权，也直接影响到政府治理能力现代化的全面实现（曾小锋，2016）。大数据技术的运用倒逼政府执政思维的转变，迫切需要政府部门改变传统的管理思维方式，包括领导思维向服务思维转化和经验思维向数据思维转化。数据安全面临着挑战，若不加以控制，极容易形成数据垄断困境（陈振明，2015）

三、区块链技术

根据2016年《中国区块链技术和应用发展白皮书》中的定义，区块链是分布式数据存储、点对点传输、共识机制、加密算法等计算机技术在互联网时代的创新应用模式。2016年，国务院印发了《"十三五"国家信息化规划》，鼓励提前布局区块链等战略性前沿技术。2017年，中国人民银行印发的《中国金融业信息技术"十三五"发展规划》，也指出要加强区块链基础技术研究，以推动区块链技术更好地为金融领域服务。2018年以来，监管层提出要引导区块链技术为实体经济服务。

随着国家对区块链技术的布局逐渐深入，区块链技术在实体经济中迅速得到应用，在物联网、智能制造、供应链管理等多个领域发挥了重大作用。此外，区块链还可以被作为有效的监管工具以辅助政府的市场监管活动。作为有效的治理工具，区块链技术能够提升政府服务效率，提高监管效能，推进政府信息公开，并节省监管成本（袁勇和王飞跃，2016）。然而，区块链技术同样存在一定的安全风险，包括安全威胁、建设成本高昂等（侯衡，2018）。

鉴于人工智能、大数据技术、区块链已经成为人类社会变革最重要的驱动力量，应顺应当今科技发展大势，深入研究人工智能对新时代我国政府治理的挑战，从政府治理理念变革、制度变革，到流程设计、风险应对，力争形成对人工智能发展诱致风险的系统监管理论框架和制度体系，实现宏观理念可落地、微观操作有方向的目的。从总体问题出发，本书的研究聚焦于现阶段由人工智能所引发的一系列社会伦理问题，在分析其成因及表现的基础上，厘清其可能带来的风险与挑战，并针对政府治理提出相应的治理对策。

本章的逻辑是：明确人工智能发展的历史背景，针对人工智能发展进程及现阶段产生的伦理问题的表现进行总结。最后，基于对政府治理理论和实践的反思，从社会伦理冲突的应对、治理机制建设与多元化的道德标准体系建设三个方面提出人工智能伦理问题的应对之策。

第十六章　人工智能应用的基本困境

通常认为，人工智能概念最早起源于1956年召开的达特茅斯会议，McCarthy（麦卡锡）与Minsky（明斯基）等专家一起建立起早期人工智能的理论框架，人工智能作为一门科学由此诞生（Davidson，2012）。自此，人类在人工智能领域不懈探索，将人工智能技术水平不断地推向新的高度。进入21世纪，人工智能技术继续深化，技术研发从专研某一领域的智能化拓展到研发像人一样思考并能承担多种用途的通用人工智能。通用人工智能是指与人类智慧相当或有更高智慧的人工智能，有着与正常人类相似的所有智能行为，亦称强人工智能。在当下，人工智能已经以各种产品形式走进了现代人的生活。例如，安装了自动驾驶系统的汽车已经开始在道路上奔驰，自动化机器人已经活跃于制造业车间，各种服务机器人开始进入餐厅、酒店等，搭载在手机、电脑、电子手表上的各类以特定的算法模型建构的应用软件早已深深地嵌入在了亿万用户的日常活动中。

然而，同有史以来人类取得的一切技术进步一样，人工智能技术在不断地以新的产品形态问世的同时，也未能摆脱科技具备二重性的命运。人工智能技术使人类社会的伦理体系面临重大的考验，有学者将人类社会的伦理体系比作“湖心岛”，而算法伦理则被喻为湖心岛上的入侵者，人工智能伦理问题已经像生物入侵一般摆在了人类面前（柳亦博，2019）。

从“机器人”这一早期的人工智能概念诞生之初，诸如“人工智能是否会毁灭人类”的问题就已经开始被人们追问，长久以来，它不仅是无数科幻及电影小说的母题，也是科技哲学中重要且严肃的话题。可以说，这个问题是人工智能伦理问题的元问题，人们对人与机器之间互动关系的思考由此开启。在当代，发展中的人机关系已经随着技术形态的变化而突破了最初你死我活的二元形态，变得越来越多样化、复杂化，以至于“人”这一概念本身将面临挑战。在技术突飞猛进的时代，人类与人工智能的伦理身份面临重新摆置，如何调适人机关系成为至关重要的议题，符合社会演进规律的新伦理框架亟须形成。因此，本章将首先对人工智能引发的社会问题进行梳理，揭示当前人工智能发展的基本困境。

第一节　生 产 替 代

一、机器换人引发的恐慌

在科技领域中，人工智能的重要作用是在创新研究中大量辅助和替代人的研究，形成技术研发的快速进步。在社会应用领域，人工智能的影响主要体现在个人生活、经济领域和社会领域三个层面。长久以来，技术不单改变了生产活动的具体形式，也在塑造人类生产活动的组织形式（Li et al.，2021）。在技术与组织相互作用的过程中，最引人注目的问题便是技术对人的替代。生产替代指的是在生产领域中人工智能对人类劳动者的替代。在技术产生之初机器作为劳动工具，是“劳动者延长的手臂”，给人类社会的生产活动提供了巨大的便利，极大地推动了生产效率的提升。从远古人类发明并学会使用手斧到今天人们用大型机械手臂进行汽车零部件的制造，技术标示着人类社会向前发展的每一个脚印。技术发展的必然结果是人与技术之间会产生新的互动关系。在工具价值已经得到充分实现的前提下，人工智能的胜任力已经越来越强，可能导致技术对人力的大规模替代，并由此引发一定的恐慌。

从技术发展的历史进程来看，劳动者与技术之间的紧张关系由来已久。19 世纪早期英国纺织工人掀起的反对自动化的卢德运动即是最早的对“机器换人”的恐慌。有国外学者指出，人工智能与以前发现的生产方式具有破坏性的任何发明没有什么不同，过去卢德派对蒸汽动力工业和机械化织机感到恐惧，今天人们就会对人工智能抱以同样的焦虑和对未知事物的恐惧（Wolnicki and Piasecki，2019）。这种观点的核心逻辑在于：人工智能的智能化水平越来越高，生产领域中的人工智能正在从工具性角色转变为主体性角色，主体性越来越强的人工智能正在替代人类劳动者。然而，在人类社会的伦理框架之下，其价值实现过程也必然面临着同人类劳动者一样的要求，这一过程的顺利演进正面临现实难题。

“机器换人”是当今学界和社会广泛关注的时代命题。首先，人工智能的大规模应用在提高生产效率的同时也改变了生产过程的形态，原有的生产要素面临重新摆置；其次，生产要素的调整中尤其是针对劳动力的结构性调整往往意味着一定时期的阵痛，从这一点看，人们对机器产生恐慌不无道理。一项基于 2012~2016 年中国劳动力动态调查数据的实证研究表明：城市工业机器人的使用并没有造成当地劳动力市场整体就业岗位的减少，但导致了劳动力在不同部门之间的重新配置，即制造业部门就业概率下降，服务业部门就业概率上升，这一效应主要体现在低技能水平的劳动力群体（赵春明等，2020）。由此可见，工业智能化发展的产业政策应当兼顾由智能升级带来的劳动力结构性调整的问题，尤其要考虑低技能劳动力群体的利益。应当有针对性地调整就业和收入再分配政策，以减少生产替代所带来的调整成本。

二、人的缺位带来的价值缺失

在人工智能进一步发展的背景下，生产替代表现出不同以往的广度和深度。首先，当代智能工业中的自动化机器所带来的效率提升已经远非历史上所有的技术进步可比，这意味着生产领域中技术替代人力的规模将进一步扩大。其次，随着智能机器智能水平的提升，技术替代人力的深度较以往也不可同日而语。已有的研究表明，技术对人力的替代由最初的劳动力替代发展为组织管理替代、任务替代、职业替代、技能替代（陈龙，2020）。今天的卢德派需要在更为复杂的形势中规划未来的职业发展。

在大规模的工业生产领域中，机器替代人类意味着人力得以摆脱流水线的束缚，从而突破了泰勒式的科学管理中劳动工人因从事简单重复劳动而被过度压榨的弊端。然而，在生产替代的深度之维，人机互动过程中的人与机器的嵌合并不总是完美的。在一些具体的领域，人工智能的生产替代常常因此而显得不合时宜，人机互动的价值实现面临困境，许多不同行业的工作者均面临这样的难题。

2018 年，北京师范大学编制的《人工智能+教育》蓝皮书提出了“人工智能+教育”的五个经典场景，覆盖了教育环境、学习支持、教育评价、教师助力、教学服务五个过程。蓝皮书同时指出，对人工智能的价值认识存在两极化，既有对人工智能全盘肯定、在教育应用过程中“唯人工智能”的思想，也有对其全盘否定、对人工智能的有益之处视而不见的思想，在人工智能教育应用方面，应强调人机协同，不应有所偏废。

在教育行业中，智能化的教育教学工具的大量应用是当前的潮流。有深度学习能力的人工智能彻底颠覆了以往的教育生态，传统的教学场景中加入了人工智能这一新的工具，给教育场景中老师和学生两个主体都带来了挑战：当人工智能的决策及服务水平达到较高水准，一些自主性、独立性较差的教师及管理者有可能会对人工智能的决策及服务产生过度依赖而丧失自身对于教育教学的独特理解及思考（赵磊磊等，2020）；对学生而言，在作为人的教师角色缺位的场景下，以数据参数作为运算规则的人工智能教学评价系统，只能从线性视角评价学生的同质性，无法分析学生的异质性，这可能会阻碍学生的个性化发展（刘磊和刘瑞，2020）。这不禁让人联想到著名科幻电影《黑客帝国》中无数人类婴儿被放在培养液中进行同质化培养的场景。对智能工具所谓的“智能”的盲从也体现了工具主义的思维，从长远来看，人的思维中特有的非理性因素将会磨灭，而人成为一台机器，这违背了个性发展的教育理念。

在传媒行业中，算法正在替代传统的媒体把关人的角色（吴锋和马建森，2019）。基于大数据的算法推荐根据人们的喜好将人们乐于见到的新闻"投喂"给每个人，进而造成了所谓的"信息茧房"；同时，机器写作兴起的同时还导致了文字产品的同质化现象。而作为人的传统媒体把关人角色的缺位则无法填补价值判断的空白，导致媒介产品的社会公共价值被削弱。有研究者认为，在数字技术这一新型文化资本的推动下，算法极大地提升了传播效能。但算法传播正在使人们在信息传播的过程中被客体化，从而进入身不由己的状态。对社会整体而言，由商业利益驱动的传媒行业的智能化转型最终将导致公共价值目标的消解（郭赫男和何倩，2020）。

除此以外，人工智能在其他行业中的应用均引发了一定的价值争议，如医疗行业中智能工具对传统医学伦理的冲击，外卖行业中算法的精准计算对从业者的压榨等。在越来越多的人工智能产品对人类劳动进行替代的过程中，在诸如教育、传媒行业的岗位中却存在着不可替代的因素。在这些行业中人类工作者之所以不可替代，主要在于他们所承担的工作具有独特的价值意义。

三、公共价值的缺位

李开复根据牛津大学、麦肯锡、普华永道、创新工场等机构的研究报告综合梳理出了当今社会 365 种职业被人工智能取代的概率，并总结出了各种职业被替代的难度，认为，在未来，创意型和关爱型的岗位将不会被轻易取代（李开复，2018）。创意型的岗位包括科学家、艺术家等，而关爱型工作的代表包括社工、教师、医生等。在应对重复性的以及对精确程度要求较高的工作时，人工智能的效率远胜于人类劳动者，但在对创造力和共情能力要求较高的工作中，人类劳动者仍然是人工智能难以替代的。关爱型和创意型这两种职业类型直指现阶段人工智能能力的短板，集中体现了人工智能时代人类生产者的独特价值。

公共价值生产领域的工作在很大程度上依托于这种作为人的独特品质，因而该领域中的人类劳动者是难以被替代的。如今，人工智能工具大规模应用正在冲击这些职业的内核部分，从业者必须正视所属行业中的公共价值。重视人的价值这一点本身就是根植在职业伦理中的，而在人工智能时代它需要进一步被理解。奥恩（2018）在其著作《教育的未来：人工智能时代的教育变革》中提出，人工智能时代的学习必须重视四个方面的素养，主要包括：技术素养，指的是人们适应现代数字化世界所需的具体技术知识；人格素养，指的是与他人交往，发挥创意思维，发扬创业精神的能力；数据素养，指的是能够理解机器生成的海量信息；认知能力，包括创业精神、系统思维和跨文化灵活变通能力。创新精神被认为将是未来人类取得相对于机器人而言的能力优势的关键因素。可见，人工智能时代人类劳动力仍然具备人工智能无法取代的要素，使得人工智能在价值生产过程中尚不足以承担和人类完全一样的功能。

教师、医生、媒体等行业的产出均带有公共产品的属性，具有社会公益性。重点在于，这一公共价值必须通过人来实现，而不是人工智能产品。以教师为例，教师工作不单是进行知识的传播，而且要在一定程度上参与到学生的人格成长过程中。有学者认为，这是师生关系的生命之维。就知识传播而言，教师需要警惕海德格尔式的技术之蔽，避免沉溺技术而在知识学习中“见木不见林”；就人格关怀来说，教师需要保持职业精神，而不是将工作完全抛给智能产品。总之，在公共领域的社会生产活动中，就现阶段而言，人工智能产品的智能水平尚且不足以支撑许多社会性职业其价值功能的实现，人的参与和存在仍然是实现社会公共价值的关键。在这个意义上，认同当前人工智能产品所承担的社会角色为时尚早。

第二节　消费陷阱

作为消费品的人工智能产品是为了满足人类的多样化需求而出现的，而人类需求的多样性不言自明，因而人机之间的互动关系已经越来越多样化，变动中的人机关系形态已经触及社会伦理体系的边缘地带。伴随着智能产品的大规模应用，大量的虚拟或实体的智能产品已经成为现代人生活中的必需品，人类的生存状态已经表现为一种“数字化生存”（白龙和骆正林，2021）。然而，当前的人工智能产品并非完美无缺，在生产及应用的过程中，存在许多尚未得到解决的问题。在这一背景下，智能产品所引发的公共议题不在少数。

一、隐私泄露与算法垄断

人工智能时代的智能应用进一步加大了隐私保护的难度。算法要想实现其功能，必须要获取大量的用户数据，而数据的获取和使用常常引起争端。在互联网时代，人们每天都要通过各类电子终端使用各种应用软件产品，这将导致大量用户数据的产生：外卖应用软件上会留下个人饮食偏好，导航系统上会留下个人出行数据，医疗软件上会留下个人健康数据，网络购物平台上会留下诸如穿衣尺码这样的个人数据……大量的用户数据一旦被算法构建起其意义模型，数据便成为信息。网络时代解决的是连接与社会结构问题，大数据时代解决的是内容与再现的问题。当网络社会的边界逐渐扩展，从而创造了前所未有的大数据世界后，如何来处理庞大的数据，就成为亟待解决的问题。因此，人工智能时代是人类进入网络时代、大数据时代的自然结果，其解决的是海量数据的处理和决策问题。个人信息的获取、传输乃至建立过程常常是在用户不知情的情况下进行的。互联网公司通过个性化定价算法等技术手段，往往能够形成相对消费者而言的垄断地位（周围，2021）。在信息时代，数据已经成为一种资源，但围绕数据资源进行的利益分配常常被互联网公司所垄断，作为数据生产者的消费者在利益分配中常常处于劣势地位。在这种情形下，围绕隐私权而建立的数据市场的利益分配机制亟须形成（彭桥等，2020）。随着人工智能应用进一步嵌入人们日常生活中，由用户数据引发的争端将会变得更加复杂。

二、人工智能应用带来的安全威胁

人工智能应用一旦失控，将会形成难以应对的安全威胁。安全性是人工智能治理的基本目标之一，但随着人工智能的应用方式表现得越来越多样化，新的安全隐患层出不穷。以自动驾驶汽车为例，近年来越来越多装有自动驾驶系统的汽车已经与普通汽车行驶在相同的道路上，在城市交通服务中甚至出现了无人驾驶的网约车。该领域的新兴科技公司层出不穷，其中在华销量屡创新高的车企特斯拉更是备受瞩目。特斯拉凭借其创新的技术和独特的市场定位，市值已于最近超越丰田，成为全球第一市值的车企。然而，自动驾驶技术的发展并非一帆风顺。近年来汽车自动驾驶系统事故频发，引起了社会各界对无人驾驶技术的广泛质疑。由于汽车自动驾驶系统自身的技术特点，对自动驾驶汽车安全事故的处理常常意味着复杂的责任划分过程。在技术上，自动驾驶系统是作为“黑箱”而存在，甚至能够通过后天的数据学习而形成其驾驶习惯（司晓和曹建峰，2017）。在系统拥有较强的自主性的情形下，车内乘客也将面临着一定的不确定性风险。

除此以外，诸如智能语音识别技术、军事领域中的智能化武器等都极有可能对安全性造成威胁。尽管对应用领域的探索是技术发展不得不进行的创新活动，但集成性的智能化应用一旦失去管控，其危害性将远超于以往的技术，使人类加速进入风险化社会（渡边雅男，2019）。

第三节　伦理失范

一、机器入身与身体伦理

新型人机关系正在突破传统伦理体系的边界，能够有效规制人机关系的新型伦理体系亟须形成。机器入身所形成的人机物理关系正在突破传统的身体伦理。机器入身是指一种身体景观，这种身体景观是在电子产品越来越微型化的条件下与人们的身体相互嵌合形成的，既包含人们在使用手机时形成的外在的姿势景观，也包含诸如心脏起搏器这样的内嵌式景观（吴红涛，2020）。随着技术水平的提升，未来社会人们能够使用到的电子产品的微缩化和智能化程度将会越来越高，在此条件下，人和机器在物理上相互建构的形式将会越来越多样化。同时，在技术水平允许的情况下，这种嵌合可能表现得十分隐秘，届时人机共同体与普通人的区别将变得同克隆人一样难以分辨；人机嵌合形成的技术性身体一方面提供了超越身体有限性的可能，另一方面也提供了人被技术摆置成为奴隶的可能（张灿，2018）。在后人类时代，人类增强逐渐蔚为风潮，个体可能不再局限于传统的生理界限，可以自由地调整自己的性别、身高，甚至外貌，这背后所蕴含的巨大变革潜力，无疑也伴随着深重的隐患（於兴中，2018）。随着生物学意义上的人的逐渐消失，越来越多的科幻作品开始表现出一种担忧：若不及时阻止人们将自身的身体替换成各种各样的机器，未来社会人类就将生存在巨大的危险之中。在当前，以人工智能为代表的技术逐步侵入人们的身体，构建起所谓的技术化的身体，掀起了人们对于人与身体、人与技术、身体与技术的反思（周丽昀，2014）。有学者认为，人机结合将导致巨大的不确定性，甚至可能推动人类社会进入“赛博朋克”式的人–机文明（彭兰，2020）。因此，传统的身体伦理学进入人工智能时代，亟须考虑由技术带来的冲击。

二、失控的人机情感联结

以拟人化形态出现的人工智能产品正在与人类建立情感联系，而传统的人类关系伦理尚且无法应对这种人机关系（这里所说的拟人形态既指实体上像人的机器人，也指模拟人类思维、语言、情感等的虚拟人工智能产品）。如今，越来越多的人工智能产品进入到服务行业。在酒店、医院、餐厅、家庭等工作场景中的服务机器人大多以类人的形态出现。以人的姿态出现的机器人容易引发人的共情，进而导致人与机器人产生情感上的联系。而近年来公共生活领域中的许多新闻都印证了这一观点。在家庭生活中，机器人在承担家务劳动的同时越来越多地被给予情感寄托。2014年世界机器人大会宣布：下一代机器人将在身体和心理上帮助人类（Veruggio and Operto，2008）。因此有人预测，照顾人们的情绪在未来也将成为机器人所要承担的工作之一。人机情感联系将衍生出人们如何对待机器人这一问题。

情感机器人在满足部分人的需求的同时，也正在向传统的人伦关系发起挑战。例如，2018年，日本男子试图与虚拟二次元偶像“初音未来”结婚。而在2014年获得第86届奥斯卡金像奖最佳原创剧本的电影《她》中，主人公对算法提供的虚拟女友爱得死去活来。一开始，人机情感联系面临的批评同“恋物癖”情结类似，人们认为这不过是根植于人们心中的“皮格马利翁”效应，然而人工智能时代的技术水平使得情感寄托对象的个性越来越强烈，形象越来越饱满，自然而然地能够对人们产生更大的吸引力（程林，2019）。尽管大多数人工智能情感产品的使用者都知道自己不过是购买了一个商品，但这并不妨碍使用者将自身的感情倾注到人工智能产品上。因此，在人工智能产品进入到人们的情感世界之后，传统人伦关系中的婚恋、友情、亲情关系可能将受到冲击。

总而言之，人工智能正在从根基上挑战伦理观念中对行为和主体的预设，可能带来隐私泄露、安全威胁、算法歧视、人工主体权利模糊等一系列风险。在人类进入数字化生存的同时，人工智能产品正在满足人们的多样化需求，因此作为消费品的人工智能产品与人类之间的互动关系形态也变得愈加复杂。围绕人工智能产品的公共价值实现这一目标，人工智能时代的伦理规范体系需要应对这种复杂性。

第四节 理性困局

一、算法决策中的理性缺陷

现如今各类以算法、大数据、人工智能技术为基础构建的实体和虚拟产品正在进入人们的生活，帮助人们做决策，也就是机器决策（曹建峰，2016）。机器决策是算法模型在对大量用户数据进行处理的基础上进行的。在这一应用框架下，信用评估、犯罪风险评估、算法量刑等应用方式层出不穷，开始左右着公共生活。伴随着机器决策在社会生活领域的大规模应用，其中隐含的伦理问题逐渐凸显，表现为算法决策的公平性与正义性遭到人们的质疑。

算法并非理解数据的唯一模式，算法的建构是具有目的性的（郭哲，2020）。算法如何处理用户数据，在很大程度上是由算法的创作者也就是程序员来掌控的，而程序员作为员工同时也会牵涉到其背后的商业公司。在某种程度上，算法的伦理属性是嵌合于互联网公司所处的商业伦理中的，无论是面临由数据处理引发的争端还是算法歧视问题，规制算法伦理的前提在于规范人工智能时代的商业伦理。在互联网公司的商业语境中，算法通常作为一种中性技术被传达给公众，即技术本身并不具备价值观。但商业的逻辑必然要求算法成为谋利的工具，所以所谓的算法技术中性实际上是一个骗局，人类社会的价值导向均有可能通过算法来体现。因此，算法决策的结果并非总是公正的，具体表现如下。

算法的使用常常造成所谓的算法歧视现象，即机器在做决策中常常产生歧视性偏好。算法歧视，具体可定义为人工智能算法在收集、分类、生成和解释数据时产生的与人类相同的歧视，表现在年龄、性别、消费、就业、种族、弱势群体等方面（汪怀君和汝绪华，2020）。相较于社会生活中明显存在的歧视现象，由于算法自身的运作方式是不透明的，因而算法歧视现象通常来说更为隐秘。随着社会生活中诸如身份辨识、犯罪风险认定、贷款资格审查等诸多涉及利益分配的决策交由算法来完成，算法歧视带来的危害越来越大。

二、机器理性的伦理争议

算法决策面临人类也没有解决的伦理困境。20 世纪，Philippa Foot（菲利帕 ·福特）提出了著名的“电车难题”，引发了伦理学上的功利主义与道德主义之争。然而，进入 21 世纪，有学者提出了机器决策在矿井救援实验中对“电车难题”式道德决策的新挑战。在矿井救援实验中，人工智能决策被定义为期望主义，即人工智能决策只会考虑行动的结果及结果发生的概率，通常只根据期望即最大存活人数来选择最优策略。为了实现最优结果，人工智能提供的方案甚至不惜让井下被困的人们食用人肉以保证存活。可见，人工智能决策所秉持的期望主义其功利性更甚于人类决策者的功利主义。人工智能借助其远甚于人类的将复杂事物抽象化的能力，足以做到完全忽略人类决策者在做决策时常常会考虑的非理性因素。在这个意义上，人工智能将理性发挥到了极致。这种理性程度是人类难以企及的，但对于人工智能来说却是最低级的能力。相反，人工智能所欠缺的却是情感、直觉、同情心等非理性因素。矿井救援实验中人工智能决策造成的期望主义与道德主义之争实际上根源于机器理性与人类理性的差异。因此，建立机器决策的适用及监督机制势在必行。

从理性视角来看待人工智能的应用会发现，现实情境常常出乎人的意料。尽管机器理性的表现通常是在人们意料之中的，但其结果并非总是完美的，原因在于机器做出决策时并不是根据人类观念中已有的价值标准。因此人们需要对机器理性的应用场景做出规定，只有在合适的情境下，机器决策才能够被使用。由此可见，在考虑与机器理性的关系时，仍需坚持一定的工具主义视角。

总的来说，人工智能应用作为人们印象中的高新技术，通常会被理解为破解人类生活中各类难题的钥匙，但现实情境并不是这样的。首先，人工智能产品其身份定位本身并不明朗，作为工具而存在和作为独立个体而存在的人工智能体将在人类社会中建立两套完全不同的价值体系，而这一体系的建立是否可行、是否必要均不得而知。其次，对于公共生活而言，人工智能的工具性大于其主体性，但其应用过程却因算法自身的规律和使用者的不同而具有一定的价值色彩，而这种价值色彩并不一定是正面的，因此仍然需要受到规制。

第十七章　人工智能的身份转变：从工具到准主体

如前所述，人工智能在人类社会中无论是被视为工具还是伙伴，均需要被审慎对待。厘清人与机器的关系，建立与人机协同的社会相适应的伦理体系十分必要。因此有必要梳理人工智能发展过程中的角色转变过程，并掌握其规律。

第一节　人工智能伦理

在伦理学研究中，人工智能伦理承接于美国学者 Anderson M 和 Anderson S L（2007）对机器伦理的探索。他们认为，机器伦理关注机器与人及其他机器的交互关系，进而引申出人类应当如何对待机器人这一议题。机器伦理鲜明地反对提倡将机器视为人类的奴隶这一观点，主张将伦理规则植入到那些能够做到自主决策的强人工智能当中（戴益斌，2020）。然而，必须指出的是，机器人仅仅是人工智能的一个载体，所以机器人伦理实质上是人工智能伦理的一个组成部分。人工智能伦理其应有之义，一方面是要在真正的风险和威胁形成之前防患于未然，另一方面是为了引导技术力量，力图解决人工智能背景下伦理规范缺位的问题（莫宏伟，2018）。在这一路径上，人工智能将被作为一种准伦理实体纳入到未来社会的伦理体系中。

这里之所以说是一种准伦理实体，是因为当前学界对人工智能能否成为伦理实体这一问题尚存在争议。反对人工智能成为伦理实体的理由建立在对著名的"图灵实验"的批驳上。"图灵实验"试图通过其实验过程证明人工智能具有学习能力，但其结论已经受到学界的广泛批评，其中最有力度的证据是塞尔的"中文屋实验"。塞尔在实验后得出结论，所谓的机器理解同人类理解并不是一回事，机器理解只是一种模拟，不能因此而得出机器具有心灵的结论。机器不但不能理解世界，更不能解释世界（闫坤如，2020）。由于机器不具有和人一样的理解能力和学习能力，不能理解伦理规范中权利与义务的内涵，因此无法习得即使是人类也要花费人生中大量的光阴才能习得的伦理规范，自然也不能获得成为伦理实体的资格。而支持人工智能获得伦理主体资格的学者则从功利主义出发，认为在一定程度上赋予人工智能伦理主体甚至法律资格有利于解决当下人们现实生活领域中的许多问题。现有研究也大多否认现阶段机器心灵的存在，强调人类思维具有机器无法模拟的独特性（何江新和张萍萍，2020）。

因此，现阶段的人机关系中，人类仍然牢牢地掌握着主动权，当前人机关系的形态主要取决于人类的态度。然而，随着机器智能的进一步发展，学界正对未来的人机关系中人类是否仍然能够处于主导地位而表示担忧。库兹韦尔（2011）预言人工智能发展的奇点很快就将到来，超级人工智能将会取代人类，届时智能机器将如何对待人类将会是一个巨大的疑问。“机器无须像人，却可以导致人类的灭亡”（何怀宏，2018）。超级人工智能的出现将加速所谓奇点的到来，人工智能将比人类更聪明，机器人将控制人类，甚至可能终结人类。在这个过程中，人工智能根本无须成为人类或者说拥有人类智能，真正对人类存续性构成挑战的是，在机器智能高度发达的时代，人类所标榜的代表自身独特性的人类智能是否有存续的价值，这一价值具象地表现为生产和消费领域中人类的主体性的强弱。

第二节　人机身份的互动

在人类主导的将智能机器视作工具的情形下，智能机器的工具价值得到极大的实现，这一过程主要发生在生产领域。但消费领域中的人工智能产品与人的互动关系是多样化的，简单的工具主义观点并不适用所有的关系形态。在预言家所预言的机器占主导地位的情形中，以人工智能为代表的一系列技术的集成将制造出尤瓦尔·赫拉利所说的在各个方面都超越人类的自身的“神”（赫拉利，2017）。这种颠覆性的情形将使得人类社会面临巨大的未知。

工具主义和造“神”的过程分别体现了人与机器相互之间身份建构的极端情形。然而，现阶段的人机关系形态大多是中性的，即人类还不必担忧机器的发展必然会毁灭自身，也并不一定会因为大量使用智能机器人而成为某种意义上的奴隶主。主体身份的相互建构是人机关系发展的一条主线，以此为依据，可以构建人机身份的互动关系模型，如图 17-1 所示。

在工具——使用者端，人工智能的主体性被完全排除，而作为使用者的人彻底地掌握了主动权。在这种关系模式下，机器的身份表现为完全意义上的工具，即使是在一些易于获得人类共情的拟人态人工智能产品的使用场景中，智能产品

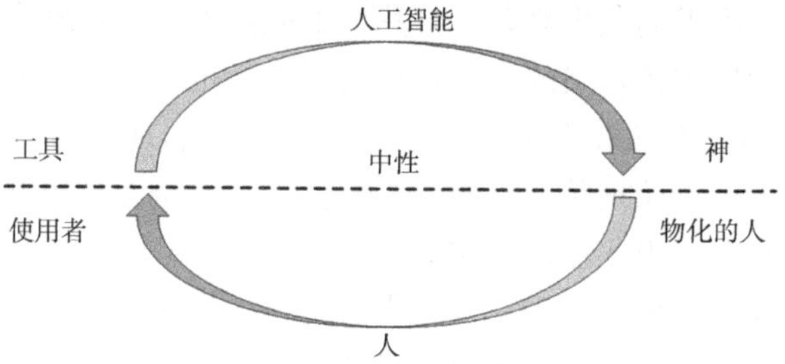

图 17-1　人机身份的互动关系模型

也无法成为与人对等的行为主体。自动化工厂中的机械手臂、酒店里的服务机器人、家庭中的扫地机器人等均有此类特点。

在设想中的神——物化的人这一端，机器已经作为超级人工智能而存在，其存在形式已经不再拘泥于实体形态，而这种情形下的人的形态将是极端物化的。如前所述，即使是智能手机这样的外接智能产品也正在塑造着人类的身体形态，而未来社会中“技术化的身体”将会越来越普遍，人类身体的外延将会继续扩大。当这种扩展走向极端，“技术化的身体”便会完全被算法建构，届时就将到达许多学者所担忧的“人已不复存在”的状态。当然，这种模式仅仅是一种设想中的关系形态。在当前，超级人工智能的出现仍然面临技术瓶颈。

人机身份的互动关系模型见图 17-1。人机关系的中性区间包含了当前大多数人机关系形态。这一区间的内涵包括两点：第一，人类劳动者并不必然在人工智能的生产替代中完全退出；第二，由于人类需求的多样性，人工智能产品的形态也呈现出多样化的特点，人机关系模式也需要在具体的互动场景中建构。在现实场景中，人与机器的交互并不一定走向极端。

非理性因素构成了人类相较于机器的特性，也是在现实生活中影响人们决策以及行为的重大要素之一。这一要素同样表现在人们对待机器的态度上，如共情。2020 年 5 月 12 日，一则男子暴打酒店智能机器人的新闻引发了公众的讨论。在公众讨论中，部分人认为智能机器属于财产，男子破坏机器人的行为侵犯了酒店财物，理应被索赔；而对该智能机器人充满同情的网友认为，该男子的行为不止破坏财物那么简单，未来社会应当立法规范人类对机器人的暴力行为。从这一则简单的社会新闻可以一瞥当前现实生活中的人机关系的中性形态：机器（无论实体形态还是虚拟形态）既可以作为工具而存在，也可以作为具有情感联系的伙伴而存在。这主要取决于人类是否会对机器产生共情。

现实生活中还存在另一类智能机器的主导地位较强的关系模式，如自动驾驶汽车。美国汽车工程学会将无人驾驶交通工具的自动化级别由低到高分为五级，其中 L5 级内容为：汽车自动驾驶系统可以在任何情况下驾驶，车上的人类是完全意义上的乘客。可想而知，在自动驾驶场景中，自动驾驶系统的驾驶行为已经足以影响到乘客的人身安全。在这一人机互动场景中，人不再占据主导地位，变成了被机器摆置的人。因此这一场景中的人机关系探讨已经不再是人采取何种态度对待机器的问题，而是人类应当如何保障自身安全并建立智能机器参与的责任体系。

当前，人工智能产品仍在朝着多样化的方向发展，使人机互动关系的中性区间不断扩大。伦理身份的模糊不清是规制人机关系的难题。因此，厘清各类人工智能产品的身份边界，并在此基础上推进人工智能伦理与人类伦理的有机嵌合，建立面向智能社会的多元的伦理体系具有重要意义。

第十八章　人工智能社会伦理冲突的价值调适

第一节　人工智能主体身份的差异化建构

基于伦理视角来审视人工智能，发现人工智能带来的不确定性风险，给当前的伦理体系造成了一定的冲击。对人工智能伦理身份的界定，不仅需要站在人类视角审视人工智能，同时也需要审视人类自身。

当前，道德嵌入被认为是规范智能机器行为的最佳方案，即通过直接的代码写入或机器的后天学习等技术手段将人类社会的价值观念灌输给人工智能（潘斌，2020）。然而，这个方案面临着向前和向后的难题：第一，面临嵌入何种道德这样的价值争议问题。道德本身是一个多元化的概念，人类社会中不同群体、不同地域、不同时期的伦理道德体系均表现出差异性，人工智能体所需要承担的道德角色尚不明确。第二，道德嵌入至今仍面临技术难题。不少质疑的观点认为，人工智能在理解现实世界的价值意义上常常力有未逮，机器理解力的不足是价值观嵌入的致命因素。第三，人工智能体的形式本身也是多样化的，人工智能产品的形式也是多样化的，智能表现参差不齐，对功能单一的低智能产品进行道德嵌入的必要性有待考察。

由于市场上人工智能产品的功能不同，其智能程度也有所差异。因此根据各类人工智能产品其功能的实现路径，给予其特定的权限，并使其承担一定的责任，是人工智能身份转变的主要思路。为人工智能构建与人类社会伦理相适应的角色体系，使其在人类社会中得到更广泛的认同，有助于解决人机关系中的一系列问题。

人与机器主体身份的相互建构为实现这一转变指明了方向。为了实现这一过程，首先需要明确人工智能产品的伦理底线，以应对技术风险。其次要建立适当的标准体系，即建立为人工智能体划定身份的规则体系。最后要建立起应对各种人工智能伦理角色的伦理体系，这部分伦理体系将与人类伦理相适应。现阶段的主流观念认为，智能机器应当完全为服务人类而存在。因而，在建立智能机器的身份伦理的过程中，必须限制在人类伦理的框架之内，具体来说，对智能机器的规制必须以符合当前人工智能治理的目标为前提。

2019 年，通用人工智能向善国际会议在波多黎各召开，从跨领域、跨学科的视角对通用人工智能的治理进行了探讨，并最终达成了十项共识，即人工通用智能（artificial general intelligence，AGI）追求的十大目标（图 18-1），依次是：物质丰盈、渐进主义、人类福祉、鲁棒性、多样性、可持续性、繁荣、和平、幸福和无疾病。上述目标基本建立了当前人工智能治理的愿景体系，为规制人工智能行为及规范伦理关系指明了方向。以这一目标体系为框架，有助于在伦理上明确人工智能产品所应当承担的责任。

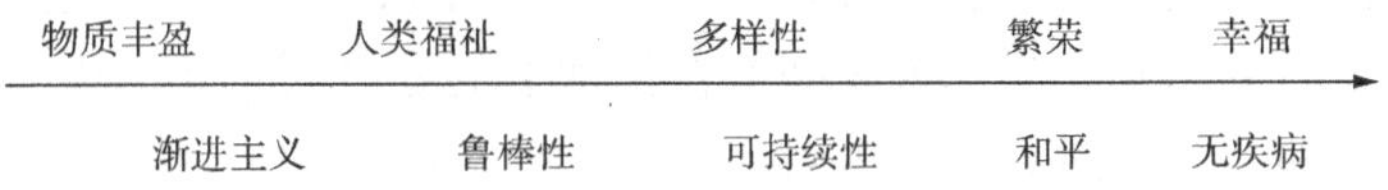

图 18-1　AGI 追求的十大目标

第二节　人工智能主体身份的三种类型

不可否认，为种类浩繁的人工智能产品建立相应的伦理身份将是一个巨大的工程，本节仅尝试从人机关系的相互建构这一视角，依据工具性与主体性的相对强弱标准对当前的人工智能产品进行分类，并列举比较具有代表性的应用，如表 18-1 所示。

表 18-1　身份建构的应用例

项目	主体性	工具性	举例
作为工具	弱	强	自动化机械手臂
作为准伦理实体	中	中	自动驾驶汽车，电子狗
作为人机共同体	强	弱	人体增强技术（研发中）

第一，作为工具而存在仍是人工智能实现其价值的路径之一。尽管对待人工智能的工具主义态度已经遭受到了广泛的批评，但不可忽视的是，人工智能一开始就是作为工具而诞生的。在这个意义上，任何人工智能都摆脱不了工具性的特点。在生产领域，仍有无数的人工智能产品正保留其工具本色，在生产中发挥着不可替代的作用，例如汽车生产车间里的工具手臂已经发展成智能化生产的主角。这类人工智能的工具性作用是无可替代的，其主体性身份并不明朗。即使是在“机器剥夺工作岗位”这样的公共议题上，对此抱有不满的人们大多也只能将矛头指

向经济结构这样的社会因素，而非高效率的智能机器的出现。国外学者 Santos 等（2020）认为，当前人类与技术的关系存在相当程度的模糊性，人们并不清楚自身是否害怕失去工作，工作岗位是人们满足自身基本需要的方式，失业问题更多地表现为一个政治问题，而与技术无关。因此，作为工具的人工智能仍将是一种的客观存在，在许多情形中，工具主义并不必然导致人在道德上的败坏。

第二，主体性较强的高智能人工智能产品可以成为一定的伦理实体。自现代公司制产生以来，企业作为一种法人实体已经被社会所广泛接受，企业已经被当作一种伦理实体，需要承担社会责任。其特殊性在于，企业是一种组织形式，企业法人是一种由制度建构的法律关系，它与传统的伦理秩序中自然人这一权利主体概念存在天然的区别。当今人工智能在伦理上的处境同企业的法人地位在某种程度上是相似的，只不过后者随着时间的推移如今已走向成熟。企业社会责任的建构过程对建构人工智能的伦理规范体系具有一定的参考价值。以自动驾驶汽车为例，伴随着自动化产品的自主性越来越高，无论是制造商还是使用者都无法对其进行完全的控制，由此带来事故责任难以划分的难题。因此，在基于对智能产品智能化程度的考察上，给予智能产品一定的伦理实体身份，将有助于解决相关的责任问题。值得一提的是，近年来我国各大城市纷纷出台养狗条例，以治理公共场域的宠物犬问题。在功能上，许多拟人形态的服务型机器人承担着与宠物类似的功能。因此，与人类关联密切的高智能服务机器人也可借鉴类似的规范体系。

第三，人机融合需要谨慎对待。借助物理手段修复人类身体机能是医学上一个重要的治疗手段，如今诸如心脏起搏器这样的医疗器械的发明为许多被疾病所折磨的患者带来了福音。但当这一类医疗产品表现得越来越智能化，或者诸如脑-机联结技术等一系列人体增强技术出现的时候，我们必须警惕技术对社会结构的破坏。原因在于人体增强所导致的个别人类先天禀赋的增强将加剧社会不公，最终的结果可能是破坏性的。在伦理上，它挑战着传统的对人类身体的医学承认；在社会结构中，它是危害公平的新的因素。因此，对于人机共同体的有效规制必须是谨慎的。

综上所述，基于各类人工智能产品主体性强弱的不同，为其建立身份伦理规范体系的总体思路在于：主体性越强的人工智能产品越适于作为伦理实体而存在，而对于与人类身体融合的这类智能技术则要谨慎对待。同时还可以看出，在考虑智能产品的主体性强弱时，需从智能产品的具体功能、使用场景、使用方式等细节来进行全面的评价。

第三节　伦理层面的价值调适

现代社会的人工智能产品对人类社会的冲击是方方面面的，不仅涉及宏观上的失业问题，也深入到诸如隐私侵犯这样的个人生活的细枝末节上。由于人们对于人工智能抱有多样化的期待，而市场导向的技术实践具有相当的灵活性，最终使得人机关系在各种场景中表现出多种多样的互动模式。

总体而言，智能时代的人与机器的身份特征是相互建构的。围绕主体性这一核心要素，人和机器分别物化是这对关系模式的两个极端。然而在现实生活中却存在着大量的中间情形，人机之间的互动关系在情感与理性、物化与神化之间徘徊。因此，对机器的伦理身份进行界定，使之适应现代社会中的人类关系模式，有利于实现其价值。本节沿着这一思路进行了探索，并在此提出建立人工智能身份伦理体系的三点建议。

第一，要重视人的主体价值。尽管智能产品在公共领域的应用极大地丰富了公共生产活动的实践场景，但人工智能对于公共价值的实现独木难支，人类参与者仍然是不可缺少的因素。技术的“迷惑性高能”常常使得人们忽略了自身的价值，因此，突破技术之弊是人工智能时代人类劳动者不得不面对的课题，人的主体价值的重要性在生产替代的时代尤为凸显。同时，无论是人工智能技术还是其他技术，都需要服从以人为本的发展目的，技术突破的目的在于为了人、服务于人。

第二，人类伦理需要适度接受多元价值。在人工智能时代，人类不仅要处理人与机器之间的相互关系，而且要面临如何面对自身这一问题。在人机关系中，机器不仅仍然作为物化的工具而被使用，同时也与人类身体相互嵌合而产生了新的关系，此外拟人态的智能产品甚至正在与人们产生情感关联。无论是物理联系还是情感联系，都将使得人类伦理体系面临前所未有的局面。针对身体伦理正面临的挑战，一方面在警惕“人体增强”被滥用的同时，也要及时接受能够真正为病患或伤残人士带来福祉的新产品，接受其身体景观。针对人与机器的情感联系，也可从人类自古以来就有的恋物视角出发，理解人机之恋这一心理过程。总之，在对技术发展的还未可知的未来保持警惕的同时，人类伦理也应适当地接受人机关系的多元形态。

第三，价值调适应该是一个长期作用、多方参与的过程。人类社会伦理的形成是长期实践的结果，其形成过程表现出一定的自然特征，并非一朝一夕可以实现的，这是伦理发展的客观规律。智能时代的伦理价值调适同样需要遵从这一规律，调适伦理价值不能采取刚性治理，柔性策略有利于推动价值观念的形成。

第十九章　政府治理的应对之策

当下，推动人工智能与国家治理的融合已经成为全球共识。人工智能在政府治理中的工具价值正在受到重视。党的二十大报告明确指出："推动战略性新兴产业融合集群发展，构建新一代信息技术、人工智能、生物技术、新能源、新材料、高端装备、绿色环保等一批新的增长引擎。"[①]2023 年中共中央政治局会议进一步强调"要重视通用人工智能发展，营造创新生态，重视防范风险"[②]。这充分说明，加快人工智能在政府治理中的应用已经成为我国推进国家治理体系和治理能力现代化的重要抓手，如何利用人工智能工具推进我国行政体制改革成为一个重要的时代议题。然而，政府治理仍需直面人工智能技术的二重性问题，即处理好人工智能应用带来的一系列伦理冲突。从本章所揭示的人工智能社会伦理冲突出发，应对人工智能时代的社会伦理冲突，首先要建立多元的治理格局，明确政府的主导角色，在此基础上建立应对风险的策略体系，建立治理机制，同时形成多元化的道德标准体系。

第一节　构建政府主导的多元治理体系

针对人工智能伦理问题的治理需要建立以政府为主导的多元治理格局。首先，作为监管者的政府必须起到主导作用，合理引导人工智能技术的开发与应用。一方面，由于人工智能的监管成本大，监督难度大，只有政府成为监管的主导者，技术监管才能顺利进行；另一方面，由于人工智能自身所具有的风险性特征，其危害性后果往往能够对社会造成重大影响，政府有责任主导监管。其次，由于人工智能技术本身具有不确定性的特征，对社会各方面主体的影响十分广泛，因此，企业、公民个人等各个方面的参与者同样需要参与到技术治理中，构建多元的治

① 《习近平：高举中国特色社会主义伟大旗帜　为全面建设社会主义现代化国家而团结奋斗——在中国共产党第二十次全国代表大会上的报告》，https://www.gov.cn/xinwen/2022-10/25/content_5721685.htm。

② 《中共中央政治局召开会议　分析研究当前经济形势和经济工作　中共中央总书记习近平主持会议》，https://www.gov.cn/yaowen/2023-04/28/content_5753652.htm。

理体系，形成有效的治理合力，提升治理效率。最后，人工智能技术本身也是当代极为重要的政府治理工具，其合理运用对于推进我国国家治理体系和治理能力现代化具有重要意义，因此政府同样需要有效规制政府内部的技术治理行为，防范技术风险的发生。

对建设多元治理体系而言，人工智能技术本身高度的信息传输效率有助于形成助力。有学者认为，并行的人工智能和区块链技术的应用能够帮助政府治理实现充分的向下赋权，强化政府与市场、社会等主体的联系，进而提高治理效率。由于人工智能技术能够实现个体与个体的相互连接，极大地降低了沟通成本；同时人工智能生产工具能够极大提升生产效率，因而人工智能能够在资源丰富、共识达成、充分回应等方面为国家治理现代化提供重要助力（高奇琦，2020）。值得注意的是，多元治理主体常常导致治理效能在一定程度上的散失，而人工智能、区块链工具的使用能在一定程度上弥合这种效能的散失，因此在实践中需要把控工具使用与实际效能的关系，掌握二者的平衡。

对于建立政府的主导性角色而言，政府需要明确自身定位，做好监管与自我监管。第一，由于政府本身是人工智能治理工具的使用者，因此首先应当建立自身的数字监管体系，打造安全、透明、可追溯的数字监管体系。第二，政府应当建立对人工智能技术的其他使用体的监管体系。体系无疑是庞大的，涉及各个方面的各个主体。总之，政府需要识别人工智能的可行性与误区，搭建人工智能全过程监管体系，找到政府监管人工智能的有效方法。

第二节　人工智能社会伦理冲突应对策略体系

在构建人工智能伦理问题的治理体系的同时，还需要进一步明确治理策略。如前所述，人类的伦理规范体系本身就是多元的，而人工智能在当下及未来社会中所扮演的角色不明确，因此有必要从多元视角，构建应对人工智能带来的社会伦理冲突的策略体系，形成对伦理问题的法律协同、制度协同、管理协同“三位一体”的应对策略体系，具体如图 19-1 所示。

一、构建合理的制度伦理规范

从制度伦理角度看，必须完善人工智能应用相关伦理制度；正如哈贝马斯所指出的，科学技术已然成为意识形态，也就是说，政治与技术紧密相连，若二者的关系失范，则会给人类社会造成巨大的负面影响。在社会转型时期我国社会重

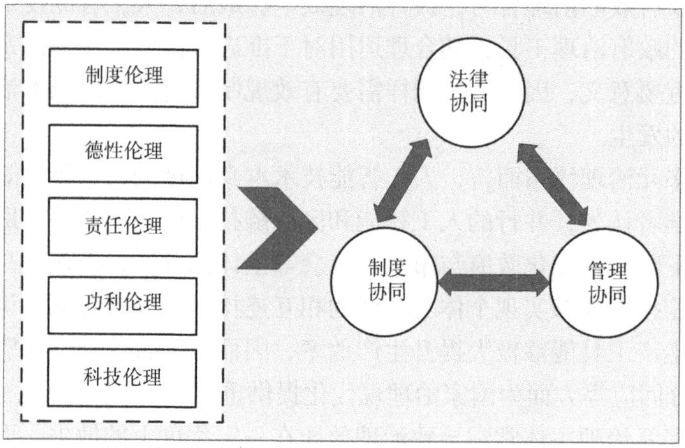

图 19-1　人工智能社会伦理冲突应对策略体系

新呼唤着制度伦理建设，而以人工智能为代表的新技术对我国社会的伦理体系形成了较大的冲击，因此智能时代同样呼唤着制度伦理建设。制度伦理建设与道德规范有着内在一致的规定性，强调通过制度建设实现公平、正义、效率等公共价值。制度建设是建构社会公共道德秩序的基础，制度伦理是整合个体伦理构建社会公共道德秩序的有效途径（李思然，2020）。因此，通过制度建设约束人工智能时代的个体行为，有助于整合个体道德，形成新的伦理体系。必须强调的是，针对人工智能产品的制度规范可以是针对多元主体的，并对不同的主体采取差异化的规制标准。具体来说，针对人工智能伦理问题的制度伦理建设可以从如下几个方面着手。

第一，针对人工智能技术及产品市场的参与者建立相应的准入及监督机制。正如本书所指出的，人工智能技术应用结果的好坏，不仅取决于技术本身的特性，还取决于技术使用者的动机与目的。正因如此，同基因技术、生化技术、武器技术等一样，对于高精尖的或潜在危害性较大的人工智能产品的应用同样需要建立相应的准入及监督机制，形成技术开发规范，可行的方式包括建立相关产品的市场准入及退出机制，建立明确开发者主体责任、事故风险责任的认定标准等。

第二，以法律或行政法规等形式明确智能产品事故处置规范。鉴于智能产品事故风险的不确定性极大，且在责任认定问题上往往存在争议，因此要推动针对人工智能产品风险事故处理的立法规范。以法律的形式事先明确事故主体责任，防止争议。对于风险事故中争议较大的，则应咨询相关专业人士或设立专门委员会。

第三，规范人工智能技术及产品交易。首先，加强人工智能技术领域的知识产权保护，规范技术交易行为，打击剽窃。其次，针对产品市场的规范要注重协调企业与消费者的利益，可引入市场机制来规范大企业对消费者数据的收集行为，同时要治理隐私侵害、算法歧视等问题。

二、加强大数据利益相关者的道德自律

智能时代，在人工智能成为基础设施的同时，大数据也已经成为一种资源。从德性伦理角度看，必须促进大数据利益相关者的道德自律。在智能时代，大数据利益相关者问题主要包括大型互联网企业对普通公民个人的信息垄断，会带来隐私侵害及人身骚扰等问题，当公民个人隐私被泄露时，甚至可能带来人身伤害。因此对大数据利益相关者的监管很有必要。但由于针对大数据利益相关者的监管成本及监管难度通常较高，在强化监管机制的同时，还要强调利益相关者的道德自律。从这一角度看，强调从业者的道德自律有助于降低监管难度。

从宏观上看，以大数据、人工智能等技术为代表的高新技术极大地推动了社会的发展，但在微观上，由于数据资源能够给企业带来丰厚的利润，因而企业有着巨大的垄断激励，如 Facebook、亚马逊等因数据争端受处罚的事件层出不穷。大数据通常掌握在少数企业手中，导致垄断企业对普通民众进行“数据独裁”，在给公民个人带来潜在的安全风险的同时，也造成了市场地位的不平等。而由于虚拟数据的监管难度大，对数据垄断的法律认定、法律规制均不完善，因此，强调企业家的道德意识，从而超越资本逻辑、超越技术理性、超越自我意识，仍然具有时代意义。

三、构建人工智能应用的权责统一机制

从责任伦理角度看，必须实现权利与责任的统一。马克斯·韦伯以“责任伦理”取代了康德的“信念伦理”，要求实践主体对自身行为后果无限担当责任，从而促进主体实践理性对责任伦理的自觉。在人工智能应用上，权责统一的对象既包括政府，也包括企业及公民个人。

首先，扮演监管者角色的政府需要承担相应的监管责任，完善的监管机制要求相关行政主体部门负有监管责任。需要指出的是，针对技术的监管并非一个部门可以完成的，相应的监管活动往往需要协调多个部门，因此明确主要的监管权责也有必要。其次，企业主体需要明确自身的开发者责任。无论是企业家还是技术人员，均需要对本企业所开发的技术或产品的应用负有相应的责任，在发生风险事故时不可推卸责任。最后，公民个人行为也应当适用于权利与义务相统一的规定。人工智能产品或技术给社会生活带来了极大的改变，公民个人在享受人工

智能技术或产品带来的便利时，也应当适应智能时代新的社会规范。

四、尊重市场逻辑，尊重技术创新利益相关者的利益

从功利伦理的角度看，在对技术开发及应用进行监管的同时，也要尊重和保护商业公司及其开发者的利益。通常来说，无论是科学技术的突破还是商业模式的创新都有赖于大量的资本投入，合理的投资回报也是推动科学技术不断创新的动力。因此，尊重市场逻辑，使企业、企业家能够从科技创新中获得收益，是使企业保持活力，同时也是为科技创新增添动力的必然路径。

因此，在对技术的监管上必须掌握好监管力度，既要防止新技术的开发及应用侵害社会利益以及违反社会公序良俗，也要防止监管过严而对企业的创新积极性造成伤害。

五、实现科技与人文的统一

从科技伦理角度看，必须努力实现科技与人文的统一。正如本章所指出的，当前由于人工智能产品的大规模应用，许多行业中原来的从业者被机器所取代，而现阶段的智能产品尚且无法承担这些岗位上的人类从业者所具有的价值识别功能，进而导致了一定的公共价值缺失。从长远来看，这必将导致社会价值危机。从科学技术本身发展的规律来看，科技发展与人文精神向来是相辅相成的，二者任何一个方面的过度发展都有可能导致个人发展或社会发展的失衡。有研究者指出，人工智能、大数据等信息技术的应用提供了促进科学文化与人文文化融合发展的新路径、新方案，科技与人文融合发展的新世界图景可能正在加速来临。因此，防止科技手段的滥用，在各个方面的工作中防止唯数据化的倾向，充分利用信息技术本身的优点，倡导科学精神与人文精神相统一，将有利于推动人工智能技术更好地为社会生活服务，实现人与技术的协同发展。

第三节　人工智能社会伦理冲突的治理机制

结合对人工智能伦理问题的总结与反思，本节认为，构建人工智能背景下社会伦理冲突的治理机制，需要从对技术本身的规制出发，按照一定的伦理原则，使人工智能技术的开发与应用在适当的伦理框架内进行，最终实现治理目标。这一进程有赖于公众、企业、政府乃至全球社会的共同参与配合，形成“公众–企业–政府–全球”社会伦理冲突治理机制，如图 19-2 所示。

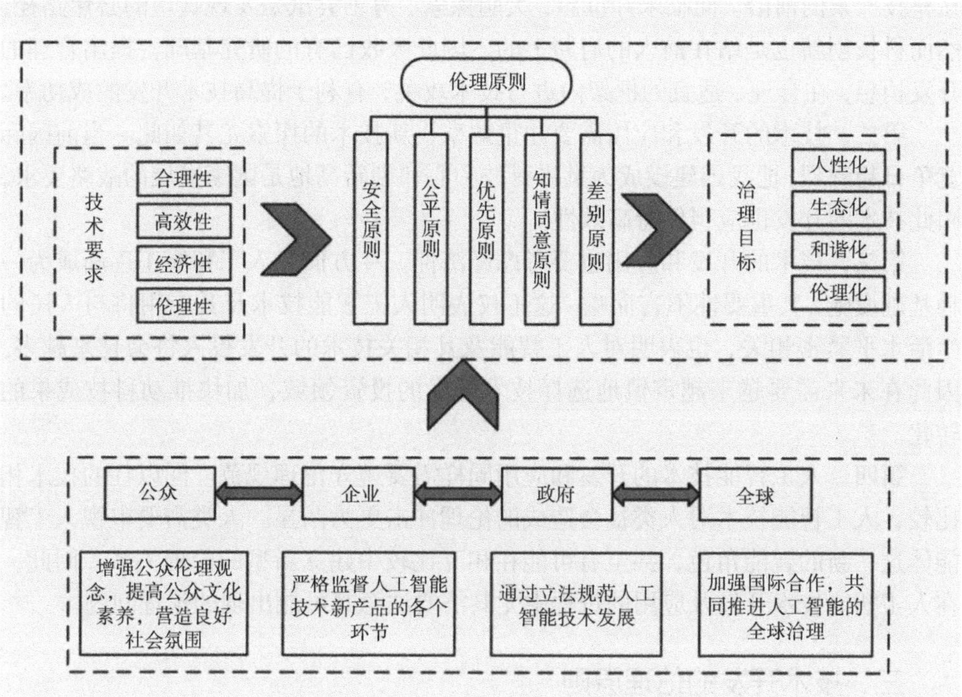

图 19-2　人工智能社会伦理冲突治理框架

一、治理目标

基于对各个国家的政府文件中以及历次人工智能国际会议文件中所提出的人工智能治理目标的总结，人工智能治理应当达到四个标准：人性化、生态化、和谐化及伦理化。人性化是指推动人工智能技术的应用朝着提高人们生活质量、满足人们美好生活需要的方向前进；生态化是指引导人工智能技术为可持续发展助力，实现人与生态、现在与未来的协调；和谐化是指引导人工智能技术在当前社会中的合理应用，实现人与智能产品、人与技术工具的协调；伦理化是指构建起智能时代的人机协同的社会伦理规范体系，使新型伦理规范适应社会发展并为推动社会进步助力。

二、技术开发的要求

为了实现上述目标，首先要对技术及技术应用提出相应的要求。

第一，技术开发要有合理性。人工智能作为当代应用性极强的热门领域，处在科技探索的前沿。面临未知世界，大胆探索、勇于尝试是发现真理的必然路径，然而科技创新也是站在前人的肩膀上的，因此吸收已有的研究基础，提出合理的开发构想，在合理、适宜的框架内进行技术攻关，有利于提高技术开发的成功率。

第二，技术的开发和应用需要注重效率，新技术的探索尤其如此。当前国际竞争日趋激烈，把我国建设成为世界科技中心和创新高地是国家发展的战略要求，因此技术的开发也应当保持高效性。

第三，技术的开发和应用也要考虑经济性。一方面，人工智能正逐渐成为一种基础设施，其重要性不言而喻。这不仅表明人工智能技术及其应用将与人民的生活水平紧密相关，也表明对人工智能及其相关技术的开发投入将会越来越多。因此在未来需要越来越审慎地选择技术开发的投资领域，加快推动科技成果的转化。

第四，人工智能技术的开发和应用同样需要遵守伦理规范。同以往的技术相比较，人工智能技术对人类社会造成的伦理冲击更为凸显。人类需要审视人工智能体这一新的智能角色，甚至有可能在相互比较中建立新型的伦理关系。因此，在人工智能技术开发及应用的过程中尤其需要注意其可能出现的伦理问题。

三、技术开发的伦理原则

基于上述 4 点要求，本节为人工智能技术开发及应用建立了包含 5 项原则在内的伦理体系。5 项原则分别是安全原则、公平原则、优先原则、知情同意原则、差别原则。

第一，安全原则是人工智能开发与应用的首要标准。人工智能的伦理争议一开始正是基于安全标准而展开的，一旦安全标准得不到保障，那么人工智能的开发和应用无疑会使人类社会陷入危险。

第二，公平原则是人工智能应用的重要原则。当下社会中的人工智能伦理争议主要围绕公平议题。如前所述，有大规模的数据作为支撑的算法工具取代了以往的人类决策者，其应用方式十分广泛。然而诸如算法歧视、信息垄断等现象的存在触及了社会公平这一基本的价值目标，因此围绕公平问题对人工智能应用进行规制，依然是当今以及未来的重点。

第三，优先原则意指对人工智能体的地位的界定。当前人类社会中的人工智能产品大多还处于弱人工智能阶段，尚无法理解“人类优先”这一原则。然而早在人工智能发展之初，开发者便试图以某种方式将“人类优先”作为原则灌输给智能机器。这一原则使人在人机关系中处于主体地位，或许在人工智能取得技术突破成为超级人工智能时，该原则的重要性会更加凸显。

第四，知情同意原则意在防止数据垄断者窃取公民个人隐私进行牟利。信息资源是智能时代重要的资源，甚至有学者将其视为一种生产要素。而在现实中，个人数据被获取时，公民通常处于不知情的状态，也就导致在市场交换中处于不利地位。因此，强调公民个人对个人信息的获取、交易及流向的知情同意权将是人工智能时代的重要课题。

第五，差别原则有别于优先原则的关键点在于，它并非强调人与智能机器在地位上的悬殊，而是身份上的差异。随着智能机器算力的不断提高，无论人工智能体是否具有人的形态，其在智力甚至情感表现上对人的模拟都越来越高，这将导致人们对于自身的认识与对机器的认识将会变得容易混淆，进而引发人与机器产生复杂关系，突破伦理界限。因此有必要强调智能身份和人类个体的差异。

总的来说，以上原则是针对现阶段较为突出的伦理问题而提出的。在这一框架之内建立的人工智能开发及应用秩序将有利于人工智能治理实现人性化、生态化、和谐化、伦理化的目标。同时还需要强调的是，人工智能社会伦理冲突治理机制的实现需要多个主体的共同努力。

首先，公众需要增强伦理观念，提高科学文化素养，培养终身学习的习惯，以开放包容的心态适应人类社会的变化，迎接智能时代的到来。

其次，相关领域的科技企业需要积极承担社会责任，强化新技术开发的责任意识，遵守技术伦理；同时要妥善处理好智能化变革对企业各方面的利益相关者造成的冲击，遵守商业伦理。

再次，政府作为治理主体或治理中心需要通过立法规范人工智能技术的发展。第一，要建立和完善与智能社会相适应的政策及法律体系；第二，要尽快制定人工智能产业的安全标准及安全认证制度并严格执行；第三，要建立针对人工智能生产及应用的全方位、全流程的监管体系；第四，要强化代码规制和算法设计管控，建立并完善对相关行业从业者的法律规范体系。

最后，政府还可以引导国际社会加强合作，促进共同进步，共同推进人工智能的全球治理。

第四节　多元化的道德标准体系的建构

由于文化、价值观或个体思维的不同，人工智能道德体系构建非常复杂。人类社会由于不同的文化、价值观、意识形态或者地域的差别，不同群体均表现出不同的道德判断或道德标准，即道德伦理体系本身即是多元的。那么，在人工智能时代也需要针对不同的主体设置不同的标准，多元化是人工智能时代道德标准体系的核心特征。

一、智能时代的政府治理伦理

政府首先是人工智能治理的监管者，同时也是人工智能治理工具的使用者。第一，作为监管者的政府需要承担监管主体责任，依法行使监管职权，同时要针对新技术领域的监管难题创新监管手段，注重监管技术的创新，履行好监管义务。第二，作为互联网、大数据等治理工具的使用者，政府在治理过程中同样能够获取到包括公民个人信息在内的大量隐私信息。因此，政府部门尤其要注重对公民个人隐私信息的保护，加强对公民信息的有序管理，为企业及其他社会组织树立模范。第三，政府可以采取一定的市场干预手段，引导数据资源市场的形成，调节消费者与企业的市场地位，构建更加公平、合理的分配机制。同时，政府优化要素配置，推动资源向关键领域集聚，提高经济发展水平，也是治理伦理的体现之一。第四，审慎推动机器决策等新技术在公共领域的使用，防止算法歧视。

总之，智能时代的政府治理伦理体现在政府对于数字公平、数字正义的追求。数字公平、数字正义的实现不仅要通过有效的监管来防止消极行为，还要通过积极的引导和干预促进市场机制的形成，以实现社会福利最大化。

二、智能时代的企业伦理

企业组织是技术创新与产品创新的重要主体，智能时代的企业伦理应当包含如下内容：第一，企业积极开展技术攻关与产品创新。技术创新是推动社会进步的重要力量，而企业作为科技创新的重要力量，其影响力不言而喻。专注于技术研发，壮大国家科技力量，积极优化产品，转化科技成果，是企业承担社会责任的首要体现。第二，尊重市场规律，尊重消费者隐私，不搞数据垄断。企业发展在以利润为导向的同时，还应树立规则意识，尊重消费者权益。第三，关注员工福利，防止数据压榨。当前社会背景下，不仅大型企业的信息技术从业人员的劳动强度逐渐加大，体力劳动从业者如外卖员等群体也可能正因隐秘的算法规则而被迫加大劳动强度。第四，倡导面向未来的、积极的企业文化。

三、智能时代的个人伦理

智能时代的个人伦理主要体现在个人能够积极适应智能社会中的伦理规范。第一，积极看待人与人工智能体的关系，正确认识自身的价值。第二，关注自身的身体景观，防止智能工具对身体形态的异化。第三，尊重多元的价值观，培养开放、包容的心态。第四，正确使用智能工具，防止对自己或对他人可能造成的伤害。

四、智能时代的国际交往伦理

人类科技的创新与发展是全世界人民共同的财富。人工智能、大数据作为面向未来的高新技术，对于增进全人类的福祉具有重大意义。同时，技术的创新与进步也有赖于国际交流和合作。因此，智能时代同样需要建立良好的国际交往伦理，坚持相互尊重、平等相待，坚持互利共赢、互学互鉴。

本章基于伦理视角重新审视了作为政府治理工具及治理对象的人工智能技术。从表现上看，近年来人工智能所引发的社会问题不在少数，几乎每一种人工智能产品的应用都会引发一定的争议，且智能表现越强的人工智能产品往往争议越大。

经过归纳，人工智能所引发的社会问题主要包含四个方面：生产替代、消费陷阱、伦理失范、理性困局。生产替代指由“机器换人”所引发的劳动力结构性调整和部分行业中的社会公共价值缺位问题。由于教育、传媒等行业中的岗位有着一定的公共价值，因此其价值缺位现象之后果尤为严重，在一定程度上也表现为伦理问题。消费陷阱涵盖了消费领域中以各种算法侵犯公民权益的乱象，包括隐私泄露、信息垄断等，揭示了人工智能大规模应用的情境下广泛存在的不平等现象。伦理失范关注人与机器的关系维度，由机器入身造成的新的身体景观正在挑战传统的身体伦理，传统的崇尚自然身体的价值观念正在经受考验；同时越来越多的人加深了与智能产品的情感联系，传统人伦受到冲击。理性困局关注的是机器决策应用，一方面，机器理性的应用常常由于使用者的意志而表现为非理性的，造成算法歧视现象；另一方面，机器理性在某些情境中的使用并不为人类伦理道德体系所接受。有鉴于此，人们需要结合具体情境来看待人工智能的应用，以适应其复杂性的特征。

在描述了人工智能应用的基本困境的基础上，本章试图从人与机器的关系维度找出调适人工智能伦理价值的路径。鉴于技术本身所特有的不确定性及风险性等特征，现实中的人机交互关系也表现出复杂性的特征。总体而言，随着人工智能技术的不断提升，人工智能体的智能表现不断提高，最终具有了一种准主体的特征。这意味着，未来的人工智能不再被简单地视为工具。在伦理层面，人们对于人工智能的态度与人工智能体智能水平的发展是相对变化的，即人与人工智能体基于主体性的强弱相互建构各自的伦理特征。人工智能产品的形式多种多样，智能表现参差不齐；而人类主体对人工智能的认识也不尽相同。基于此，无法为人工智能建构统一的伦理身份。因此，伦理规范的调整仍需面向政府、企业、公民个人等外部主体。

政府是人工智能治理的重要主体，同时也将人工智能作为其重要的治理工具。在应对人工智能问题时，首先应当构建以政府为主体的多元治理体系。其次，本章针对多元主体提出了应对人工智能社会伦理冲突的策略体系、治理机制及道德规范体系，为推进人工智能治理提供参考。策略体系强调从不同的伦理视角提出对不同主体的规制要求，治理机制强调基于治理目标搭建技术应用的伦理框架，道德规范体系强调针对不同的主体提出要求，实现多元价值。

回顾人类伦理发展的历程，伦理规则犹如河水中的一只随波浪起伏的浮标，它的形成既是观念具象化的成果，也在社会实践中被不断地修正。人工智能的发展在短短几十年间取得了巨大的进步，甚至在未来可能迎来奇点爆发的高能时刻，届时，人类社会很可能迎来翻天覆地的变化。由此可见，未来的人工智能社会伦理冲突将会对当前社会的伦理体系造成更大的冲击。风险性、冲突性将是人工智能领域的技术创新会持续不断带来的问题，但长期以来人们对于人工智能的价值取向往往是一致的，即人性化、生态化、和谐化、伦理化。鉴于此，建构多中心的治理格局，以柔性治理方式调节社会伦理规范，建构更加包容、更加多元的社会规范体系，引导社会组织、企业、公民等主体积极参与风险治理，将有助于推动当下及未来社会形成抵御风险的防火墙。

同时不得不指出的是，本章仅关注作为生产工具和作为消费产品的人工智能产品，重点考察了市场环境中的人工智能应用所引发的社会问题，而对于人工智能在政府治理过程中的应用形式则缺乏关注，其具体表现仍有待于进一步发掘。

第四篇　参考文献

奥恩 J E. 2018. 教育的未来：人工智能时代的教育变革[M]. 李海燕，王秦辉，译. 北京：机械工业出版社.

白龙，骆正林. 2021. 身体、空间与城市：5G 时代智能城市的媒介化重构[J]. 新闻与传播评论, 74(1): 26-34.

本书编写组. 2019. 中国共产党第十九届中央委员会第四次全体会议文件汇编[M]. 北京：人民出版社.

曹建峰. 2016. 人工智能：机器歧视及应对之策[J]. 信息安全与通信保密, (12): 15-19.

陈龙. 2020. 文化转型：开启以数据为中心的媒介文化[J]. 探索与争鸣, (6): 9-11, 157.

陈伟忠. 2016. 试分析大数据对政府治理的影响和挑战[J]. 电脑迷, (3): 135.

陈振明. 2015. 政府治理变革的技术基础：大数据与智能化时代的政府改革述评[J]. 行政论坛, 22(6): 1-9.

程林. 2019. "皮格马利翁情结"与人机之恋[J]. 浙江学刊, (4): 21-29, 2.

楚德江，韩雪. 2016. 大数据时代的国家治理：挑战与变革[J]. 人文杂志, (1):111-117.

戴益斌. 2020. 试论人工智能的伦理责任[J]. 上海大学学报(社会科学版), 37(1): 27-36.

丁波涛. 2019. 从信息社会到智慧社会：智慧社会内涵的理论解读[J]. 电子政务, (7): 120-128.

董立人. 2018. 人工智能发展与政府治理创新研究[J]. 天津行政学院学报, 20(3): 3-10.

渡边雅男. 2019. 现代资本主义社会的危机、阶级和全球化：对贝克"自反性现代化"的方法论反思[J]. 政治经济学评论, 10(6): 56-77.

高奇琦. 2020. 智能革命与国家治理现代化初探[J]. 中国社会科学, (7): 81-102, 205-206.

郭赫男，何倩. 2020. 算法推荐视域下我国新闻价值观的解构与重构[J]. 西南民族大学学报(人文社科版), 41(6): 150-156.

郭哲. 2020. 反思算法权力[J]. 法学评论, 38(6): 33-41.

何怀宏. 2018. 奇点临近：福音还是噩耗——人工智能可能带来的最大挑战[J]. 探索与争鸣, (11): 50-59, 117.

何江新，张萍萍. 2020. 从"算法信任"到"人机信任"路径研究[J]. 自然辩证法研究, 36(11): 81-85.

何明升. 2020. 智慧社会:概念、样貌及理论难点[J]. 学术研究, (11): 41-48, 177.

何哲. 2016. 通向人工智能时代：兼论美国人工智能战略方向及对中国人工智能战略的借鉴[J].

电子政务, (12): 2-10.
赫拉利 Y. 2017. 未来简史[M]. 林俊宏, 译. 北京: 中信出版社.
侯衡. 2018. 区块链技术在电子政务中的应用: 优势、制约与发展[J]. 电子政务, (6): 22-30.
胡洪彬. 2017. "互联网+"与地方政府廉政治理的智慧化: 基于浙江实践的前瞻探索[J]. 电子政务, (1): 32-40.
库兹韦尔 R. 2011. 奇点临近[M]. 李庆诚, 董振华, 田源, 译. 北京: 机械工业出版社.
李春根, 李志强. 2016. 以"互联网+政务服务"引领政府治理现代化[J]. 中国行政管理, (7): 6-7.
李代明. 2017. 大数据时代政府治理面临的机遇、挑战以及对策[J]. 行政科学论坛, (10): 46-50, 62.
李君如. 2020. "智慧中国"的社会治理[J]. 人民论坛, (29): 38-39.
李开复. 2018.未来十年消失概率最小的十种职业，你安全吗？[EB/OL]. https://www.36kr.com/p/1723069644801[2020-04-08].
李思然. 2020. 社会转型时期制度伦理的建设[J]. 行政论坛, 27(6): 93-100.
刘磊, 刘瑞. 2020. 人工智能时代的教师角色转变: 困境与突围——基于海德格尔技术哲学视角[J]. 开放教育研究, 26(3): 44-50.
刘叶婷, 唐斯斯. 2014. 大数据对政府治理的影响及挑战[J]. 电子政务, (6): 20-29.
刘永谋. 2019. 技术治理、反治理与再治理: 以智能治理为例[J]. 云南社会科学, (2): 29-34, 2.
刘越男, 闫慧, 杨建梁, 等. 2017. 大数据情境下政府治理研究进展与理论框架构建[J]. 图书与情报, (1): 87-93.
柳亦博. 2019. "湖心岛"隐喻: 人工智能时代的算法伦理入侵[J]. 行政论坛, 26(6): 121-128.
孟庆国, 李晓方. 2013. 电子政务的理论与方法体系: 基于系统工程建设的视角[J]. 行政论坛, 20(2): 34-38.
莫宏伟. 2018. 强人工智能与弱人工智能的伦理问题思考[J]. 科学与社会, 8(1): 14-24.
潘斌. 2020. 重思人工智能的辩证法: 从人工智能到人类未来[J]. 天津社会科学, (3): 23-29, 43.
彭兰. 2020. 人–机文明: 充满"不确定性"的新文明[J]. 探索与争鸣, (6): 18-20, 157.
彭桥, 肖尧, 陈浩. 2020. APP 用户数据交易与隐私保护问题研究: 对比讨价还价与甄别定价两种交易模式[J]. 产经评论, 11(3): 5-15.
史军. 2016. 从互动到联动: 大数据时代政府治理机制的变革[J]. 中共福建省委党校学报, (8): 56-63.
舒怀. 2015. 大数据时代: 政府治理的问题与挑战[J]. 内蒙古民族大学学报(社会科学版), 41(3): 64-67.
司晓, 曹建峰. 2017. 论人工智能的民事责任: 以自动驾驶汽车和智能机器人为切入点[J]. 法律科学(西北政法大学学报), 35(5): 166-173.
唐晓阳, 代凯. 2017. 大数据时代提升政府治理能力研究[J]. 中共天津市委党校学报, 19(6): 74-83.
汪怀君, 汝绪华. 2020. 人工智能算法歧视及其治理[J]. 科学技术哲学研究, 37(2): 101-106.
汪玉凯. 2018. 智慧社会与国家治理现代化[J]. 中共天津市委党校学报, 20(2): 62-65.

王礼鹏, 石玉. 2017. 智能化治理: 国内外实践与经验启示[J]. 国家治理, (37): 34-48.
王元月, 纪建悦, 林则夫. 2002. 电子政务及我国发展战略研究[J]. 科研管理, (5): 42-49.
吴锋, 马建森. 2019. 人工智能时代媒介伦理的嬗变逻辑与构建维度[J]. 中国报业, (23): 16-19.
吴红涛. 2020. 机器人身: 微机器时代的身体景观及其问题反思[J]. 华中科技大学学报(社会科学版), 34(2): 18-25.
许欢, 孟庆国. 2017. 大数据推动的政府治理方式创新研究[J]. 情报理论与实践, 40(12): 52-57.
闫坤如. 2020. 人工智能理解力悖论[J]. 云南社会科学, (3): 31-36, 186-187.
杨述明. 2018. 新时代国家治理现代化的智能社会背景[J]. 江汉论坛, (3): 11-23.
於兴中. 2018. 后人类时代的社会理论与科技乌托邦[J]. 探索与争鸣, (4): 18-23, 28, 141.
袁勇, 王飞跃. 2016. 区块链技术发展现状与展望[J]. 自动化学报, 42(4): 481-494.
曾小锋. 2016. 大数据时代政府治理面临的双重境遇与突破路径[J]. 领导科学, (8): 18-20.
张灿. 2018. 技术化身体的伦理反思[J]. 中州学刊, (8): 91-97.
张钦坤, 曹建峰. 2020. 从《网络信息内容生态治理规定》看互联网新技术的治理[J]. 信息安全与通信保密, (2): 12-18.
张述存. 2015. 打造大数据施政平台提升政府治理现代化水平[J]. 中国行政管理, (10): 15-18.
赵春明, 李震, 李宏兵, 等. 2020. 机器换人: 工业机器人使用与区域劳动力市场调整[J]. 北京师范大学学报(社会科学版), (6): 113-127.
赵刚. 2018. 从"智慧型经济"到智慧社会[J]. 政策, (9): 42-43.
赵磊磊, 姜蓓佳, 李凯. 2020. 教育人工智能伦理的困境及治理路径[J]. 当代教育科学, (5): 3-7.
周丽昀. 2014. 技术、伦理与身体的当代联结[J]. 社会科学, (12): 118-125.
周琳, 张永刚. 2016. 大数据时代下政府治理现代化研究[J]. 生产力研究, (5): 112-115.
周围. 2021. 人工智能时代个性化定价算法的反垄断法规制[J]. 武汉大学学报(哲学社会科学版), 74(1): 108-120.
Anderson M, Anderson S L. 2007. The status of machine ethics: a report from the AAAI Symposium[J]. Minds and Machines, 17(1): 1-10.
Davidson M W. 2012. Pioneers in optics: Marvin Lee Minsky and Lord Rayleigh(John William Strutt)[J]. Microscopy Today, 20(5): 56-58.
Li H L, Wu Y, Cao D M, et al. 2021. Organizational mindfulness towards digital transformation as a prerequisite of information processing capability to achieve market agility[J]. Journal of Business Research, 122: 700-712.
Santos S, Kissamitaki M, Chiesa M. 2020. Should humans work?[J]. Telecommunications Policy, 44(6): 101910.
Veruggio G, Operto F. 2008. Roboethics: social and ethical implications of robotics[M]//Siciliano B, Khatib O. Springer Handbook of Robotics. Berlin: Springer: 1499-1524.
Wolnicki M, Piasecki R. 2019. The new Luddite scare: the impact of artificial intelligence on labor, capital and business competition between US and China[J]. Journal of Intercultural Management, 11(2): 5-20.

第五篇

人工智能发展的政府全过程监管体系研究

第二十章　人工智能的发展及监管

第一节　人工智能的发展

一、人工智能的发展现状

人工智能的发展离不开算力、算法、数据三大元素，它们分别承担着人工智能在基础设施能力、工作指导方法和算法优化依据方面的作用。人工智能发展主要涉及四个层次：基础层、算法层、技术层和应用层，如图 20-1 所示。基础层通常指算力、数据、框架等人工智能发展所需的基础硬件设备。数据作为人工智能发展的三个重要基础之一，本身与人工智能就存在紧密的联系，正是基于大数据技术的发展，目前人工智能技术才在落地应用方面获得了诸多突破。算法层和技

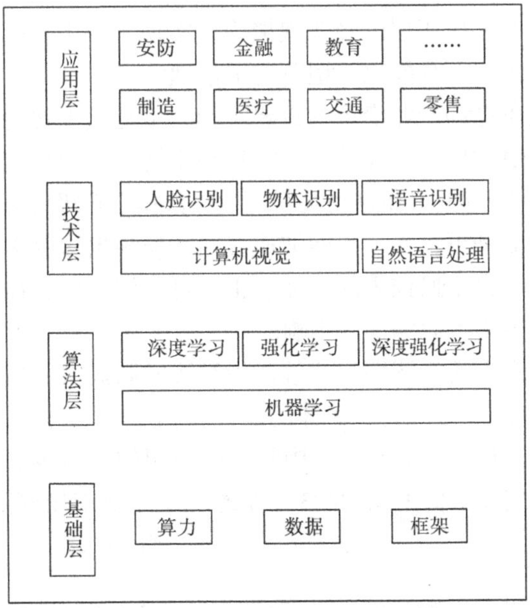

图 20-1　人工智能产业图谱

术层用于连接人工智能与具体应用场景，通过将基础的人工智能理论和技术进行升级与细化，以实现人机交互的目的，主要通过深度学习和机器学习进行人脸识别、物体识别、语音识别、计算机视觉、自然语言处理等。在应用层中，人工智能应用场景较多且多元化，要想了解人工智能技术应用的主要领域，就需要先对大数据进行分级分类（图 20-2）。

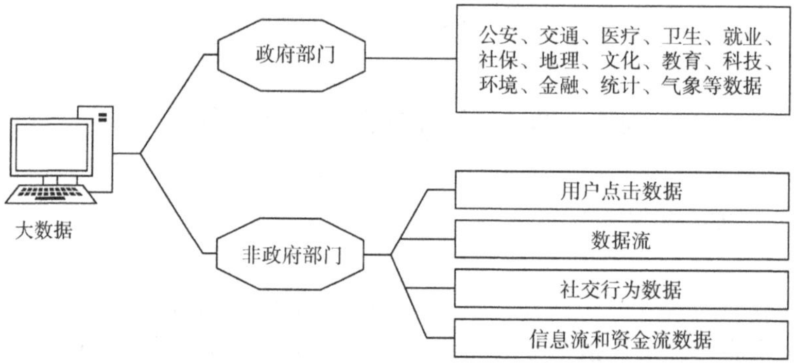

图 20-2　大数据的分类（以主体为划分标准）

在军事安防、公共服务、社会组织、社会治理、经济生产、个人生活等领域人工智能已经实现了对数据的依托，正在深层次地介入到人类生活中。在智能金融、智能医疗、智能驾驶、智能机器人、智能教育、智能安防和智能内容推荐七个领域新一代人工智能应用层已经实现聚焦，实现了人工智能技术在各产业场景的应用，为加速传统产业智能化转型奠定了基础。

最新一轮科技革命和产业变革的重要驱动力量是人工智能，甚至发挥的作用在广度和深度方面堪比历次工业革命。习近平主持中共中央政治局第九次集体学习时发表了讲话，他强调："在移动互联网、大数据、超级计算、传感网、脑科学等新理论新技术的驱动下，人工智能加速发展，呈现出深度学习、跨界融合、人机协同、群智开放、自主操控等新特征，正在对经济发展、社会进步、国际政治经济格局等方面产生重大而深远的影响。"①

人工智能具有强大的经济辐射效益，为经济发展提供了强劲的引擎。根据埃森哲咨询公司对全球 12 个发达经济体的研究，到 2035 年，人工智能将帮助各经济体显著扭转经济增速下滑的趋势。国际数据公司的数据显示②，2019 年全球人工智能产业规模达到 375 亿美元，2023 年全球人工智能市场规模达到 979 亿美元，

①《习近平主持中共中央政治局第九次集体学习并讲话》，http://www.gov.cn/xinwen/2018-10/31/content_5336251.htm。

② 数据来源：https://www.sohu.com/a/363594373_114731?scm=1002.44003c.fe01b4.PC_ARTIC LE_REC。

年复合增长率为 27.11%。《全球人工智能产业数据报告》显示[①]，截至 2019 年 3 月底，全球活跃人工智能企业达到 5386 家。人工智能技术依托算力的提高、数据的指数增长及算法的优化，迎来了新一轮高速发展。

人工智能技术的应用驱动特征日益明显，从生产方式的智能化改造，到生活水平的智能化提升，再到社会治理的智能化升级，大量新兴应用场景持续培育形成。人工智能赋能实体经济，为生产方式带来了革命性的转变。人工智能作为新一轮产业变革的核心力量，通过群体智能、混合智能及人机交互等新一代人工智能关键技术的链接协同，重塑生产、分配、交换和消费等经济活动各环节，重构产业组织结构和运营方式，催生出一系列新品类、新模式和新服务。技术进步引领人们生活习惯和消费习惯的改变，数字化技术应用为人们创造更加智能的工作方式和生活方式，线上消费、人工智能医疗、在线教育、在线办公等已成常态。在埃森哲 2020 年技术展望消费者调查（technology vision consumer survey，TVCS）中，我们可以直观地发现[②]，超过一半的受访者觉得在其生活中扮演着越来越重要角色的是科技，在其生活的方方面面几乎已经全面渗透。在大智慧时代人工智能扮演的角色越来越重要，在文化、医疗、教育、交通、物流、养老、体育等生活的各个方面，相关技术不断渗透，传统生活方式正在不断改变。人工智能是改变生活方式和社会建设的重要途径。大数据、云计算、人工智能等信息技术的叠加支撑，提升了政府治理行动和决策的速度，“智慧城市”“智慧医疗”“智慧教育”等应用场景，为人民提供了更加便捷、舒适的生活。技术为生产生活带来便捷的同时也产生了海量数据，进一步提高了人工智能的准确度，也为城市发展中存在的问题提供了更为智慧的解决方案。人工智能正在和社会的治理加深结合，不止在环境保护方面，伴随着在城市运行、司法服务等领域更广泛的适用，无疑将会把公共服务和社会治理水平带到更高的层次。在感知、预测和预警基础设施方面，人工智能技术可以更准确地判断社会安全运行重大态势，第一时间把握群体认知及心理变化，使得决策反应更为主动，在有效维护社会稳定方面扮演着不可替代的角色。

人工智能产业的蓬勃发展离不开政策支持、城市应用和巨头布局的持续推动。随着人工智能技术对社会和经济的影响日益凸显，美国、中国、英国、德国、日本等国家先后出台人工智能相关支持政策及国家战略规划，为整个产业发展创造了良好的政策环境。同时，旧金山、东京、伦敦、北京、上海等主要城市为人工智能产业创设了良好的投资环境和畅通的融资渠道，致力于发展 AI+

①《全球人工智能产业数据报告》，http://www.caict.ac.cn/kxyj/qwfb/qwsj/201905/P020190523542892859794. pdf。

②《埃森哲技术展望 2020：企业如何破解技术冲突困局》，https://www.accenture.com/cn-zh/insights/technology/technology-trends-2020.html。

教育、AI+医疗、AI+安防、AI+工业等应用场景，充分发挥人工智能产业在提升城市精细化管理能力和公共安全水平方面的作用。谷歌、微软、阿里巴巴、百度、腾讯、IBM、Facebook 等国际知名企业则加速布局人工智能领域相关产业，积极抢占人工智能行业发展高地。

二、人工智能的发展趋势

以智能机器与人类自主意识的对比关系为标准来划分，人工智能的发展分为三个阶段：弱人工智能、强人工智能和超人工智能。从世界范围内看，智能机器的研究和应用基本上处于弱人工智能阶段。强人工智能是智能机器下一步的发展方向，它的出现意味着对人类思维的模拟和再现，得以运用认知和推理等通用功能来分析问题、判断价值和学习创作。而在超人工智能阶段，智能机器的智能高度将超越人类的水平，智能机器得以自我复制和提升智识。随着人工智能技术的快速发展，超人工智能是否会产生、何时产生，仍存在很大的不确定性。

人工智能正成为未来经济的主要增长点之一。普华永道数据预测①，受到下游需求倒逼和上游技术成型推动的双重动因，2020 年全球人工智能市场规模达到 2 万亿美元，并且未来几年市场将继续保持高速增长，到 2030 年全球市场规模将达到 15.7 万亿美元的规模，约合人民币 104 万亿元，2020~2030 年年复合增长率为 23%。值得肯定的是，人工智能技术的发展，使得世界经济特征随之改变，智能经济将成为世界经济的新标签。智能经济将驱动产业模式全新升级，将影响力扩散到各行各业，促进传统行业得以实现跨越式发展，推动全行业的全面转型升级及重塑。人工智能产业化发展趋势主要表现在以下几个方面：首先，智能产业场景向多元化方向发展，关键技术与产业结合是未来趋势。当前人工智能产业领域大多在专用阶段发展迅速，如语音识别、人脸识别等，只用于执行更为具体的任务，其产业化的程度不是很高。伴随着智能机器人、智能制造、机器学习、智能驾驶、智慧医疗、智能交通、智能控制、智能网络、智能社会等产业的不断发展，人工智能产业化应用场景将从单一向多元发展。每一次人工智能的发展都伴随着研究方法的突破，深度学习是近年机器学习技术突破的重要代表之一。通过人工智能研究及应用领域的不断扩展，未来人工智能无疑将会和更多种技术和应用结合。面向更复杂的环境，处理更复杂的技术问题，更有效地提高生产效率，更好地提高人民生活质量，这都是人工智能产业领域的发展方向。其次，人工智能将

---

①《十张图了解 2020 年全球人工智能行业市场现状与竞争格局分析 行业投资方兴未艾》，https://www.qianzhan.com/analyst/detail/220/201120-c7bf2d63.html。

加快与实体经济深度融合。传统行业依靠人工智能的基础技术和各个行业的资源数据，人工智能发展的又一趋势是实施人工智能和实体经济的创新与深度融合。相关融合会推动交通运输、机械制造、医疗健康、金融保险、网购零售和家用电器等产业类型的降费提效及转型升级。比如，智能制造领域的发展过程中，除了各种机械制造和电子电气制造外，钢铁冶金也会发展成一个重要的智能制造新领域；钢铁冶金的新发展离不开钢铁智能制造的新产品和新服务，从而也会创建钢铁工业的新增长点，从而促进钢铁产业的行业升级和结构优化（蔡自兴，2015）。最后，受市场驱动影响，人工智能需求逐步提升。市场需求将代替研发投入成为人工智能发展的主要驱动力。尽管商业部门、政府等对人工智能的研发仍在不断扩大，但是由于目前人工智能技术逼近概念认知局限、研发投入的增速逐步回落、研发产出也出现下降趋势等多方面问题，人工智能发展仍面临许多挑战。单单从中国人工智能的相关专利申请数据来看，近年来该产出数据不断递增。截至 2023 年底，我国人工智能发明专利有效量达到 37.8 万件，同比增速超 40%，是全球平均增速的 1.4 倍。在同一时间，智慧城市、智慧家庭等人工智能的应用场景仍然持续拓展，人工智能产品和服务进入消费级市场正全面加速。人工智能芯片、智能语音等产业链已基本完备，必将大幅提升其产业规模和效率。下一阶段人工智能发展的主要驱动力无疑将是市场需求。

三、人工智能发展存在的风险

（一）决策风险

技术嵌入理论认为，信息技术的嵌入伴随着现有社会组织结构的变化（Volkoff et al., 2007）。制度建设一般滞后于技术进步，现有的制度是在适应传统技术基础上逐渐调整形成的。以大数据、人工智能为代表的现代信息技术的出现，必然会对现有政府治理的体制机制造成冲击与调整的压力。这就要求政府在治理理念、管理观念、体制机制及决策方式上进行与之配套的深刻变革（王超等，2020）。换言之，技术嵌入容易引发技术对政府决策及时性、科学性、全面性的解构。人工智能的出现使政府决策所涉及的学科知识和可供研究的领域进一步扩大，实践同理论间的内在张力持续加剧，对已有的制度和法规提出了更高的要求。例如，算法技术依托海量数据按照自身逻辑运作，衍生出人们对数权和隐私保护的诉求，而现有的隐私学说、物权学说、知识产权学说等构成的权力体系对数权的保护还存有空白，政府治理机制无法及时更新创建新的规则，容易引发决策缺失难题。此外，当技术嵌入政府决策，政府决策的科学性极有可能受到数据管理人为性、数据内容隐私性、算法设计偏见等众多因素影响，如果不能妥善处理这些问题，将极有可能造成政府决策的失误。例如，大部分用户行为数据被零散地掌握在各个企业手中，政府和统计机构很难从线下对此类数据进行采集。不完整的数据，难以为决策提供充分支持，只要数据存在偏置，就可能误导各类决策。

（二）数据安全风险

人类历史上各个时期的各种社会形态从一定意义上说都是一种风险社会（Beck，1992）。数据安全也是当前人工智能发展中不可忽视的风险问题。在大数据技术尚未成熟的条件下，缺乏规范的制度引导，盲目追求数据决策，强化对现有数据的硬性整合与挖掘，会带来数据混乱、失真、造假等数据质量风险，以及数据隐私安全和数据泄露、窃取、滥用、误用等风险。值得注意的是，由内部入侵窃取数据的安全威胁占总体的2/3，远大于外部攻击导致的数据窃取。而数据滥用也经常出现在内部环节，拥有数据的组织内部成员未经用户请求私自访问数据，甚至出现倒卖现象。

数据的范畴和形式在不断地进行扩张，在人工智能的竞争中，社交媒体平台成为企业发掘个人数据的金矿（张凌寒，2019）。在这座数据金矿中，算法对于数据的分析和利用能力，使得有关个人隐私的敏感数据范畴在不断扩大。在人工智能高度发展的时代，用户由于生活和网络的高度融合无法拒绝提供个人数据，更无法合理预期个人数据被算法使用的方式和后果，用户在使用服务的需要下被裹挟前行，往往没有其他选择权。例如，推荐算法对用户数据有着海量的需求，这使得商家不惜通过非法调用用户的手机权限、买卖用户个人信息等方式来获取用户的消费行为、网络访问记录、个人喜好等隐私行为，这将导致用户隐私泄露。

（三）伦理道德风险

人工智能的发展从不平静，围绕其伦理道德风险问题的争议从未平息。社会被快速数据化，迫使政府在治理中越来越依赖人工智能去甄别和分析，与之相关的一系列伦理问题难以让人忽视。首先，个人隐私将会受到威胁。伴随着社会的发展，伴随着人们使用互联网，越来越多的数据足迹被发掘和利用，使得很多以前无法追踪、统计和检索的数据变得可以追踪，这使得国家建构一种程控社会的框架变得可能（图海纳，2008）。与此同时也会带来一个问题，那就是隐私空间坍缩。用户需要让渡一定的个人数据使用权是因为现在社会对于数据的高度依赖性，与此同时，人工智能会形成用户画像，而用户画像还将对不同用户的隐私数据进行窥探。通过对个人隐私的刻意收集和存储，大数据得以描摹一个人的数据特征，其目的是预测个体行动，并且准确率极高，其后果是一个人在社会中的不确定性得以消除。当今的隐私空间，已经被压缩至“他人不能非法侵扰、知悉、收集、利用和公开私人生活及私人信息”，但是个人关于在公共空间被摄像头拍下影像并被长期保存这一事件上是没有决定权的。就算隐私空间已经如此狭小，伴随着大数据技术的登场，隐私空间还面临着再次收缩，未来“个人隐私”这一概念极有可能将会成为历史（柳亦博，2018）。另外，人工智能对社会治理所形成的一大挑战来源于数据质量参差不齐及算法平衡价值观念缺少所导致的算法歧视。在真实情况中，开发者的主观价值选择形成了算法的数据运用、决策机制及结果表征，所以不可避免地会嵌入开发者的潜在性偏见。由此可见，人工智能的算法技术并非完全中立，其输入数据会产生甄别逻辑，如果不完整或者某种倾向性的问题在其数据中本身就存在，那么就可能产生问题，也就是算法会把数据中的干扰因素及数据噪声进一步放大或固化，并且进一步产生自我实现的歧视性反馈循环问题（Berk，2019）。其中包括性别歧视、种族歧视、消费歧视、年龄歧视、弱势群体歧视等算法引发的问题，在一些关键领域或特定情境下，不仅会侵害公民的权利、自由，甚至危害其生命安全。

四、我国人工智能发展的战略导向

艾媒咨询数据显示[①]，2019 年中国人工智能核心产业规模已超 510 亿元，人工智能企业数量超过 2600 家，预计 2030 年规模将突破万亿元。新基建时代，多种新兴技术的快速结合，包含 5G、人工智能、大数据、云计算等，使得人工智能的技术生态得以完善，使得我国人工智能应用的成熟度取得长足进步。多方参与、多元论证的政策环境，日新月异的开拓性技术创新和庞大的消费群及数据样本，使我国在人工智能领域实现后发赶超。

在我国人工智能发展的初期，其政策制定主要集中在体系设计、技术研发和标准制定等方面。2015 年 7 月，国务院出台《关于积极推进“互联网+”行动的指导意见》，将人工智能纳入到发展的重点任务之一，这标志着人工智能正式开始作为国家产业政策出现。2016 年 5 月，国家发展和改革委员会等部门印发《“互联网+”人工智能三年行动实施方案》，提出了多项任务，包括到 2018 年，打造人工智能基础资源与创新平台，人工智能产业体系、创新服务体系、标准化体系基本建立，基础核心技术有所突破，总体技术和产业发展与国际同步，应用及系统

①《2020 中国新基建产业发展报告》，https://www.iimedia.cn/c700/73710.html。

级技术局部领先。在重点领域培育若干全球领先的人工智能骨干企业。2016 年 8 月，国务院印发《"十三五"国家科技创新规划》，首次把人工智能作为体现国家战略意图的重大科技项目明确下来。

当人工智能被上升为国家战略，这意味着国家将指引人工智能发展的着力方向，使其在我国多领域落地应用，国家智能社会形态初现。2017 年 3 月，人工智能被首次写入政府工作报告。同年 7 月，国务院印发《新一代人工智能发展规划》，规划明确提出分"三步走"实现人工智能的战略目标。到 2025 年人工智能基础理论实现重大突破，部分技术与应用达到世界领先水平，人工智能成为带动我国产业升级和经济转型的主要动力，智能社会建设取得积极进展。新一代人工智能在智能制造、智能医疗、智慧城市、智能农业、国防建设等领域得到广泛应用。2017 年 10 月，人工智能被写入党的十九大报告，报告中明确指出"推动互联网、大数据、人工智能和实体经济深度融合"[①]。2018 年 1 月，《人工智能标准化白皮书（2018 版）》正式发布，标准化工作进入全面统筹规划和协调管理阶段。同年 3 月，人工智能被再次列入政府工作报告，着重强调"支持社会力量增加医疗、养老、教育、文化、体育等服务供给"。国家聚焦于提升人工智能技术的掌握程度与发展水平，人工智能开始渗入公共服务领域。

人工智能战略进一步发展，由"互联网+"升级为"智能+"，越来越重视人工智能与实体经济深度融合。2019 年，人工智能再次出现在政府工作报告中。报告提出，要促进新兴产业加快发展。拓展"智能+"，为制造业转型升级赋能。同年 3 月，中央全面深化改革委员会第七次会议审议通过了《关于促进人工智能和实体经济深度融合的指导意见》[②]，着重强调市场导向与产业应用，打造智能经济形态。8 月，科技部印发《国家新一代人工智能创新发展试验区建设工作指引》，[③]提出："到 2023 年，布局建设 20 个左右试验区，创新一批切实有效的政策工具，形成一批人工智能与经济社会发展深度融合的典型模式，积累一批可复制可推广的经验做法，打造一批具有重大引领带动作用的人工智能创新高地。"

2020 年初的新冠疫情等"黑天鹅"事件增加了全球不确定性，物理隔离对全球经济造成一定影响，无接触的方式，如数字在线，则成为经济恢复的重要方式，也为人工智能发展创造了更多的新场景。对我国而言，疫情加速了国家进一步开

---

① 《习近平在中国共产党第十九次全国代表大会上的报告》，http://cpc.people.com.cn/n1/2017/1028/c64094-29613660.html。

②《促进人工智能与实体经济深度融合》，http://www.ce.cn/xwzx/gnsz/gdxw/202304/20/t20230420_38507770.shtml。

③《国家新一代人工智能创新发展试验区建设工作指引》，https://www.gov.cn/zhengce/zhengceku/2019-12/03/content_5457884.htm。

展人工智能参与新型基础设施建设的进程，背负着疫后经济复苏与增长的使命。表 20-1 展示的是新基建时期我国关于人工智能的政策。2020 年政府工作报告中提出，要加强新型基础设施建设，发展新一代信息网络，拓展 5G 应用，建设数据中心，激发新消费需求、助力产业升级。新基建战略使得利好政策频出，其推进加速人工智能与新兴技术深度融合，将从政策资源、技术生态、应用场景等多方面赋能人工智能全面产业化。人工智能正在进入供给融合的创新发展期，从供给侧来看，随着技术、算法、场景和人才的不断充实和疫情的倒逼效应，智能应用场景持续涌现，为人工智能的发展提供了广阔的实践空间。从需求侧来看，长期的经济转型和近期的疫后恢复为人工智能等新技术的应用提供了广阔的市场基础。

表 20-1　新基建时期我国关于人工智能的政策梳理

时间	政策导向	部门
2020.1.10	加快新一代人工智能规划有关任务的落实，实施重大项目，深入推进大数据智能、跨媒体智能、群体智能、增强混合智能、自主智能系统等五大方向的研发	科技部
2020.1.21	《关于“双一流”建设高校促进学科融合 加快人工智能领域研究生培养的若干意见》明确要求扩大研究生培养规模，将人工智能纳入“国家关键领域急需高层次人才培养专项招生计划”支持范围	教育部、国家发展和改革委员会、财政部
2020.2.24	《关于有序推动工业通信业企业复工复产的指导意见》重点支持 5G、工业互联网、集成电路、工业机器人、增材制造、智能制造、新型显示、新能源汽车、节能环保等战略性新兴产业	工业和信息化部
2020.2.28	《关于促进消费扩容提质加快形成强大国内市场的实施意见》提出加快新一代信息基础设施建设。加快 5G 网络等信息基础设施建设和商用步伐	国家发展和改革委员会、中央宣传部等
2020.5.22	政府工作报告明确指出，加强新型基础设施建设，发展新一代信息网络，拓展 5G 应用	国务院
2020.6.19	公布科技支撑抗疫中表现突出的人工智能企业名单，推动人工智能赋能防疫抗疫任务	工业和信息化部科技司

第二节　我国人工智能监管的现状研究

一、监管立法

首先，一个已经引起广泛讨论和要求立法回应的问题是法律应该如何规范人工智能，从而达到在鼓励创新的同时，保护人类社会的基本价值并且将风险保持在可控范围之内。2017 年 12 月 12 日，美国国会就提出了议案——《人工智能未来法案》，该法案将成为美国针对人工智能的第一部联邦法律，前提是众议院和参议院通过。由法案可知，美国商务部被要求成立"联邦人工智能与应用咨询委员会"，其目的是提交相关事项的研究报告，并且其负责机构是国会，并对出台人工智能相关立法或政策措施提出建议。《人工智能未来法案》将会进一步为具体行业立法奠定基础，其目标是重点关注人工智能对就业、经济发展、隐私保护等方面的影响。

我国在立法层面上，目前对人工智能的法律规制在数据安全、电子商务、信息保护和智能投顾领域的立法中已经有个别条款分别涉及（表 20-2）。《中华人民共和国电子商务法》规定，"电子商务经营者根据消费者的兴趣爱好、消费习惯等特征向其提供商品或者服务的搜索结果的，应当同时向该消费者提供不针对其个人特征的选项，尊重和平等保护消费者合法权益"。这是为了在法律层面解决大数据算法杀熟的问题。《中华人民共和国电子商务法》第四十条规定，"对于竞价排名的商品或者服务，应当显著标明'广告'"。这一要求是为了保障消费者的知情权、自主性和选择权，与此同时也对算法提出了信息披露义务。规章层级的《数据安全管理办法（征求意见稿）》也对算法进行了对此配套的规制。《数据安全管理办法（征求意见稿）》规定："网络运营者利用大数据、人工智能等技术自动合成新闻、博文、帖子、评论等信息，应以明显方式标明'合成'字样。"对于算法推荐的规制，法律制度设计需要考量的要素包括披露义务、规范信息流程、报备模型参数、违规行为惩处等长效机制。2018 年 4 月，中国人民银行等部门联合发布《关于规范金融机构资产管理业务的指导意见》。该指导意见要求金融机构应当根据不同产品投资策略研发对应的人工智能算法或者程序化交易，避免算法同质化加剧投资行为的顺周期性，并针对由此可能引发的市场波动风险制定应对预案。因算法同质化、编程设计错误、对数据利用深度不够等人工智能算法模型缺陷或者系统异常，导致羊群效应、影响金融市场稳定运行的，金融机构应当及时采取人工干预措施，强制调整或者终止人工智能业务。2021 年 8 月，全国人大常委会正式全文发布《中华人民共和国个人信息保护法》。《中华人民共和国网络安全法》《中华人民共和国消费者权益保护法》《中华人民共和国广告法》《中华人民共和国电子商务法》《全国人民代表大会常务委员会关于加强网络信息保护的决定》《电信和互联网用户个人信息保护规定》等法律文件对个人信息保护进行了相关规定，搭建了个人信息保护的框架，明确了处理个人信息的基本原则，个人信息拥有者和处理者的权利义务，履行个人信息保护职责的部门的保护职责和监管要求，并对自动化决策、人脸识别、跨境流动等热门社会问题进行了回应。可以看出，我国目前对人工智能的法律规制以分散式立法的方式分布在不同层级的法律规范中。值得注意的是，由于人工智能其复杂多变的发展特性，我国常通过制定法律法规来进行灵活引导，见表 20-2。

表 20-2　涉及我国监管人工智能的法律法规（部分）

发布时间	文件	部门	主要内容
2015.7	《中华人民共和国国家安全法》	全国人民代表大会常务委员会	进一步阐释建设网络与信息安全保障体系，提升网络与信息安全保护能力
2016.11	《中华人民共和国网络安全法》	全国人民代表大会常务委员会	对网络安全进行了法律层面的阐释与规定
2018.8	《中华人民共和国电子商务法》	全国人民代表大会常务委员会	电子商务经营者应当全面、真实、准确、及时地披露商品或者服务信息，保障消费者的知情权和选择权。电子商务经营者不得以虚构交易、编造用户评价等方式进行虚假或者引人误解的商业宣传，欺骗、误导消费者
2021.8	《中华人民共和国个人信息保护法》	全国人民代表大会常务委员会	保护个人信息权益，规范个人信息处理活动，保障个人信息依法有序自由流动，促进个人信息合理利用

二、监管策略

随着 2017 年 7 月国务院发布《新一代人工智能发展规划》，人工智能上升至我国的战略高度，成为一项重要国策。同时期人工智能技术、应用及人才相关指导意见与落地政策纷纷颁布，推动我国人工智能进入新阶段。我国根据自身实际情况专门针对人工智能的监管体系做出了规划，而且十分注重人工智能技术创新与技术监管的协调关系，目前更多的是从产业政策促进、扶持和发展的角度对人工智能提供行政指导。2019 年 6 月 17 日，国家新一代人工智能治理专业委员会发布《新一代人工智能治理原则——发展负责任的人工智能》（简称《治理原则》），提出了人工智能治理的框架和行动指南。《治理原则》突出了发展负责任的人工智能这一主题，强调了和谐友好、公平公正、包容共享、尊重隐私、安全可控、共担责任、开放协作、敏捷治理等八条原则。《治理原则》针对人工智能独特的发展规律，在推动人工智能创新发展、有序发展的同时，相关主体更应该具有前瞻性和预判性，这样才能及时发现和解决可能引发的未知的风险。“敏捷治理”可以让我们对未来更高级人工智能的潜在风险持续开展研究和预判，确保人工智能始终朝着有利于人类的方向发展。面对人工智能的监管问题，我国践行“敏捷治理”

的原则，采取协同监管、自律监管、鼓励监管等差异化监管策略来应对人工智能发展过程中可能出现的风险和挑战。

三、监管政策

在人工智能领域，成本收益与风险是不确定的，其概率函数和分布函数不断变化。高度不确定性导致政府很难制定针对性强的监管判断标准。政府如果仅根据在一定时间内积累的风险，观察其风险分布，并在法律层面进行规定以管控风险，这很有可能导致难以有效控制风险。因此针对人工智能领域，我国在监管程序上具有一定的灵活性，并将抽象的法律指导与具体监管政策有效结合使用。在法律层面相对明确的治理原则指导下，使用灵活出台的政策作为补充，如表 20-3 所示，并依据情况及时调整。

表 20-3　我国出台的涉及人工智能监管的相关政策文件（部分）

发布时间	文件	部门	主要内容
2013.7	《电信和互联网用户个人信息保护规定》	工业和信息化部	规范了信息收集和使用行为，明确了安全保障、监督检查等义务
2015.8	《促进大数据发展行动纲要》	国务院	切实加强对涉及国家利益、公共安全、商业秘密、个人隐私、军工科研生产等信息的保护
2016.3	《中华人民共和国国民经济和社会发展第十三个五年规划纲要》	全国人民代表大会常务委员会	实施网络强国战略。加快构建高速、移动、安全、泛在的新一代信息基础设施
2016.12	《国家网络空间安全战略》	国家互联网信息办公室	阐明网络空间安全的目标、原则和战略任务
2017.7	《新一代人工智能发展规划》	国务院	初步建立人工智能法律法规、伦理规范和政策体系，形成人工智能安全评估和管控能力
2019.6	《新一代人工智能治理原则——发展负责任的人工智能》	国家新一代人工智能治理专业委员会	提出了人工智能治理的框架和行动指南，明确提出了八项原则
2019.7	《云计算服务安全评估办法》	国家互联网信息办公室、国家发展和改革委员会、工业和信息化部、财政部	发挥专业技术机构、专家作用，客观评价、严格监督云计算服务平台的安全性和可控性

续表

发布时间	文件	部门	主要内容
2020.6	《国务院 2020 年立法工作计划》	全国人民代表大会常务委员会	明确提出要制定关键信息基础设施安全保护条例
2022.2	《网络安全审查办法》	国家互联网信息办公室、国家发展和改革委员会等 13 个部门	制定网络安全审查相关制度规范，组织网络安全审查

2017 年 7 月，国务院颁布了《新一代人工智能发展规划》，明确提出“初步建立人工智能法律法规、伦理规范和政策体系，形成人工智能安全评估和管控能力”。目前我国政府对人工智能监管的政策方向，围绕着建立标准与评估体系、加快立法和完善监管框架来展开，主要有以下几个方面：①强调人工智能对国家安全和保密领域影响的研究与评估，完善人、技、物、管配套的安全防护体系，构建人工智能安全监测预警机制。②完善对人工智能技术发展的预测、研判和跟踪研究，坚持问题导向，准确把握技术和产业发展趋势。③增强风险意识，重视风险评估和防控，强化前瞻预防和约束引导，近期重点关注对就业的影响，远期重点考虑对社会伦理的影响，确保把人工智能发展规制在安全可控范围内。④建立健全公开透明的人工智能监管体系，实行设计问责和应用监督并重的双层监管结构，实现对人工智能算法设计、产品开发和成果应用等的全流程监管。⑤促进人工智能行业和企业自律，切实加强管理，加大对数据滥用、侵犯个人隐私、违背道德伦理等行为的惩戒力度。加强人工智能网络安全技术研发，强化人工智能产品和系统网络安全防护。⑥构建动态的人工智能研发应用评估评价机制，围绕人工智能设计、产品和系统的复杂性、风险性、不确定性、可解释性、潜在经济影响等问题，开发系统性的测试方法和指标体系，建设跨领域的人工智能测试平台，推动人工智能安全认证，评估人工智能产品和系统的关键性能。

第三节　我国人工智能的监管困境与治理挑战

全球科技领域快速发展带来了大量创新，主要包括技术创新与商业模式的改变，在两者相互影响下，人工智能在我国取得了可喜的产业成绩，但与此同时也给监管及治理带来了很多挑战。人工智能的发展给产业监管和商业模式的监管带来了新的挑战，引起了人们对于社会安全与伦理问题的思考。监管机构（政府）正面临关键抉择。首先，过度和过时的监管框架不能扼杀人工智能的创新与发展；其次，人工智能服务的用户受欺诈与侵害的问题确实存在，不能置之不理。

一、监管困境

（一）监管对象不清晰

人工智能的使用在极大程度上依赖大数据的收集，而大数据具有海量多源异构的特征，间接证明了监管对象的多元化。从其源头来看，大数据多来自生产生活轨迹所留下的信息，如何保护行业机密及社会公众的个人隐私无疑是一个无法回避的问题。但是现阶段我们面临着以下问题。我国缺乏对于大数据采集利用的相关立法，造成了其数据信息可以在用户未知的情况下被一些掌握大数据的团体或个人收集、分析，存在侵害人们隐私权和个体尊严的可能性。由于涉及的数据关系到经济社会发展全局，在经济性监管与社会性监管两方面，数据的安全性更加不能忽视。

数据的所有者和使用者在特定情境下也是算法的开发者和掌控者，然而对算法进行监督和问责时极易出现监管责任主体不清晰、难追溯的困境。例如，在利用智能机器人的医疗事故、自动驾驶的交通事故、无人机误判恐怖分子错杀平民等问题上，就可以原则上将这些错误或不当行为回溯到软件设计者或者程序员，但是“我们都知道一个产品可以追踪属于哪个厂家，但程序是不一定的，有可能是由众多的人共同开发的，程序的产生可能无法追踪到某个具体的个人或组织”（王利明，2017）。

（二）监管技术不成熟

我国对人工智能监管的技术不成熟主要体现在监管人才素质不足和监管手段滞后两个方面。数据分析人才是整个监管建设中的一个关键角色，处于技术和业务的交汇点。既需要熟悉监管业务，也需要了解技术实现，将技术与业务在基于大数据的理念下相互融合后，构建出支持监管业务分析的关键算法和应用模型。然而我国工业和信息化部人才交流中心发布的《人工智能产业人才发展报告（2019—2020年版）》指出[①]，我国人工智能人才供需比严重不平衡，有效人才缺口达30万。在人才储备薄弱的情况下，现有监管人才的能力不足以应对复杂多变的监管情境，数据分析极易出现错误结论，从而对监管效果产生误导。例如，在大数据价格库里的数据分析存在偏差不小的情况下，势必会对政府制定价格监管政策决

① 《人工智能产业人才发展报告（2019—2020年版）》，https://www.miitec.cn/home/index/detail?id=2249。

策形成干扰，影响监管的效果。在人工智能涉及的不同领域，政府监管手段在不同程度上均滞后于技术发展。例如，运用特定算法进行精准画像从而实现个体化定价的“大数据杀熟”行为，其实质上是平台商家背离提供在线服务的初衷，不合理运用消费者数据而进行的价格欺诈行为。我国对其的监管以行政手段为主，属于事后监管。《在线旅游经营服务管理暂行规定》第二十四条提出，县级以上文化和旅游主管部门对有不诚信经营、侵害旅游者评价权、滥用技术手段设置不公平交易条件等违法违规经营行为的在线旅游经营者，可以通过约谈等行政指导方式予以提醒、警示、制止，并责令其限期整改。

《在线旅游经营服务管理暂行规定》虽然明确禁止“大数据杀熟”，与时俱进地保障了消费者权益，然而处罚力度似显不足。有的“大数据杀熟”实施时间较长且涉及众多消费者，如果仅通过行政指导方式进行处理，其处罚和震慑力度显然是不够的。人工智能应用场景众多，目前的监管手段不足以有效甄别、防范和化解人工智能风险。应用新一代信息技术手段来丰富监管手段，辅以法律手段和行政手段，深入开展各类应用场景分析和监管模型设计，形成成熟、高效的技术方案与标准规范，并根据历史案例的检验结果进行应用推广。

（三）监管制度不完善

我国在人工智能技术发展上已经走在了时代的前列，但在人工智能监管的制度供给上我们却有一定程度的滞后。我国对人工智能领域的监管制度建设历程主要体现在数据保护方面。我国较晚才成立负责数据信息保护的专门机构。在以前，电信和互联网行业管理主要由工业和信息化部负责。1998 年为了履行“网络警察”的职能，国家成立了隶属公安部的公共信息网络安全监察局，并在 2008 年后改名为更侧重维护互联网安全与秩序的网络安全保卫局，其目标更倾向于打击网络刑事犯罪行为。2001 年，国务院成立了主要职能是组织协调国家计算机网络与信息安全管理方面重大问题的国家信息化领导小组，并将其办公室作为日常工作机构。2008 年 3 月，国家大部制改革启动。决定不再保留国务院信息化工作办公室，根据《国务院关于机构设置的通知》，国家发展和改革委员会的工业行业管理有关职责，国防科学技术工业委员会核电管理以外的职责，以及信息产业部和国务院信息化工作办公室的职责，统一纳入新成立的工业和信息化部，国家信息化领导小组的具体工作由工业和信息化部承担。多年以来，随着互联网技术的发展，其职能也不断扩展。2014 年，国务院正式授权国家互联网信息办公室负责互联网信息内容管理，与此同时负责监督管理执法，但是相关细则并未明确。目前为止，国家互联网信息办公室履职依据中涉及个人信息保护的仅有 2013 年通过的《电信和互联网用户个人信息保护规定》。

近几年，我国高度重视人工智能技术可能带来的风险挑战，国务院对人工智能监管进行了部门责任划分。如图 20-3 所示，公安部主要对人工智能相关的违法犯罪活动进行防范和打击；工业和信息化部主要负责建立健全人工智能相关的网络与信息安全保障体系；国家互联网信息办公室主要负责协调和管理人工智能相关的互联网信息内容；国家人工智能标准化总体组负责协调和规划人工智能的标准化建设。虽然我国一直在完善自身的人工智能监管体系，然而对于具体领域的人工智能监管的负责机构，没有从法律层面明晰和确认。在新兴技术迅猛发展的背景下，进一步明确并细化人工智能监管的机构职责已迫在眉睫。

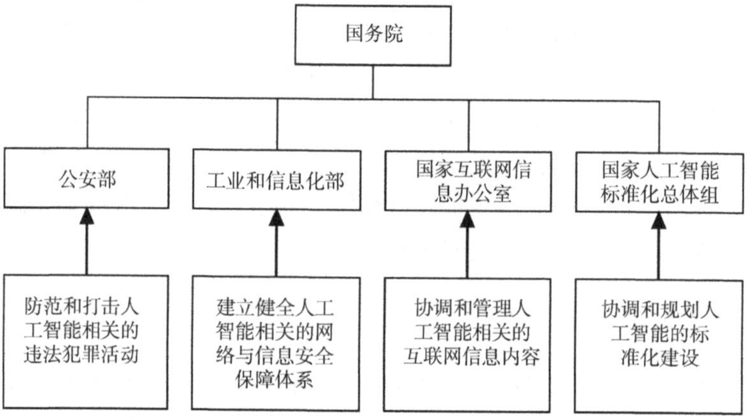

图 20-3　目前我国人工智能监管机构职能图

（四）监管法律不健全

关于人工智能监管立法方面，我国目前采用分散立法的方式，在不同层级的法律渊源的具体条款中均涉及了对人工智能的法律规制，如《中华人民共和国电子商务法》《中华人民共和国个人信息保护法》《数据安全管理办法》《关于规范金融机构资产管理业务的指导意见》等法律文件。例如，《中华人民共和国刑法》第二百五十三条、《中华人民共和国消费者权益保护法》第二十九条等都涉及了对个人数据保护的规定。由于我国各个地区经济发展不均衡，制定具有普适性的人工智能专门法在目前而言是不现实的，然而我国人工智能法律设计问题仍然突出，主要体现在三个方面：首先，监管标准不明确，制约手段单一。例如，《中华人民共和国网络安全法》规定，任何个人和组织不得窃取或者以其他非法方式获取个人信息，不得非法出售或者非法向他人提供个人信息。该规定明确了数据获取及交易必须在法定范围内进行，但是对于合法的边界，并未完全明确。

目前，人工智能的发展还处于弱人工智能阶段，因此不可能形成一个完整的人工智能法律体系。人工智能的法律规制需要与具体领域相结合。在每个子领域，都有不同的监管方法、途径和手段。例如，电子商务将互联网技术应用到商业领域。政府监管的主要目的是促进竞争和反垄断，保护消费者权益，维护市场秩序。当人工智能广泛应用于医疗领域时，相关数据往往是个人敏感数据。在设计监管模式时，政府将不可避免地采用高准入和严格许可的方法。

二、人工智能发展对政府监管带来的挑战

1. 监管组织架构亟须重塑

当人工智能运用到产业中，混业经营模式应运而生。与传统行业经营掌握单一特定领域的数据不同，混业经营企业通过平台，链接了海量端点，获得的是多领域数据，更容易还原个人隐私（Einav and Levin，2014）。在这种商业模式中，企业不仅扮演自己的商业角色，而且渗透到个人生活的各个方面，如服装、食品、住房和交通运输，并且与个人生活紧密结合。各个平台公司对用户的生活习惯、工作和休息规则、兴趣和爱好、经济状况、地理位置、社交活动和其他信息数据有深入的了解。在目前政府行政职能仍采取传统行业模式划分的背景下，如何监管混业经营企业的数据使用和人工智能技术的使用，如何进行有效的监管并保障个人隐私，是政府面临的首要难题。

2. 监管内容转移

人工智能监管既是对现有监管方式的挑战，也是对监管内容的重新认识。现有的监管规则仅对信息和数据的占有、收集、处理、使用和保密进行了设置与划分。而在人工智能时代，大数据的运作机制是对分散数据进行二次利用和开放，不触及隐私的大量数据经过集成，可以轻松追溯个人生活。数据的使用是多样的，无法控制。如果为每个基于个人的数据操作寻求许可，成本无疑是巨大的。不仅如此，以算法为代表的新型技术手段，一方面使数据产生了更大价值，给生产、生活带来了巨大的便利，另一方面也成为部分企业实施不正当竞争、侵害个人隐私和传播低俗不良内容的隐形手段，给社会运行造成潜在风险。因此，在规模效应和人工智能技术下，传统监管模式并不适用，如何对算法规则、数据挖掘整合等技术进行规制，是目前监管的最大难题。

第二十一章　理论基础

第一节　监管的概念梳理

监管是经济学、政治学、法学等领域的专业术语。《新帕尔格雷夫经济学大词典》对监管有两种解释。罗伯特·鲍耶（Robert Boyer）认为，在20世纪80年代的经济理论和政策辩论中，“监管”一词是指国家以经济管理的名义进行干预；在经济政策领域，根据凯恩斯主义，“监管”是指通过反周期的预算或货币干预来调控宏观经济活动。而保罗·麦卡沃伊（Paul W. McAvoy）认为，监管，尤其是在美国，是指政府为控制企业的价格、销售和生产决策而采取的各种行动。政府公开宣布这些行动是为了阻止那些不充分重视公共利益的私人决定。监管的目的是解决市场失灵问题，维护市场经济秩序，促进市场竞争和扩大公共福利。由此可见，专业领域的监管是一种政府对市场的干预和控制；它是一种政府以维护市场经济秩序为目的，以规则为基础对经济活动进行干预和控制的活动，不包括政治活动和社会生活监管。

本章所提及的人工智能监管主要是政府基于规则对以企业为代表的非政府组织应用人工智能的行为所进行的一种监督和控制活动，强调监管的公正、透明、专业、独立、可信和可问责。随着人工智能技术的长足进步，其应用广泛深入到了社会生活的方方面面。人工智能在增强政府对复杂风险的感知、预警和防控能力的同时，也在对政府的社会治理产生一定的挑战和冲击。同较为成熟的传统行业相比，人工智能在商业模式和技术路径上都在变化，一方面，存在相当大的不确定性；另一方面，由这种不确定性带来的风险及由此带来的成本难以判断。同时人工智能作为国家重大战略规划之一，市场信心对其的发展非常重要，一旦政府释放强监管信号，或有影响产业发展的负外部事件发生，人工智能的创新路径和发展方向都会受到直接影响，甚至将会受到毁灭性打击（薛澜和赵静，2019）。因此，如何使人工智能技术与国家治理有效融合，发挥人工智能之于国家治理的价值和功用，就需要确保人工智能的安全性和可靠性，就需要对人工智能进行全方位的监管。通过全方位监管防范人工智能发展过程中可能出现的各种风险，并使监管手段具备一定的弹性，在打击人工智能作恶、规范行业秩序的同时，增强市场对人工智能发展前景的预期和信心。

第二节 信息不对称理论

信息不对称理论是由三位美国经济学家——约瑟夫·斯蒂格利茨、乔治·阿克洛夫和迈克尔·斯宾塞提出的，它是微观信息经济学研究的核心内容之一，来源于学者对早期经济学理论中充分信息假设的质疑和修正。20 世纪 60 年代，赫伯特·西蒙和肯尼思·阿罗率先对早期经济学理论中的充分信息假设提出了质疑，指出在市场交易中任何决策都是不确定的，而造成经济行为不确定的原因之一就是信息不完全，即信息不对称。信息不对称理论是指在市场经济活动中，不同类型的人对相关信息具有不同的理解，那些拥有更多信息的人往往处于更有利的位置，而那些信息贫乏的人则处于劣势的地位。

信息不对称会对社会经济的发展产生诸多不利影响（张莹，2016），主要表现在交易一方由于自身利益驱使而对交易信息进行隐瞒，从而产生逆向选择和道德风险问题，这会造成双方利益失衡，最终会导致市场失灵。劳动力市场上的信息不对称一方面使得企业难以招聘到合适的人才，另一方面也使得求职者难以应聘到合适的企业，造成了人力资源的不合理配置，提高了社会的运转成本。信息不对称在保险市场上的表现尤为明显，保险人在事前隐瞒自身的潜在疾病，在发病后骗保从而威胁保险公司的基金安全。另外，保险公司的虚假宣传及保险合同的晦涩难懂，并利用信息不对称扩大自身效益的逐利行为，严重损害了投保人的利益。在信贷市场中，信息不对称容易使金融机构产生信用风险，参与主体之间的信息不对称行为会增大银行风险，导致资本外逃并且引发银行业危机。

信息不对称是市场经济的弊病，虽然市场信号能够在一定程度上减轻信息不对称问题，但是受限于市场自发性、盲目性、滞后性的固有弊端，无法根治这一弊病。近年来，人工智能技术的深入发展，为信息不对称问题的解决提供了强有力的技术支撑。例如，可以通过对信息的精准投放和获取来解决信息供需矛盾；通过技术拓宽信息的传递渠道以扩大信息受众等。但是问题在于人工智能本身也存在信息不对称的风险。一方面，由于“算法黑箱”的存在，人工智能的受众无法知道或者无法理解技术细节，甚至不知道企业对自己数据的具体使用方式，从而使人工智能受众处于不利地位，致使个人利益乃至公共利益受损。另一方面，人工智能技术在解决信息不对称问题的同时也加剧了数据的不对称性，在人工智能和大数据背景下，市场和交易跨越传统的时空限制，传统的信息识别成本有效降低，信息不对称问题得到缓解，但是企业通过对数据技术的投入得以突破原有信息不对称的边界，却又演变成了“数据霸主”（王作功等，2019）。

信息不对称理论为政府监管人工智能奠定了理论基础，对于人工智能发展所面临的和所导致的信息不对称风险，以及为了纠正信息不对称所带来的逆向选择和道德风险问题，政府应该积极地进行宏观调控，通过行政手段、经济手段、法律手段及技术手段等有效地实现对人工智能的监管。

第三节　生命周期理论

生命周期理论准确来说是一个理论簇，包含产品生命周期理论、企业生命周期理论和产业生命周期理论。

产品生命周期理论最早由哈佛大学教授雷蒙德 · 弗农于 1966 年在《产品周期中的国际投资与国际贸易》一文中提出。该理论是关于一种新产品从进入市场到被市场淘汰的整个过程的理论。弗农认为：产品生命是指产品在市场上的营销生命。就像人的生命一样，一个产品也要经历一个形成、成长、成熟和衰退的周期。对于产品来说，它意味着经历一个发展、引入、成长、成熟、衰退的阶段。常见的生命周期理论将产品的生命周期划分为四个阶段，分别是：①引入期，指产品从设计投产直到投入市场进入测试的阶段。②成长期，当产品进入引入期，销售取得成功之后，便进入了成长期。③成熟期，指产品大批量生产并稳定地进入市场销售。④衰退期，指产品进入了淘汰阶段。人工智能技术的应用也遵循产品的生命周期轨迹，每个时期内人工智能都有可能表现出一定的风险，比如在引入期可能存在人工智能技术应用方向不合规范的问题；在成长期可能发生数据滥用和算法歧视的问题；在成熟期可能会有算法和数据霸权的风险；在衰退期可能会有扰乱市场秩序的问题等。因此，政府对人工智能的监管也要深入到人工智能技术应用的整个周期当中。

企业生命周期理论最早由马森 · 海尔瑞于 1959 年提出，早期生命周期理论是通过生物学的成长特征来分析企业的发展过程，包括了企业的停滞、消亡等多个环节。美国著名的管理思想家伊查克 · 爱迪斯于 1989 年提出的生命周期理论从组织和管理的角度把企业的成长非常细致地划分为孕育期、婴儿期、学步期、青春期、盛年期、稳定期、官僚初期、官僚期及死亡期九个阶段。每个阶段都体现着两个指标：灵活性和可控性（魏丽丝，2014）。企业生命周期理论视角下的人工智能监管比产品生命周期理论视角下的人工智能监管稍加宽泛，前者侧重的是对使用人工智能技术的企业在其不同的发展阶段进行的监管，而后者监管的仅仅是一个具体的产品。具体而言，产品生命周期理论视角下的人工智能监管强调在人工智能产品的引入期、成长期、成熟期和衰退期分别对其进行不同层次的监管，其着眼点是人工智能产品的监管。而企业生命周期理论视角下的人工智能监管强调的是对人工智能企业的整个发展过程进行监管，着眼点是企业的监管。

产业生命周期理论研究始于20世纪80年代，它演变自产品的生命周期理论。该理论对产业的生命周期划分与产品生命周期理论大致无异。我国学者潘成云等认为反映产业本质特征的生命周期过程应该包括以下四个阶段：①自然垄断阶段，该阶段的主要特点是最初只有少数企业进入该产业，因此自然垄断性较高，且进入的壁垒高、风险大。②全面竞争阶段，该阶段的主要特点是由于产业技术的逐步完善和成熟，自然垄断利润逐步消失，行业内部诸多企业进行了多种形式的充分竞争。③产业重组阶段，其特点是经过全面竞争的清洗，最终少数企业胜出，他们希望在重新配置资源以提升产业效率的同时巩固其行业领袖地位，最终形成寡头竞争。④蜕变创新阶段，该阶段的主要特点是企业将竞争重点放在新技术研究与应用、新产品开发与营销及经营管理上。产业生命周期理论视角下的人工智能监管上升到了产业的层次，监管的主体更加宏大，产业层面的政策引导和监管手段的落实，使得人工智能产业的发展更加规范化，更好地发挥人工智能提高社会效率、保证公平，提高治理效能和老百姓幸福感的优点。

总而言之，生命周期理论中的产品生命周期理论、企业生命周期理论及产业生命周期理论分别为人工智能在微观、中观、宏观等不同层次的监管提供了理论基础。通过对人工智能应用产品整个生命周期的细粒度监管，切实防范数据风险与算法风险；通过对人工智能企业或应用人工智能技术的企业的整个生命周期的监管，规范企业的技术应用行为，保证企业的技术应用合乎伦理道德及法律法规；通过对人工智能行业的整个发展生命周期进行监管，通过政策引导行业自律，并通过法律法规为行业发展兜底。三管齐下，实现人工智能技术的向善应用和良性发展。

第四节　全过程监管理论

全过程监管就是对事物衍生变化的各个环节，也就是监管对象产生、发展、消亡的整个过程进行事前、事中、事后的监督管理。这种监管模式强调事前实施预防性监管以防范风险，事中实施督促性常规性监督以控制风险，事后实施跟踪性监管以化解风险。

事前监管，即在某种政策执行之前，对政策执行主体决策行为进行监督管理。

首先要分析决策的合法性，与法律、法规、政策、标准相对照，看其是否与之相悖；其次分析决策的可行性，判断决策的目标是否符合客观实际，是否兼顾当前与长远、局部与整体利益，是否科学、准确；最后分析决策的可靠性，全面筛查决策的有利因素与不利因素，以进行全面的风险防范。事前监管强调未雨绸缪，具有前瞻性和防范性。事中监管则是在政策计划、执行或实施过程中对其开展情况进行监督管理。通过随时了解执行主体的行为，可以增加执行活动的透明度，有效防止风险发生、扩散或蔓延，及时避免或减少损失；可以及时总结成功经验，制止和纠正不良行为，促进政策执行的良性行为。事中监管目的明确，具有矢向性和渗透性。事后监管则是在政策执行行为完成后对其结果进行监督管理。通过开展跟踪式的事后监管，可以掌握其完成的合法性、完整性和时效性，体现监管的综合性、规范性和鉴戒性。

基于全过程监管理论，对于人工智能风险的管控也必须从事前、事中、事后三个方面展开。由于人工智能涉及了众多主体，因此也必须将众多主体的行为纳入事前、事中、事后的全过程监管当中。对于人工智能的事前监管，主要发生在人工智能技术或者产品的开发之前。由于数据是人工智能存在的基石之一，因此作为监管主体的政府应竭力完善网络数据安全标准体系，以此来规范和引导科技公司保障数据安全；同时政府应加强宣传，向社会公众普及数据安全的重要性，提高社会公众的数据安全防范意识。除此之外，必要的惩戒机制的制定也不可缺少，用于强制性地防范企业行为失控。与此同时，政府应着手培训或吸纳一批技术研发人员，作为政府的技术智囊储备。作为人工智能技术受众的用户，应积极配合政府的数据安全宣传工作，着力提高数据安全的防范意识，在数据安全事件发生后，积极通过正规渠道维护自己的合法权益。而作为人工智能技术应用者的企业，应该以政府制定的相关规范严格要求自己，加强对人工智能技术的自审、自评和自纠，恪守技术伦理底线，切实保护和合理利用用户数据。在事前监管阶段，人工智能的整个行业应该建立行业自律机制，加强行业引导，将整个人工智能行业纳入良性、健康发展的正确轨道上来。在人工智能监管的事中阶段，企业已经拥有了产品的整个完整生命周期，通过对人工智能的事前监管已经防范了人工智能发展过程当中的多数风险，从而事中阶段的监管主要是对人工智能技术的纠偏，通过执行反馈与预期输出进行对照来确定技术是否向善。作为监管主体的政府在继续保障网络数据安全的同时，要建立抽查机制，加强对技术风险的管控；同时，应该积极回应公众的维权诉求。企业应通过数字化手段进行风险防控和纠错；强化主体责任，切实保障用户数据安全。而用户应该配合政府的监管，将企业的侵权行为自觉上报给政府，通过政府的强制手段来维护自己的合法权益。在人工智能监管的事后阶段，企业已经完成了完整的产品生命周期，这一阶段的监管重点是反馈，不同于事中阶段的实时性反馈，这一阶段的反馈更多的是一种终结性的反馈和反思。在监管主体的政府层面，应根据这一终结性的反馈来检查数据安全规范、伦理规范及技术应用规范是否存在漏洞，如果存在就及时修订、防范；同时，应该结合当前的技术应用现实，为下一代人工智能技术应用做出理念上的指导和相关顶层设计。企业在进行下一代产品迭代的同时，应积极反思上一代产品在开发、运营过程当中是否存在数据风险和有悖技术伦理的问题，向政府和公众适时发布总结性报告，做到公开透明。公众继续配合政府提高自己的风险防范意识，加强宏观层面的数据和技术修养。

由于市场经济信息不对称的固有弊病，人工智能的监管存在很大的必要性，对于防范人工智能可能存在的风险至关重要。基于全过程监管理论的人工智能监管，在事中、事前、事后对信息不对称带来的各种风险进行全方位、多层次、宽领域的预防、响应和反馈，并监管完整的产品生命周期，可以实现对人工智能风险的全面管控。

第五节 敏捷治理理论

敏捷治理理论脱胎于 1990 年左右开始普遍应用于软件工程行业的敏捷开发思想，它指的是一种能应对快速变化的需求以加快产品迭代速度的软件开发能力。而将敏捷治理理论应用于社会治理的则是在 2018 年世界经济论坛上，该论坛首次提出将敏捷治理用于第四次工业革命的政策制定上。敏捷治理具有如下特征：第一，参与广泛度。敏捷治理模式下的政策发展不再局限于政府，只有通过与第四次工业革命参与主体更密切合作，治理才能更加敏捷。敏捷治理通过让更多的利益相关者参与到流程中并允许快速迭代来实现对治理目标的逼近，还通过建立机制来持续监控，维持各方制衡机制确保长期可持续性。第二，时间灵敏度。传统基于计划的决策方法和敏捷治理概念的核心差异在于时间灵敏度。敏捷治理需要为快速发展中的变化做出持续准备，主动或被动地接受变化并从变化中学习，同时为实际的或可感知的最终参与主体价值做出贡献。政策制定中敏捷性的提高也旨在解决政策衰退问题，及时进行政策反馈（张桦，2020）。

人工智能目前处于产业发展的早期阶段，即弱人工智能阶段，技术走向及产业规模等前景尚不明朗。一方面，人工智能具有强大的创新动力，激发了大量的社会需求，解决了传统产业的长期性问题。另一方面，人工智能发展带来的伦理、安全、负外部性等问题频频引起社会关注（薛澜和赵静，2019）。因此对人工智能的监管，引导其向善和行业的良性、健康发展存在很大的必要性。2019 年 6 月 17

日，国家新一代人工智能治理专业委员会发布《治理原则》，提出了人工智能治理的框架和行动指南。《治理原则》突出了发展负责任的人工智能这一主题，强调了和谐友好、公平公正、包容共享、尊重隐私、安全可控、共担责任、开放协作、敏捷治理等八条原则。敏捷治理原则指导下的人工智能监管在监管原则上强调的是监管程序上的灵活性以及将抽象的法律指导与具体的监管政策的有效结合，以法律手段为主，辅之以灵活的政策工具，依据人工智能发展的实际情况实时调整；同时敏捷治理指导下的人工智能监管在监管关系上强调监管者与被监管者之间的相互依赖关系，让二者在信任的基础上管控风险和引导产业发展；除此之外，人工智能监管在敏捷治理的指导下，在监管工具中强调“快而轻”，以降低企业沉没成本，使企业可以迅速进行调整，减少技术路线和商业模式转型的损失。

总而言之，信息不对称理论为监管人工智能奠定了必要性基础；而生命周期理论融合全过程监管理论的事中监管环节，再通过全过程监管的事前监管和事后监管对人工智能实施全方位、无死角的综合管控；在全过程监管理论的基础上，通过敏捷治理理论对全过程监管中的监管原则、监管关系及监管工具进行调节，使之更加符合对人工智能新业态的监管。在上述理论的指导下，构建人工智能监管的全过程监管体系，以实现人工智能的良性、健康发展。

第二十二章　国外人工智能监管的对比研究

社会经济经历着网络化、数字化再到智能化的发展趋势，人工智能作为影响社会生活的重要新鲜要素，已成为全球竞争的新焦点。一般认为，人工智能诞生的标志是 1956 年美国达特茅斯学院举行的第一次人工智能研讨会。随后 60 余年，人工智能发展反复经历繁荣与低谷时期。2016 年，围棋机器人 AlphaGo 首次打败世界围棋冠军李世石。这场人机对弈让人工智能正式为大众所熟知，整个人工智能市场也像是被点燃导火线，开始新一轮爆发。由此，各国人工智能竞赛的大帷幕被拉开。全球范围内，中美凭借技术、人才、产业等优势超前领跑，有“双雄并立”之称；以英国、日本、以色列和法国等为代表的发达国家也不甘示弱，逐渐占据优势地位。同时在顶层设计上，多数国家从政策、资本、需求三大方面为人工智能落地保驾护航，并强化人工智能的战略布局，将人工智能上升至国家战略的层面。2016 年奥巴马政府使美国成为第一个将人工智能纳入国家战略层面的国家，其标志是正式发布首个美国《人工智能战略》。该战略规划涉及人工智能伦理法律与社会影响、人工智能研究投资、人机协作开发、公共数据集、人工智能评估标准、人工智能系统的安全性、人工智能研发人员需求等七个方面。中国作为人工智能领域的后起之秀，发展之路几经沉浮。2015 年以来，政府连续出台一系列的扶植政策，其结果是人工智能发展势头十分迅猛。2017 年，“人工智能”首次正式加入国家战略规划，并被写入政府工作报告，同年出台的《新一代人工智能发展规划》以 2020 年、2025 年、2030 年为节点制定三步走的战略，期待在技术、理论、应用方面总体达到全球领先水准，使中国努力变成世界人工智能的主要创新中心。

随着人工智能的快速发展，社会伦理冲突、数据安全、监管技术匮乏、监管法律和机制滞后等问题逐渐凸显。面对人工智能发展的极大不确定性，社会各界呼吁政府加强对人工智能开发和运行监管的声音越来越强烈。但面对一项发展迅速且极具争议的新技术，监管总是在不断审慎、完善。错位、错配的监管方式可能会扼杀创新，破坏人工智能带来的巨大潜在好处；监管不足又可能造成行业乱象，甚至会对现有社会生活造成极大危害。由此可见，比技术创新更加重要的是需要建立一套完善的、支持人工智能良好发展的监管体系。人工智能的监管机制、政策和法规究竟应该是什么？（Wang and Siau，2018）各国加入这场世界级的人工智能竞赛的同时，更是在摸索一条适合本国发展的监管之路。尽管监管态度、机制、手段各异，但都以服务国家发展、保障社会安全作为共同追求。美国作为人工智能发展大国，无论是技术发展还是监管都走在世界前列，美国政府自 2017 年开始密集出台系列政策，制定相关法规来规范人工智能行业发展，现阶段已有一个相对完善的监管体系。欧盟一直以来是工业领域的“领头羊”，虽然近年来在人工智能技术争霸赛中落后于中美两国，但对人工智能的治理却走在了世界前列，其“长臂管辖”思想更是影响着全球人工智能发展走向。在脱欧前，英国是欧洲重要的经济强国，人工智能是其国家发展的重要战略安排。脱欧后的英国，更希望能占领人工智能一席之地，政府先后出台的系列先行政策都为人工智能发展提供了支持和引导。日本人工智能发展起步早，在机器人研发创造领域的成绩尤为突出，同为亚洲国家的一员，与中国在社会、经济、文化发展上有众多相似之处。长期以来日本政府重视监管，其监管机制和策略对中国监管人工智能提供了参考价值。下面将对美国、欧盟、英国及日本人工智能监管领域的相关政策法规进行梳理和分析，了解各国和地区人工智能监管模式及重点关注问题，汲取有价值的经验，为建立符合我国国情的人工智能监管体系提供参考。

第一节　美国人工智能监管的经验研究

美国作为发展人工智能最早的国家，在科学技术掌握和人才资源聚集方面都具有绝对优势。1956 年，随着第一台可编程机器人的成功研制，美国科学家麦卡锡首次提出“人工智能”概念（崔雍浩等，2019），由此奠定了人工智能的发展基础。近年来，越来越多的国家不再轻视人工智能的发展，并有意加强人工智能的战略优先地位。美国作为人工智能发展的主场地，其对人工智能监管具有高度敏锐性，政府先后出台了系列政策、颁布法律条令以应对当前国际环境，企图维持和加强美国在人工智能领域的科学、技术和经济领导地位。据中国信息通信研究院数据统计，截至 2018 年上半年，全球范围内的人工智能企业共监测到 4998 家，其中美国以 2039 家企业数量高居榜首。2013 年以来，美国人工智能投融资笔数占比达 41%，是全球投融资最活跃的国家。在科学研究方面，人工智能科研机构数量占比高达 43%，高出第二名 24 个百分点。同时，1998~2018 年全球人工智能领域论文产出量最多的国家是美国，为 14.91 万篇，中国以 14.18 万篇位居第二。人工智能主要分为技术层、应用层和基础层，美国在各层级的企业分布全面领先，积累了很多的技术创新优势，尤其在芯片、算法及数据等产业的重心领域；在机器视觉、指纹识别、人脸识别、专家系统及智能控制等多个关键技术上取得了重要突破，美国开启了全球人工智能超前领跑模式（尹昊智和刘铁志，2017）。2018年美国总统特朗普在美国人工智能白宫峰会发表讲话："我们正处于新技术革命的边缘，这种革新几乎可以改善我们生活的每一个方面，为美国工人和家庭创造巨大的新财富，并在科技、医学和通信领域大胆地开创新领域。"美国政府高度重视发展，也更注重将人工智能引入科学合理的伦理发展框架，试图在加强监管与鼓励创新之间寻求平衡，积极在现有体制下探索出一条适合本国国情的监管路径，既防范化解人工智能带来的风险挑战，又鼓励引导人工智能发展，确保美国的领先优势（张华胜，2018）。近年来美国政府在监管上体现出的弱治理更是表现出对人工智能发展的信心以及保持美国全球领先地位势在必得的决心。

一、监管立法

人工智能的快速发展给现有法律法规和伦理道德带来了新挑战。原有的相关法律已无法全面满足监管人工智能发展的需求。例如，已有的隐私保护、网络安全、权属关系、反商业和金融欺诈行为等在面对复杂的人工智能开发应用场景时，会出现更多法律无法判决的情况，甚至给了别有用心之人以可乘之机。法律法规的滞后性、模糊性，导致在解决已有人工智能引发问题时困难不断，人工智能对立法的冲击散布在各个领域。为规范人工智能发展，迫切需要制定一套完善、详细且专用于人工智能的监管法案。法律作为一种强制手段，规定着人工智能监管的底线。目前，对人工智能技术的应用尚局限在某些分散的、特定的领域，并没有形成通用人工智能。人工智能立法该如何厘清范围边界？一般认为，人工智能应用之处，可能引发的问题出现之处，即是法律之手所及之处。

一边鼓励创新，一边设置底线是美国人工智能监管的两个中心。2017年底，美国国会提出两党法案《人工智能未来法案》，这是美国政府就人工智能专设的首个联邦法案，反映了美国社会对人工智能可能引发的问题及其对经济繁荣和社会稳定性影响的关注。《人工智能未来法案》重点关注人工智能对劳动就业、经济发展、隐私保护等方面的影响，并为具体行业的立法进一步奠定基础。法案主要对人工智能概念进行了厘清，并提议建立一个联邦咨询委员会进一步研究人工智能相关法律政策问题（张华胜，2018）。同年，围绕人工智能提出的法案还有《全民计算机科学法案》《创新团法案》《计算机科学法案》。这些法案虽未直接针对人工智能提出，却在人工智能影响就业和部分工作的情形下，进一步鼓励人才培养和加大创新力度。

《人工智能未来法案》的提出，标志着美国启动人工智能全面监管。但是美国现阶段对于人工智能领域的立法监管并非刚刚启动，已有法案从实际领域出发，针对特定应用实现监管，如自动驾驶。自动驾驶技术是人工智能研究领域备受关注的研究方向之一。人们在期待自动驾驶技术造福社会的同时，也对其自主性、不可预见性、因果关系及不可控制等问题进行质疑。美国政府最早关注对自动驾驶技术的监管，于 2017 年公布《自动驾驶系统 2.0：安全愿景》，这是美国国家公路交通安全管理局（National Highway Traffic Safety Administration，NHTSA）提出的一种非监管自动车辆技术安全方法。在监管自动驾驶系统时，联邦和州各司其职，NHTSA 负责管理汽车和机动车辆设备的安全设计与性能；各州负责管理驾驶人和车辆操作。同时，提供立法机构的最佳实践，在应用程序和权限测试、登记和所有权、责任和保险等方面设立相关法律法规，全面推动自动驾驶技术的发展成熟。

人工智能投入使用极大地丰富和便捷了社会生活，但由技术不成熟引致的社会问题频频发生，出现问责困境。由此催生算法问责法案，也使得算法歧视问题得到有效缓解。2019 年 4 月，美国参、众两院提出《2019 年算法问责法案》，试图对人工智能机器学习中可能的偏见和个人敏感信息使用等诸多重要问题进行规制。

相对联邦政府强调宽松的监管立法来鼓励技术创新，各州在此基础上加强自主立法。加利福尼亚州作为美国的科技强州，立法规范商业机构开发和应用人工智能系统；华盛顿州立法规范公共权力机构应用自主决策系统，如极具争议的机器人法官；马萨诸塞州、加利福尼亚州、华盛顿州、马里兰州、新罕布什尔州等十几个州政府已经或正在立法限制面部识别技术的应用范围。

可以看出，美国的人工智能立法已经步入正轨，随着技术的发展，未来将有更多人工智能专设法律法规出台。在美国，立法的权力是分散的，联邦政府和州政府均具有立法权力，同时政府内的任何一个独立机构都不具有垄断决策地位，必须形成国家立法机关、行政机关及司法机关三个监管主体紧密配合、相互协作的配合机制。立法和行政机关侧重事前预防和事中管控，司法机关侧重事后监督。

立法机关是建立监管体制和树立基本原则的起点。其具有民主正当性，相比政府的法令或者法院的裁判，更能反映公众意愿。但其缺乏专业性，人工智能涉及领域广泛，性质专业，此方面的立法仅依托民意固然不行。可通过两种方式来解决，一是下设立法专业委员会，如前所述《人工智能未来法案》是由美国商务部成立的联邦人工智能发展与应用咨询委员会提出的，该委员会主要研究人工智能相关法律政策问题。二是授权并监督行政机关，由专业的行政机关团队帮助立法。

行政机关发挥政策的平衡和调节作用。行政机关具有灵活性、专业性和独立性等特点。主要发挥辅助执行法律法规的作用。它不仅可辅助立法者制定政策，帮助法院处理矛盾纠纷，还具有执行决策的能力。2018 年 5 月成立的人工智能特别委员会即属于行政机关。

司法机关发挥保障和事后监督作用。法院通常没有能力进行事前监管，也不能行使自主裁量权去代替法律判断如何分配新兴科技的责任。但其在事后的责任认定和监督中发挥着重要作用，不可或缺。

尽管如此，美国在人工智能立法上也面临着诸多问题。第一，“人工智能”概念界定困难。学术界目前尚未有一致界定，且外延模糊，同时还需要考虑人工智能产品在法律上的地位属性，即应属于“自然人”还是“物”。第二，致人损害的法律责任认定问题突出。为解决法律责任认定问题，美国已建立专门的检测制度及专门的安全规则和程序，但该问题并未得到完全解决，责任界定困难依旧时常发生。第三，数据安全和隐私保护。美国政府一贯强调人工智能发展过程的数据质量及安全，原有涉及隐私的数据保护已有一些现成法律，如《联邦隐私权法》《联邦电子通讯隐私法案》等。2020 年《数据保护法案》的颁布，进一步规范了人工智能重要原料——数据的合理合规使用。第四，信息不对称带来法律监管难题。算法常被视为黑箱，数据来源具有不透明性，开发研究具有隐蔽性。公众是否有权知悉产品背后的算法，算法是否应该公开，公开程度和方式怎样，在法律层面对此难以制定详细的算法监管条例。第五，知识产权问题。目前美国用于保护个人知识产权作品的相关法律是《版权法》和《专利法》，在涉及具体的人工智能侵权问题时，法院只能根据已有法律弹性认定。尽管存在以上诸多法律监管难题，但美国在该方面做出的努力不可否认，人工智能立法是一个切实存在的复杂难题，需要不断摸索前进。

二、监管政策

美国白宫于 2019 年初正式启动一个新的官方网站“Artificial Intelligence for the American People”，用于发布美国各联邦机构为落实人工智能全政府战略而采取的具体举措，向公众提供国家层面对人工智能的战略规划及相关监管信息。

根据网站公布信息，2017~2020 年政府针对人工智能发展及监管召开国内及国际会议数次，同时关键性政策共 20 余个，如表 22-1 所示。

表 22-1　美国人工智能监管相关举措（2017~2020 年）

举措	时间
扩大美国学徒制的行政命令	2017.6
《自动驾驶系统 2.0：安全愿景》	2017.9
《国家安全战略》	2017.12
《国防战略》	2018.1
成立人工智能特别委员会	2018.5
人工智能科技峰会	2018.5
美总统签署行政令应对职业“技能危机”	2018.7
《准备迎接未来交通：自动驾驶汽车 3.0》	2018.10
《制定成功路线：美国的 STEM 教育战略》	2018.12
“增强型智能机器”战略	2019.1
《维护美国人工智能领导地位的行政命令》	2019.2
《国防部人工智能战略》	2019.2
《国家人工智能研究和发展战略计划》	2019.6
《美国如何领导人工智能：联邦参与制定技术标准及相关工具的计划》	2019.8
2019 年人工智能峰会综述	2019.9
美国空军《2019 年度人工智能（AI）战略》	2019.9
总统 2020 年财政预算的补充	2019.9
《2016—2019 人工智能研发进展》报告	2019.11
《确保美国在自动驾驶技术的领导力——自动驾驶汽车 4.0》	2020.1
《人工智能应用监管指南备忘录（草案）》	2020.1
美国国家海洋和大气管理局发布了一系列战略计划	2020.2
《美国人工智能倡议首年年度报告》	2020.2

2018 年，由白宫主办的人工智能科技峰会，讨论了人工智能前景及实现美国人民在人工智能时代领导地位所需要的政策。会议回顾了特朗普政府对人工智能的监管和政策方法，重点讨论如何最大限度地消除人工智能创新监管障碍。会议提出为人工智能发展的“学徒制”和“STEM”（science、technology、engineering、mathematics）教育（梁小帆等，2017），使技术人员技能更好地与工业需求相匹配，发展美国劳动力以充分利用人工智能的好处。为更好地实现人工智能监管，特朗普政府重点关注消除人工智能技术部署的监管障碍，特设隶属于国家科学技术委员会的人工智能特别委员会，有效协调与人工智能相关的联邦工作，实现监管工作创新一体化。

2019 年 2 月，美国总统特朗普签署了《维护美国人工智能领导地位的行政命令》，也是各国所熟知的“美国人工智能倡议”，该倡议由美国国防部发布。一是为保持美国在人工智能领域的领导地位，二是保护美国在人工智能领域的国家安全、经济、公民自由、隐私和价值观，并加强与外国伙伴和盟国的国际与行业合作。当前美国必须推动制定适当的技术标准，减少安全测试和部署人工智能技术的障碍。同时强调加强对高质量和完全可追踪的联邦数据、模型和计算资源的访问，制定保证安全、隐私和保密保护的适用法律与政策。在合适法律范围内，人工智能研发机构负责人应探索与非联邦实体，包括私营部门、学术界、非营利组织，州、部落和地区政府，外国合作伙伴和盟友开展广泛合作。在特朗普签署行政命令的第二天，国防部颁布了《国防部人工智能战略》，重点强调国防部要以人为中心利用人工智能。

根据《维护美国人工智能领导地位的行政命令》，白宫于 2020 年 1 月发布《人工智能应用监管指南备忘录（草案）》，告知所有相关联邦机构有关人工智能授权或支持的技术监管、非监管方法的发展，并考虑如何减少人工智能技术开发和采用的障碍。该草案列出了政策考虑，在法律允许范围内，要求各机构在制定人工智能应用程序设计、开发、部署和操作的监管和非监管方法时，应从 10 项人工智能监管原则重新考虑。10 项监管原则涉及对“有弹性的监管架构”“风险评估透明性”“问责制”“避免监管阻碍创新”“公平和不歧视”等问题的重新阐释。

人工智能有望推动美国经济增长，加快经济发展，提高人民生活质量。近年来，美国政府高度重视人工智能立法，并相继出台系列政策以规范人工智能部署及发展的监管，有助于实现安全、公平、福利、透明和其他社会目标，进一步维持美国作为人工智能发展的全球领导者的地位，这对于维护国家经济安全至关重要（何哲，2016）。从美国的人工智能监管风格和路径来看，具有以下两个突出特征。

注重创新与监管间的有效平衡，也就是“软治理”取代“硬监管”。监管过程中容易出现两种倾向：一是监管过严，造成一管就死，阻碍技术创新，错失发展机遇；二是放任不管，一放则乱，造成发展乱象，引致社会矛盾。美国在其人工智能系列会议、政策及立法上都体现了一个原则“不以监管阻碍技术创新”，即可以理解为监管的最终目的应是为更好地发展人工智能服务。显然，美国的人工智能监管顶层设计时选择了第二种监管倾向。目前，人工智能无疑掀起了全球范围内的“新兴技术军备竞赛”。这一改变人类生活方式的重大技术，在接受质疑的同时，也默默改变人们的生活方式。美国作为历来科学技术发展的强国，在考虑有效监管的同时更注重保持其在人工智能领域的优势地位。

多主体协作监管。“立法、行政、司法”三机构形成的人工智能立法监管体系，各主体间联系紧密、有效配合，是一个完整的工作体系。没有任何一方拥有绝对权力，将监管权力分散，才能更好地把握监管方向，不至于陷入困境。同时，监管主体多层次，联邦政府和各州间都对人工智能展开监管行动。在联邦政府制定的法律条例和政策指导文件基础上，各州实现自主监管。

第二节　欧盟和英国人工智能监管的经验研究

欧盟是欧洲多国共同建立的政治及经济联盟，作为世界舞台上传统的工业发达地区，新一轮人工智能竞赛的掀起，迫使欧盟需要进一步明确其人工智能的发展定位。2019 年 12 月，Tortoise Intelligence 调研机构发布了一个包含全球 54 个国家及地区的人工智能指数，综合评定 2019 年度各国（地区）在研究、编程平台、投资和政府支出等多个人工智能领域的综合表现。报告显示，综合排名前十的欧盟国家有三个，分别是第五名的德国、第六名的法国和第十名的爱尔兰。可以看出，欧盟在这场竞赛中虽没有占据绝对的领先地位，但也有不错的表现。在中美不断加速竞争的双重压力下，欧盟企图通过建立具备世界范围影响力和辐射力的人工智能治理/监管体系，来彰显其对人工智能发展的重要影响力。在脱欧前，英国人工智能的发展及监管在一定程度上受欧盟影响。英国作为传统的欧洲经济、技术、文化强国，被认为是开展欧洲研究和应用的专业知识中心，在人工智能部署及发展方面也属于世界领先国家之一。在上述研究中，英国凭借其基础设施和发展优势，综合排名世界第三，美国、中国分列第一和第二。回顾人工智能发展史，英国扮演着重要角色，著名的图灵测试是由英国人图灵·艾伦（“人工智能之父”）完成，战胜世界围棋冠军的 AlphaGo 围棋机器人由英国 DeepMind 公司所设计。在人工智能发展三起三落的 60 余年中，英国推动该领域发展的重要作用不可忽视。2017 年，英国发布《现代工业战略》，并在其中着重强调，英国作为人工智能和数据革命的前沿，将成为世界人工智能和数字驱动型创新的中心。在面对一项新兴的、预知性较低的技术快速发展时，英国领导人、专家学者、公众一致要求系列政策法规落地。虽然英国在设计针对技术变革带来挑战的监管解决方案上有着悠久的历史，但是监管往往落后于新技术，有时甚至远远落后于新技术（张妮等，2014）。2020 年 1 月 31 日英国正式脱离欧盟，与其建立新关系，在此之前，英国仍受有关人工智能和大数据的欧盟立法约束。本节重点探究欧盟及英国在人工智能监管上所做的努力。欧盟通过怎样的人工智能监管策略以应对竞争压力？英国脱欧成功正处于人工智能监管的十字路口，又将何去何从？

一、监管立法

欧盟是最早进行人工智能立法探讨的超国家组织。在人工智能立法上具有超前敏感性。最早可追溯至2015年1月，欧盟议会的法律事务委员会就决定成立专项工作小组，重点负责研究人工智能发展的相关问题。该委员会就人工智能立法问题展开多次讨论，涉及民法、刑法等多个层次。2016年，委员会提交《就机器人民事法律规则向欧盟委员会提出立法建议的报告草案》，2017年将《欧盟机器人民事法律规则》报送给欧盟委员会。在欧盟，只有欧盟委员会才具有提出立法提案的职权。这次提案顺利通过欧盟议会的决议，成为全球范围内与人工智能相关的首个民事法律规则。可以看出，欧盟对人工智能立法的重视，并为未来立法走向奠定基础。

首先，将机器人的行为规范纳入民事法律考虑，应考虑对法律主体进行界定，这是立法的起点。具有智能的主体究竟是自然人、法人、动物和物体，或是需要重新定义的法律主体？欧盟议会的法律事务委员会认为智能自主机器人应属监管对象，并就该法律主体的外延进行了四个方面特征的总结，分别是自主性、交互学习能力、机器人物质实态及能对环境做出调整。其次，针对人工智能机器人，实施强制保险机制和赔偿基金。强制设立保险的做法和车辆交通强制保险有同样的思想，当出现事故时，能够快速地进行责任划分以及查找责任人。人工智能机器人的设计、开发、应用等环节可能有不同的责任人，更应在使用前明确各方责任范围。设立赔偿基金，可以对强制险之外的费用进行补充，对智能机器人使用多了一层保障。此外，在该法律规则中还涉及对高级别机器人实行登记制度；明确人工智能的“独立智力创造”，推进人工智能研发版权保护等。

人工智能技术得以社会化应用的同时，其带来的数据使用安全，如数据隐私、数据泄露、数据滥用等也成为欧盟国家一大重要关注点。2018年5月，欧盟针对数据使用安全建立强有力的监管规范标准，颁布了《通用数据保护条例》，使欧盟的数据使用逐渐合规化。虽然《通用数据保护条例》的相关条款并未明确提及人工智能，但对人工智能设计研发中三大重要支柱之一的“原料”数据实现了有效监管，该法规的提出为解决人工智能数据隐私及安全问题提供了效果显著的帮助。2020年，各国受新冠疫情影响严重，但欧盟并未停止对人工智能监管的探索。

从欧盟的人工智能立法来看，欧盟人工智能监管走在世界前列得益于欧盟委员的高度法律敏锐性。目前，立法开始逐步向特定领域扩展，欧盟的部分国家针对机器人、人工智能或者自动驾驶汽车、无人机等特殊人工智能领域的立法和监管也在紧锣密鼓地进行着（曹建峰，2017）。

英国人工智能立法多受欧盟影响，其聚焦挖掘机遇和防范危害两个方面。为了适应、促进人工智能的发展，英国政府专设多个监管组织、工作小组或机构，以群策群力来推动人工智能立法。这些组织机构包括人工智能委员会、政府人工智能办公室、数据伦理与创新中心、国家人工智能研究所。尽管成立了多个人工智能工作机构，但其多不具有立法、行政和司法实权，只能通过向立法部门进行建言献策推动立法进程。更没有任何一个监管机构可以单独负责管理人工智能的使用，英国在人工智能的立法监管道路上还需不断探索。

法律是维护社会秩序的一道屏障，而且往往是最后一道屏障（胡裕岭，2016）。虽然近几年欧盟开始关注和重视人工智能的立法，但立法速度仍落后于技术发展速度。在不远的将来，交通运输、医疗、看护、工业和服务业等诸多领域的各式各样的智能机器或机器人，由此带来的行政、民事和刑事法律问题不容忽视（司晓和曹建峰，2017）。同时，人工智能技术的复杂性、应用领域的广泛性也为立法带来了不小的挑战，需要欧盟和英国不断更新立法要求，且具备动态调整能力。

二、监管政策

不同于美国所采取的积极鼓励创新的监管政策，欧盟对待新兴技术的监管更为谨慎，人工智能领域亦是如此，这也是欧盟在互联网领域长期落后于中美两国的原因之一。欧盟将监管重心放在合理的人工智能伦理道德价值观建设上，通过“以人为本”的核心监管思想获得民众认可，进而促进人工智能产业发展。表 22-2 是根据时间线索对欧盟在 2016~2020 年颁布的人工智能治理/监管的相关政策文件进行的梳理。

表 22-2　欧盟人工智能治理/监管相关政策文件（2016~2020 年）

政策文件	发布时间
《合伦理设计：利用人工智能和自主系统（AI/AS）最大化人类福祉的愿景（第一版）》	2016.12
《人工智能设计的伦理准则》（第 2 版）	2017.12
《人工智能时代：确立以人为本的欧洲战略》	2018.3
《欧洲人工智能战略》	2018.4
《人工智能合作宣言》	2018.4
《人工智能协调计划》	2018.12
《可信人工智能伦理指南草案》	2018.12
《建立以人为本的人工智能的信任》	2019.4
《算法责任与透明治理框架》	2019.4
《走向卓越与信任——欧盟人工智能监管新路径》	2020.2

续表

政策文件	发布时间
《关于人工智能、物联网、机器人对安全和责任的影响的报告》	2020.2
《欧洲数据战略》	2020.2

在英国正式脱欧之前，对人工智能的监管多受欧盟的统一监管规范影响。英国在显现脱欧意图后，开始构建自身独特的科技监管体制，并将人工智能系统和机器人的发展、部署及使用作为重点领域（腾讯研究院，2017）。为应对伴随人工智能发展而来的各种已有或潜在问题，颁布了系列政策文件来指导规范人工智能发展，表 22-3 按照时间线索对与人工智能发展相关的政策文件进行梳理，不限于仅针对人工智能颁布的文件。

表 22-3　英国人工智能相关指导性政策文件（2014~2020 年）

政策文件	发布时间
《RAS 2020 国家发展战略》	2014
《机器人和人工智能》	2016.10
《人工智能：未来决策的机会和影响》	2016.10
《现代工业战略》	2017.1
《发展英国人工智能产业》	2017.10
《英国人工智能：有准备、有信心、有能力？》	2018.4
《产业战略：人工智能部门协议》	2018.4
《人工智能行业新政》	2018.4
《OECD 人工智能原则》	2019.5
《在公共部门使用 AI 的指南》	2020.1
《AI 采购指南》	2020.6

英国政府在 2014 年发布的《RAS 2020 国家发展战略》，是较早关于人工智能领域的参考性文件，其中 RAS（robotics and autonomous systems，RAS）指机器人技术与自动化系统。随着 2016 年人机对弈以机器人战胜世界围棋冠军结局，人工智能热度再次被点燃，欧盟便开始注意人工智能发展的合理、合规化。

欧盟积极探索人工智能伦理道德价值观的路径建设是向良性监管迈出的第一步。2016 年，欧盟颁布《合伦理设计：利用人工智能和自主系统（AI/AS）最大化人类福祉的愿景（第一版）》，阐明欧盟人工智能发展价值取向，同时从八个方面给出具体建议，其中涉及伦理、法律、经济问题等。时隔一年，《人工智能设计的伦理准则》(第2版)发布，侧重扩充人道主义伦理价值观，并就各项具体伦理事项给出建议，这是欧盟在人工智能监管道路上价值观塑造的雏形。随后拥有欧洲智库之称的欧盟政治战略中心颁布《人工智能时代:确立以人为本的欧洲战略》，进一步明确欧盟应建立有益于个人和社会发展的人工智能价值观。欧盟在人工智能监管上追求的并不是超前的监管科技，而是引领价值导向，企图向国际社会输出自身的人工智能价值观。

在欧盟伦理道德价值观的影响下,英国下议院科学和技术委员会2016年发布《机器人和人工智能》，其内容不仅是对规范机器人技术与人工智能发展的阐述，而且把重心更多地放在了英国应对人工智能发展带来的法律、伦理道德及社会问题的论述上。这是英国政府第一部明确提出人工智能监管各个事项的政策文件，从人工智能的安全与管控、标准与规则等方面展开多层分析，如决策系统的透明化、偏见最小化、隐私与知情权、归责制度与责任承担。文件强调监管方式应认真仔细地构造，防止“一刀切”做法，不为科技创新及未来发展应用设障。2018年4月，英国议会下属的人工智能特别委员会发布长达180页的报告——《英国人工智能：有准备、有信心、有能力？》。该报告提出，不需对人工智能进行专门监管，认为不同行业的监管机构可以根据自身实际情况做出适应性调整。报告还提出希望英国政府制定国家层面的人工智能准则，呼吁行业自律。之后，《人工智能行业新政》颁布。这是英国政府更大工业战略的一部分，旨在推动英国成为全球人工智能领导者。同年，由政府推出的《工业战略：人工智能产业政策》报告显示：2015~2017年，英国发布了包括人工智能产业在内的工业战略白皮书、人工智能产业政策等各项措施，并成立了人工智能委员会、政府人工智能办公室、数据伦理与创新中心及国家人工智能研究所等相关机构以推动人工智能发展。

近年来，人工智能发展前景逐渐清晰，发展态势不断向好，各国纷纷将其纳入国家战略层面考虑。继中美两国发布其人工智能战略规划后，2018年4月,《欧洲人工智能战略》首次系统地提出欧盟版人工智能发展战略规划，文件中提出三大战略支柱，分别是提高技术和产业能力并使人工智能广泛渗透到各行各业；积极应对社会经济变革；建立适当的伦理和法律框架。为此，欧盟应当成立欧洲人工智能联盟，起草伦理指南，更新《产品责任指令》和《通用产品安全指令》，并在2019年中期发布一篇关于人工智能、物联网及机器人责任和安全框架报告等。随其发表的还有《人工智能通讯》《人工智能合作宣言》。

欧盟在其已有文件中，多次强调要建立多方合作机制，共同应对人工智能带来的挑战。不仅要加深成员国之间的合作，还需不断开展国际交流，企业需要制定一个适用于全世界范围的行业政策。2018年12月，欧盟所有成员国、挪威、瑞士等国联合公开《人工智能协调计划》，共同部署人工智能开发和应用的协调计划，强调协作，建立共同的人工智能发展价值观，要求各国在2019年上半年完成战略部署。协调计划同时提出7项行动计划，包括加大对人工智能产业投资，培养技能人才，夯实数据基础等。该计划严格要求成员国遵循“伦理先行、设计先行”“安全先行、设计先行”的原则，为人工智能的健康发展保驾护航。2019年5月，经济合作与发展组织（Organization for Economic Co-operation and Development，OECD）正式通过了关于人工智能的建议——《OECD人工智能原则》，这是该领域的第一个政府间标准。该组织代表所有主要工业化国家，包括美国和欧盟国家。建议概述了一系列广泛的非约束性原则，强调增强人工智能的透明度和法律合规性将有助于建立信任。遗憾的是，OECD的建议书没有法律效力，也未能立即改变英国现行零碎法律制度。但它的存在对欧盟、英国及其他地方政府如何制定未来人工智能法规和政策产生了很大影响。

2020年2月，引起世界范围广泛关注的欧盟人工智能白皮书《走向卓越与信任——欧盟人工智能监管新路径》颁布，该白皮书延续了“长臂管辖”理念，同2018年颁布的《通用数据保护条例》一样，欧盟国家希望通过建立欧洲标准来形成世界范围内的影响力。白皮书意图通过欧盟的监管政策及法规为全球人工智能发展树立一个统一的监管标准。“卓越”呼应技术发展激励，而“信任”则对应伦理道德监管，二者并重体现了欧盟人工智能监管路径。该政策突出对“高风险”人工智能应用加强监管，但采取分类监管，并不是所有的人工智能应用都要受到监管，监管只针对高风险。白皮书在2018年4月制定的欧盟人工智能战略的基础上，提出投资与监管并举的思路，一方面加大对芯片、算法、量子计算等技术产业的投资；另一方面将通过建立强有力的监管框架来防范自动化决策不透明、算法歧视、隐私侵犯、犯罪行为等风险。随同白皮书一起发布的还有《关于人工智能、物联网、机器人对安全和责任的影响的报告》和《欧洲数据战略》，进一步明确人工智能监管规则。

欧盟和英国先后颁布的系列文件，预示着欧盟和英国人工智能未来发展方向。2020年1月英国正式脱离欧盟后，未减少在人工智能监管道路上的探索。英国政府分别于2020年1月和6月发布两个实践约束性文件《在公共部门使用AI的指南》和《AI采购指南》，进一步扩充人工智能在特定使用领域上的研发、使用规范。在欧盟的监管大环境下，依然可以看到英国对人工智能监管独特的解读，脱欧后的英国将在人工智能监管上有更大的发挥空间。不断出台的政策、不断完善的法律法规，也意味着欧盟和英国将在未来逐步形成越来越清晰的监管模式，尽管欧盟和英国将向两个不同的监管方向发展，但坚持数据使用安全、坚持伦理道德价值建设将是不变的底线。

欧盟在互联网技术发展上难以取得与中美两国抗衡的优势，却将重头戏放在对人工智能的监管上，其建立起的欧洲标准确有世界范围影响力，进一步明确了欧盟在人工智能发展舞台上的地位。值得关注的是，欧盟没有给互联网创新提供适宜的法律制度土壤，但在平台责任、隐私保护、网络版权等方面的制度规定都比中美两国更早和更严格（曹建峰和方龄曼，2019）。《通用数据保护条例》的发布，在一定程度上阻碍了人工智能创新发展，不仅对欧盟国家相关技术企业产生较大影响，也限制着与其存在交易关系的其他国家和企业。从欧盟人工智能监管来看，又有哪些亮点值得关注？

打造坚实的伦理道德框架是人工智能发展的基础。欧盟在其监管上一直强调符合伦理道德的选择，追求“以人为本”为核心的发展。可信人工智能要求建立“向善”“无害”“保护人类能动性”“确保公平”“透明运行”的发展原则。数据是人工智能的原料基础，算法是人工智能的实现本质，数据的获取和“算法黑箱”操作常引发严重的隐私危机。若无严格的伦理道德价值观，难以实现人工智能向好、向快发展，更违背人工智能技术造福社会的初心。

建立健全涵盖事前、事中、事后的全过程监管机制。在全面监管机制中，事前为确保高风险人工智能应用遵守强制性要求，由监管部门对其进行合规认证评估，包括测试、监测和认证程序，以及对研发阶段使用的算法和数据进行监察。事中和事后强调监管的过程性，加强执法监督，包括监测应用过程中合规与否及安全测试等。

实行分类监管，分等级监管。分类监管要求有选择性地进行行动，不能以“一刀切”的方式扼杀技术创新。人工智能监管应有一套成形的分级分类标准。先对风险进行评估，并根据风险的等级、技术使用领域决定监管的力度和方式。政府应重点关注高风险及伦理道德争议性强的项目监管。

第三节　日本人工智能监管的经验研究

日本发展人工智能历史悠久，曾是上一个人工智能时代的弄潮儿。川崎重工业公司于 1968 年研制出了日本第一台工业机器人“Unimate”；1973 年日本早稻田大学制造出了第一个人形机器人 WABOT-1；1986 年，日本人工智能学会创立，此时正好处于第二次人工智能潮的全盛期，日本便是从这个时候开始投入大量的预算，致力于开发人工智能，也取得了显著的成就，如知名的第五代计算机、极限作业机器人等。到 2016 年，日本生产的工业机器人占全球工业机器人总供给的 52%。据 2019 年 Tortoise Intelligence 机构发布的全球人工智能发展评估报告，日本综合排名第九，在研究、发展和商业板块均闯进前十，排名分别为第六、第七和第八。

日本作为经济科技大国，政府高度重视技术创新，积极提出“超智能社会”战略，旨在打造能全面造福日本人民的智能化社会。然而相对于中美两国在人工智能领域的领先地位，日本的资金投入和人才储备相对落后，研究领域力量稍显不足。但其人工智能与工业、制造业的紧密结合毫无疑问能成为长久优势，如机器人、智能制造，利用人工智能技术进行产品、制品的检测等。同时，日本国内面临严峻的少子化、老龄化问题，政府和企业清醒地认识到迫切需要人工智能来提高决定日本社会未来竞争力的关键驱动力以及国内本土企业在国际上的竞争力（李哲等，2019）。近年来，日本政府通过系列扶植政策来鼓励人工智能发展创新。面对人工智能带来的数据安全、算法歧视、社会伦理冲突等问题，政府颁布系列政策法规实现对人工智能开发与应用的监管，一切服务于打造良善的超智能社会中心思想。

本章根据时间线索对日本2016~2019年关于指导和监管人工智能发展的相关政策文件进行了梳理，如表22-4所示。

表22-4　日本人工智能相关指导性政策文件（2016~2019年）

相关政策	发布时间
《第五期科学技术基本计划（2016—2020）》	2016.1
《人工智能/大数据/物联网/网络安全综合项目》	2016.5
《下一代人工智能推进战略》	2016.7
《人工智能技术战略》	2017.3
《AI研究与开发指南草案》	2017.7
《利用人工智能和数据的合同指引》	2018.6
《以人为中心的人工智能社会原则》	2018.12
《创新综合战略2019》	2019.6

日本从1996年开始推行的“五年基础科技计划”是日本社会科技发展的前瞻性战略计划。2016年1月，日本政府发布《第五期科学技术基本计划（2016—2020）》，该文件明确将引领日本社会从“工业4.0”向“社会5.0”转变，同时提出超智能社会5.0战略，这里的“超智能社会”是继狩猎社会、农耕社会、工业社会、信息社会之后又一新型社会形态。文件明确指出要将人工智能作为发展超智能社会的核心，政府除了要重视资金投入和人才培养机制调整等，还需不断完善知识产权和国际标准化战略，加快诸如网络安全、大数据解析、物联网系统、

人工智能等共性技术的研发。同年，日本成立了人工智能技术战略委员会，该委员会由学术界、工业界和政府代表组成。随后，《人工智能/大数据/物联网/网络安全综合项目》公布，很明显，革命性的人工智能技术应该是核心，应为在大数据领域、物联网、网络安全等领域开展创新研究的科研人员提供支持。

日本发展人工智能的过程中，分外关注由人工智能给社会伦理、道德规范等带来的冲击。2016 年 6 月，日本人工智能学会的伦理委员会发布人工智能研究人员应该遵守的伦理指标草案，企图通过立法来引导和规范研究人员正确处理人工智能进一步发展导致的伦理道德、安全问题。此外，尤其在涉及数据安全及个人隐私侵犯等问题方面，日本政府一直致力于寻求解决办法。2018 年，日本政府发布《利用人工智能和数据的合同指引》，直接规定人工智能在数据获取及使用过程中合法合规的具体要求，推动监管进程。

自“社会 5.0”发展目标提出后，日本国内围绕人工智能社会的伦理、法律等规则的讨论从未停止。2018 年 12 月，《以人为中心的人工智能社会原则》颁布，引起了世界各国和社会各界的广泛关注。这是日本在探寻人工智能发展道路上所追求的“以人为本”理念的体现。近年来，日本社会受严重的少子化、老龄化、劳动力不足、地方稀疏化等影响，迫切需要优质的劳动力资本来推动社会发展，人工智能热潮的掀起，无疑带给日本社会一个解决问题的良好机遇。《以人为中心的人工智能社会原则》肯定了人工智能的重要作用，重点论述了人工智能的负面影响，诸如人工智能技术可能导致社会不平等、社会排斥、等级差距过大等社会问题，强调推进人工智能技术发展要综合考虑其对人类发展各方面带来的影响，通过提出“7 项原则”以及系列规范条例构建能够使人工智能有效且安全应用的“AI-Ready 社会”。

近年来，日本专家敏锐地发现日本在推进科技创新的基础上实力急剧弱化。2019 年，日本再次提出人工智能战略，提出日本要成为最能培养人工智能人才的国家，步入世界人工智能技术和产业发展的前沿。该战略内容主要围绕三个方面：一是实施教育改革，重构研发体系；二是构建社会应用和产业化基础，深入推动人工智能产业化发展；三是制定并应用人工智能伦理规范，其包括以人为中心、教育应用、保护隐私、安全保障、公平竞争、包容与透明和创新等七大原则。从不断调整的发展战略中可见日本政府及社会对人工智能发展的热切渴盼。

从日本政府对人工智能的监管行动来看，有以下几个特点：首先，日本当前人工智能发展较为受限，迫切需要大量资金、技术和人员；其次，致力于发展能够服务于社会的人工智能应用体系，即为打造超智能社会努力；再次，监管体系尚不明确，针对人工智能的政策法规层面监管相对不足；最后，注重战略高度，不断调整战略来适应社会发展，关注社会伦理，较注重数据隐私保护。日本有悠久的人工智能发展历史，但随着美国、中国、欧洲部分国家的快速发展，日本受人力、物力限制，压力逐渐增大，不仅在人工智能发展且在监管上都有更多探索和进步的空间。

第四节　各国（地区）人工智能监管经验总结

人工智能发展历经 60 余年演进，不断突破瓶颈进入了新阶段，正深刻改变着人类社会和世界的面貌，特别是在移动互联网、大数据、超级计算、传感网、脑科学等新理论新技术的驱动下，人工智能呈现出跨界融合、人机协同、群智开放、自主操控等新特征。为了抓住人工智能发展的战略机遇，越来越多的国家和组织已争相开始制定国家层面的战略规划。表 22-5 整理了部分国家（地区）颁布的人工智能相关战略指导文件，时间主要集中在 2017 年、2018 年，这一时间段是多国（地区）切实将人工智能纳入战略层考虑的热点时期。众多战略规划中，不难发现人工智能已开启了一个新时代，以美国为代表的“软治理”鼓励创新以实现国家战略领先地位，或是以欧盟为代表树立起的严格行业规范，追求建立起影响广泛的伦理道德价值观以保持其国际地位。以人工智能建设的未来社会，将在各国（地区）间形成较大差异，但追求技术革新给生活带来最大便利、服务社会的思路是各国（地区）政府一直追求且不会改变的。

表 22-5　部分国家（地区）人工智能相关战略指导文件（2017~2020 年）

国家（地区）	文件	时间
加拿大	《泛加拿大人工智能战略》	2017.3
日本	《人工智能技术战略》	2017.3
新加坡	《新加坡人工智能战略》	2017.5
中国	《新一代人工智能发展规划》	2017.7
阿联酋	《人工智能 2031 战略》	2017.10
中国	《促进新一代人工智能产业发展三年行动计划（2018—2020 年）》	2017.12
芬兰	《芬兰的 AI 时代》	2017.12
丹麦	《丹麦数字技术增长战略》	2018.1
危地马拉	《人工智能战略》	2018.3
英国	《人工智能行业新政》	2018.4
欧盟	《人工智能通讯》	2018.4
澳大利亚	《澳大利亚人工智能预算》	2018.5

续表

国家（地区）	文件	时间
美国	《2018 年白宫人工智能业界峰会总结》	2018.5
韩国	《人工智能研发战略》	2018.5
印度	《国家人工智能战略》	2018.6
德国	《德国人工智能战略》	2018.11
欧盟	《走向卓越与信任——欧盟人工智能监管新路径》	2020.2

不能忽视的是，人工智能作为影响面广的颠覆性技术，可能带来就业结构改变、冲击法律与社会伦理、侵犯个人隐私、挑战国际关系准则等问题，将对政府管理、经济安全和社会稳定乃至全球治理产生深远影响（王春晖，2018）。为此，制定一套专门适用于人工智能发展部署的法律法规和政策文件尤为重要。但目前，全球范围内面对人工智能的不确定性时，各国（地区）都在复杂情况中摸索前进，尚未有国家或地区形成非常完善、成熟的监管体系。那么，全球各国（地区）政府都在关注怎样的人工智能监管问题呢？或是监管人工智能的根本出发点应当是什么？

关注符合人类发展的伦理道德框架建设。有人认为“每一次重大技术的进步都将对人类伦理发起一次挑战”。例如，医学界的器官移植手术打破“身体发肤受之父母”的传统观念；变性手术的出现、试管婴儿技术的普及无一不对社会伦理道德产生冲击。正是这种冲击的存在，人类社会得以快速发展，生活得以更加丰富和便利。但面对新技术的冲击和其带来的极大优势，是伦理层面和社会进步间的博弈。当然，也有部分新技术因触及伦理底线在最开始就受到社会公众一致反对，从而发展受限，如克隆技术。人工智能与其他革命性技术也有不同，其带来的社会冲击具有综合性和基础性，不仅仅是单个领域、单个产业的技术突破，而且是对于社会运行状态的根本性变革（贾开和蒋余浩，2017）。当人类在憧憬新技术带来的巨大社会福利的同时，也害怕其对社会伦理产生的强大冲击。事实上，人工智能引发的伦理问题早就引起了人们的广泛关注，著名的阿西莫夫“机器人学的三大法则”就是针对机器人设计与应用所制定的三大原则，确定了人对于人工智能技术的绝对领导。所以，各国（地区）应对人工智能发展的第一步必将是厘清社会伦理问题。欧盟在技术相对落后于中美两国的形势下，选择向世界建立起符合人工智能发展的伦理道德价值观，是清楚认识新技术与伦理冲击间重要关系的体现。日本的伦理之道相对传统，日本人工智能学会于 2014 年已成立伦理委员会，重点对机器人、人工智能与社会伦理观之间的联系展开一系列的探讨，并为日本颁布人工智能各项监管政策提供参考意见。由此，设立伦理道德价值框架是各国发展人工智能的第一步。

关注数据使用安全，注重隐私保护。数据是人工智能的基础，算法是人工智能的本质。人工智能越聪明，就越依赖数据输入和算法支持，这可能会引发严重的隐私危机（郑志峰，2019）。面对拥有海量数据的网络数据库，政府如何合理保护数据，防止核心数据泄露，是各国（地区）都须迫切关注的问题。数据获取、数据交易、数据使用过程具有复杂性，或将成为人工智能监管的漏洞环节。政策法规制定者应思考：什么样的数据是隐私的？什么样的数据可以有交易行为？数据的使用应当受谁监管？目前，大量数据开始向私人部门聚集，数据成为营利、营销、预测的重要工具，被认为是“会说话”的工具。在即将到来的智能社会，数据是否能得到安全使用直接影响着能否保证社会稳定。所以对数据使用行为进行监管是继构建伦理道德框架后的又一重点。事实如此，各国（地区）将人工智能监管的很大一部分精力放在数据治理上。2018 年，欧盟发布的《通用数据保护条例》，在欧盟和世界范围内产生了较大影响。条例明确规定数据主体拥有绝对的数据携带权、知情权及被遗忘权等权利，对企业在控制和处理数据中保护数据隐私及技术合规提出了更高的要求和挑战。数据交易是进入大数据时代以来，针对数据原料进行的一种买卖行为，企业或政府可通过交易平台找到数据资源。数据泄露问题最易出现在交易环节，若无明文规定交易数据的范围、类型及是否需征得数据主体同意等，将难以实施对后续数据使用环节的有力监管。不仅欧盟，其他国家和地区也在积极探索数据使用规范。例如，日本政府发布的《利用人工智能和数据的合同指引》直接规定了人工智能在数据获取、交易及使用过程中合法合规的具体要求。美国政府在其《人工智能未来法案》中重点强调数据安全和隐私保护，也通过颁布《联邦隐私权法》《联邦电子通讯隐私法案》等法律来明文规定涉及隐私的数据使用。

关注算法透明，积极鼓励引导行业自律。人工智能发展高潮迭起，算法作为该技术核心，其应用的广度和深度不断拓展。正是算法的独特性和复杂性，为人工智能发展带来了系列争议问题。首先，算法开发具有秘密、分散和不连续的特征，秘密意味着在产品上市前企业不会公开研究计划，分散、不连续指算法开发人员的工作可以相对分离，不受时间、空间限制。这样的特性使政府或监管机构难以找到监管突破口，更无法进行紧密的跟踪监管。其次，算法不透明问题严重，通常有“算法黑箱”之称。由于算法的自主性强，其决策机制与人类脑决策思维存在本质区别，故人类难以准确预知其所有决策，从而带来较高风险。最后，近年来，随着部分弱人工智能的应用，“大数据杀熟”“信息茧房”等问题凸显，这些在实际应用中出现的问题均由算法缺陷造成。各国（地区）在对算法的监管中，正寻求一种公平、透明、问责的“程序伦理”算法监管模式。中国信息通信研究院政策与经济研究所李乃青在一次“人工智能时代的算法监管”研讨会上指出，算法监管其实是平台监管的一部分。对算法的监管可以落到对平台的监管上，但目前监管手段受限，难以对所有人工智能开发应用的监管做到面面俱到，回顾美国采取的“软治理”，其一直追求行业内部自律体系的构建。例如，在针对自动驾驶这一高争议性技术，美国在其《自动驾驶系统 2.0：安全愿景》中提出了一种监管和非监管相结合的自动车辆技术安全方法。监管和非监管手段并用，寄希望于建立起严格的行业自律，即不因政府的强制性文件阻碍技术的创新和发展，但在生产制造中出现不合规操作及产生实质性伤害时，政府也有相应条例来进行惩处。不仅需要鼓励行业自律，各国（地区）更是采取了动态监管、分类监管、鼓励自律等相关原则完善算法监管。

通过对各国（地区）人工智能监管经验的总结归纳，我们可以看出：人工智能的监管是各国（地区）发展人工智能的前提和根本保证。虽然监管多落后于技术发展，但各国（地区）都在不断地完善本国监管体系，保证在这场如洪流冲击而来的技术竞赛中，不被淘汰。尽管各国（地区）发展人工智能的战略规划和监管风格各异，但最终都将落实在对伦理、数据和算法三个根本关注点的问题探讨上。在研究了美国、欧盟、英国及日本的人工智能监管模式和经验后，可以发现，美国的监管重点为为“维持全球领先地位”服务，采取一种“软治理”方式，这与欧盟在人工智能监管上采取的方式大相径庭，欧盟的“硬监管”方式为人工智能进入监管设置了较低门槛，监管要求具体入微，监管和执法覆盖全。英国上议院人工智能特别委员会主席钟斯勋爵在接受专访时表示：“人工智能发展非常重要的是伦理框架的打造，要让民众相信，人工智能是安全透明且有益的。”在充分考虑本国少子化、老龄化严重的社会现实情况下，日本将监管重点放在为“超智能社会”建设服务的人工智能开发应用上。

中国作为世界上人工智能领先国家之一，发展速度快并不是其最终评判标准。长期良好、健康的发展才是在这场人工智能大竞争中获胜的法宝。中国需要对人工智能的发展进行全面、理性的评判，权衡其技术发展中附带和潜在的负面影响及背后蕴藏的巨大风险，并对人工智能的风险防控和监管的法律路径进行思考，构建起以事前预防、事中管控和事后监督为核心的全过程监管体系（马治国和徐济宽，2018），从而为人工智能的健康发展保驾护航，成为顺利实现三阶段的人工智能战略目标的坚实基础。

第二十三章　人工智能监管的外部挑战

第一节　人工智能监管的外部挑战：数据向非政府部门集聚

21世纪第二个十年当中，移动互联网和物联网的长足发展深入到社会生活的方方面面，遍及物流、零售、金融、出行、安防、医疗、电信、教育、制造业等领域，海量数据的产生推动人类社会进入大数据时代。以企业为代表的非政府部门作为生产性质的经济部门，受经济利益驱使一直走在大数据时代的前列，积累了类型丰富的海量数据。安防领域中，各大企业通过车辆、人脸、视频、声音、报警、温度、湿度、烟雾、方位等多维感知的数据采集手段，采集了海量的业务数据；交通出行领域中，各大企业采集了丰富的交通状况、街景、楼盘、气温分布、地形水文等数据；零售领域中，各大电商平台拥有大量的商品、用户、订单、物流等数据。随着大数据时代的纵深化发展，数据必然进一步向非政府部门尤其是企业集聚，拥有海量数据的非政府部门愈加发展为数据社会中的一极，以推荐算法为代表的人工智能技术基于企业的海量数据洞察并影响着用户行为，并衍生出一系列的安全和伦理问题，从而对政府的社会治理提出了严峻的挑战。

数据向非政府部门集聚加剧了数据滥用和算法歧视的风险。大数据及人工智能时代下的企业行为不再仅仅依赖于显而易见的生产和销售行为，还存在着诸如设计和研发人工智能算法、利用用户数据训练人工智能算法等隐性的不容易被察觉的行为。作为人工智能算法基石的数据，存在着被企业违规使用的风险。一方面，表现为在用户不知情的情况下滥用用户数据，即数据滥用。数据滥用是指未经当事人允许或以当事人所不乐见的方式使用其信息（杨洸，2020）。数据滥用对用户隐私产生了极大困扰。因此，数据向非政府部门集聚，使得政府很难通过市场监管窥探企业行为的全貌，隐藏于企业隐性行为之中的数据滥用和基于数据滥用的算法歧视，成为政府监管企业的一大痛点和难点。

数据向非政府部门集聚也会阻碍市场的自由竞争，甚至形成数据垄断，进一步导致市场失灵。数据向非政府部门集聚尤其是向少数大企业集聚，催生了数据寡头，它们可以通过大数据挖掘对产品和服务进行创新，从而降低成本和提升利润，进一步扩大了资本规模，同时又进一步获得了更多的用户数据，如此反复，数据垄断的加深必然导致一系列潜在问题的发生，主要包括以下方面（孟小峰等，2019）：①自由市场竞争产生壁垒。表现在排除和阻碍横向竞争，使得同领域内的数据存量较小的小型公司和初创公司无法与数据寡头进行抗争，从而数据寡头具有了在产品提供和价格制定方面的话语权。②消费者福利受损。自由竞争失效使得消费者可选择的替代性服务减少，议价能力降低，企业提供的服务质量下降，甚至存在价格歧视和误导消费者的现象。③信息安全和个人隐私风险。隐私保护作为一项非价格竞争因素，在竞争失效的市场中的重视程度被降低，如 2018 年意大利政府判定 Facebook 将数据非法提供给第三方。此外，海量数据在收集、处理和存储环节也存在信息泄露的可能性，如 2018 年谷歌旗下的社交网络 Google+泄露了约 5000 万用户的数据。④行业技术创新受阻。数据聚集带来了一定程度上的数据资源浪费，数据量丰富的寡头公司技术创新动力不足，数据不足的公司无法支撑其技术研发，导致行业整体创新能力下降。⑤对我国现行反垄断法造成挑战（崔海燕，2020）。传统的竞争法理念注重事中与事后规制相结合，但在大数据时代，仅依赖事中或事后规制可能并不足够，对数据垄断行为的事前预防也存在很大的必要性。因此，数据向非政府部门聚集所带来的数据垄断必然会对政府的社会治理造成冲击和挑战，对数据垄断的治理是促进数据共享和数据公平流通的必然要求。

数据向非政府部门集聚导致的数据垄断必然会催生数据霸权问题。数据霸权是传统霸权在大数据时代的延续，主要指的是数据商对数据的垄断行为，其依赖庞大的数据库资源，借助于其绝对的市场占有地位，从而有可能实施损害公共利益的行为（孙瑞英和徐盛，2015）。不仅仅是公共利益，数据霸权对国家和个人也会产生巨大危害：在国家层面，既整体损害国家数据主权，又具体威胁到国家政治、经济、科技等领域的安全；在个人层面，既侵害个人人权，又侵害个人的隐私权。数据霸权主要表现在以下四个方面（李宁，2020）：①利用版权保护，谋求霸权地位，即数据商以版权保护之名，行数据霸权之实。②滥用技术措施，保护霸权地位。数据商采用加密、电子签名、电子水印等技术措施为防止他人非法访问、复制、传播数据库内容提供了技术屏障，从而获得极大的经济利益和主导市场的话语权，保护自身的霸权地位。③垄断资源，确立霸权地位。数据商通过数据垄断掌握了数据商品交换的垄断权和操控权，从而为所欲为地设置不公平价格和设置强制回授条款以及采用搭售行为等。④滥用诉讼权，营造霸权地位。数据商滥发警告函和滥用诉讼权，以在社会上营造其霸权地位的印象。尤瓦尔·赫拉利在《今日简史》一书中指出，人工智能和生物技术正在颠覆原有的社会结构和分配方式，数据成为最重要的资源。而这一最重要的资源不仅向非政府部门集中，更是有向少数大型企业集聚的态势。基于此，尤瓦尔·赫拉利认为，当掌控大数据算法的权力集中在一小群人手中时，我们面临着数字独裁的威胁，我们正在与算法绑定，被看透，被掌控，却得不到有效保护。

总而言之，人工智能时代下数据向非政府部门集聚的态势，凸显出了非政府部门存在数据垄断和数据霸权的风险，拥有数据的非政府部门越来越成为数据社会当中重要的一极，给政府的监管或治理带来了一系列的外部环境挑战。当然，数据向非政府部门集聚的态势，不仅给政府的监管带来了不可忽视的风险和外部环境挑战，这些挑战也在一定程度上对政府的监管方式产生了深远影响，并倒逼政府创新数据的监管方式。

数据向非政府部门集聚，基于数据本身的无上价值，向政府提出了监管的数字化、智慧化转型要求，这是对政府在监管思维层面上的新挑战。这就意味着政府不能恪守传统的监管思维，必须大胆创新，不能仅仅依托于经验和低层次的技术等传统的政府管理思路，必须着手从传统的经验决策转向现代化的数据决策，由传统的经验驱动转向现代化的数据驱动，紧紧遵循数据驱动的发展逻辑（王张华和颜佳华，2020）。

数据向非政府部门集聚，基于非政府部门数据的应用思路，也启发政府凝聚新的权力形态，这是对政府在监管手段层面上的新挑战。传统的政府监管，无非依靠柔性的说服教育等思想政治手段、中性的行政手段和经济手段，以及刚性的法律手段实现。但是，人工智能时代下，数据向非政府部门集中的这一态势，对数据本身及企业使用数据的行为的监管，传统的监管方式或由于效率低下，或由于可达性不强等原因，收效甚微，难以满足数据扩张和人工智能快速发展的现实需求。因此，政府应考虑凝聚算法权力这一新的权力形态，以良善的算法进行数据治理和算法治理，切实维护数据安全和技术底线。

数据向非政府部门集聚，基于良法善治的法治精神和治理理念，也要求政府塑造或强化新的治理理念，这是对政府在治理理念层面上的挑战。由于企业市场自发行为的局限性，均存在数据作恶和算法歧视的风险，因此，这对政府治理的理念层目标提出了新的挑战。人工智能及数据驱动的政府治理除了要对公共行政的秩序、效率和正义等一般性价值有所追求之外，还应该对技术应用所衍生的安全、隐私、开放、包容、透明和责任等问题有所关怀（王张华和颜佳华，2020）。

除上述三个对政府治理操作层面的挑战之外，数据向非政府部门集聚，也对政府监管或治理的力度提出了新的挑战。对数据风险和基于数据的算法风险的监管，必须把握好“度”。不能一管了之，也不能一放了之，必须实现对数据以及企业行为的精准化监管，切实在防范数据风险的同时，盘活数据资源，以有效应对风险、挑战及机遇。

综上，人工智能时代背景下，数据向非政府部门集聚所产生的一系列外部环境挑战也对政府的监管思维、监管方式及监管理念提出了新的挑战。随着人工智能技术的深入发展和广泛应用，大数据时代必将纵深化发展，数据必然愈加向非政府部门集聚，数据向非政府部门集聚带来的外部环境挑战必然更加严峻。因此，在认识到数据向非政府部门集聚的这一本质之后，把握住人工智能和大数据时代的历史性机遇，并清楚地意识到这一本质带来的监管和治理挑战至关重要。切实改变治理和监管思路、创新监管方式和手段，精准和快速防范风险，防患于未然，使得数据向善、人工智能向真，更好地服务于国家重大战略和造福人类社会。

第二节　案例分析——网络广告联盟的监管体系构建

随着大数据、云计算等先进互联网技术的发展，数据呈现出向非政府部门集聚的态势。传统广告业与其他行业一样，在大数据背景下正经历着转型和变革，其衍生出的网络广告联盟是新时期广告业的重要表现形式。

一、网络广告联盟

《中华人民共和国广告法》已由第十二届全国人民代表大会常务委员会第十四次会议公布，自 2015 年 9 月 1 日起施行[①]；国家工商行政管理总局[②]发布的《互联网广告管理暂行办法》已于 2016 年 9 月 1 日开始施行[③]。根据《中华人民共和国广告法》和《互联网广告管理暂行办法》的界定，互联网广告的主体既包含了传统广告模式中的广告主、广告经营者、广告发布者、广告代言人，又包含了“程序化购买”模式下的广告需求方平台（广告主需求方）(demand-side platform，DSP)、媒介方平台（广告位供应方）(sell-side platform，SSP）和广告信息交换平台（中间结算方）（为 SSP 与 DSP 进行广告投放提供交易平台的服务者）（ad-exchange，ADX）[④]。网络广告主体的确定不仅从法律上界定了各个主体的职责和权力范围，而且提高了我们对网络广告监管的科学性和有效性。

①《中华人民共和国广告法》，http://www.gov.cn/zhengce/2015-04/25/content_2853642.htm。

② 2018 年改为国家市场监督管理总局。

③《互联网广告管理暂行办法》，http://www.gov.cn/xinwen/2016-07/09/content_5089902.htm。

④《互联网广告管理暂行办法》第十三条规定：互联网广告可以以程序化购买广告的方式，通过广告需求方平台、媒介方平台以及广告信息交换平台等所提供的信息整合、数据分析等服务进行有针对性的发布。

“程序化购买”模式是新时代互联网广告的特有模式，又称网络广告联盟。网络广告联盟连接广告主和广告最终展现媒介，居间撮合、精准配置资源和价格交易，使广告活动顺利进行（杨乐，2017）。网络广告联盟主要由DSP、SSP、ADX构成。其中，SSP和DSP下拥有大量平台成员，并由平台直接对成员进行管理。DSP的成员是各个领域的广告主，而SSP的成员是网站、应用、论坛、博客等拥有大量广告位的流量平台。基本关系如图23-1所示。

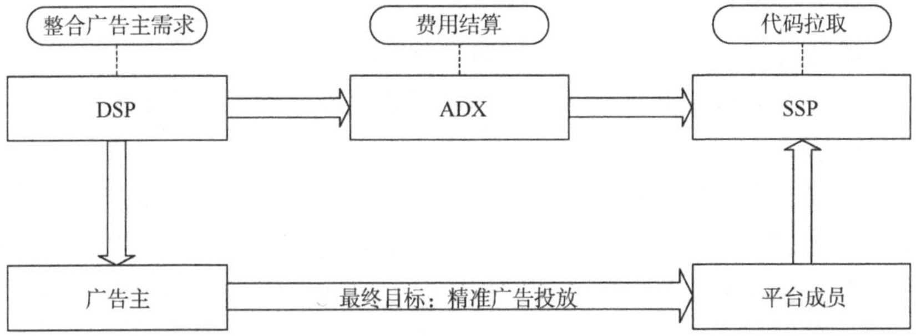

图23-1　网络广告联盟流程图

在这种业务模式中，众多广告主通过DSP，将广告投放在拥有广告位资源的媒介成员方。其中，DSP负责整合广告主需求，审核提交的广告素材，为广告主寻找最适合的广告位、最匹配的用户群体，DSP是广告联盟活动的核心，承担广告发布者与经营者责任；SSP成员与SSP平台之间通过广告联盟计算机系统的代码瞬间拉取决定SSP成员的某个广告位是否展示广告、展示哪个广告主的广告，这一过程与联盟成员没有直接关系。最后，DSP与SSP通过中间结算平台ADX进行费用结算。

同时，各个主体在整个运行机制中承担着不同程度上的数据收集工作。DSP需要收集大量的用户网络行为数据，以推荐算法的形式为广告主寻找最匹配的用户群体，满足广告主需求。网络广告联盟的终端是SSP成员，通过网络平台设置的储存在用户本地终端上的数据（cookies）搜集广告流量、用户行为等数据后，将其回传反馈给ADX。ADX不仅会向DSP兑现广告流量，还会将搜集到的数据进行分析整理，使其可以转化成新的广告供给机会，为广告投放市场提供新产能。这一过程中，ADX作为信息交换平台，掌握着大量的数据信息资源。

二、网络广告联盟的现存问题

与传统广告业不同，人工智能背景下的网络广告联盟存在的风险主要集中在数据和算法两个方面。随着海量数据向非政府部门集聚，数据在收集、使用、交换和安全等方面都会存在一定的风险；网络广告联盟涉及的推荐算法由于技术限制，其自主性叠加也会出现不受控制、损害权益的现象。

（一）数据利用开发

数据收集隐蔽化。推荐算法对用户数据有着海量的需求，网络广告联盟平台为了营利，对数据的需求广而深，一方面需要收集不断加入互联网群体的新用户数据，另一方面需要对原本拥有的用户数据进行更深层次的挖掘以进一步分析用户行为，提高精准推荐能力，增强网络广告联盟平台的市场竞争力。这一需求使得联盟（DSP 平台和 SSP 成员）不惜通过隐蔽化方式收集用户的网络访问行为及其他隐私信息。

隐蔽化收集数据有很多种表现形式，如网络广告联盟平台采取自动默许的方式或在未获得用户授权的情况下，大量收集个人信息；或者强制要求用户同意隐私政策，不同意就无法获得软件使用权，且并未向用户提供撤销同意隐私政策的功能渠道；除此之外，一些网络广告联盟平台还存在超范围收集与其实现广告精准投放功能无关的消费者的个人私密数据。这种隐蔽化收集数据的形式，没有履行平台的告知义务，侵犯了平台使用者的信息知情权。

数据使用不透明。网络广告联盟平台对收集到的用户数据的使用规则及方向不透明公开这一举措，使得数据主体全程不清楚其个人行为数据被应用到什么地方，商用还是内部自用，也不知道被使用的程度。

此外，网络广告联盟平台还通过数据挖掘等技术，对用户所产生的行为数据进行过度开发。通过关联整合海量离散信息，平台可以挖掘出用户行为、习惯、人格特征等信息，通过逐步清晰的数据画像，使消费者深陷精准匹配中，无法脱离推荐算法的控制。

数据共享不合规。共享是大数据的特性。随着数据向私人部门集聚的趋势，大量的数据逐渐掌握在非政府部门手中，也逐渐出现非政府部门数据产权化的现象。数据产权化，即网络广告联盟平台将其收集的数据视为己出，认为数据是自己的私有财产，不仅自己分析使用这些数据，而且会对数据产品进行交易以实现自身的利润最大化。从整体上看，数据产权化并没有法律依据，然而网络广告联盟平台仍以约定俗成的规定，在行业制度及监督缺失的情况下，按照产权交易模式对数据进行交易，打包出售用户个人信息以牟取其他渠道的经济利益，使得数据进一步扩散。

（二）数据安全

网络广告联盟这一主体掌握的数据包含着经济属性，内部人员、竞争公司和黑客由自身的经济利益所引起的数据内部泄露和外部窃取问题，在损害用户隐私权这一共性危害的基础上，一定程度上会损害联盟的经济利益，削减联盟在市场上的竞争优势，严重情况下会引起市场的不平衡发展。

1. 内部泄露

调研机构 Gartner 公司对组织内部犯罪的研究发现，14%的持续恶意内部人员担任领导角色，大约 1/3 拥有敏感数据访问权限。这一研究结果说明了，由于企业内部对于数据权限管理这一问题的不重视、不明确，为企业内部心机不端的人员窃取数据提供了契机。网络广告联盟内部人员比起外部人员更清楚平台用户数据的存储位置及平台采取的数据管理技术，更清楚平台的数据管理漏洞，从而有更大概率入侵数据库并盗取数据，以倒卖用户的网络行为信息乃至个人识别性信息。

2. 外部窃取

目前，中国大数据安全技术仍不够成熟。随着新型高级网络攻击手段的出现，传统的检测防御技术无法有效抵御外部攻击。2018 年 7 月 12 日，中国信息通信研究院安全研究所在 2018（第十七届）中国互联网大会闭幕论坛上发布《大数据安全白皮书（2018 年）》。白皮书指出，大数据平台缺乏整体安全规划，自身的安全机制存在局限性，只能解决部分安全问题，对组件漏洞和恶意后门的防范能力不足[①]。网络广告联盟这个新兴的行业在预防和应对外部攻击窃取数据时，技术和举措均不够完善，高级网络攻击手段和木马病毒恶意手段仍是网络广告联盟数据安全的强大杀手。

（三）算法自主性叠加

网络广告联盟平台会利用用户的历史观看记录等数据，通过算法可以推测出用户可能喜欢的内容，进而根据用户喜好推荐相应的广告。这会导致目标受众的匹配度和精准度降低。原因是推荐算法的自主特性——“看的人越多，就会被推到更广的范围”，很容易被一些低俗的广告内容生产者所利用，通过低俗和不良信息内容或使用“标题党”的方式进行推广，以赢得更多的点击量，从而获得更多

① 《大数据安全白皮书（2018 年）》，http://www.caict.ac.cn/kxyj/qwfb/bps/201807/t20180712_180154.htm。

的推荐，覆盖到更多的人群，这一更大范围的推送会导致广告后期的推荐可能不受投放初衷的控制，降低一开始广告投放目标人群的精准性，降低不适配人群的网络体验感。

三、我国网络广告联盟的监管现状

我国对网络广告联盟的立法和监管长期处于空白状态，直至《互联网广告管理暂行办法》的出台，将互联网广告联盟正式纳入到立法和监管体系中。但是针对网络广告联盟的监管，《互联网广告管理暂行办法》只对广告内容的合规及责任者进行了规定。在整个广告联盟活动中，只有 DSP 承担的是广告法上的发布者与经营者责任①，ADX 和 SSP 成员仅在“明知或应知”存在违法广告而不作为时才承担责任②。

网络广告联盟是基于大数据、云计算和云存储等技术而存在和发展的，但是《中华人民共和国广告法》《互联网广告管理暂行办法》等现有法律法规并没有对网络广告联盟在算法和数据监管方面做出明文规定：一方面，目前对算法在广告行业的应用还没有明确的监管文件及政策，对于推荐算法在广告联盟行业应用带来的自主性叠加问题也没有明确的解决方案；另一方面，虽然我国在法律上对个人数据的收集使用已建立了相应的规则，但是大数据技术日新月异，发展迅猛，人们对个人数据安全的需求十分迫切，现行法律相关内容较为分散，已无法提供较好的国民个人信息保护。这就要求我国从数据和信息之间关系这一核心基准问题出发进行梳理，建立一套个人数据收集、使用、共享及安全的全流程基础规则，并结合网络广告联盟行业特征进行应用，以解决广告联盟这种精准营销模式可能触及的用户隐私权问题。

四、国外对网络广告联盟的监管措施及启示

由于媒体大环境的变迁，世界各国对广告监管的方式进行了更新、调整，逐渐呈现出向广告协会自律联盟集中发展的特征。目前，广告协会自律联盟正在发展壮大并逐渐显示出独特的优势，加入联盟的除了广告联盟，还有网络协会、隐私联盟、媒体协会、营销组织等，通过国家、地区和国际组织联手监管，可以汇聚各方面的力量，加大监管力度，扩大监管范围。

---

①《互联网广告管理暂行办法》第十四条规定：广告需求方平台是指整合广告主需求，为广告主提供发布服务的广告主服务平台。

②《互联网广告管理暂行办法》第十五条规定：媒介方平台经营者、广告信息交换平台经营者以及媒介方平台成员，对其明知或者应知的违法广告，应当采取删除、屏蔽、断开链接等技术措施和管理措施，予以制止。

西方主要国家的广告协会通过成立联盟来共同制定自律规则，开展相关项目，解决焦点问题，从而实现对新媒体广告在跨境营销传播时的有效监管。美国的数字广告联盟主要关注“建立与执行整个网络广告行业负责任的隐私惯例，增强消费者的信息透明度与可控性”；欧洲互动数字广告联盟旨在进一步推动欧洲在线行为广告的自律与监管，向公司发放“在线行为广告图标”执照。此外，横跨欧洲、美洲、亚洲三大洲的数据保护行业联盟的成立，更是新媒体时代广告协会联合监管更大规模合作的尝试（孟茹，2017）。

世界各国对广告监管呈现的向广告协会自律联盟集中发展的这一趋势启示我国，我国现阶段广告联盟发生的这些问题，仅依靠政府单一力量监管是远远不够的，需要我们去关注到广告联盟这一监管主体行业自律所带来的自我监管力量。乱象丛生的网络广告联盟需要通过承担社会责任实现与消费者的共赢，需要在政府监管、公众监督之下更好地开展行业自律，从而实现整体社会效益的最大化。

五、网络广告联盟全过程监管体系构建

算法与数据不仅是人工智能场景下网络广告联盟发展的基石，同样也是治理的关键对象，建立并完善围绕算法和数据的治理体系，是应对网络广告联盟治理挑战的必然要求。其中，监管的主体如上分析，仅仅依靠政府、联盟及公众任何一方都是远远不够的，需要政府和网络广告联盟平台共同监管、共同参与事前、事中和事后全过程监管。

伴随着人工智能越来越多地依赖于大规模数据的收集与利用，数据方面的监管比算法的监管更为审慎，加之网络广告联盟是数据向非政府部门集聚的典型案例，对数据监管的重要性更加凸显。数据方面的监管包括利用开发和安全两大方面，数据的利用开发又包括数据的收集、使用及共享三个过程，数据的安全包括内部泄露和外部窃取两个方面。这就要求我们对数据要进行全过程、多主体的严格监管，以把控数据利用开发和数据安全的平衡，即大数据发展与安全的平衡。如图 23-2 所示，为网络广告联盟的数据全过程监管体系。

（一）事前：严格对数据获取环节的监管，从源头把控数据安全

1. 政府：从法律和公众教育层面入手

法律内容层面，制定完善数据获取环节的相关法律法规。首先，对信息和数据这两者的概念进行明确的界定，现有法律政策文件及 SSP 成员的隐私条款均将数据收集与信息收集进行概念混淆。如此，网络广告联盟的推荐算法只需对用户

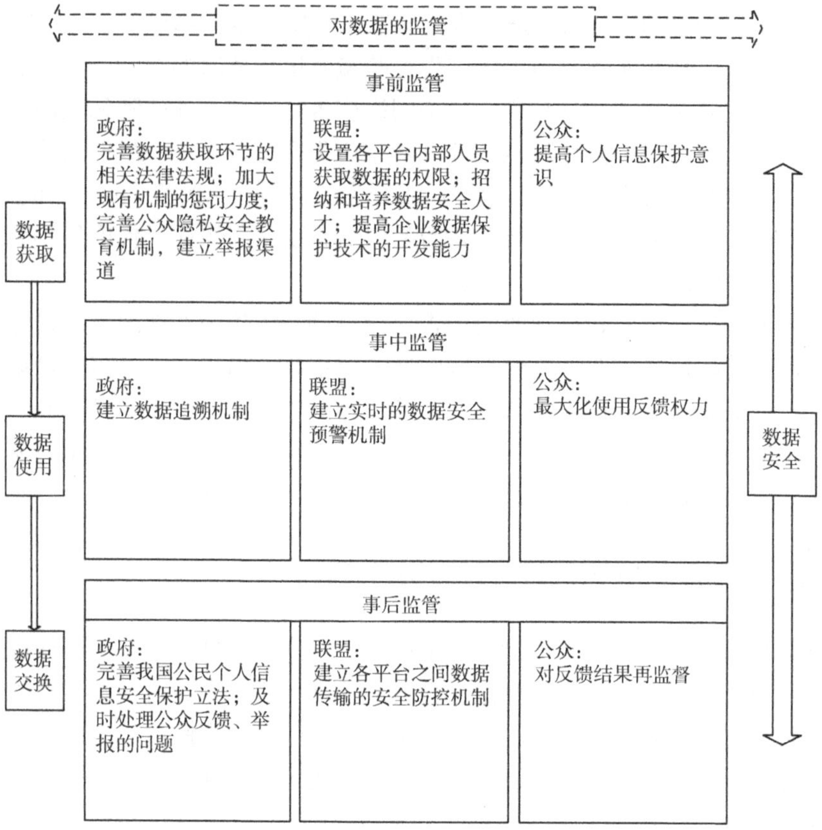

图 23-2　网络广告联盟的数据全过程监管体系

网络行为数据进行收集，不涉及与用户个体特征相关的数据，而平台则需负责对用户信息进行收集，对于这一点，在法律上需要进一步明确。其次，建立防止数据过度收集的规则体系，以规范网络广告联盟平台在为用户提供服务的过程中，以提供服务为名过度收集用户的数据这一行为。在这个方面，《中华人民共和国网络安全法》第四十一条进行了原则性规定①，因此，在实际操作过程中，可借鉴美国确立最小数据集的经验，建立适合网络广告联盟平台数据收集的标准，有效抑制平台收集超出其服务所必需数据的行为。

在法律执行力度层面，提高现有机制的惩罚力度。正是由于社会中其他行业目前存在着许多数据泄露但惩戒力度小的案例，国内网络广告联盟企业存在侥幸

①《中华人民共和国网络安全法》第四十一条规定：网络运营者收集、使用个人信息，应当遵循合法、正当、必要的原则，公开收集、使用规则，明示收集、使用信息的目的、方式和范围，并经被收集者同意。网络运营者不得收集与其提供的服务无关的个人信息，不得违反法律、行政法规的规定和双方的约定收集、使用个人信息，并应当依照法律、行政法规的规定和与用户的约定，处理其保存的个人信息。

心理，不断尝试挑战法律底线。这启示我国政府在法律执行力度层面，应该提高现存相关法律法规的惩戒力度，降低存在泄露公民个人隐私等恶意行为的网络广告联盟平台的信誉等级，以打击企业的侥幸犯罪心理。

在联系公众方面，完善公众隐私安全教育机制，建立举报渠道。采取相应的宣传手段，如开设隐私保护安全的相关课程和论坛，加强公民隐私安全教育，提高公众认知，让公众知晓隐私监管的重要性，让犯罪分子无可乘之机。同时，政府应尽早完善用户投诉机制，比如设立“一站式”投诉平台，降低用户投诉的操作成本，并通过后续行为提升用户对该机制的期望值，充分发挥公众在日常社会生活中的监督作用（邵国松和杨丽颖，2018）。与此同时，政府需要求网络广告联盟平台建立自己的公众反馈机制。

2. 联盟：数据获取权限的设置及数据安全人才和技术的投入

各平台内部人员获取数据的权限设置。网络广告联盟的各平台均涉及不同程度的数据收集工作，关于各平台内部人员获取数据的权限设置必不可少，尤其是DSP平台，需要从物理权限和网络权限两方面进行内部人员数据获取的安全把控。首先，从物理权限角度出发，需制定统一的计算机机房管理标准，通过门禁和来访登记等方式实现外部实体对数据的隔离，只有授权用户方可进入；其次，从网络权限角度出发，针对受保护的敏感数据，只将其授予工作中必须使用的人员，无关人员无权访问。同时，需对数据系统中的关键角色建立一套互相审计的制度，使数据管理员、操作员和审计员之间相互监督与制衡。

数据安全人才的招纳和培养。网络广告联盟平台，尤其是中小网络广告联盟平台，数据安全方面的监管人才十分紧缺，甚至出现有些新进入市场的小平台根本没有专业的数据安全人员在岗，这与我国大数据安全方面高精尖技术人才的总体紧缺状态有关，这就要求各平台积极招纳和自行培养数据安全人才。

提高企业数据保护技术的开发能力。提高企业数据保护核心技术的开发能力，从硬件设备和软件开发等技术源头入手加强数据保护。首先，制定统一的网络结构技术标准，划分网络安全域；其次，制定统一的互联网接入点，保证内部网络和外部网络之间的安全隔离；最后，不断完善网络病毒查杀系统的建设标准和管理规范，定期升级更新病毒查杀软件以提高其检验和应对新型高科技病毒的有效性。

3. 公众：提高个人信息保护意识

保护公众个人信息的一大关键点是公众自身应该在发生信息泄露前树立个人信息保护的安全意识，认识到使用软件时用户许可条例的重要性，从源头防止个人信息被利用。公众应该积极参加政府组织开展的信息保护讲座及学习相关政府文件，提高个人信息保护意识。

（二）事中：严格对数据使用环节的监管，在过程中监控数据安全

1. 政府：建立数据追溯机制

由于数据本身计算、转存等各个环节不留痕迹的特点和网络广告联盟各平台对数据的独立控制权，政府部门无法对数据使用中间环节进行制约，为平台数据再度计算等侵权行为创造了无法证实的机会，政府对数据的管理控制功能被架空。因此，政府要对网络广告联盟领域进行技术标准和规范的制定，引入数据追溯机制，保证政府可以对企业行为进行持续追踪和监管，从而可以实现政府对个人信息数据安全的把控，提升网民对大数据产业的理性信任度。

2. 联盟：建立实时的数据安全预警机制

网络广告联盟平台在使用数据的过程中，针对黑客的袭击要设置相关检测及防御设施，建立一套完善的实时数据安全预警机制以主动防御网络攻击。首先，基于数据挖掘和分析可视化的技术，为网络监管人员实时提供网络状态及攻击来源等情况，是网络广告联盟平台建立预警机制的前置要素。其次，建立风险预警机制。可以通过设立警戒指标来对数据安全性进行预警和防控，当指标临近警戒点时自动提示，从而可以从源头把控风险，降低损失。

3. 公众：最大化使用反馈权力

公众监督是监督机制的重要环节，应用于人工智能的大部分数据来源于公众，且公众是人工智能技术及产品的直接使用者，故监管环节必然需要公众的参与。在使用广告联盟终端 SSP 时，公众可以随时关注自己的使用体验感，对观察到的数据滥用和数据过度开发等行为及时向网络广告联盟平台进行反馈。

（三）事后：严格对数据交换、共享环节的监管，从法律上规制数据安全

1. 政府：完善信息保护法律，及时处理公众反馈

完善我国公民个人信息安全保护立法。由于大数据技术发展迅猛，仅通过数据安全人才机制和数据保护技术机制来保护个人数据安全是不够的，这就要求政府部门在已出现的数据安全问题及隐私保护问题基础上，汲取经验教训，规避目前可以监测到的风险，建立健全隐私保护法规及大数据治理利用等各项标准。

同时，我们必须认识到社会发展永远领先于法律出台，法律不是全面的，即使现在有专门、统一的法律保护个人信息安全，实际案件中仍可能发生现有法律规定中未涉及的情况。所以，明确规定个人信息保护的基本原则对于个人信息保护来说十分重要，这样才能够应对法律存在遗漏的情形。

及时处理公众反馈、举报的问题，规范网络广告联盟平台。对公众反响强烈的问题要严肃处理，对导致问题出现的各个环节进行监督规范，并将经验教训落地于对广告联盟监管的具体规制政策上，在不断的实践中明确政府监管制度的边界和应用情境。

2. 联盟：建立各平台之间数据传输的安全防控机制

广告联盟各个平台存在数据传输情境，尤其是SSP成员作为网络广告联盟的终端，在广告推送的同时，通过网络平台设置的储存在用户本地终端上的数据（cookies）搜集广告流量、用户行为等数据并回传反馈给ADX。

为了防止数据在传输过程中出现泄露、被使用等一系列问题，数据发送及接收方均需在数据传输过程中对数据采取一系列的防护和加密工作，对数据传输的端口设置相应的加密、解密程序。首先，数据发送方需要及时对要上传的相关数据采取加密保护措施；而数据接收方在提取相关数据时，需要对数据进行解密才能再次使用。其次，网络广告联盟平台要不断研发和采用新的信息传输技术，在不危害用户隐私的情况下达到信息传递的目的。

3. 公众：对反馈结果再监督

对平台处理的结果进行实时监测，如果未能达到效果，可进一步上诉政府；如果出现超出于平台内部滥用限制，或者更为严重的多平台个人标识性数据售卖问题，可直接上诉政府。

就算法监管而言，在网络广告联盟领域的监管点主要集中在算法的自主叠加性这一点。2020年10月11日，中国科学技术信息研究所、华为技术有限公司联合发布了《人工智能计算中心发展白皮书》，中国科学技术信息研究所党委书记、科技部新一代人工智能发展研究中心主任赵志耘表示我国人工智能计算中心的重点工作是解决“自主化”的问题，让关键技术安全、可靠。由于算法自主性属于算法的内在特征，目前的技术无法应对这一特性，因此要求政府和联盟在全过程各个阶段监管时积极配合，共同实施预防措施以最小化因算法自主扩大化推荐所带来的弊端，并不断探索解决自主性问题的新技术。

事前，网络广告联盟平台中ADX利用关键词进行审核和屏蔽不良广告这一机制目前还不够完善，关键词词库的不完全性导致非法低俗广告进入市场，这一现象启示我国政府和联盟应该着重从扩充关键词词库入手进行预防，从源头上对可能被自主扩大化推荐的广告内容进行精准筛选，将涉及黄赌毒以及不符合我国社会主义核心价值观的广告内容过滤掉，降低算法自主叠加所带来的不良影响。事中，政府牵头，联盟响应，共同建立一套算法追踪体系，实时监测算法自主性应用场景，追踪算法自主性背后的逻辑和算法。事后，对算法追踪体系追踪到的数据进行深入分析，探究自主性在实例中究竟带来了多大的风险，探究自主性是否能采取算法技术进行反向规避。

第二十四章　人工智能全过程监管体系构建

人工智能一直处于动态发展过程中，意味着人工智能发展的每一个阶段都会产生新问题，监管的侧重点也会因问题的变化不尽相同，因此对人工智能的监管可以采取全过程监管模式。过程是动态的，会伴随企业不断发展，但监管的制度是静态的，通过全过程监管模式，可以激活监管制度，使监管在过程中不断发现现状与监管方式不匹配的地方，从而便于动态调整，优化监管方式。

目前我国对人工智能的监管还处于法律及制度建设落后于人工智能创新发展的阶段，监管缺少明确的底线与边界，为防止“一管就死，一放就乱”，对人工智能的监管要兼顾其创新和可持续性发展，要在助推其不断创新的同时，严格保护公众数据安全和个人隐私，设置科技伦理底线，并在监管实践中反馈监管效果，总结监管经验，为下一阶段人工智能的发展提供伦理规范方面的预设。

人工智能包括算法、数据、算力三个要素，数据是分析问题的基础，帮助算法实现价值；算法则是通过对海量数据的抓取，依照其设计逻辑运作导出结果；而算力包含计算能力、存储和带宽，是处理数据能力的体现，以及数字化发展的支撑和动能。算法的技术逻辑及数据的缺陷会导致问题无法得到正确的解决，数据的滥用和泄露会侵犯用户隐私，而算力作为一种技术和能力，主要依靠企业发展和市场需求不断提升。因此，对人工智能的监管主要集中在算法和数据两个方面。

在多主体监管中，安全和发展是全过程监管的重要抓手，通过政府、科技公司和公众三方协同，充分发挥政府在制度和法律方面的引导作用与权威性，在不阻碍技术创新与发展的前提下防控技术带来的负面问题，在严格把控数据安全问题的基础上，为企业人工智能创新提供较为宽松的环境。

在数据安全方面，本章对数据监管的重点集中在用户个体的数据安全，其与公众的个人隐私、人身财产安全等密切相关，从时间维度上看，事前、事中和事后都需要严格把控数据安全，而监管的目的是确保个人数据不被泄露、过度挖掘和滥用等，以此保障用户个人数据合理合规使用。个体数据具有数量大、主体多样、易获得、难监管的特点，仅依靠某一方主体进行监管，很难保证其安全性，必须同时引入政府监管、科技公司内部自律和公众监管三方面协同治理。政府监管主要通过建立数据安全相关的法律法规规制科技公司对数据的收集和使用，科技公司内部自律主要通过规范技术人员数据使用行为，增强内部安全体系抵御黑客攻击的能力；公众主要通过提升自身的风险规避意识来参与到对数据安全的监管中。

在算法方面，算法是将人工智能落地的技术和框架，需要为其注入动力不断创新。一味采取命令–控制型的严监管模式会遏制算法技术层面创新的动力。对于算法整体应该采取适应性的动态监管方式，重点监管的不是算法技术而是算法背后存在的伦理问题。人工智能算法本身带来的技术壁垒，致使技术权力出现，“算法黑箱”的出现加剧了权力失衡，监管的目的就是防止算法霸权，及其导致的个体被算法对象化和工具化。在监管主体上，对算法的监管同样采用多元主体协同监管的方式，中国科学院院士裴钢在 2019 年科技伦理研讨会上表示，科技伦理是一个跨越学科、跨越国界的，全人类共同面临的问题。搭建科技伦理平台，需要大家一起发出声音，进行顶层设计、共同谋划。在时间维度上，政府监管遵循从“放松监管”到“适度监管”再到“强势监管”的监管过程，把握科技伦理的底线并制定相应的政策法规。科技公司依靠自律，适度公开源代码，输入数据和输出结果，配合政府的审查制度，共同推进人工智能行业健康、可持续发展。而公众在政府有效引导下，加强与科学家等权威人士的对话，提高对科技伦理的认知。

本章从数据和算法两个角度对多元主体下全过程监管体系进行设计。如图 24-1 所示。

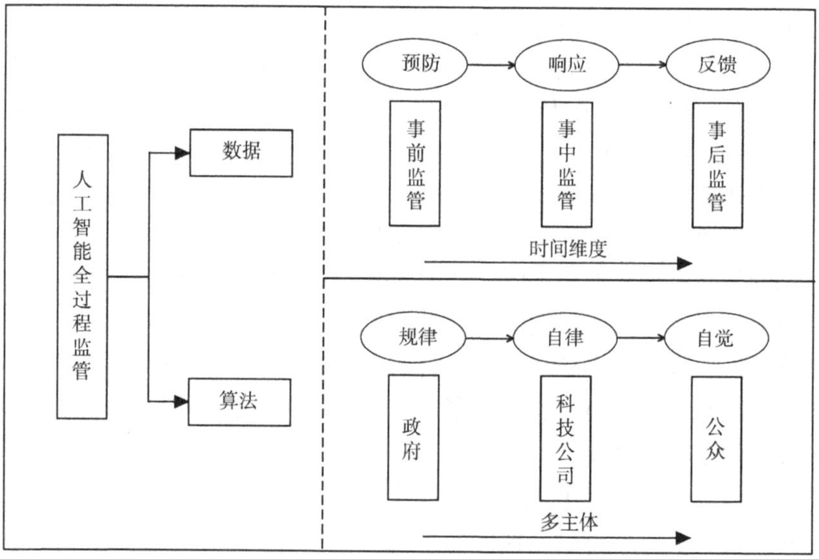

图 24-1　人工智能全过程监管框架

第一节　对数据的监管

数据安全涉及公众的根本利益，对社会治安有着深刻的影响，政府对此不能采取“兵来将挡，水来土掩”的应对方式，要做好顶层规划，设置长效责任机制，建立长效防火墙。对数据安全的监管框架如图 24-2 所示。

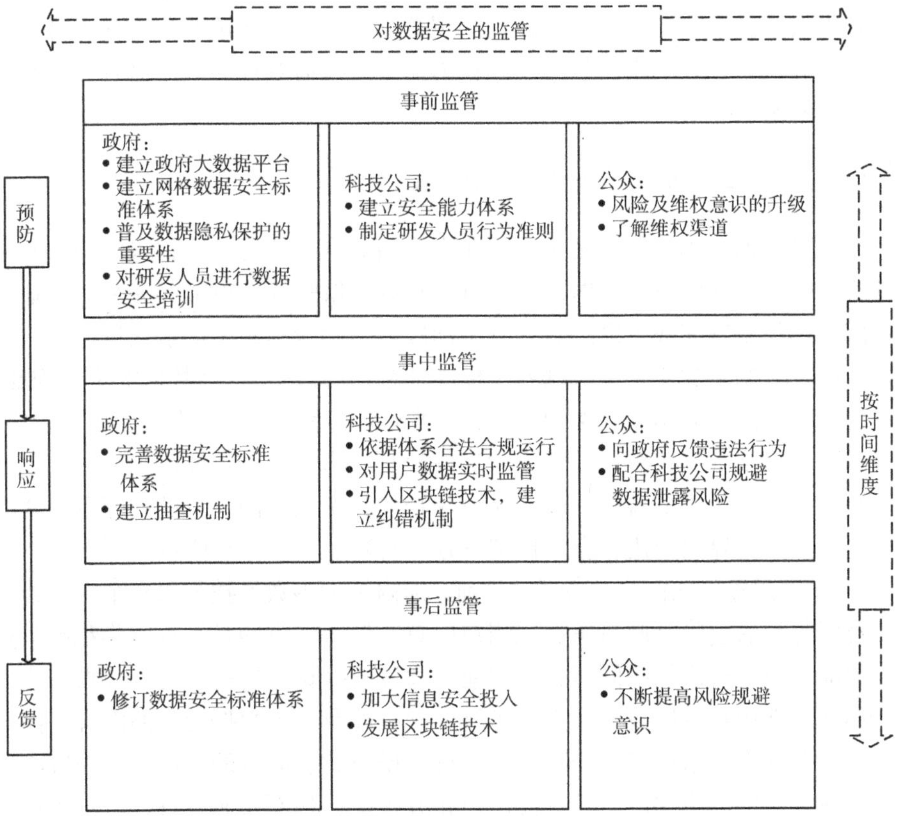

图 24-2　对数据安全的监管框架

一、数据安全的事前监管

对政府而言，数据安全涉及国家主权安全和公民生命财产安全问题，政府必须处于主导地位，严格把关科技公司对数据的收集与使用，具体的措施如下。

（一）建立政府大数据平台

政府在人员构成上存在明显缺乏技术人才的短板，在数据方面呈现数据淤积、部门及区域之间存在“信息孤岛”的情况。在目前大数据向非政府部门集中并且高效发挥数据价值的背景下，政府必须建立大数据平台，防止资本权力威胁国家主权。政府通过建立以政府为主体的大数据人工智能系统，将自己所掌握的海量数据进行专业处理分析，发挥数据的巨大价值，提高公共服务精准供给的能力，实现数字政务、智能政务。加快服务型政府的建设，从而掌握数据权力，以应对大数据向私人部门集中的问题。此外，政府的大数据人工智能系统在一定程度上应与各类大数据平台进行有机对接，实现数据共享和信息透明化，使内部技术与外部监管有机结合，明晰公权力与私权力的界限，有效提高政府监管人工智能的公信力和权威。

（二）建立网络数据安全标准体系

当大量数据向私人部门集中，企业出于商业利益考虑，会在未经用户允许的条件下，擅自处理用户的数据，侵犯用户的隐私和权益。2020 年 4 月，工业和信息化部等单位编制完成《网络数据安全标准体系建设指南（征求意见稿）》，其中提到 2021 年，初步建立网络数据安全标准体系，有效落实网络数据安全管理要求，基本满足行业网络数据安全保护需要，推进标准在重点企业、重点领域中的应用。这表示保证网络数据安全性并建立管理框架是政府当前最重要的工作之一。针对企业对数据非法滥用的现象，政府应该从企业与个人合同签订的内容及方式、敏感数据的使用边界以及用户合法权利三方面来制定安全标准体系。

（1）合同签订的内容及方式。目前，国内绝大多数科技公司和个人在线上签署的合同都是通过隐私政策来获取用户同意，值得注意的是，这类隐私政策通常冗长晦涩，在签订协议的同时，用户还需通过“打钩”进行一系列授权行为，但在这种情况下用户难以找到或充分了解合同中涉及个人数据隐私的内容。因此，政府在安全标准体系中应该明晰需要征得数据所有者同意的合同，其内容必须是清晰具体、有明确指向的，可以使用户充分知情，从而自愿签订，否则签订的合同是无效的。

（2）敏感数据的使用边界。敏感数据主要包括未成年人的数据和少数民族、有宗教信仰等人群的数据。未成年人属于限制行为能力人，需要监护人维护未成年人的人身健康和安全，其中也包括他们个人隐私数据的安全。因此，政府在安全体系中需要明确未成年数据的处理与使用必须经过其监护人的同意。同时，我国作为多民族国家，对于少数民族、有宗教信仰的人群的数据，安全标准体系要求科技公司必须经过他们授权后，或者他们已经将自己这部分数据公开后，才能对这部分数据进行处理，否则不可以擅自使用他们的隐私数据。

（3）用户合法权利。政府在安全标准体系中除了对科技公司滥用数据的行为进行预防和规制，同时也要明确用户的基本权利。一是知情权，用户有权知道或让企业回答自己的数据是如何被收集以及如何进行后期处理的。二是反对权，在与公司签订合同后，如果用户不希望企业再收集、处理自己的数据，可以随时提出反对意见，公司需要立马停止数据的使用。同时，用户也可以随时反对基于自己的数据，科技公司以营销为目的的市场行为。三是访问与救济权，确保受到算法负面影响的用户，享有向科技公司进行质询及向政府网络安全部门寻求救济的权利。

（三）向公众普及数据隐私保护的重要性

在我国，公众对自身的隐私保护意识还比较淡薄，对侵犯隐私的界限也不够明确。究其原因，是我国公众对侵犯隐私行为的界定还不清晰，对维权的渠道缺乏了解。我们经常会接到骚扰电话、骚扰短信和骚扰邮件，由于司空见惯，公众一直被迫接受个人数据泄露，因此应该对全民进行侵权行为范围界定的教育，鼓励公众保护自身合法权益的同时参与对人工智能的监管，并借助多种渠道进行教育和普及，包括视频平台、社区课堂等。

（四）对研发人员进行数据安全培训

当前，研发人员也存在缺乏数据安全意识的现象，例如将数据包上传到网络，为牟取私利倒卖公司中的用户数据。2018 年全球重大数据泄露事件统计分析显示，11.1%的事件是由配置错误或操作不当导致的机构数据泄露。因此，政府要建立并完善算法研发和数据采集从业人员的培训体系，通过规范培训，提高从业人员的安全意识、责任意识和风险评估能力。

对科技公司而言，科技公司作为用户数据的控制者和使用者，不能触及数据收集与使用的红线，主要依靠行业自律，对社会及公众负责，具体措施如下。

1. 建立安全能力体系

从当前人工智能的发展现状来看，基于目前存在的技术漏洞，科技公司给社会带来了内生风险，主要体现在黑客的攻击，黑客利用漏洞进入系统，并窃取系统中大量的用户数据。2016 年 9 月 22 日，雅虎证实至少 5 亿用户的信息在 2014 年遭人窃取，内容涉及用户的姓名、电子邮箱、电话号码、出生日期和部分登录密码。3 个月后，雅虎再次发布声明，2013 年 8 月，未经授权的第三方盗取了超过 10 亿用户的账户信息。2017 年 10 月 3 日，雅虎公司证实，其所有 30 亿个用户账号应该都受到了黑客攻击的影响。雅虎事件是单一网站数据泄露规模最大的一次事件。对此，企业必须提前构建完善的安全能力体系，加大信息安全的资金投入，根据保密原则，科技公司为了数据安全必须只允许内部 IP 访问数据库。

2. 制定研发人员行为准则

近年来，科技公司员工为牟取私利贩卖数据的事情屡见不鲜，尤其是即将离职的员工，将曾经用过的数据包进行倒卖，员工窃取的信息主要包括公司内部信息数据与用户的个人信息，给公司带来了巨大的经济上和信誉上的损失。对此，科技公司应在事前制定员工行为准则，确定员工数据使用的权限和规范，制定对非法传输或倒卖数据的员工的处理方法。同时，在员工的离职协议中体现对用户及数据的保护，公司有权清查员工曾使用过的数据包，如果员工离职后公司发现数据泄露，公司有权追究离职员工责任。

对公众而言，公众作为人工智能的享受者、数据的主体及数据隐私问题的直接相关者，在事前需要加强风险防控及维权意识。具体体现在要积极响应政府牵头的宣传和普及工作，提升自身关于数据泄露的风险规避意识，以及在个体隐私受到侵犯后能够合理使用维权渠道。

二、数据安全的事中监管

对政府而言，事中需要兼顾制度的完善和对科技公司的安全审查，具体措施如下。

（一）完善数据安全标准体系

数据安全标准体系是政府应对数据安全问题建立的长效防火墙。在事中，政府要及时发现数据安全存在的新问题，对数据安全事件快速响应。同时解读其他国家（地区）如欧盟、美国在数据安全方面的新政策和新举措，在此基础上，不断完善我国的数据安全标准体系，我国《网络数据安全标准体系建设指南（征求意见稿）》中的内容也体现了安全标准体系建设的阶段性，意见稿指出到 2021 年，初步建立网络数据安全标准体系，有效落实网络数据安全管理要求，基本满足行业网络数据安全保护需要，推进标准在重点企业、重点领域中的应用，研制网络数据安全行业标准 20 项以上。到 2023 年，健全完善网络数据安全标准体系，标准技术水平、应用水平和国际化水平显著提高，有力促进行业网络数据安全保护能力提升，研制网络数据安全行业标准 50 项以上。因此，政府需要依据安全事件发生的原因和人工智能的新发展，不断完善网络数据安全相关标准体系。

（二）建立抽查机制

政府可以通过建立事中介入审查、抽查等机制，从抽查结果中总结推断出整个行业存在的问题。主要抽查的内容包括：①科技公司与用户签订的保密协议是否符合数据安全标准体系的规定，明确用户数据的具体使用权限，特别是建立数据二次使用和交易的法律规则，大数据的运作模式即对海量数据进行深度挖掘分析，使数据产生关联，从而进一步勾画人格画像，科技公司为了获得用户更精准的画像，可能会产生数次二次利用甚至滥用用户数据的情况；②科技公司是否建立了良好的安全能力体系，是否能够抵御黑客的恶意攻击。

对于科技公司，在事中监管过程中要保持对数据合法合规的收集与使用，对突发的数据安全事件及时响应、迅速处理，采用新技术增强数据的安全性，具体措施如下。

1. 依据体系合法合规运行

依据政府发布的数据安全标准体系，合法合规收集和使用用户数据。因为科技公司的行为往往会趋于自利，政府对各科技公司逐一审查数据安全也会导致资源的浪费，因此，科技公司之间应首先建立行业协会，在行业存在的问题和政府出台的数据安全标准体系的基础上，形成具有法律约束力的行业自律公约，规定公司数据收集和使用的边界，并对公司违约行为制定惩处的条例。

2. 对用户数据实时监管

对用户数据的安全性进行实时监管，在数据安全规则方面，可通过密码技术（包括对称加密算法和非对称加密算法）、数字签名技术、认证技术、访问控制、数据安全性检验、密文检索技术、病毒查杀技术等手段来确保数据安全。面对数据泄露这样的突发性紧急事件必须快速响应，如采取封锁 IP 地址、关闭一些服务器及在整个网络环境内设立进阶威胁侦测系统等措施。

3. 引入区块链技术

通过区块链技术，建立纠错机制。科技公司利用区块链技术建立信任平台，将区块链与人工智能相结合，用户的数据可直接上传至区块链。区块链具有追溯功能，每一份数据的上传者、使用流向和成果都有迹可查，保证用户对数据拥有所有权和自主使用权。由此科技公司和用户都能对数据的流向、使用和处理进行监管，消除了用户对科技公司数据安全保护的顾虑，从而使其更愿意分享数据，区块链在获取用户可使用的数据后反哺人工智能的发展。

公众应配合科技公司对数据安全进行监管与防护，减轻科技公司维护数据安全的负担，降低成本。具体措施如下：公众配合科技公司规避数据泄露风险。例如，密码或口令是用户保护自身网络安全的第一道防护门，却由于多数用户设置的密码或口令十分随意，简单、重复，使其极易被破解。这种弱口令不仅威胁了用户的数据安全，更是给科技公司带来了巨大损失，成为黑客攻击成功的关键因素。研究表明，52.2%的泄露事件是由弱口令导致的（金元浦，2020）。因此，公众在设置密码或口令时，在长度和字符复杂性上都需要提高，从而降低账号密码被盗的风险。

三、数据安全的事后监管

在监管的任一时期，数据安全都是监管的重点，各个主体对数据安全问题的监管都不能缺失。在事后监管阶段，政府依据人工智能发展中产生的新问题，不断修订数据安全标准体系，科技公司持续加大对信息安全的投入，发展区块链技术，保护用户的隐私，公众则不断提高风险规避意识，从源头处保护自身数据安全。

第二节　对算法的监管

基于技术民主的原则，对算法的监管不过多涉及对其技术的监管，而是集中于对算法背后的科技伦理的规制。科技伦理不只是科技发展问题和研发人员个人的责任，它突破学科界限，涉及主体多样化，因此需要融合政府、科技公司和公众三方面的力量，搭建全民共治的体系。政府层面应从宏观层面设计科技伦理的底线，通过要求科技公司上交风险预案和涉及算法源代码、运行参量、输入数据和输出结果的承诺书，厘清责任主体，建立明确的惩罚制度，同时加强对公众科技伦理知识的教育与培训；科技公司层面应加强对算法开发人员的伦理培训，利用知识社区公开部分源代码，同时和政府形成联动作用，配合政府相关的审查；公众层面主要提高自身对于侵犯隐私、受到歧视的维权意识，向政府部门反馈，配合政府部门对算法的监管。

一、对算法的事前监管

对政府而言，在事前应对算法技术给予激励和观察，鼓励人工智能自由竞争，实现用户福利增加，同时应做好算法伦理方面的预防工作，尽量避免可能的乱象发生。鉴于算法还处于初级阶段，政府监管需要做到“包容审慎”，因此“助推”作为一种弱规制方式应该纳入政府对算法治理的工具箱中（吴汉东，2017），帮助人工智能健康、有序发展，具体措施如下。

（一）设计算法安全边际绩效标准

2019 年 7 月 24 日，我国在召开的中央全面深化改革委员会第九次会议上，审议通过了《国家科技伦理委员会组建方案》，这是我国在科技伦理方面做出的重要举措，但需要进一步发挥国家科技伦理委员会在算法伦理方面的作用。设计算法安全边际绩效标准有利于加强算法伦理的规范。政府与国家科技伦理委员会可以基于算法的关键类型、预期用途、可接受的错误类型等指标提出相关安全边际绩效标准，进而要求科技公司在设计、测试、使用人工智能算法时，对数据采集、画像、推送过程中可能出现的数据风险进行处理预案的提交。值得注意的是，处理预案也需包括对可能侵犯个人权利、算法歧视等负面影响的考量。

（二）建立惩处机制

政府利用法律建立惩处机制。法律作为政府强制性的手段，对科技公司具有强有力的约束作用，也是保护用户利益最直接的方式。因此，政府要通过法律规定对责任主体及对违法如数据泄露和滥用等损害个人、企业、国家利益的行为建立长效的惩处机制。

对科技公司而言，科技公司在项目中利用人工智能技术窥探用户的隐私、恶意损害他人利益，这样的事件屡见不鲜。虽然很多观点支持技术中立，即技术本身不存在好与坏，不需要承担责任，但是当商业用途渗入技术中，并进行侵权等违法行为，则需要摒弃这种技术中立的观点，要未雨绸缪。因为人工智能技术受到数据采集的准确度、样本容量、算法发展成熟度、开发者的观念和知识储备等多方面因素的影响，并不能做到完全中立，若完全中立反而更容易招致算法偏见和错误。

在事前监管阶段，需要加强对算法开发人员科技伦理方面的培训，借助知识社区，适当公开部分源代码，接受行业内专业人士的监督，同时配合政府部门提交风险预案和承诺书，增强对风险的预见性，明确责任主体，具体措施如下。

1. 对算法研发人员进行培训

针对技术滥用带来的伦理方面的外生风险，科技公司需要对研发人员进行科技伦理方面的培训，研发人员缺乏对伦理的认知，将会给用户乃至社会带来极大的负面影响。如果算法开发人员缺乏应有的科技伦理操守，就容易被资本力量、商业行为所裹挟。比如，一些网上商家滥用个人信息数据，进行差异定价的“大数据杀熟”，使市场伦理、商业伦理受到冲击。再如，滥用信息传播中的算法推荐，基于用户的行为数据判定其喜好，投其所好地推送特定种类信息，制造“信息茧房”效应。又如，基于人工智能的“AI 换脸”“深度伪造”等技术应用，可能威胁公民人身安全和金融安全。诸如此类的算法技术滥用，突破了伦理边界、道德底线，甚至游走在违法犯罪的边缘。

加强科技伦理治理，需要将价值权衡与伦理考量纳入科技活动全过程，明晰科技创新活动的伦理边界，引导算法研发人员增强伦理意识，提升自律能力，坚守道德底线，加快推进人工智能算法中的因果推断研究，避免技术研发者缺乏伦理意识和公平思维，警惕和防范算法滥用可能引发的伦理风险。

2. 利用知识社区进行自我监管

科技公司将知识社区作为自我监管的一个重要抓手。人类决策者的内在偏见和私念是很难发现也很难改变的，所以当我们可以窥见算法的“大脑”时，人工智能的整个运行流程将会更加透明，更容易被监管（沈伟伟，2019）。秉承对社会负责的态度，科技公司在开始一个新项目时，可以对涉及项目核心算法的模型保密，但可以主动选择将业务处理相关的代码在开放的知识社区进行公开，算法研发者应加强与数据科学家和应用领域专业技术人员的合作，接受数据科学家和专业技术人员对于是否实现个人隐私保护、是否含有歧义和伦理争端的命名的代码的合规检查，通过他们的审查和建议，算法设计人员可以拓宽自己的思维广度，提高对潜在威胁的敏感性，从而设计出更加科学合理的方案，对产品进行升级和迭代，帮助科技公司更好地实现产品的落地，同时也让算法工程师对代码会造成的影响和后果有更好的预判。

值得注意的是，考虑到科技公司的利益，事前建议公司公开部分算法，接受社会的监督，但并没有采取强制措施，这是出于对公司自身利益的保护。以早期的谷歌为例，谷歌曾经乐于践行算法透明，将其搜索引擎算法公之于众，谷歌曾经将 PageRank 排名算法的排序标准公开，然而，一些恶意网站（商业广告网站、钓鱼网站、恶意代码网站等），利用这些被披露的排序算法，采取搜索引擎优化来与谷歌排序算法展开博弈，让一些本不应被优先排序的网站，挤进了搜索结果的靠前位置，并最终适得其反，影响用户的利益，从而使得用户更难得到理想的搜索结果。因此，科技公司在披露算法时，要量力而行，尤其是要保护好自己核心的算法框架，即使不公开，也要明确记录每个项目的模型、算法、数据和决策结果，在必要时，需据此接受监管部门或者第三方机构的审计。

对公众而言，公众在算法专业知识的积累上非常薄弱，只能通过用户体验过程中的感受对是否具有侵犯隐私、歧视行为进行判断。因此，政府应该加强对公众科技伦理知识的普及，让公众对伦理底线更加明确，对侵害自身权益的违法行为更加敏感。

二、对算法的事中监管

事中监管强调的是多主体对算法导致的侵犯隐私、歧视事件进行响应。

对政府而言，即使在事前对算法做好审查，也只能在一定程度上预防和预见算法产生的影响与后果。因为就目前人工智能研究发展水平而言，大多数人工智能基本上依靠大量的经验数据，才可能训练出一些模型，数据越全训练的模型越好。由此，由于机器学习的决策规则本身，是从被分析的特定数据中不断生成的，即使算法模型本身是静态的，数据和训练过程也是动态变化的，如果只注重事前的监管，就忽视了人工智能的动态性，用这种刻舟求剑的方法来推断人工智能运算的结果，就无法把握其中的动态变化。为了在事中进一步跟进对算法的监管，明确算法事件的责任，政府应要求科技公司提交算法的承诺书，并且责任到人，同时，针对公众反映的违法行为做好审查工作，具体措施如下。

（一）依据承诺书认定侵权责任

算法设计初期，政府会要求人工智能算法的开发者向认证机构或者第三方机构提交承诺书，内容包括算法源代码、运行参量、输入数据和输出结果。后期一旦发生侵权行为，被发现或被举报，政府部门有权依据承诺书进行审查，当发生与承诺书不一致的算法运行，则依规定处罚算法开发者。在法律纠纷中，承诺书也可作为侵权行为认定责任的重要依据，由法院进行调取审查，由此逐步建立对人工智能算法开发者、控制者和算法的双重审查机制。

（二）对算法进行抽查

政府需要不定期对科技公司的算法是否包含侵犯用户隐私、歧视和偏见的内容进行抽查。同时，政府要在政务平台上对抽查的结果进行公开，执行惩罚制度，对违法违规的算法开发者进行处理，并对科技公司提出整改期限，且施加行政处罚。

（三）回应公众投诉

政府回应公众的投诉。对于公众投诉的侵犯个人隐私、包含算法歧视的科技公司，政府要依据科技公司上交的承诺书进行严格的审查，并依法要求科技公司对涉及数据隐私的算法进行公开，接受合规检查。我国中关村论坛在 2020 年 9 月发布人工智能治理公共服务平台，该平台对所有人工智能的研发、产品和服务提供人工智能治理和安全的评估，同时，梳理了人工智能治理方方面面的主题，并将全球人工智能的风险治理相关案例进行了公布，使得人工智能科技公司在研发过程中，不光是通过相关的法律法规及伦理原则注意到其中可能存在的风险，还能够通过案例进行学习。但是，目前这个平台仅仅搭建了这样一个框架，治理与评估功能还未上线，风险管理的案例还未梳理，需要根据算法设计中的伦理问题和数据安全相关问题逐步完善。

对科技公司而言，在事中主要做好内部监管，监管算法开发人员的行为，配合政府部门厘清算法开发的责任主体，提交相应的承诺书。在出现公众投诉的事件并被要求接受合规审查时，向社会公开源代码、运行参量、输入数据和输出结果。

对公众而言，公众在对科技伦理及伦理红线有一定的认识后，利用政府政务平台、公开信箱、公众号等方式，向政府反馈科技公司侵犯个人隐私、算法歧视的行为，帮助政府更高效地对企业进行监管，同时也保障了自身的合法权益。

三、对算法的事后监管

随着人工智能发展到相对平稳的时期，数据安全的监管也进入了有秩序的阶段，科技公司的工作重心逐渐转移至技术的突破，为获取人工智能下一阶段的高地积蓄力量。此时，对政府关于人工智能的监管又提出了新的要求，具体措施如下。

政府对下一阶段伦理规范提出预设。新兴技术一般具有高度专业化的特点，非专业人士往往难以对技术应用后果做出准确判断。因此，在应用初始阶段容易出现法治缺失的情况。人工智能是一项创新工作，对于人工智能的监管，政府难以法治先行，因为法律规范基于现实生活而生成，且立法过程烦琐，很难做到“事前诸葛亮”，因而总是落后于人工智能的发展，但伦理规范具有先导性的作用（吴汉东，2017），就伦理规范而言，对算法的监管可以根据技术的优缺点及发展趋势，对其相关发展和应用问题进行预设和防范，对已变化或可能变化的社会关系做出反应。在发达国家（地区），对人工智能的伦理研究早于立法研究。近年来，欧洲机器人研究网络的《机器人伦理学路线图》、韩国工商能源部颁布的《机器人伦理宪章》、日本组织专家团队起草《下一代机器人安全问题指引方针》，美国国家科学基金会和美国国家航空航天局设立专项基金对“机器人伦理学”进行研究。我国政府也需加强对人工智能的伦理研究，通过总结上一阶段的监管经验，把握人工智能技术与应用的发展方向，进而对下一阶段的伦理问题的监管做出先行预设，如机器人法律资格的民事主体问题，“人工智能+无人驾驶”模式下的过错责任归属问题等。对算法的监管框架如图 24-3 所示。

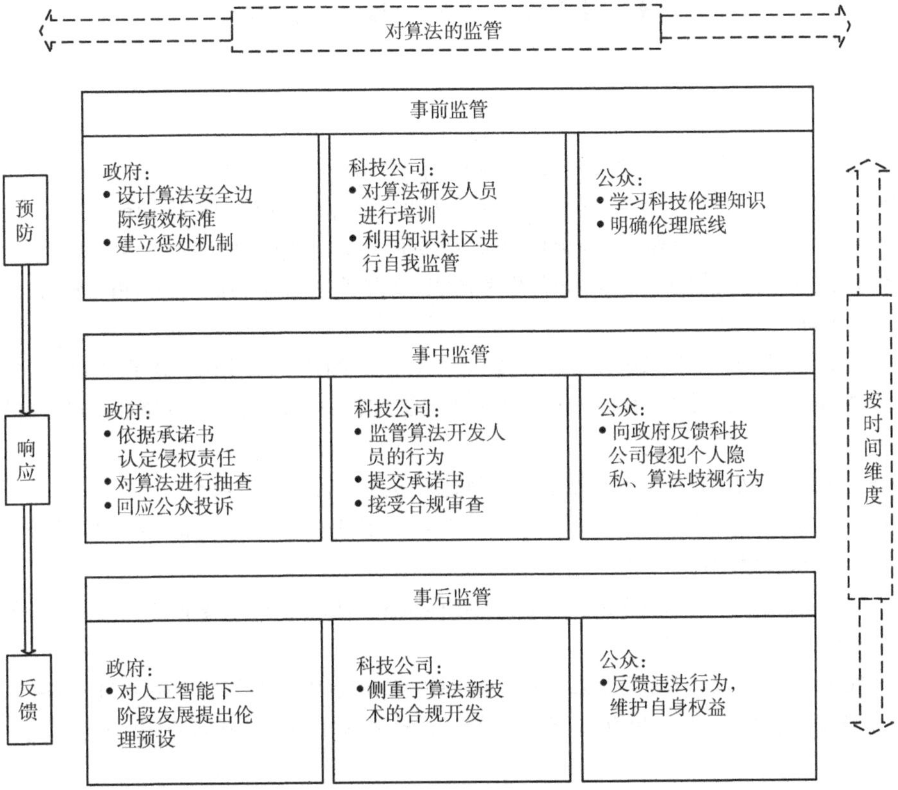

图 24-3　对算法的监管框架

第五篇 参考文献

蔡自兴. 2015. 人工智能在冶金自动化中的应用[J]. 冶金自动化, 39(1): 1-8.

曹建峰. 2017. 10 大建议!看欧盟如何预测 AI 立法新趋势[J]. 机器人产业, (2): 16-20.

曹建峰, 方龄曼. 2019. 欧盟人工智能伦理与治理的路径及启示[J]. 人工智能, (4): 39-47.

崔海燕. 2020. 大数据时代“数据垄断”行为对我国反垄断法的挑战[J]. 中国价格监管与反垄断, (1): 56-64.

崔雍浩, 商聪, 陈锶奇, 等. 2019. 人工智能综述: AI 的发展[J]. 无线电通信技术, 45(3): 225-231.

何哲. 2016. 通向人工智能时代: 兼论美国人工智能战略方向及对中国人工智能战略的借鉴[J]. 电子政务, (12): 2-10.

胡裕岭. 2016. 欧盟率先提出人工智能立法动议[J]. 检察风云, (18): 54-55.

贾开, 蒋余浩. 2017. 人工智能治理的三个基本问题: 技术逻辑、风险挑战与公共政策选择[J]. 中国行政管理, (10): 40-45.

金元浦. 2020. 论大数据时代个人隐私数据的泄露与保护[J]. 同济大学学报(社会科学版), 31(3): 18-29.

李宁. 2020. 数据霸权对国家与个人的危害及应对策略研究[J]. 信息安全研究, 6(5): 448-453.

李哲, 李娟, 李章杰, 等. 2019. 日本人工智能战略及人才培养模式研究[J]. 现代教育技术, 29(12): 21-27.

梁小帆, 赵冬梅, 陈龙. 2017. STEM 教育国内研究状况及发展趋势综述[J]. 中国教育信息化, (9): 8-11.

柳亦博. 2018. 人工智能阴影下: 政府大数据治理中的伦理困境[J]. 行政论坛, 25(3): 97-103.

马治国, 徐济宽. 2018. 人工智能发展的潜在风险及法律防控监管[J]. 北京工业大学学报(社会科学版), 18(6): 65-71.

孟茹. 2017. 联盟共治: 西方新媒体出版中的广告自律探索[J]. 中国出版, (22): 72-76.

孟小峰, 朱敏杰, 刘立新, 等. 2019. 数据垄断与其治理模式研究[J]. 信息安全研究, 5(9): 789-797.

邵国松, 杨丽颖. 2018. 在线行为广告中的隐私保护问题[J]. 新闻界, (11): 32-41.

沈伟伟. 2019. 算法透明原则的迷思: 算法规制理论的批判[J]. 环球法律评论, 41(6): 20-39.

司晓, 曹建峰. 2017. 论人工智能的民事责任: 以自动驾驶汽车和智能机器人为切入点[J]. 法律科学(西北政法大学学报), 35(5): 166-173.

孙瑞英, 徐盛. 2015. 对数据商霸权行为的抵制研究: 兼作答“程焕文之问”[J]. 图书馆论坛,

35(6): 1-6.

腾讯研究院. 2017. 人工智能各国战略解读：英国人工智能的未来监管措施与目标概述[J]. 电信网技术, (2): 32-39.

图海纳 A. 2008. 行动者的归来[M]. 舒诗伟, 许甘霖, 蔡宜刚, 译. 北京：商务印书馆.

王超, 赵发珍, 曲宗希. 2020. 从赋能到重构：大数据驱动政府风险治理的逻辑理路与价值趋向[J]. 电子政务, (7): 89-98.

王春晖. 2018. 人工智能的伦理、法律与监管[J]. 互联网天地, (8): 20-24.

王利明. 2017-09-11. 人工智能对民法的挑战[N]. 中国城市报, (22).

王张华, 颜佳华. 2020. 人工智能驱动政府治理变革：技术逻辑、价值准则和目标指向[J]. 天津行政学院学报, 22(6): 3-11.

王作功, 李慧洋, 孙璐璐. 2019. 数字金融的发展与治理：从信息不对称到数据不对称[J]. 金融理论与实践, (12): 25-30.

魏丽丝. 2014. 生命周期理论文献综述[J]. 合作经济与科技, (24): 155-156.

吴汉东. 2017. 人工智能时代的制度安排与法律规制[J]. 法律科学(西北政法大学学报), 35(5): 128-136.

谢勒 M, 曹建峰, 李金磊. 2017. 监管人工智能系统：风险、挑战、能力和策略[J]. 信息安全与通信保密, (3): 45-71.

薛澜, 赵静. 2019. 走向敏捷治理：新兴产业发展与监管模式探究[J]. 中国行政管理, (8): 28-34.

杨洸. 2020. 数字媒体时代的数据滥用：成因、影响与对策[J]. 中国出版, (12): 3-8.

杨乐. 2017. 互联网广告主体及法律责任辨析[J]. 行政管理改革, (4): 49-53.

尹昊智, 刘铁志. 2017. 人工智能各国战略解读：美国人工智能报告解析[J]. 电信网技术, (2): 52-57.

张华胜. 2018. 美国人工智能立法情况[J]. 全球科技经济瞭望, 33(9): 54-61.

张桦. 2020. 第四次工业革命：打造共建共享敏捷治理模式[J]. 产业创新研究, (8): 14-18.

张凌寒. 2019. 风险防范下算法的监管路径研究[J]. 审计观察, (1): 66-71.

张妮, 杨遂全, 蒲亦非. 2014. 国外人工智能与法律研究进展述评[J]. 法律方法, 16(2): 458-480.

张莹. 2016. 信息不对称理论研究文献综述[J]. 中国管理信息化, 19(16): 135-136.

郑志峰. 2019. 人工智能时代的隐私保护[J]. 法律科学(西北政法大学学报), 37(2): 51-60.

Beck U. 1992. From industrial society to the risk society: questions of survival, social structure and ecological enlightenment[J]. Theory, Culture & Society, 9(1): 97-123.

Berk R. 2019. Machine Learning Risk Assessments in Criminal Justice Settings[M]. Cham: Springer.

Einav L, Levin J. 2014. The data revolution and economic analysis[J]. Innovation Policy and the Economy, 14: 1-24.

Volkoff O, Strong D M, Elmes M B. 2007. Technological embeddedness and organizational change[J]. Organization Science, 18(5): 749-883.

Wang W Y, Siau K. 2018. Artificial intelligence: a study on governance, policies, and regulations[C]. Louis: Thirteenth Annual Midwest Association for Information Systems Conference.